现代路桥设计与工程施工技术

吴　迪　晋会丽　张志鹏　著

吉林科学技术出版社

图书在版编目（CIP）数据

现代路桥设计与工程施工技术 / 吴迪，晋会丽，张
志鹏著 . -- 长春：吉林科学技术出版社，2023.10
ISBN 978-7-5744-0908-8

Ⅰ . ①现… Ⅱ . ①吴… ②晋… ③张… Ⅲ . ①道路工
程—设计②桥梁设计③道路工程—工程施工④桥梁工程—
工程施工 Ⅳ . ① U41 ② U44

中国国家版本馆 CIP 数据核字 (2023) 第 205454 号

现代路桥设计与工程施工技术

著	吴 迪 晋会丽 张志鹏
出 版 人	宛 霞
责任编辑	郝沛龙
封面设计	刘梦杳
制 版	刘梦杳
幅面尺寸	185mm×260mm
开 本	16
字 数	305 千字
印 张	20.5
印 数	1-1500 册
版 次	2023年10月第1版
印 次	2024年2月第1次印刷

出 版	吉林科学技术出版社
发 行	吉林科学技术出版社
地 址	长春市福祉大路5788号
邮 编	130118
发行部电话/传真	0431-81629529 81629530 81629531
	81629532 81629533 81629534
储运部电话	0431-86059116
编辑部电话	0431-81629518
印 刷	三河市嵩川印刷有限公司

书 号	ISBN 978-7-5744-0908-8
定 价	87.00元

前 言
Preface

道路和桥梁是现代生活不可缺少的一部分，在交通运输中是最基本的运输途径。改革开放以来，我国取得了很大的成就，经济也在不断地发展。现在人们都流行在网上购物，这就需要物流来进行运输，不断的运输就需要对路桥的质量有更高的要求，路桥设计与工程施工质量是影响道路和桥梁的关键因素。保障道路安全就必须保障路桥施工质量。为了保障路桥的质量，需要加大对工程的管理。我国公路桥梁发展迅速，且取得了丰硕的成果，很多工程已经达世界先进水平。

在路桥设计与工程施工过程中，施工项目管理贯穿着整个施工，合理调动人力财力，统筹施工进度与方向，以高质量、低成本、安全生产、工期缩短为目标，保障施工质量的同时，为企业提供更多的经济效益。近些年，我国城市建设的步伐开始加快，这得益于国民经济增长，同时对市政路桥工程施工建设提出了更高的要求，施工项目管理是保证施工质量与安全的根本，需要我们予以重视，并不断引进新技术与新方法，让施工中的各个环节都能够正规化、标准化，高效率完成高质量建设。为了满足广大路桥设计与工程施工研究和工作人员的实际要求，作者查阅大量的相关文献，并结合多年的一些实践经验撰写了此书。

本书在写作过程中参考了大量的国内外专家和学者的专著、报刊文献、网络资料，以及市政路桥施工技术与管理的有关内容，借鉴了部门国内外专家、学者的研究成果，在此对相关专家、学者表示衷心的感谢。另外，由于能力有限，时间仓促，虽极力丰富本书内容，力求著作的完美无瑕，并经多次修改，仍难免有不妥与遗漏之处，恳请专家和读者指正。

目 录
Contents

第一章　公路规划与设计

第一节　公路网规划

一、公路网的特征及我国公路网发展概况

（一）公路网的特征

公路网一般特指某一区域内的公路网络系统，它有别于城镇市区内的道路网。区域内的城市或集镇及某些运输集散点（大型工矿、农牧业基地、车站、港口等）视为结点，称为运输点。这些运输点之间的连线称为公路路线。公路网是指由规划区域内的运输点，以及连接诸运输点的所有公路，按一定的规律组合而成，并具有特定功能的有机集合。

合理的公路网一般应具备以下条件：①具有必要的通达深度和公路里程长度；②要有与交通量适应的技术标准和使用质量；③具有经济合理的平面网络。

对公路网的基本要求应该是四通八达、干支结合、布局合理、效益最佳。四通八达是要求区域内有一定数量的公路，以满足公路运输适应"面"的要求，充分体现公路运输深入门户的优越性；干支结合是要求各条公路具有相应的技术等级，并在整体上达到技术标准配套，干线公路与一般地方道路组合协调；布局合理是要求公路网络性能要好，公路走向与技术标准的选定必须局部服从整体，并且在宏观方面根据实际需要和可能，做出路网最佳方案的选择；效益最佳是指路网方案的最终效益，需要对路网方案进行科学评价和定量分析，并加以优化决策，从而使得公路网在使用中获得较好的经济效益和社会效益。以上四点要求相互联系，彼此制约，并且与区域内的实际条件密切相关。

公路网作为一个系统，具有以下四个特征：

1.集合性

区域公路网由许多元素（运输点和公路路线等）按一定方式组合而成。区域范围内运输点的规模和重要性不同，公路网的组合结构与级别也应有所差别。我国目前的公路网可以分为三个级别，即国道网、省道网和地方道路网（县乡公路网）。前两者是全国和省（市）公路网的骨架，是公路运输的主动脉，而众多的地方道路则作为枝权，直接深达区域内的各有关用户，三者共同组成一个有机整体。三级公路网的建设及维护管理，可分别由全国、省（市）和县的有关交通部门承担。三级公路网的区域范围、运输点组成和作用，实际工作中还可根据区域划分的需要做必要的调整，如经济区特定开发区等，但所属管辖级别与范围应相应划定。

2.关联性

构成公路网的全部运输点和公路是相互联系、相互制约且具有一定规律的整体。正如机械加工车间由各种机床与设备按一定工艺流程及要求组成，而若干机床和设备的总和并不等于一个车间，公路网并不等于若干条公路的简单相加，它是在布局和结构组成方面具有与地区的自然条件、社会经济条件及功能等相适应的，符合一定规律性的和具有高效益的有机整体。路网中每新建或改建任意一条线路，均要受到全局因素的制约，又由于区域经济和运输需求随着时间的推移不断地变化和发展，因此公路网的建设是一个动态过程。公路网的关联性，包含着时间与空间两方面的特征。

3.目的性

公路网具有特定的功能，也带有一定的目的性，众多的公路正是按此目的组合而成公路网的。各条公路也只有在特定的路网系统中，才能充分发挥汽车运输的优势，给区域的整体交通运输创造良好条件。一般情况下，区域公路网的主要目的（功能）是：满足区域内外的交通需求，承担区域内外的运输联系；维持区域内交通的通畅及保证交通运输的快速和高效益；确保交通安全和提供优质运输服务；维护生态平衡，防止水土流失，注意环境保护，方便人民生活；满足国防建设和防灾、抗灾需要等。

4.适应性

任何一个系统总是存在和活动于特定的环境之中，且必须与之相适应。公路网是区域公路运输的基本组成部分，而公路运输是区域综合运输的子系统，综合运输则是为区域的社会、经济、文化等服务。也就是说，公路网必须适应于区域国土开发利用和经济发展规划，适应于区域综合运输系统发展规划，适应于公路运输的发展需要。

（二）我国公路网规划发展

从我国公路网规划研究的发展来看，除了引入运输规划理论、方法与模型以外，我国学者也结合国情在公路网规划技术的各个环节和各个层次上进行了积极的探索研究。多年来，先后进行了全国性的交通系统仿真网络规划、运输通道理论与方法研究，开展了省域和市、县域的公路网规划理论方法探索。在网络规划技术方面，发展了公路网规划的动态规划法，提出了交通区位原理；在交通预测技术方面，提出利用已知部分经验信息和现状路段交通量推算公路交通量OD分布（时空分布），以及OD分布的一区多中心模型等；在公路网发展规模方面，运用多目标规划方法进行公路网技术等级结构优化，提出公路网合理密度的概念；此外，在公路网规划的评价方法、投资决策模型等方面都进行了较深入的研究。我国具有代表性的公路网规划理论与方法主要有四阶段法、结点法及总量控制法三类。

我国公路网规划的发展趋势是紧随公路网规划理念、理论发展的国际潮流，同时结合我国国情、公路建设和公路交通的实际情况，研究适合我国公路建设和公路交通特点的规划理念、理论与方法，包括可持续发展的公路网规划理念、综合运输系统影响下的公路网规划理论、BOT公路建设和管理模式下的公路建设投资优化和实施方案设计等。

二、公路网规划的基本原则、程序和基本内容

（一）基本原则

1.综合运输，协调发展

现代化交通运输方式有公路、铁路、水路、航空和管道运输五种，它们各自适应于一定条件。因此在进行区域公路网规划时，首先要考虑各种运输方式的现状与发展规模，特别要注意规划区的铁路和水路的宏观总体协调规划，并以此作为公路网规划的基本依据之一。

为充分发挥公路运输直达门户的优势并实现"面"上运输的需要，一般情况下，规划区域内的公路宜自成体系并形成网络，因此公路网规划需要以综合运输为依据。

2.结合实际，量力而行

改革开放以来，特别是20世纪90年代后，我国的经济和公路交通建设都取得了显著的成就，经济发展水平和公路网的规模与质量不断提高。然而，我国幅员辽阔，人口众多，经济相对落后，属发展中国家，搞公路建设必须从实际出发。公路网建设面广量大，耗资巨大，不宜多占耕地。各地经济和自然条件及公路网现状等也有较大差别，区域公路网的规划，无论是在宏观上还是微观上，均涉及许多复杂的因素和条件，同时区域公路网的规划处于一个变化发展的动态过程之中。因此，公路网规划必须遵循从实际条件出发的原则，"一次规划，分期实现"，既要保证公路建设适应区域交通运输的需要，又要切实可行。

在我国，混合交通是公路网规划过程中必须重视的重要因素之一。根据统计资料，目

前我国交通组成中，干线公路上机动车辆的比例高于地方公路，城镇近郊的公路上非机动车辆比例高于远郊公路。随着交通运输业的发展，公路交通组成将会发生变化，不少地区混合交通中的机动车辆数所占比例将增高。

3.讲究效益，保护环境

公路网络是区域社会经济发展的重要基础设施之一。公路运输的目标是满足区域社会经济发展的需要，完成客货运输任务，促进区域社会经济可持续发展，同时实现其自身的经济效益。公路建设项目，尤其是高等级公路建设项目都是重大的基本建设项目，投资巨大，影响广泛而深远，因此必须讲究经济效益、社会效益和环境效益的高度统一。公路网规划是对区域公路网建设发展的总体安排和部署，必须做好公路建设项目的优化布局和优化排序。优化的准则在于所做的布局规划方案和建设计划方案能否合理利用资源和资金；能否兼顾建设者、使用者及全社会成员的利益，体现社会利益公平分配原则；能否促进整个区域社会经济的平衡协调发展；能否保护环境和资源，发扬区域的人文生态特色等，保证规划路网达到最佳综合效益，实现社会的可持续发展。

4.系统分析，整体优化

现代公路网可视为一个系统，公路网规划必须以系统分析原理为其理论基础。

系统工程是近年来形成和发展起来的一门新学科，被广泛应用于各个领域，其中包括区域综合交通规划和城市交通规划领域。有关系统工程的定义迄今尚未统一。20世纪80年代，钱学森在《论系统工程》一书中提出：系统工程是组织管理系统的规划、研究、设计、制造、试验和使用的科学方法。综观诸家的说法，有以下几点是公认的，即系统工程是一门应用技术，是一门软科学，用于定量分析系统诸元素间的相互关系，目标是整体优化，它具有全局性、综合性和科学性。全局性也就是整体性，一个事物之所以成为系统，不是指各组成因素的简单总和，而是在于它具有总体的、系统的功能，即俗话说的"见木要见林，办事要有全局观点"。综合性是要求依靠良性循环，注重综合效益，注重综合运用各种技术。科学性指系统工程的概念和原则是本质的，数学分析方法则是手段，为了准确地运用系统工程的概念和原则，应尽可能地运用现代数学工具，建立数学模型并进行优化分析。

5.近期与远期相结合

公路网建设是一个长期发展的过程，一个合理的公路交通系统建设规划应包括近期项目建设计划、中期项目建设规划、远期发展战略规划三个层次，并满足"近期宜细，中期有准备，远期可粗、有设想"的要求。公路网建设的长期性决定了公路网规划必须具有"规划滚动"的可操作性，规划的滚动以规划的近远期相结合为前提。

6.理论与实践相结合

公路网规划是一个相当复杂的系统工程，必须运用系统工程的理论和方法，从系统的相互协调关系上对公路交通系统进行分析、预测规划及评价。只有这样，才能获得总体效益最佳的公路网规划布局及建设方案。但公路网规划若脱离了工程实际，就会变成"纸上谈兵"，失去实际意义。

除以上所述的基本原则外，区域公路网的规划还必须注意以下四点。①规划工作要分级进行，省道网应以国道网为基础，地方道路网应以国道和省道网为基础，三者协调发展，逐步完善。②公路网以区域内公路运输为主，但针对目前各地现有公路存在跨区的断头线多、不利于发展横向经济联系的特点，规划新网时要切实加强区域之间的公路建设。③合理的公路网规划，应是政策、经验和技术三者有机结合的结果。规划设计和计算过程中某些具体政策和经验不可能全部如实地概括成数学模型，任何精确计算只能是相对而言，非确定性因素更是如此。因此，公路网规划的最终方案，必须在理论计算的基础上，联系实际条件加以必要的修正和补充。④规划方案应定期进行调整和完善。

（二）公路网规划的程序和基本内容

公路网规划是区域综合交通规划的一个重要组成部分。区域国土规划和区域综合交通规划是公路网规划的前提，这是由公路网的适应性所决定的。土地的开发利用（包括地下资源和旅游资源等）和区域经济发展对交通产生需求，交通设施的相应发展又反过来刺激和促进土地使用和经济活动。公路网是综合运输网的子系统，其轮廓和组成方案取决于所服务的运输点及其分布情况，也受各运输点之间的运输量及其性质的约束。因此，公路网规划的目标分析与确定，以及与之直接相关的远景交通量的预测，更直接依赖于规划区内的国土规划和综合交通规划。

远景交通量的预测，包括区域内交通量的产生、分布和分配模型的建立，是公路网规划的主要内容，也是公路网规划方案优化的直接根据，它同资料收集与问题诊断同属规划工作的前提和基础。

公路网规划方案优化是规划工作中的另一项重要内容，其直接成果就是公路网规划方案的建立和决策，在工作内容和方法上涉及设计、优化和决策等模型的建立与运用过程。公路网规划方案优化是以公路网交通量预测为基础，以公路网评价为依据，以交通工程学和最优化技术为手段，据此完成公路网规划的任务和目标。事实上，公路网规划方案优化工作涉及公路网规划所应用的战略和战术，以及公路运输等整个体系中的全部问题。从更高层次的决策水平要求来看，公路网规划方案优化，在很大程度上将决定规划区远景公路建设的水平和公路运输的效果。

公路网评价作为规划工作的一个过程，在公路网规划中起着承上启下的主导作用。作为规划工作的起点，通过对原有公路网的评价和定量分析，可为规划的目标分析和确定提供具体依据；作为规划工作的终点，通过对规划方案的评价，可为规划成果（公路网方案与实施计划）的论证、优化和决策提供各个方面的量化指标。

公路网规划的基本内容，总的概括是预测、评价、网化和优选。比较具体的内容是：①区域技术经济调查分析；②公路网的远景交通量预测；③公路线路（包括新建线路和原有线路改建）平面布局和等级结构方案的设计；④公路网评价系统模型的建立与运用；⑤公路网目标优化模型的建立与运用；⑥公路网方案决策模型的建立与运用；⑦公路网实施计划和投资优化决策模型的拟定和运用。

三、公路网规划的方法

（一）四阶段法

四阶段法实质上是一种交通需求预测方法。该法以微观经济学理论为基础，通过现状OD调查、交通数据采集和历史资料分析，研究区域经济在时间和空间上的发展对交通需求的影响，建立需求预测模型。四阶段法将交通需求分析分解为发生量和吸引量预测、OD分布预测、运输方式分担预测和路网交通量分配四个步骤，把公路网规划同经济发展有机地联系起来。这种方法通过对未来交通需求增长条件下各规划路网方案交通运行指标的分析（如流量、车速、饱和度等技术指标），对规划方案进行评价和比选。四阶段法的有效性较多依赖于OD交通流量资料，分析结果强调以改善交通运行状况为目的进行网络和线路规划。

从单纯的技术角度而言，四阶段法提供了到目前为止最为成熟的路段交通量预测分析技术，并较为具体地反映了土地利用与交通状态的关系。但作为公路网规划中交通需求预测的一种理论方法，基于现状的交通需求预测本身并不能成为规划的目标，只能作为一种辅助决策或政策分析的基本手段，只有与公路网络分析相结合，才能更好地发挥其在公路网规划中的作用。

（二）结点法

结点法主要用于路网布局。这种方法是将路网规划问题分解成路网结点的选择和路网线路的选择两部分进行。不同地区、规模和不同层次的路网规划对结点的选择可以有不同的依据，其核心是通过对交通、经济要素的综合考虑建立结点重要度模型和结点间连线重要度模型，以此作为网络布局的依据。由于城镇体系的发展、土地的开发和交通网络之间存在的必然联系，这类方法能够比较好地解释土地利用、交通需求与交通设施之间的关系，可以体现网络的整体服务要求而不仅仅是交通需求。

结点法在应用中定性成分相对较多，如在计算结点重要度时，各经济指标的权重需要人为确定，不同的人考虑的因素不同，得到的结点重要度也不同，这使得应用该法得到的规划布局方案存在不确定性。

（三）总量控制法

总量控制法属于宏观规划方法，该法的基本思想是从宏观整体出发来把握规划区域内与公路交通运输密切相关的一些总量变化趋势，在充分调查分析区域内现有路网的道路和交通特征的基础上，根据社会经济发展状况和交通量、运输量的变化特征，以区域内道路交通总需求来控制公路网建设总规模，以区域内社会经济发展和生产力分布特点来确定路网的总格局和分期实施方案。此方法不依赖OD调查，具有思路清晰，理论新颖，节省人力、物力、财力和时间等优点。

总量控制法注重运输的宏观成因，研究区域的综合经济规模分布与运输网络形态之间的关系，从宏观系统角度整体上把握公路网的发展方向，是一种定量和定性分析相结合的规划方法，是公路网规划的一种较好的思路。它与中国国情紧密结合，最大程度地利用了中国现有的统计资料，既操作方便，又便于决策者对规划思想的理解。总量控制法在路段分配交通量方面存在不足，这影响了各路段规划等级确定的可信度。

这三种方法在实践中均有成功的应用。尤其是采用四阶段法进行交通需求分析及预测，在公路网规划、城市道路网规划、建设项目可行性研究等方面均得到了广泛的应用。除此之外，目前的许多交通分析及规划的商业软件也多以四阶段法作为理论支持进行交通需求分析和预测系统的研制开发。

这三种理论与方法各有其优点和不足，因此寻求三种方法的结合点，特别是通过简便有效的公路交通OD分布推算方法的研究，使三种规划理论与方法有机结合相互取长补短，已经成为目前理论研究和实践的重点。

例如，可将四阶段法与总量控制法相结合进行公路网交通量预测，这是目前广泛应用的一种方法，称为综合预测法。其基本思想是：首先进行一次OD调查（规模可根据具体情况确定），同时实测路段交通量，研究和改进公路网交通分配方法，应用和完善由部分路段交通量推算OD量的方法，采用OD调查及路段交通量实测资料对这些方法进行检验；利用n年（一般n≥8）部分路段交通量观测资料，分别推算几年OD量，根据几年OD量和社会经济发展指标（按小区分别进行统计分析）标定计量经济模型，依此模型预测未来规划年OD量；依据未来OD量预测结果采用交通分配方法计算出未来规划年的路段交通量。又如，可以将三种方法相结合，即应用结点法进行路网结点的选择，应用四阶段法进行路网的微观交通分析、评价和预测，应用总量控制法进行路网的布局规划和建设实施方案设计等。

第二节 公路勘测设计

道路设计控制是指对道路几何设计起控制作用的因素。道路几何设计必须符合技术标准的规定，必须与地形、地质等自然条件相适应，必须满足交通流特性要求，也必须符合道路网规划，这些都是控制道路设计的因素。

道路勘测设计主要的技术依据有《公路工程技术标准》《公路路线设计规范》《城市道路工程设计规范》等。道路勘测设计相关的依据有《公路勘测规范》《公路摄影测量规范》《公路全球定位系统（GPS）测量规范》等。道路勘测设计其他的技术依据有《公路工程基本建设项目设计文件编制方法》《城市道路交通规划设计规范》《厂矿道路设计规范》《公路环境保护设计规范》等。

影响道路的自然因素主要有地形、气候、水文、地质、土壤及植被等，这些自然因素主要影响道路等级和设计速度的选用、路线方案的确定、路线平面和纵横断面的几何形状、桥隧等构造物的位置和规模、工程数量和造价等。

一、基本设计依据

（一）设计车辆

行驶在公路上的车辆主要有机动车和非机动车两类：机动车有摩托车、小客车、公共汽车、载货汽车、拖拉机和大型集装箱车等；非机动车有自行车、电动自行车（目前我国电动自行车因其快速、省力、环保而发展迅速，城市中电动自行车的保有量已超过人力自行车，但对电动自行车的管理仍然按照非机动车管理）、三轮车、板车和兽力车等（板车和兽力车在城市中已基本被淘汰）。根据公路的使用任务和性质，高速公路、一级公路为机动车服务；二、三、四级公路为混合车型（含非机动车）服务。

车辆的外廓尺寸是公路几何设计的重要依据，如路幅组成、弯道加宽、纵坡、视距、交叉口设计等都与车辆的外廓尺寸密切相关。《公路工程技术标准》对各种车辆进行归类，将其尺寸标准化称为设计车辆，并将设计车辆分为小客车、大型客车、铰接客车、载重汽车和铰接列车五类。

（二）设计速度

设计速度是指在气候和交通量正常的情况下，汽车运行只受公路自身条件（几何要素、路面附属设施等）影响时，具有中等驾驶技术的人员能够安全、舒适驾驶车辆的速度。设计速度决定了公路几何线形的基本要素。曲线半径、超高、视距、合成坡度、路幅宽度和竖曲线设计等都直接或间接与设计速度有关，所以它是体现公路等级的一项重要指标。设计速度与运行速度有密切的关系，但它们是不同的两个概念。运行速度是指汽车在公路上的实际行驶速度，它受气候、地形、交通密度及公路本身条件的影响，同时与车辆驾驶人的技术也有很大的关系。在设计速度低的路段上，当行车条件（交通密度、气候、地形等）比较好时，行车速度常接近或超过设计速度。设计速度越低，出现这种现象的概率越大。考虑到这一特点，同一等级的公路按不同的条件采用不同的设计速度是合适的。同时，超过设计速度的情况是危险的，所以在地形良好、线形顺适、视野开阔、容易产生超速行驶（超过设计速度）的路段，要特别注意曲线半径、超高、纵坡等方面的合理配置。

《公路工程技术标准》规定，设计速度的选用应根据公路的功能与技术等级，结合地形、工程经济、预期的运行速度和沿线土地利用性质等因素综合论证确定。高速公路、一级公路由于在设计施工、运营管理上与一般公路不同，其设计速度不与地形条件直接挂钩，而将设计速度分别定为120km/h、100km/h、80km/h和100km/h、80km/h、60km/h三级，供设计时结合交通需求的变化，考虑技术经济的合理性，更好地与地形、景观相配合，做出合理的设计。

（三）交通量

1.设计交通量预测

《公路工程技术标准》规定，新建和改扩建公路项目的设计交通量预测，应符合下列规定：①高速公路和一级公路设计交通量预测年限为20年，二、三级公路设计交通量预测年限为15年，四级公路可根据实际情况确定；②设计交通量预测年限的起算年为该项目可行性研究报告中的计划通车年。

2.交通量换算

在确定设计交通量时，应将在公路上行驶的各种车辆，按规定折算为标准车型。我国公路设计时是以小客车为标准车型。设计时应将公路行驶的各种车辆（含非机动车辆）按规定折合成小客车的年平均日交通量。各种汽车的折算是为了有统一尺度才能比较交通量的大小。《公路工程技术标准》规定，交通量换算采用小客车为标准车型。

拖拉机和非机动车等交通量换算应符合下列规定：①畜力车、人力车、自行车等非机动车按路侧干扰因素计算；②公路上行驶的拖拉机每辆折算为4辆小客车；③公路通行能力分析要求的车辆折算系数，应针对路段、交叉口等形式按不同的地形条件和交通需求，采用相应的折算系数。

3.交通量计算

（1）年平均日交通量

公路交通量的普遍计量单位是年平均日交通量（简称AADT），即一年365天交通量观测结果的平均值，其表达式为：

$$N = \frac{1}{365} \sum_{i=1}^{365} Q_i$$

式中：N——平均日交通量，辆/d；

Q_i——年内的日交通量，辆/d。

（2）设计交通量

设计交通量是指达到预测年限时的年平均日交通量，它是确定公路等级的主要依据。设计交通量根据公路使用的功能、任务和性质，目前一般按年平均增长率计算确定：

$$N_d = N_0(1-\gamma)^{t-1}$$

式中：N_d——达到预测年限时的年平均日交通量，辆/d；

N_0——起始年平均日交通量，辆/d；

γ——年平均增长率，%；

t——预测年限。

（3）设计小时交通

设计小时交通量是以小时为时段的交通量（简称DDHV），用于确定公路等级、车道数和车道宽度或评价公路运行状态和服务水平的重要参数。一年中的每月、每日、每小时交通量的变化是相当大的，如果用一年中最大的高峰小时交通量作为设计依据，必然造成浪费，但如果采用日平均小时交通量则不能满足实际需要，甚至造成交通阻塞。因此，必须选择适当的小时交通量作为设计小时交通量。取一年中的排序第30位最大小时交通量为设计小时交通量最合适，即采用第30位小时交通量作为设计依据，每年只有29个小时的交通量超过设计小时交通量，保证率达96.7%。许多国家包括我国均采用第30位小时交通量作为设计依据，按下式计算：

$$N_b = N_d KD$$

式中：N_b——设计小时交通量，辆/h；

N_d——达到预测年限时的年平均日交通量，辆/d；

K——设计小时交通量系数，即第30位小时交通量与年平均日交通量的比，一般平原区取13%，山区取15%；

D——方向不均匀系数，一般可取0.5～0.6。

《公路工程技术标准》规定，公路设计小时交通量宜采用年第30位小时交通量，也可根据项目特点与需求，在当地年第20～40位小时交通量之间取值。

（4）通行能力

通行能力是道路规划、设计及交通管理的基本依据，其具体数值随道路等级、线形、路况、交通管理与交通状况的不同而有显著的变化。此外，道路通行能力还受交叉路口通行能力的制约。

第一，通行能力的基本概念

道路通行能力是指在一定的道路路况和交通条件下，道路上某一路段单位时间内通过某一断面的最大车辆数或行人数量。车辆中有混合交通时，则采用等效通行能力的当量汽车单位，英文缩写为pcu，故交通相关规范中通行能力的单位为pcu/h或pcu/d。

道路通行能力与交通量概念不同，交通量是指某时段内实际通过的车辆数。一般交通量均小于道路的通行能力。在交通量小得多的情况下，驾驶人可以自由行驶，可以变更车速、转移车道，还可以超车；交通量等于或接近于道路通行能力时，车辆行驶的自由度就明显降低，一般只能以同一速度列队循序行进；当交通量稍微超过通行能力时，车辆就会出现拥挤，甚至堵塞。所以，道路通行能力是一定条件下通过车辆的极限值。不同的道路条件和交通条件有不同的通行能力。通常在交通拥挤、经常受阻的路段上，应力求改善道路或交通条件，以期提高通行能力。

第二，机动车通行能力的类别

①基本通行能力，是指在道路、交通、环境和气候均处于理想条件下，由技术性能相同的一种标准车辆，以最小的车头间隔连续行驶，在单位时间内通过一条车道或道路路段某一断面的最大车辆数。这是一种理想状态下的通行能力，也称理论通行能力。②可能通行能力，是在通常道路交通条件下，单位时间内通过道路一条车道或某一断面的最大可能车辆数。国外计算可能通行能力是以基本通行能力为基础，考虑到实际的道路交通状况，确定修正系数求得。我国目前计算通行能力的方法是在可能通行能力基础上进行修正。③设计通行能力，是指道路交通的运行状态保持在某一设计的服务水平时，道路上某一路段的通行能力。

（5）服务水平

所谓服务水平，主要以道路上的运行速度和交通量与可能通行能力之比来综合反映道路的服务质量。

①一级服务水平

即交通流处于完全自由流状态。交通量小，速度高，行车密度小，驾驶人能自由地按照自己的意愿选择所需速度，行驶车辆不受或基本不受交通流中其他车辆的影响。在交通流内驾驶的自由度很大，为驾驶人、乘客或行人提供的舒适度和方便性非常优越。较小的交通事故或行车障碍的影响容易消除，在事故路段不会产生停滞排队现象，很快就能恢复到一级服务水平。

②二级服务水平

即交通流状态处于相对自由流状态，驾驶人基本上可按照自己的意愿选择行驶速度，但是要开始注意到交通流内有其他使用者，驾驶人身心舒适水平很高，较小的交通事故或行车障碍的影响容易消除，在事故路段的运行服务情况比一级服务水平差些。

③三级服务水平

即交通流状态处于稳定流的上半段，车辆间的相互影响变大，选择速度受到其他车辆的影响，变换车道时驾驶人要格外小心，较小的交通事故仍能消除，但事故发生路段的服务质量大大降低，严重阻塞时后续车辆形成排队车流，驾驶人心情紧张。

④四级服务水平

即交通流状态处于稳定流范围下限，但是车辆运行明显受到交通流内其他车辆的相互影响，速度驾驶的自由度明显受到交通量限制，稍有增加就会导致服务水平的显著降低，驾驶人身心舒适水平降低，较小的交通事故也很难消除，会形成很长的排队车流。

⑤五级服务水平

即交通流拥堵流的上半段，其下是达到最大通行能力时的运行状态。交通流的任何干扰，如车流从匝道驶入或车辆变换车道，都会在交通流中产生干扰波，交通流不能消除它，任何交通事故都会形成长长的排队车流，车流行驶灵活性极度受限，驾驶人身心舒适水平很低。

⑥六级服务水平

即拥堵流的下半段，是通常意义上的强制流或阻塞流，这一服务水平下，交通设施的交通需求超过其允许的通过量，车流排队行驶，队列中的车辆出现停停走走现象，运行状态极不稳定，可能在不同交通流状态间发生突变。

（6）公路建筑限界

为保证车辆行人通行的安全，公路上一定宽度和一定高度范围内不允许有任何障碍物。这个空间限界称为道路建筑限界。

公路建筑限界是一个空间概念，不同等级公路的建筑限界的大小不同。在道路建筑限界内不允许设置公路标志牌、护栏、照明等各种设施，甚至粗树枝及矮林也不得伸入限界内，以确保行车空间的通畅。

道路建筑限界由净高和净宽两部分组成。

①净高

即净空高度，是指道路在横断面范围内保证安全通行必须满足的竖向高度。净高应综合汽车装载高度、安全高度及路面铺装等因素确定。我国载重汽车的装载高度限制为4.0m，外加0.5m的安全高度，一般采用4.5m的净高。考虑到大型设备运输的发展、路面积雪和路面铺装在养护中的加厚等因素，规定高速公路和一级、二级公路的净高为5.0m，三、四级公路为四级公路的路面类型若为砂石路面时，考虑今后路面面层需要改造提高，净空高度可预留20cm。一条公路应采用相同的净高，当构造物位于凹形竖曲线上方时，长大车辆通过会形成弦空而降低构造物下有效净高，设计时应保证有效净高的要求；公路下穿时应保证公路距构造物底部任意点均应满足净高的需要。城市道路最小净高：各种汽车4.5m，无轨电车5.0m，有轨电车5.5m，自行车和行人2.5m，其他非机动车3.5m。

②净宽

是指道路在横断面范围内保证安全通行必须满足的横向宽度。净宽包括行车带、路肩、中间带、绿带等宽度。路肩是在净空范围内，因此道路上各种设施（标志、护栏等）均应设置在右路肩以外的保护性路肩上，而且必须保证其伸入部分在净高以上。设于中间带和路肩上的桥墩或门式支柱不应紧靠建筑限界设置，应留有设置防护栏位置（不小于0.5m）的余地。

桥梁、隧道及高架道路的净空一般应与路段相同，有时为了降低造价需压缩净空时，其压缩部分主要体现在侧向宽度上。但在桥梁、隧道中需设人行道，且当人行道宽度大于侧向宽度时，其增加的宽度应包括在净宽之内。人行道、自行车道、检修道与行车道分开设置时，其净高一般为2.5m。

二、公路勘测设计程序

（一）项目可行性研究阶段

1.可行性研究的阶段

（1）机会研究阶段

该阶段的主要任务是提出建设项目投资方向建议，即在一个确定的地区和部门内，根据自然资源、市场需求、国家政策与国际贸易情况，通过调查研究、预测分析，选择建设项目，寻找投资机会。

（2）初步可行性研究阶段

该阶段是详细可行性研究前的预备性研究阶段。经过初步可行性研究，认为该项目具有一定的可行性，便可转入详细可行性研究阶段，否则就终止该项目。

（3）详细可行性研究（技术经济可行性研究）阶段

该阶段是可行性研究的主要阶段，是建设项目投资决策的基础。这一阶段内容较详尽，所花费的时间和精力都较大。

（4）评价与决策阶段

该阶段是由投资决策部门组织和授权有关咨询公司或专家，代表项目业主和出资人对建设项目可行性研究报告进行全面审核与再评价，最终决策该项目投资是否可行，并确定最佳投资方案。

2.可行性研究内容

公路建设项目可行性研究报告的主要内容应该包括以下方面。①项目总论。包括建设任务的依据、历史背景、研究范围、主要内容及研究的主要结论等。②现有公路技术状况评价。包括区域运输网现状和存在的问题、拟建公路在区域运输网中的作用、现有公路技术状况及适应程度等。③经济与交通量发展预测。包括项目所在区域经济特征、经济发展与公路运量、交通量的关系、交通量的发展预测。④建设规模与标准。包括项目建设规模和采用的等级及其主要技术指标。⑤建设条件和方案比选。包括调查沿线自然条件和社会条件、进行方案比选、提出推荐方案走向及主要控制点和工程概况，对环境影响做出分析并编制环境影响评价报告等。⑥投资估算与资金筹措。包括主要工程数量、公路建设与拆迁、投资估算与资金筹措等。⑦工程建设实施计划。包括勘测设计和工程施工的计划与要求、工程管理和技术人员的培训等。⑧项目的经济评价。包括运输成本等经济参数的确定，建设项目的直接经济效益和费用的估算、经济评价敏感性分析、建设项目的间接经济效益分析。贷款项目应进行项目的财务评价。⑨综合评价与结论、建议。

建设项目可行性研究报告可概括为三大部分：一是市场研究，包括产品的市场调查和预测研究，这是项目可行性研究的基础和前提，主要任务是要解决项目的"必要性"；二是技术研究，即技术方案与建设条件研究，这是项目可行性研究的技术基础，主要解决项目技术上的"可行性"；三是效益研究，即经济效益的分析与评价，这是项目可行性研究的核心部分，主要解决项目经济上的"合理性"。市场研究、技术研究与效益研究共同构成了项目可行性研究的三大支柱。

（二）设计任务书

公路勘测与设计工作是根据批准的设计任务书进行的。设计任务书由提出计划的主管部门下达或由下级单位编制后按规定上报审批。设计任务书包括以下基本内容：①建设依据和意义。②公路的建设规模和修建性质。③路线基本走向和主要控制点。④工程技术标准和主要技术指标。⑤按几个阶段设计，各阶段完成的时间。⑥建设期限和投资估算，分期修建的应提出每期的建设规模和投资估算。⑦施工力量的原则安排。⑧路线示意图、工程数量、"三材"数量及投资估算表等。

设计任务书批准后，对建设规模、工程技术标准、路线基本走向等主要内容有变更时，应经原批准机关同意。

（三）勘测设计阶段

1.初步设计阶段

该阶段是设计过程中的一个关键性阶段，也是整个设计构思基本形成的阶段。通过初步设计可以进一步明确拟建工程在指定地点和规定期限内进行建设的技术可行性和经济合理性；规定主要技术方案、工程总造价和主要技术经济指标，提出施工方案，以利于在项目建设和使用过程中最有效地利用人力、物力和财力。一般应选择两个或两个以上的技术方案，进行同深度、同精度的测设工作和方案比选，提出推荐方案。

2.技术设计阶段

该阶段是初步设计的具体化，也是各种技术问题的定案阶段。技术设计的详细程度应能满足设计方案中重大技术问题的要求，应保证能根据它进行施工图设计和提出设备订货明细表。

3.施工图设计阶段

该阶段主要是通过设计图把设计者的意图和全部设计结果表达出来，作为工程施工的依据。具体包括建设项目各部分工程的详图，零部件及结构构件明细表，验收标准与方法等。施工图设计的深度应能满足设备材料的选择与确定、非标准设备的设计与加工制作、建筑工程施工和安装的要求。

公路勘测设计应根据项目的性质和要求分阶段进行，公路工程基本建设项目可以采用一阶段设计、两阶段设计或三阶段设计。技术简单、方案明确的小型建设项目可采用一阶段设计，即根据批准的设计任务书的要求，一次详细测量并编制施工图设计文件。一般公路工程基本建设项目可按初步设计和施工图设计两个阶段进行。技术复杂又缺乏设计经验的项目或建设项目中的个别路段、特殊大桥、互通式立交及隧道等，必要时可按初步设计、技术设计和施工图设计三个阶段进行。

第三节　道路几何设计

一、道路平面线形设计

道路是由路基、路面、桥梁、涵洞、隧道和沿线设施组成的线状构造物，是三维的空间实体。我们平时所说的路线是指道路中线的空间位置。在工程设计中，一般将三维空间实体分解表达为平面、纵断面和横断面。

路线在水平面的投影称作路线的平面，沿中线竖直剖切再行展开在立面上的投影则是路线的纵断面，中线上任意点的法向切面是道路在该点的横断面。因此路线设计是指确定路线在平、纵、横三维体上各部位尺寸的工作。

无论是公路还是城市道路设计，都要受到社会经济、自然地理和技术条件等因素的制约，设计者必须掌握大量的实际资料，进行深入的调查研究才能设计出一条符合一定技术标准、满足行车要求、工程造价最合理的路线来。在设计的顺序上，一般是在尽量满足纵横断面平衡及横断面稳定的前提下先确定平面线形。

公路在受地形地物等障碍的制约时，必须要设置转折避让障碍，也就是在转折处设置曲线或是曲线的组合。另外，为使线形美观和保证汽车行驶的顺畅，在直线和圆曲线或不同半径的圆曲线之间插入曲率不断变化的过渡曲线（又称缓和曲线）。由此可见，直线、圆曲线、缓和曲线是平面线形的组成要素。在平原区，直线作为主要线形是适宜的，它具有汽车在行驶中视觉最好、距离最短、运营经济、行车舒适、线形容易选定等特点，但过长的直线又容易引起驾驶人单调疲劳、超速行驶、对跟车距离估计不足导致交通事故。圆曲线是平面线形主要元素之一，采用平缓而适当的圆曲线既可引起驾驶人的注意又可美化线形。在直线和圆曲线之间或在不同半径的圆曲线之间，为缓和汽车的行驶，符合汽车行驶轨迹，采用曲率不断变化的缓和曲线是较为合理的。

在平面线形中，基本线形是和汽车的行驶方向相对应的，具有如下的集中性质。①直线。曲率为零，汽车车身轴向与汽车行驶方向的夹角为零。②圆曲线。曲率为不为零的常数，汽车车身轴向与汽车行驶方向的夹角为固定值。③缓和曲线。曲率为变数，汽车车身轴向与汽车行驶方向的夹角为变数。

现代道路的平面线形正是由上述三种线形——直线、圆曲线和缓和曲线构成的，称为

"平面线形三要素"。

二、直线

（一）直线的运用

直线在道路设计中的应用是比较广泛的，一般在下列情况下可以使用直线：①不受地形、地物限制的平坦地段或山间的开阔谷地；②市镇及其近郊或是规划方正的农耕区以直线线形为主的地区；③含有较长的桥梁、隧道等构筑物的路段；④路线交叉点及前后的路段；⑤双车道公路提供超车的路段。

在直线的使用中，值得注意的是有关直线长度的问题，一般来说对直线的长度应该有所限制。当不得已采用过长直线时，为弥补景观单调的缺陷，应结合沿线具体情况采取相应的技术措施予以处理。但还要注意以下几个问题：①在长直线上纵坡不宜过大，因为长直线再加上下陡坡行驶，更容易导致超速行驶，造成交通事故；②长直线适合与大半径凹形竖曲线组合；③含有较长的桥梁、隧道等构筑物的路段；④路线交叉口及其前后的路段；⑤双车道公路提供超车的路段。

我国地域广阔，地形条件、气候条件都有很大的差异，因此做出统一的规定有很大的难度。但通过对道路现状和交通事故的调查，以及对驾驶人员和乘客的心理反应的调查，也得出带有普遍意义的结果。①位于城市附近的道路，由于有建筑物和城市风光的映衬，一般来说对直线长度没有太多的限制。②乡间的公路，由于道路周围的环境过于单调，如果直线过长，就会使人的情绪受到影响，驾驶人就会希望快速驶离直线，这时极易导致驾驶人超速行驶造成交通事故，且事故危害程度随直线的增长而增大。③大戈壁、大草原等地域开阔的地区，有时直线长度会达数十公里。在这样的地区行车，驾驶人极易疲劳，也容易超速行驶，但除了选择直线以外别无选择，如果人为地设置曲线往往不能改善景观的单调，反而会增加路线长度和驾驶操作的难度。

对于直线的使用一定要因地制宜，不能片面地追求长直线，也不能人为地设置过多的弯曲，应该做到宜直则直、宜曲则曲。

（二）直线的最小长度

1.同向曲线间的直线最小长度

同向曲线是指转向相同的相邻两曲线。同向曲线间插入短直线，这种线形组合工程上称为断背曲线，这种曲线容易让驾驶人产生错觉，即容易将直线和两端的曲线看成反向曲线，甚至看成一个曲线，破坏了线形的连续性，极易造成驾驶人判断和操作的失误，设计中应尽量避免。

2.反向曲线间直线的最小长度

在反向曲线之间，为满足设置超高、加宽的需要，应有一定长度的直线。《公路路线设计规范》明确提出反向曲线之间直线的最小长度以不小于2V（V以km/h计）为宜。当受到地形、地物等各方面的限制时，可将反向缓和曲线首尾相连，但此时要注意路面排水的问题。

直线的长度主要是根据驾驶人的视觉和心理上的承受能力来确定的，但有时由于受各种自然环境的限制，很难满足上述要求，这时就要求设计人员根据地物、自然景观及设计经验来进行判断。

三、缓和曲线

（一）缓和曲线的作用和性质

1.缓和曲线的作用

缓和曲线通过其曲率逐渐变化，可更好地适应汽车转向的行驶轨迹。汽车在转弯过程中，其行驶轨迹是一条曲率连续变化的轨迹线。它的形式和长短随行车速度、曲率半径和驾驶人转动方向盘的快慢而定。从安全角度出发，缓和曲线的合理设计有利于车辆在行驶过程中不致偏离车道，从而保证交通安全。

汽车从一曲线过渡到另一曲线的行驶过程中，离心加速度逐渐变化，汽车行驶在曲线上会产生离心力，离心力的大小与曲线的曲率成正比。从直线驶入圆曲线，如果不设置缓和曲线，其曲率会产生突变。在一定的车速情况下，乘客就会有不舒适的感觉。设置了缓和曲线，其曲率是直线到圆曲线逐渐过渡的，离心加速度的过渡也是逐步的，乘客就不会有不舒服的感觉。

缓和曲线可以作为超高和加宽变化的过渡段。路线在弯道上要设置超高和加宽，从双面横坡过渡到单面横坡，和由直线上的正常宽度过渡到圆曲线上的加宽宽度，这一过程变化一般是在缓和曲线长度内完成的。

缓和曲线的设置可使线形美观连续。在曲率变化处用缓和曲线进行过渡，消除了视觉上的不连续感，使线形平顺、圆滑、顺适，增加了线形的美学效应，同时也增加了行车安全。

2.缓和曲线的性质

汽车行驶轨迹是圆滑的，最大宽度由前外轮后内轮决定。轨迹的几何特征具有三个特性：一是轨迹曲线是连续的，二是轨迹曲线的曲率是连续的，三是轨迹曲率的变化是连续的。

（二）缓和曲线的长度及参数

汽车在缓和曲线上要完成不同曲率的过渡行驶，因此要使缓和曲线有足够的长度，以使驾驶人有足够的时间来操作方向盘，缓和曲线的长度可以从以下方面来确定。

1.控制离心加速度变化率p

$$p = \frac{a}{t} = v^3 / lR$$

式中：v——汽车行驶速度，m/s；

R——圆曲线半径，m；

p——离心加速度变化率，m/s³；

t——汽车在缓和曲线上的行驶时间，s；

l——缓和曲线的曲线长，m。

2.保证驾驶人操作反应时间

$$L_s = vt = \frac{Vt}{3.6}$$

缓和曲线长度应使驾驶人在行驶时操作从容，不能过于匆忙，一般情况下以3s行程控制，代入上式则有

$$L_s = \frac{3V}{3.6} = \frac{V}{1.2}$$

四、行车视距

为了行车安全，驾驶人需要能及时看到前方相当一段距离，以便发现前方障碍物或来车，及时采取措施，保证交通安全，这一距离称为行车视距。行车视距是道路使用质量的重要指标之一，行车视距是否充分将直接关系行车的安全和迅速。

根据驾驶人采取的措施不同，行车视距分为如下几种。①停车视距。汽车行驶时，从驾驶人发现前方障碍物时起，到至障碍物前能安全制动停车所需的最短距离。②会车视距。在同一车道上，两对向行驶的汽车在发现对方后，采取刹车措施安全停车，防止碰撞所需的最短距离。③错车视距。在无明确分道线的双车道道路上，两对向行驶的汽车在发现对方后，采取措施避让安全错车所需的最短距离。④超车视距。在双向行驶的双车道道路上，后面的快车超越慢车时，从开始驶离原车道到完成超车回到自己的车道所需的距离。

《公路工程技术标准》规定：高速公路、一级公路应满足停车视距的要求；其他各级公路一般应满足会车视距的要求。根据计算分析得知，会车视距约是停车视距的两倍，也就是只要计算出停车视距就可以了。

（一）停车视距

停车视距是指在汽车行驶时，当视线高为1.2m、障碍物高0.1m时，驾驶人发现前方障碍物，经判断决定采取制动措施到汽车在障碍物前安全停住所需的最短距离。

停车视距由驾驶人在反应时间内行驶的距离、开始制动到刹车停止行驶的距离组成。另应增加安全距离5~10m，以保证汽车在障碍物前安全地停下来而不至于冲到障碍物上。停车视距 S_T 按下式计算

$$S_T = S_1 + S_2$$

式中：S_1——反应距离，m；

S_2——制动距离，m。

1.反应时间

驾驶人的反应时间是指驾驶人发现障碍物后，进行判断直至采取的制动措施生效的时间。反应时间与驾驶人有直接的关系，根据测定的资料，设计上采用反应时间1.5s、制动生效时间1.0s是比较合适的，也就是总的反应时间是2.5s。在这个时间内汽车行驶的距离为

$$S_1 = vt = \frac{V}{3.6}t$$

2.制动距离

制动距离是指汽车从制动生效到汽车完全停止，在这段时间内汽车行驶的距离。根据汽车的制动性或功能守恒原理得

$$S_2 = V^2 / 254(\psi \pm r)$$

式中：V——汽车的行驶速度，km/h；

ψ——路面与轮胎之间的纵向摩阻系数；

r——道路阻力系数，$\psi=f+i$，f为道路滚动阻力系数；i为道路坡度，上坡为"+"，下坡为"–"。

一般情况下，$\psi=f+i$对视距计算值的影响在5%左右，计算中要略去其对视距的影响。综上所述，停车视距的计算公式应为

$$S_{\mathrm{T}} = S_1 + S_2 = \frac{V}{3 \cdot 6} t + V^2 / 254r$$

（二）超车视距

在对向行驶的双车道公路上，当视高为1.2m、物高为1.2m时，后面的快车超越前面的慢车的过程中，从开始驶离原车道之处起，至可见逆向来车并能超越慢车后安全驶回原车道所需的最短距离即为超车视距。为了超车的安全，驾驶人必须看到前面足够长度的车流空隙，以便保证超车时的交通安全。

超车视距可分为四个部分，如下式

$$S_{\mathrm{c}} = S_1 + S_2 + S_3 + S_4$$

式中：S_c——全超车视距；

S_1——超车汽车加速行驶的距离；

S_2——超车汽车在对向车道上行驶的距离；

S_3——超车汽车完成超车时，与对向车之间的安全距离；

S_5——在整个超车过程中，对向汽车的行驶距离。

1.超车汽车加速行驶的距离

当欲超车的快车认为有超车可能时，于是加速行驶移向对向车道，在进入对向车道前所行驶的距离就是超车汽车加速行驶的距离

$$S_1 = \frac{V_0}{3.6} t_1 + \frac{1}{2} a t_1^2$$

式中：V_0——被超车的行驶速度，km/h，可认为较设计速度低5~20km/h；

t_1——加速时间，s，一般为2.7~4.5s；

a——平均加速度，m/s²，一般为0.60–0.66m/s²。

2.超车汽车在对向车道上行驶的距离

$$S_2 = \frac{V}{3.6} t_2$$

式中：V——超车汽车加速后的速度，km/h，可认为是设计车速；

t_2——在对向车道上行驶的时间，s，一般在7.5~11.4s。

3.超车完成时，超车汽车与对向汽车之间的安全距离

这个安全距离根据不同等级公路上的计算行车速度的不同而采用不同的值。一般取用

21

20~100m。

4.超车汽车从开始超车到完成超车的过程中，对向汽车行驶的距离

$$S_4 = \frac{V}{3.6}(t_1 + t_2)$$

在实际的超车过程中，不需要这样理想化的全超车距离，并且在地形较为复杂的地段实现这一目标也较为困难。实际上在超车汽车加速追上被超汽车后，一旦发现有对向来车而距离不足时，还可以回到原来的车道。这个时间一般可以取 $\frac{2}{3}t_2$，行驶的距离为 $\frac{2}{3}S_2 = \frac{2V}{10.8}t_2$；对向来车的行驶距离只考虑超车汽车进入对向车道后的时间就能够保证交通安全了。所以保证超车安全的最小超车视距为 $\frac{2}{3}S_2 + S_3 + S_4$。在《公路工程技术标准》的制定过程中，充分考虑了超车时的各种因素，确定了各级公路的最小超车视距。

对向行驶的双车道公路，应根据需要并结合地形，在适当的距离内设置具有超车视距的路段。

五、平面线形的设计一般原则

（一）平面线形应直捷、连续、顺适，并与地形、地物相适应

与周围环境相协调，在地势平坦开阔的平原微丘区，路线直捷舒顺，在平面线形三要素中直线所占比例较大。而在地势有很大起伏的山岭和重丘区，路线弯曲多变，曲线所占比例较大。在没有任何障碍物的开阔地区（如戈壁、草原等）故意设置一些不必要的弯道，或者在高低起伏的山区硬拉长直线都会令人产生不协调的感觉。路线要与地形相适应，这是集美学、经济和保护生态环境于一体的问题。直线、圆曲线、缓和曲线的选用与合理组合取决于地形、地物等具体条件，片面强调路线要以直线为主或以曲线为主，或人为规定三者的比例都是不合理的。

（二）应满足驾驶人和乘客视觉和心理上的要求

高速公路、一级公路及设计速度大于60km/h的公路，应注重立体线形设计，尽量做到线形连续、指标均衡、视觉良好、景观协调、安全舒适。计算行车速度越高，线形设计要考虑的因素就应更周全。设计速度小于40km/h的公路，首先应在保证行车安全的前提下，使用平面线形要素最小值，但应在条件允许也不过多增加工程量的情况下力求做到各种线形要素的合理组合，并避免和减少不利的组合，以期充分发挥投资效益。

（三）保持平面线形的均衡与连贯

为使一条公路上的车辆尽量以均匀的速度行驶，以下几点在设计时应充分注意：

1.长直线尽头不能接小半径曲线

长的直线和长的大半径曲线会导致较高的车速，若突然出现小半径的曲线，会因减速不及而造成事故。特别是长下坡方向的尽头更要注意，若受到地形限制小半径曲线很难避免时，中间应插入过渡性曲线，并使纵坡不至过大。

2.高、低标准之间要有过渡

同一等级的公路由于地形的变化在指标的采用上也会有变化，或同一条公路按不同计算行车速度的各设计路段之间也会形成技术标准的变化。遇有这种高、低标准变化的路段，除满足有关设计路段在长度和梯度上的要求外，还应结合地形的变化，使路线的平面线形指标逐渐过渡，避免出现突变，不同标准路段衔接点应选在交通量发生变化处，或者驾驶者能够明显判断前方需要改变行车速度的地方。

（四）应避免连续急弯的线形

这种线形会给驾驶者带来不便，给乘客的舒适性也带来不良影响。设计时可在曲线间插入足够长的直线或缓和曲线。

（五）平曲线应有足够的长度

如平曲线太短，汽车在曲线上行驶时间过短会使驾驶人的操作来不及调整，一般应控制平曲线（包括圆曲线及其两端的缓和曲线）的最小长度。

道路弯道在一般情况下是由两段缓和曲线（或超高、加宽缓和段）和一段圆曲线组成，缓和曲线的长度不能小于该级公路对其最小长度的规定，中间圆曲线的长度宜有大于3s的行程。当条件受限时，可将缓和曲线在曲率相等处对接，此时的圆曲线长度为零。道路平曲路线偏角的大小反映了路线的舒顺程度。但如果转角过小，即使设置了较大的半径也容易把长曲线看成比实际的短，造成急转弯的错觉，偏角越小这种倾向越显著，容易导致驾驶人枉做减速转弯的操作。

六、道路纵断面设计

（一）概述

通过公路中线的竖向剖面展开图称为路线纵断面图。由于地形、地物、地质、水文等自然因素的影响及满足经济性（工程量）的要求，公路路线在纵断面上不可能从起点至终点是一条水平线，而是一条有起伏的空间线。纵断面设计的主要任务就是根据汽车的动力性能、公路等级和性质、当地的自然地理条件及工程经济等，研究这条空间线形的纵坡大小及其长度，它是公路设计的重要内容之一，而且将直接影响行车的安全和快捷、工程造价、运营费用和乘客的舒适程度。

公路纵断面设计线由直线和竖曲线两种线形要素组成。它是根据汽车的动力性能、地形条件、路基临界高度、运输与工程经济等方面的要求，通过技术、经济及视觉效果等多方面的比较后确定出来的，反映了公路路线的起伏变化情况。直线有上坡和下坡，是用高差、水平长度及纵坡度表示的。纵坡度 i 表示匀坡路段坡度的大小，用高差 h 与水平长度 l 之比量度，即 $i=h/l$。在直线的纵坡转折处为了平顺过渡，需设置一定长度的竖曲线来进行缓和。

（二）汽车行驶对纵坡设计的要求

公路平、纵、横设计是以满足汽车行驶要求为前提的。因此，在公路纵坡设计时，首先要研究汽车的动力性能及汽车对公路的具体要求，综合考虑人、车、路和环境等方面的各种因素，通过合理设计来达到汽车行驶的安全、快捷、经济、舒适和美观的要求。

1.汽车的动力性能与公路纵坡的关系

不同类型的车辆具有不同的动力性能和制动特性，上坡时的爬坡能力和下坡时的制动效能也各不相同。按照公路上行驶的车辆类型及其具有的动力性能来确定汽车在规定速度下的爬坡能力和下坡的安全性，是确定公路最大纵坡的常用方法。

汽车在上坡行驶中受到的阻力有空气阻力、滚动阻力、坡度阻力、惯性阻力。若公路纵坡较缓，汽车的行驶阻力的代数和小于或等于汽车所用挡位的牵引力，汽车就能用该挡位以等速或加速走完该段纵坡的全长；汽车所用的挡位越高，行驶速度越快，爬坡能力就越差。因此，公路纵坡设计总是力求纵坡较缓，特别是等级较高的公路更是如此。

当公路的纵坡较陡，汽车上坡时的行驶阻力的代数和大于汽车所用挡位的牵引力时，在坡段较短的情况下，只要在上坡之前加大汽车油门，提高汽车的初速度，利用动力冲坡的惯性原理，在车速降到临界速度之前即使不换挡也能冲过此段纵坡，但如果道路纵坡既陡又长，汽车利用动力冲坡无法冲过坡顶，此时就必须在车速下降到某一程度（如临界车速）时，换到较低的挡位来获得较大的动力因数，从而增大牵引力，汽车才能继续走完全程。但挡位越低，汽车的行驶速度越慢。

汽车使用低挡的行程时间越长或换挡次数频繁，会增长行程时间，增加汽车燃料消耗和机件磨损。此外，从汽车的动力特性可知，道路纵坡对车速的影响极大，因为纵坡越陡，需要的动力因素越大，导致采用的挡位越低，行驶速度越慢。为了使汽车保持较高的车速行驶，少用低挡和减少换挡次数，对道路纵坡提出如下要求：纵坡度力求平缓；陡坡宜短，长陡坡的纵坡度应加以严格限制；纵坡度变化不宜太多，尤其应避免急剧的起伏变化，力求纵坡均匀。

2.纵坡设计的一般规定与要求

（1）纵坡设计的一般要求

为使纵坡设计达到经济合理的目的，在设计之前必须全面掌握勘测资料，并结合选（定）线时的纵坡考虑意图，经综合分析、比较后定出设计纵坡。纵坡设计应满足以下要求。①纵坡设计必须满足《公路工程技术标准》中的各项规定。②为保证汽车能以一定的车速安全顺畅地行驶，纵坡应具有一定的平顺性，起伏不宜过大及过于频繁。平原地形的纵坡应均匀、平缓；丘陵地形的纵坡应避免过分迁就地形而起伏过大；山区的沿河线，应采用平缓的纵坡，坡长不宜超过规定的限值，纵坡不宜大于6%；山区的越岭线尽量避免采用极限纵坡值，缓和坡段应自然地配合地形设置，在连续采用极限长度的陡坡之间，不宜插入最短的缓和坡段，以争取较均匀的纵坡。堀口附近的纵坡应尽量放缓一些。连续上坡或下坡路段，应避免设置反坡。③纵坡设计时，应综合考虑沿线的地形、地质、水文、气候等自然条件，根据不同的具体情况妥善处理，以保证公路的畅通和稳定。④地下水位较高的平原微丘区和潮湿地带的路段，应满足最小填土高度的要求，以保证路基稳定。⑤一般情况下纵坡设计应考虑填挖平衡，并尽量利用挖方作为就近路段填方，减少借方和废方，以降低工程造价。⑥纵坡设计时，应照顾当地民间运输工具、农业机械、农田水利等方面的特殊要求。

（2）最大纵坡与最小纵坡

第一，最大纵坡是指各级公路允许采用的最大坡度值，它是公路纵断面设计的重要控制指标。在山岭地区，纵坡的大小将直接影响路线的长度、使用质量、运输成本和工程造价。因此，纵坡大小的取值必须通过全面分析，综合考虑后合理确定。

第二，确定最大纵坡应考虑的因素。①汽车的动力特性。要根据公路上主要行驶车辆的牵引性能，在一定的行驶速度条件下确定。②设计速度。设计速度越高，要求的行车速度越快，但从汽车的动力特性可知其爬坡能力越低，因此不同设计速度的公路有不同的最大纵坡值。③自然因素。公路所经地区的地形、气候、海拔高度等自然因素对汽车的行驶条件和爬坡能力也有很大的影响。

第三，最大纵坡的确定。最大纵坡的确定主要取决于汽车的动力性能、设计速度和自然因素，但必须保证行车安全。从实际调查中可知，汽车在陡坡路段下坡时，由于频繁制动，易使制动器发热而失效，导致事故频发。因此，确定最大纵坡不能只考虑汽车的爬坡性能，还要从行驶的快速、安全及经济等方面综合分析，同时兼顾汽车拖挂车、民间运输工具的特殊要求等。实践证明，四级公路为了达到相应的行车速度，一般情况下最大纵坡不宜超过8%，只有在工程特殊困难的山岭地区，经技术论证合理时，最大纵坡可增加

1%；但在海拔2000m以上或积雪冰冻地区，出于安全考虑，最大纵坡不应大于8%。

①设计速度为120km/h、100km/h、80km/h的高速公路受地形条件或其他特殊情况限制时，经技术经济论证，最大纵坡可增加1%。②公路改扩建中，设计速度为40km/h、30km/h、20km/h的利用原有公路的路段，经技术经济论证，最大纵坡可增加1%。③二级及二级以下公路的越岭路线连续上坡（或下坡）路段，相对高差为200～500m时，平均纵坡不应大于5.5%；相对高差大于500m时，平均纵坡不应大于5%。任意连续3km路段的平均纵坡不应大于5.5%。④高速公路、一级公路应论证采用合理的平均纵坡，对存在连续长、陡纵坡的路段应进行安全性评价。⑤位于市镇附近非机动车交通量比例较大的路段，纵坡可根据具体情况适当放缓；平原、微丘区一般宜不大于2%～3%；山岭、重丘区一般宜不大于4%～5%。⑥大、中桥上的纵坡不宜大于4%，桥头引道纵坡不大于5%，引道紧接桥头部分的线形应与桥上线形匹配，其长度不宜小于3s的设计速度行程长度；位于市镇附近非机动车交通量较大的路段，桥上及纵坡均不得大于3%。⑦隧道内的纵坡不应大于3%，并不小于0.3%；独立的明洞和长度小于100m的隧道，其纵坡不受此限；紧接隧道洞口的路线，纵坡应与隧道内纵坡相同。

第四，高原地区纵坡折减。在海拔300m以上的高原地区，空气密度下降使汽车发动机的功率和汽车的牵引力降低，导致汽车爬坡能力下降。此外，在高原地区，汽车水箱中的水容易开锅而破坏冷却系统。

第五，最小纵坡。一般来说，为使公路上汽车行驶快速和安全，纵坡设计得小一些总是有利的。但在挖方路段，设置边沟的低填路段和横向排水不畅路段，为保证排水的要求，防止积水渗入路基而影响其稳定性，一般在这些路段应避免采用水平纵坡，以免因为排水而将边沟挖得过深。故《公路工程技术标准》规定，在各级公路的长路堑路段，以及其他横向排水不畅的路段，应采用不小于0.3%的纵坡。当必须设计平坡或<0.3%纵坡时，其边沟应做纵向排水设计。干旱地区及横向排水良好的路段，其最小纵坡可不受上述限制。

3.坡长限制与缓和坡段

（1）坡长限制

坡长限制包括最小坡长和最大坡长两个方面的内容。

第一，最小坡长限制。最小坡长的限制是从汽车行驶平顺性、乘客的舒适性、纵面视距和相邻两竖曲线的布置等方面考虑的。如果坡长过短，转坡过多，使纵坡线形呈锯齿形，路容也不美观。此外，当相邻坡段的纵坡相差较大，而坡长又较短时，汽车运行中换挡频繁也增加了驾驶人的操作强度。因此，纵坡的坡长应有一个最短长度。

第二，最大坡长限制。最大坡长限制是指比较大的纵坡对正常行车的影响。根据汽车的动力性能可知，公路纵坡的大小及其坡长对汽车的行驶影响很大，特别是长距离的陡坡对汽车行驶非常不利。实际调查资料表明，当纵坡的坡段太长，汽车因克服行驶阻力而使行驶速度显著降低，在提高汽车功率时又易使水箱开锅，导致汽车爬坡无力，甚至熄火；下坡时长时间连续制动易使制动器发热而失效，造成交通事故。

在实际纵坡设计中，当某一坡度的坡长还未达到规定的限制坡长时，可变化坡度（应为连续上坡或连续下坡），但其长度应按坡长限制的规定进行折算。

（2）缓和坡段

缓和坡段的作用主要是改善汽车在连续陡坡上行驶的紧张状况，避免汽车长时间低速行驶或汽车下坡产生不安全因素。因此，当陡坡的长度达到限制坡长时，应安排一段缓坡，用以恢复在陡坡上行驶降低的速度。汽车在缓坡上行驶的长度，从理论上应满足汽车加速或减速行驶过程的需要。

4.平均纵坡

平均纵坡是指一定长度路段的高差与水平距离之比，以百分率（%）表示。它是衡量纵断面线形设计质量的一个重要限制性指标。在山区越岭线纵坡设计中，有时公路纵坡的设计虽然完全符合最大纵坡、坡长限制和缓和坡段的规定，但也不一定能保证使用质量。当极限长度的陡纵坡与缓和坡段交替频繁使用，同样会使汽车在这样的坡段上长时间地低速行驶，引起不良后果，甚至造成事故。这说明汽车短时间内在陡坡路段上坡或下坡，问题尚不严重，但如果长时间地连续在陡坡夹缓和坡段的路段上行驶就相当危险。因此有必要从行车顺利和安全考虑来控制设计纵坡的平均值。

5.爬坡车道

爬坡车道是指在陡坡路段正线行车道右侧设置的专供载货汽车行驶的专用车道。

在确定高速公路和一级公路的最大纵坡时，一般是以小客车行驶速度为标准的。当公路纵坡较大时，载货汽车因爬坡时需克服较大的坡度阻力，只有降低车速才能通过。当载货汽车所占比例较大时，小客车的行驶速度受到影响，超车频率增加导致爬坡路段的通行能力下降，甚至产生堵塞交通的现象。为了不使爬坡速度低的载货汽车影响爬坡速度高的小客车行驶，就需要在陡坡路段的上坡方向增设爬坡车道，把载货汽车从正线车流中分离出去，来保证道路的通行能力。

《公路工程技术标准》规定，高速公路、一级公路及二级公路的连续上坡路段，当通行能力、运行安全受到影响时，应设置爬坡车道。爬坡车道宽度不应小于3.5m。六车道以上的高速公路，可不设爬坡车道。

对于六车道以下的高速公路、一级公路，当纵坡对载货汽车上坡运行速度影响较大时，在纵坡大于4%、纵坡长度受限制的路段，应对载货汽车上坡行驶速度的降低值和设计通行能力进行验算。

6.紧急停车带

高速公路和作为干线的一级公路右侧硬路肩宽度小于2.5m时，应设置紧急停车带。紧急停车带宽度应为3.5m，有效长度不应小于40m，间距不宜大于500m。当高速公路和作为干线的一级公路右侧硬路肩宽度达到2.5m以上时，应作为应急车道来设计，此时便无须再设置紧急停车带。

7.加（减）速车道

《公路工程技术标准》规定，互通式立交服务区、停车区、客运汽车停靠站、管理设施等的出入口处，高速公路、一级公路应设置加（减）速车道，二级公路应设置过渡段。

8.避险车道

《公路工程技术标准》规定，连续长、陡下坡路段，应结合交通安全评价论证设置避险车道。

（三）竖曲线

纵断面上相邻两条纵坡线相交的转折处，为了行车平顺，要用一段曲线来缓和，称为竖曲线。

竖曲线的形状，可采用圆曲线或二次抛物线，但在设计和计算上抛物线更为方便，故一般采用二次抛物线的形式。

在纵坡设计时，由于纵断面上只反映水平距离和竖直高度，因此竖曲线的切线长与弧长是其在水平面上的投影，切线支距是竖直的高程差，相邻两条纵坡线相交角用转坡角（或变坡角）表示。当竖曲线转坡点在曲线上方时为凸形竖曲线，反之为凹形竖曲线。

竖曲线半径选择主要考虑以下因素。①同向竖曲线间，特别是同向凹形竖曲线之间，当竖曲线半径小于1000m时，如果直线坡段不长，应合并为单曲线或复曲线，以避免出现断背曲线。②反向竖曲线之间，为使汽车的增重与减重之间有一过渡段，应尽量在中间设置一段直线坡段，以利汽车行驶的过渡。直线坡段的长度一般以不小于3.0s的行程时间为宜。当插入直线段有困难时，也可直接连接。③在不过分增加土石方数量情况下，为使行车舒适，应尽量采用较大半径。④根据竖曲线范围内的纵断面地面线起伏情况和高程控制要求，尽量考虑土石方填挖平衡，确定合适的外距值，按外距控制选择半径。⑤夜间行车交通量较大的路段，选择半径时应适当加大，使汽车前照灯有较长的照射距离。

（四）平面和纵断面线形组合设计

公路平面和纵断面线形组合设计是指在满足汽车运动学和力学要求的前提下，结合地形地物景观、视觉和经济性等，研究如何满足驾驶人在视觉和心理方面的连续性、舒适性及与周围环境相协调，以保证汽车行驶的安全、舒适与经济。

1.平面和纵断面线形组合原则

①应在视觉上能自然地诱导驾驶人的视线，并保持视觉的连续性。②平面、纵断面线形的技术指标应大小均衡，避免出现平面高标准，纵断面低标准，或与此相反的情况，使线形在视觉上、心理上保持协调。③选择组合得当的合成坡度，以利于路面排水和行车安全。④平面、纵断面线形组合应注意与周围环境相配合，充分利用公路周围的地貌、地形、天然树林建筑物等，尽量保持自然景观的连续，以消除景观单调感，使公路与大自然融为一体。

2.平曲线与竖曲线组合

平曲线与竖曲线相互重合，使平曲线稍长于竖曲线，并将竖曲线的起、终点分别放在平曲线的两个缓和曲线的中间，这是平、纵面最好的组合。

第二章 城市道路的路基与路面设计

第一节 城市道路的路基设计

一、路基的定义

路基是指按照路线位置和一定技术要求修筑的作为路面基础的带状构造物，是铁路和公路的基础。路基是用土或石料修筑而成的线形结构物。路基作为道路工程的重要组成部分，是路面的基础，是路面的支撑结构物。同时，与路面共同承受交通荷载的作用，路基质量的好坏，必然反映到路面上来，路面损坏往往与路基排水不畅、压实度不够、温度低等因素有关。建造路基的材料，不论填或挖，主要是土石类散体材料，所以，路基是一种土工结构，经常受到地质、水、降雨、气候、地震等自然条件变化的侵袭和破坏，抵抗能力差，因此，路基应具有足够的坚固性、稳定性和耐久性。

路基主要由路基本体、排水、防护等几部分组成。路基从材料上可以分为土路基、石路基、土石路基三种。由于路基高程与原地面高程有差异，且各路段岩土性质的变化，各处附属设施的布置不尽相同，因此各段的路基横断面形状差别很大。路基横断面形式的选定和各项附属设施的设计都是路基设计的基本内容，具体来说，主要包括以下几部分：

第一，做好沿线自然情况的勘察工作，收集必要的设计资料，作为路基设计的依据。

第二，根据路线纵断面设计确定的填挖高度，结合沿线地质、水文调查资料，进行路基主体工程（路堤、路堑、半挖半填路基及有关工程等）设计。一般路基，可以根据相关规范的规定，按照路基典型断面直接绘制路基横断面图。对下列情况需进行单独设计：工程地质、水文条件复杂或边坡高度超过规范规定高度的路基；修筑在陡坡上的路堤；在各种特殊条件下的路基，如浸水路堤，采用大爆破施工的路基及软土或震害严重地区的路基等。

第三，根据沿线地面水流及地下水埋藏情况，进行路基排水系统的总体布置，以及地面和地下排水结构物的设计与计算。

第四，路基防护与加固设计，包括坡面防护、冲刷防护与支挡结构物等的布置与计算。

第五，路基工程其他设施的设计，包括取土坑、弃土堆、护坡道、碎落台及辅道等的布设与计算。

路基施工质量好坏直接影响道路的使用品质，根据实际情况选择适当的施工方法，确保路基的施工质量，施工主要内容有以下几项：

第一，进行现场调查，研究和核对设计文件。编制施工组织计划，确定施工方案，选择施工方法，安排施工进度。完成施工前的组织、物质和技术准备工作。

第二，开挖路堑，填筑路堤，修建排水及防护加固结构物，进行路基主体工程及其他工程的施工。

第三，按照设计要求，对各项工程进行检查验收，绘制路基施工竣工图。

二、路基工程的特点与要求

路基工程的特点：工艺较简单、工程数量大（微丘区的三级公路每公里的土石方数量为8000～10000m³，山岭重丘区为每公里20000～60000m³），耗费劳力多，涉及面较广，耗资也较多。路基是一项线形工程，决定了路基工程复杂多变的特点，给施工带来了很多难度。路基施工改变了沿线原有自然状态，挖填借弃土石方涉及当地生态平衡、水土保持和农田水利。土石方相对集中或条件比较复杂的路段，路基工程往往是施工期限的关键之一。

为了保证公路与城市道路最大限度的满足车辆运行的要求，提高车辆行驶速度、增强安全性和舒适性、降低运输成本和延长道路使用年限，路基不仅应具有足够的承载能力、良好的稳定性和耐久性，还应具有一定的表面平整度。

（一）承载能力

汽车在路面上行驶时，车辆通过车轮把垂直荷载和水平荷载传递给路基；在路基结构内部产生应力、应变及位移。如果路基结构的强度或抗变形能力，不足以抵抗这些应力、应变及位移，则路基结构会出现沉陷，路面表面会出现波浪或车辙，使路况恶化，服务水平下降。因此，要求路基结构整体具有与行车荷载相适应的承载能力，即具有足够的强度和刚度。

路基结构承载能力，主要包括强度和刚度两个方面，这是两个既相互联系又相互区别的力学特性。路面结构应具有足够的强度，以抵抗车轮荷载引起的各个部位的各种应力，保证路基不发生压碎、拉断、剪切等各种破坏。路基应具有足够的刚度，使得在车轮荷载作用下不发生过大的变形，保证不发生沉陷等病害。

（二）稳定性

在天然地表面建造的道路结构物，改变了原来的自然平衡，在达到新的平衡状态之前，道路结构物处于一种暂时不稳定状态。新的路基结构暴露在大气之中，经常受到大气温度、降水与湿度变化的影响，结构物的物理状态、力学性质将随之发生变化，处于另一种不稳定状态。路基结构能否经受这种不稳定的状态，保持工程设计要求的几何形态及物理力学性质，称为路基结构的稳定性。

在地表上开挖或填筑路基时，必然会改变原地面地层结构的原来结构和受力状态。原来处于稳定状态的地层结构，有可能由于填挖筑路而引起不平衡，从而导致路基失稳。如在软土地层上修筑高路堤，或者在岩质或土质山坡上开挖深路堑时，有可能由于软土层承载力不足，或者由于坡体失去支承，而出现路堤的沉陷或坡体坍塌。路线如果选择在不稳定的地层上，则填筑或开挖路基会引发滑坡或坍塌等病害的出现。因此，在道路的选线、勘测、设计和施工中，应给予足够的重视，并采取必要的工程措施，以确保路基具有足够的稳定性。

大气降水使路基结构的内部湿度状态发生较大变化，如果低洼地带的路基排水不良，造成长期积水，会使低路堤发生软化，失去承载能力。如果是山坡路基，有时还会因排水不良，引发滑坡或边坡滑塌。

大气温度周期性的变化对路面结构的稳定性有着重要影响。在严重冰冻地区，低温引起的路基不稳定更是体现在多方面，低温会引起路基收缩裂缝，地下水源丰富的地区，低温会引起冻胀变形，路基上面的路面结构也随之断裂。在春天升温融冻季节，在交通繁重的路段，有时会引发翻浆，使路基路面发生严重的破坏。

（三）耐久性

高等级公路的路基标准高、距离长、宽度大，不仅工程量巨大，投资也非常高，从规划、勘测、设计、施工到建成通车需要较长的时间。这种大型工程应有较长的使用年限，一般道路工程的使用年限至少数十年，因此，路基工程应具有良好的耐久性能。

路基的稳定性可能在长期经受自然因素的侵袭后，逐年削弱。因此，提高路基的耐久性，保持其强度刚度和良好的几何形态，除了精心设计、精心施工和精选材料之外，还要把长年的养护、维修、恢复路用性能的工作放在非常重要的位置。

（四）表面平整度

路基的平整度虽没有路面平整度要求那么高，在路面标高一定的情况下，路基的平整度直接影响路面结构层的厚度，路面结构层的厚度对承载能力会产生影响，影响路面结构层的使用寿命。同时，路基的平整度会影响工程造价，平整度差会造成投资的增加。

三、公路自然区划与土基干湿类型

（一）公路自然区划原则

由于我国地幅辽阔，各地气候、地形、地貌、水文地质条件等相差很大，而自然条件与公路建设密切相关，各种自然因素对公路构造物产生的影响和造成的病害也各不相同，因此，在不同地区的路基设计中，应考虑的问题也各有侧重，如季节性冰冻地区的道路病害主要是冻胀和翻浆，而干旱地区主要病害则是路基的干稳性问题。因此，根据各地自然条件特点对路线勘测、路基路面的设计、筑路材料选择、施工方案的拟定等问题进行综合考虑是十分必要的。有关部门根据我国各地自然条件及其对公路建筑影响的主要特征，提出了中国公路自然区划，绘制成了《中华人民共和国公路自然区划图》。

根据影响公路工程的地理、地貌及气候的差异特点，公路自然区划按照以下三项原则进行划分：

（1）道路工程特征相似性原则，如北方不利季节主要是春融时期，有翻浆病害。

（2）地表气候区域差异性原则，通常，地表气候随当地纬度而变，如北半球，北方寒冷，南方温暖，这称为地带性差异。除此之外，还与高程变化有关，即沿垂直方向变化，如青藏高原，由于海拔高，与纬度相同的其他地区相比，气候更加寒冷，称为非地带性差异。

（3）自然气候因素既综合又有主导作用的原则，即自然气候的变化是各种因素综合作用的结果，但其中又有某种因素起主导作用。如道路冻害是水和热综合作用的结果，但在南方，有水而没有寒冷气候的影响，就不会有冻害，说明温度起主导作用；西北干旱地区与东北潮湿区，同样都有负温，但前者冻害轻于后者，说明水起主导作用。

（二）公路自然区划划分

我国公路自然区划分为三个等级。

一级区划首先将全国划分为多年冻土、季节冻土和全年不冻土三大地带，再根据水热平衡和地理位置，划分为冻土、温湿、干湿过渡、湿热、潮暖、干旱和高寒七个一级区。二级区划是在一级区划基础上以潮湿系数为主进一步划分。三级区划是在二级区划内划分更低一级的区划或类型单元。一、二级区划的具体位置与界限，见《中华人民共和国公路自然区划图》。

1.一级自然区划

根据不同地理、气候、地貌界限的交错和重叠，全国七个一级区的代号与名称为：

Ⅰ—北部多年冻土区；

Ⅱ—东部温润季冻区；

Ⅲ—黄土高原干湿过渡区；

Ⅳ—东南湿热区；

Ⅴ—西南潮暖区；

Ⅵ—西北干旱区；

Ⅶ—青藏高寒区。

2.二级区划

二级区划是在一级区划范围内进一步划分，其主要依据是潮湿系数K。潮湿系数是指年降雨量R与年蒸发量Z之比，即$K=R/Z$，据此划分为6个潮湿等级。同时，结合各大区的地理、气候特征（如雨季、冰冻深度）、地貌类型和自然病害等因素，将全国分为33个二级区和19个二级副区。

3.三级区划

三级区划的划分方法有两种：一种是以水热、地理和地貌为依据，分为若干个具有相似性的区域单元；另一种是以地表的地貌、水文和土质为依据分为若干个类型单元。三级区划未列入全国性的区划中，由各省区结合当地自然情况自行划分。

各级区划的范围不同，在公路工程中的应用亦各有侧重：一级区划主要为全国性的公路总体规划和设计服务；二级区划主要为各地的公路路基路面设计、施工、养护提供较全面的地理、气候依据和有关参数，如土基和路面材料的回弹模量、路基临界高度、土基压实标准等。

（三）土基干湿类型划分

1.路基潮湿的来源

引起路基湿度变化的水源主要有大气降水；通过路面、路肩和边坡渗入路基；边沟水及排水不良时的地表积水，以毛细水的形式渗入路基；靠近地面的地下水，借助毛细作用上升到路基内部；在土粒空隙中流动的水汽凝结成的水分。

各种水源对路基的影响，因基所在地的地形、地质与水文等具体条件而不同，同时也随路基结构、断面尺寸、排水设施及施工方法而变化。

2.路基干湿类型划分

路基的强度与稳定性不但与土质有关，而且与干湿状态密切相关，并在很大程度上影响路面结构及厚度的确定。因此，确定土基干湿类型对路面结构设计具有重要的意义。在路基路面设计中，把路基干湿类型划分为干燥、中湿、潮湿和过湿。由于土的稠度较准确地表示了土的各种形态与湿度的关系，稠度指标综合了土的塑性特性，包含了液限与塑限，全面直观地反映了土的软硬程度，物理概念明确，因此，用稠度作为划分土基干湿类型的指标。

以稠度作为路基干湿类型的划分标准是合理的，但是不同的自然区划，不同土的分界稠度是不同的。在公路勘测设计中，确定路基的干湿类型需要在现场进行勘查，对于原有公路，按不利季节路槽底面以下80cm深度内土的平均稠度确定。在路槽底面以下80cm内，每10cm取土样测定其天然含水率、塑限含水率和液限含水率。

新建道路的路基尚未建成，不能得到路槽底以下80cm范围内土基的平均含水率，这时土基的干湿类型可以用路基临界高度为标准来确定。

路基临界高度是指在最不利季节，当路基分别处于干燥、中湿或潮湿状态时，路槽底距地下水位或长期地表积水水位的最小高度。

四、路基破坏形式与原因分析

（一）路基的破坏形式

路基在自然因素及荷载的作用下，产生不断累计的变形，最后导致破坏，这就是路基的病害现象。路基病害的形状多种多样，常见的路基病害现象有以下几种：

1.路堤沉陷

塌方路基下沉导致断面尺寸改变的病害现象称为路堤沉陷。沉陷是不均匀的，严重时会破坏局部路段造成交通中断。它有路堤本身的下陷和地基的沉陷两种。

2.路基边坡的塌方

边坡的塌方是常见的病害，也是水毁的普遍现象，尤其在山区新建公路上，几乎是普遍的病害现象。塌方的具体表现形式有剥落、碎落、滑塌和崩塌。

3.路基沿山坡的滑动

在较陡的山坡上填筑路基，如果原地面较光滑，未经处理，坡脚处又未进行必要的支撑，特别在受到水的浸润后，填方路基与原地面之间摩擦力减小，在荷载、自重作用下，有可能使路基局部或整体沿地面移动，使路基失去整体稳定性。

4.不良的地质水文条件造成的路基破坏

巨型滑坡、泥石流、地震、特大暴雨等，都可以导致路基的大规模毁坏。在公路勘测中，要求尽可能避开这些地区或采取相应的技术措施，保证公路的正常使用。

5.碎落和崩塌

剥落和碎落是指路堑边坡风化岩层表面，在大气温度和湿度的交替作用及雨水冲刷和动力作用之下，表层岩石从坡面上剥落下来，向下滚落，大块岩石脱离坡面沿边坡滚落称为崩塌。

（二）路基破坏的原因

路基破坏的原因是多方面的，各种变形破坏既具有各自特点，又具有共同原因，大致可以归纳为以下几个方面：

（1）不良的工程地质和水文地质条件，如地质构造复杂、岩层走向及倾角不利、岩性松软、风化严重、土质较差、地下水位较高以及其他特殊不良地质灾害等。

（2）不利的水文与气候因素，如降雨量大、洪水猛烈、干旱、冰冻、积雪或温差特大等。

（3）设计不合理，如断面尺寸不符合要求，包括边坡取值不当、挖填布置不符合要求、最小填土高度不足、未进行合理的防护、加固和排水设计等。

（4）施工不符合规定，如填筑顺序不当、土基压实不足、盲目采用大型爆破，以及不按设计要求和操作规程施工、工程质量不满足标准等。

在上述原因中，地质条件是影响路基工程质量和产生病害的基本前提，水是造成路基病害的主要原因。为此，设计前，应必须详细地进行地质与水文的勘察工作，针对具体条件及各种因素的综合作用，采取正确的设计方案与施工方法，消除和尽可能减少路基病害，确保路基工程达到规定的质量要求。

（三）保证路基强度和稳定性的措施

路基稳定性是指路基在各种外界因素作用下保持其强度的性质。路基在水的作用下保持其强度的性质称为水稳性，在温度作用下保持其强度的性质称为温度稳定性。路基稳定性包括两种含义：一方面是指路基整体在车辆荷载及自然因素作用下，不致产生过大的变形和破坏，称为路基整体稳定性；另一方面是指路基在水温等自然因素的长期作用下保持其强度，称为路基强度稳定性。

路基的整体稳定性，一方面取决于路基土的强度；另一方面取决于路基与基底的结合情况（路堤）或边坡岩层的稳定性（路堑）。根据水温状况对路基强度的影响，在进行路基设计时，必须充分考虑当地的自然环境条件，采取有效措施，保证路基在各种气候条件下具有足够的强度和稳定性。

为保证路基强度和稳定性，必须深入进行调查研究，细致分析各种自然因素与路基之间的关系，抓住主要问题，采取有效措施。一般采取的措施如下：

（1）合理选择路基断面形式，正确确定边坡坡度。

（2）选择强度和水、温稳定性良好的土填筑路堤，并采取正确的施工方法。公路路基用土将土分成砂土、砂性土、粉性土、黏性土及重黏土五大类。作为路基材料，砂性土最优，粉性土次之，黏性土属于不良材料，最容易引起路基病害，重黏土特别是蒙脱土也是不良路基土。

（3）充分压实土基，提高土基的强度和水稳定性。

（4）搞好地面排水，保证水流畅通，防止路基过湿或水毁。

（5）保证路基有足够高度，使路基工作区保持干燥状态。

（6）设置隔离层或隔温层，切断毛细水上升，阻止水分迁移，减少负温差的不利影响。

（7）采取边坡加固与防护措施并修筑支挡结构物。

五、路基基本构造

路基本体由路基宽度、高度和边坡坡度三者组成。路基宽度取决于公路技术等级；路基高度取决于路线的纵坡设计及地形；路基边坡坡度取决于土质、地质构造、水文条件及边坡高度，并由边坡稳定性和横断面经济性等因素比较确定。路基宽度、高度和边坡是路基本体设计的基本要素，就路基稳定性和横断面经济性的要求而论，路基边坡坡度及相应的防护、加固措施，是路基本体设计的基本内容。

（一）路基宽度

路基宽度为行车道路面及其两侧路肩宽度之和。当设有中间带、紧急停车带、爬坡车道、变速车道、错车道时，路基宽度还包括这些部分的宽度。路面是供机动车辆行驶，两侧路肩可以保护路面稳定，并兼供错车、临时停车及行人和非机动车通行。路面宽度根据设计通行能力及交通量大小而定，一般每个车道宽度为3.50～3.75m，技术等级高的公路及城镇近郊的一般公路，路肩宽度尽可能增大，一般取1～3m，并铺筑硬质路肩，以保证路面行车不受干扰。

（二）路基高度

路基高度是指路堤的填筑高度或路堑的开挖深度，是路基设计标高和地面标高之差。路基设计标高通常以路肩边缘为准，即路肩边缘标高路基设计标高。对新建公路、高速公路和一级公路采用中央分离带外侧边缘标高，二、三、四级公路采用路基边缘标高，在设置超高和加宽路段则指在设置超高和加宽之前该处的标高。改建公路一般按照新建公路的规定办理，也可采用中央分离带中线或行车道中线标高。对城市道路，路基设计标高一般指车道中心标高。边坡高度指填方坡脚或挖方坡顶标高与路基设计标高之差。当原地面平坦时，路基高度与边坡高度相等，而山坡地面上，两者不等，且两侧边坡高度也不相等。

路基高度由路线纵坡设计确定。确定时，要综合考虑地形、地质、地貌、水文等自然条件；重要构造物（如桥梁、涵洞）的控制标高；纵坡坡度应平顺，纵坡设计时要满足平包竖的原则；土石方工程数量的平衡，尽量满足挖填平衡的原则，以及路基的强度和稳定性，设计合理的路基高度。

在进行平原或者湖区公路设计时，路基的最小填筑高度应根据临界高度，并结合沿线具体条件和排水及防护措施，按照公路等级及有关的规定确定，一般应保证路基处于干燥或中湿状态。

（三）路基边坡坡度

路基边坡坡度是指边坡高度与边坡宽度的比值，通常取边坡高度为1，也可以用边坡角（边坡与水平面的倾角）表示。路基边坡坡度对于路基稳定十分重要，确定边坡坡度是路基设计的重要任务。

路基边坡坡度的大小，取决于边坡的土质、岩石的性质及水文地质条件等自然因素和边坡的高度。一般路基的边坡坡度可根据多年工程实践经验和设计规范推荐的数值采用。填方路基边坡坡度应根据填料种类、边坡高度、水文条件和基底工程地质条件等确定。基底良好时，边坡坡度按规范确定。土质挖方边坡设计应根据边坡高度，土的湿度密实程度，地下水、地面水的情况，土的成因类型及生成时代等因素确定。在一般情况下，土质挖方边坡坡度应根据调查路线附近已建工程的人工边坡及自然山坡稳定状况，参照规范确定。岩石挖方边坡坡度应根据岩性、地质构造、岩石的风化破碎程度、边坡高度、地下水及地面水等因素综合分析确定。岩石挖方边坡应注意岩体结构面的情况，如受结构面控制的挖方边坡，则应按结构面的情况设计边坡。当岩层倾向路基时，应避免设计高的挖方边坡。在一般情况下，岩石挖方边坡坡度可以参照规范来确定。当软质岩层倾向路基，倾角大于25°，走向与路线平行或交角较小时，边坡坡度宜与倾角一致。当挖方边坡高度超过30m时，可根据现场情况，调查附近已建工程的人工边坡及自然山坡情况进行边坡稳定性分析，参照规范确定。

（四）路拱

为迅速排除路面积水，需将路面做成一定的横向坡度，称为路拱横坡。

路拱横坡坡度的确定既要保证排水通畅又要保证行车安全，路拱横坡坡度一般依照路面类型和当地自然条件而定。

六、路基附属设施

与一般路基有关的附属设施有取土坑、弃土堆、护坡道、碎落台、堆料坪及错车道等。

（一）取土坑

取土坑指的是在道路沿线挖取土方填筑路基或用于养护所留下的整齐土坑。取土坑的设置应有统一规划，使之具有规则的形状及平整的底部。取土坑的边坡，内侧宜为1∶1.5，外侧不宜小于1∶1，当地面横坡陡于1∶10时，路侧取土坑应设置在路基上方一侧。平原地区的高速公路及一级公路不宜设路侧取土坑。取土坑底应设纵、横向坡度，以利排水。填方路基设置路侧取土坑，路基边缘与取土坑底的高差大于2m时，应设置护坡道。一般公路的护坡道宽度为1～2m，高速公路、一级公路，护坡道宽度不应小于3m。取土坑还可以起排水沟渠的作用。

（二）弃土堆

弃土堆指的是将开挖路基所废弃的土地放于道路沿线一定距离的整齐土堆。弃土场应符合设计要求并及时完成防护工程。

弃土场的位置与高度应保证路堑边坡、山体和自身的稳定，并不得影响附近建筑物、农田、水利、河道、交通和环境等。当不能符合上述要求时，应加设挡护或采取其他措施。弃土堆不宜在堑顶设置。弃土堆还应符合下列要求：

（1）严禁在岩溶漏斗、暗河口、泥石流沟上游及贴近桥墩台弃土弃渣；

（2）沿河岸或傍山路堑的弃土，不得弃入河道、挤压桥孔或涵管口、改变水流方向和加剧对河岸的冲刷，必要时应设置挡护设施；

（3）严禁向江、河、湖泊、水库、沟渠弃土、弃渣。

（三）护坡道

护坡道是为保护路基坡脚不受流水侵蚀，保证边坡稳定，而在路基坡脚与取土坑内侧坡顶之间预留的1～2m甚至4m以上宽度的平台。

当路堤较高时，为保证边坡稳定，在取土坑与坡脚之间或边坡坡面上，沿纵向保留或筑成有一定宽度的平台也称为护坡道。其目的是加宽边坡横距，减缓边坡平均坡度。护坡道越宽，越有利于边坡稳定，但工程量随之增加，根据实际情况，宽度至少为1.0m，并随填土高度增加而增大。一般公路的护坡道的宽度为1～2m；高速公路、一级公路的护坡道宽度不应小于3m。

（四）碎落台

碎落台是指在路堑边坡坡脚与边沟外侧边缘之间或边坡上，为防止碎落物落入边沟而设置的有一定宽度的纵向平台。碎落台设置于容易产生碎落的风化破碎岩石、软质岩石、砾（碎石）类土等地段，主要供零星土石碎块下落时临时堆积之用，以保护边沟不致堵塞，亦有保护坡道的作用。其宽度视边坡高度和土质而定，最小不得小于1m，高速公路、一级公路边坡高度超过12m时，宽度不宜小于2m。在砂类土、黄土、易风化碎落的岩石和其他不良的土质路堑中，其边沟外侧边缘与边坡坡脚之间，宜设置碎落台。其宽度视边坡高度和土质而定，一般不小于1m。当边坡已适当加固或其高度小于2m时，可以不设置碎落台。如碎落台兼有护坡作用，宽度应适当加大。高度与路肩齐平的碎落台上的堆积物应定期清理。

（五）堆料坪

路面养护用矿质材料，可以就近选择路旁合适地点堆置备用，也可以在路肩外缘设置堆料坪，其面积可以结合地形与材料数量而定，例如，每隔50～100m设置一个堆料坪，长为5～8m，宽为2m。高级路面或采用机械化养路的路段可以不设置，或另外设置集中备用料场，以维护公路外形的视觉平顺和景观优美。

（六）错车道

错车道是指在单车道道路上可通视的一定距离内，供车辆交错避让用的一段加宽车道。当四级公路采用4.5m单车道路基时，为错车而在适当距离内设置加宽车道。

错车道应设置在有利地点，并使驾驶员能够看到相邻两错车道间驶来的车辆。设置错车道路段的路基宽度不小于6.5m，有效长度不小于20m。为了便于错车车辆的驶入，在错车道的两端应设置不小于10m的过渡段。有效长度为至少能容纳一辆全挂车的长度。

错车道的间距是根据错车时间、视距、交通量等情况而决定的，如果间距过长，错车时间长，通行能力就会下降。国外有的规定错车时间为30s左右，其最大间距应不大于300m。我国相关标准未作硬性规定，只规定要结合地形等情况，在适当距离内，能看到相邻两个错车道的有利地点设置即可。

七、路基的防护与加固

（一）路基防护工程类型

路基防护工程是防治路基病害，保证路基稳定，改善环境景观，保护生态平衡的重要设施。其类型可以分为以下几种：

1.边坡坡面防护

坡面防护，主要是保护路基边坡表面，免受雨水冲刷，减缓温差及温度变化的影响，防止和延缓软弱岩土表面的风化、碎裂、剥蚀演变进程，从而保护路基边坡的整体稳定性，在一定程度上还可美化路容，协调自然环境。

植物防护：种草、铺草皮、植树。

工程防护（矿料防护）：框格防护、封面、护面墙、干砌片石护坡、浆砌片石护坡、浆砌预制块护坡、锚杆钢丝网喷浆、喷射混凝土护坡。

2.沿河河堤河岩冲刷防护。

直接防护：植物、砌石、石笼、挡土墙等。

间接防护：丁坝、顺坝等导流构造物，以及改河营造护林带。

（二）路基加固工程的类型划分

路基加固工程的主要功能是支撑天然边坡或人工边坡以保持土体稳定或加强路基强度和稳定性，以及防护边坡在水温变化条件下免遭破坏。按照路基加固的不同部位分为坡面防护加固、边坡支挡、湿弱地基加固三种类型。

1.坡面防护加固

路基防护中均具有加固的作用。

2.边坡支挡

边坡支挡包括路基边坡支撑和堤岸支挡。路基边坡支撑包括护肩墙、护坡、护面墙、护脚墙、挡土墙等。堤岸支撑包括驳岸、浸水挡墙、石笼、抛石、护坡、支垛护脚等。

3.湿弱地基加固

碾压密实、排水固结、挤密、化学固结、换填土等。

八、路基横断面形式与设计要求

（一）路基横断面形式

路基横断面是指垂直于线路中心线截取的路基断面。根据其所处的地形条件不同，具有各种断面形式。路基按照其横断面的挖填情况分为路堤、路堑、半路堤半路堑及不填不挖断面等。在进行路基设计时，先要进行横断面设计，待横断面确定以后，再全面综合考虑路基工程在纵断面上的配合及路基本体工程与其他各项工程的配合。路基典型横断面的形式包括路堤（填方）、半填半挖和路堑（挖方）。

（1）路堤是指全部用岩土填筑而成的路基。路堤的几种常用横断面形式：矮路堤（填土高度低于1.0m）、高路堤［填土高度大于18m（土质）或20m（石质）］、一般路堤（填土高度介于两者之间）、浸水路堤、护脚路堤、挖沟填筑路堤。

（2）当原地面横坡大，且路基较宽，需一侧开挖另一侧填筑时，为挖填结合路基，也称为半填半挖路基。在丘陵或山区公路上，挖填结合是路基横断面的主要形式。

（3）路堑是指全部在原地面开挖而成的路基。路堑横断面的几种基本形式为全挖式路基、台口式路基、半山洞式路基。

（二）路基设计要求

路基应根据其使用要求和当地自然条件（包括地质、水文和材料情况等）并结合施工方案进行设计，既应有足够的强度和稳定性，又要经济合理。影响路基强度和稳定的地面水和地下水，必须采取拦截或排出路基以外的措施，并结合路面排水，做好综合排水设计，形成完整的排水系统。修筑路基取土和弃土时，应符合环保要求，宜将取土坑、弃土堆栈加以处理，减少弃土侵占耕地，防止水土流失和淤塞河道。通过特殊地质、水文条件地带时，应做调查研究，并结合当地实践经验，进行特别设计。

第二节　城市道路的路面设计

路面是道路结构中与车轮直接接触的部位，一般分层进行铺筑。不同层位有不同的功能，由不同参数的混合料铺筑而成。路面不但受到车辆荷载的作用，还直接与大气环境接触，其质量好坏将直接影响行车速度、舒适性和安全性，也影响工程成本。因此，路面设计中应根据道路的性质、等级和任务，合理选定路面层次及其厚度，反复比选认真设计，既不浪费材料，又保证承载能力，并严格按照规范进行施工，保证路面结构具有良好的使用性能。

一、路面性能要求、结构层位及功能、路拱横坡度

（一）路面性能要求

路面是由各种坚硬材料铺筑在路基顶面，供车辆直接在其表面行驶的层状结构物，其主要功能是承受行车荷载和各种自然因素，如风、霜、雨、雪、日照等的共同作用。为了保证道路全天候通车，提高行车速度，增强安全性和舒适性，降低运输成本和延长道路使用年限，要求路面具有下述性能：

1.足够的强度和刚度

汽车在路面上行驶，通过车轮把垂直力和水平力传递给路面，水平力又分为横向和纵向两种。另外，路面还受到车辆的振动力和冲击力作用，在车身后面还会产生真空吸力。在上述各种外力的综合作用下，路面结构内会产生不同大小的应力、应变，如果这些应力或应变超过路面结构整体或某一组成部分的强度或抗变形能力，路面就会出现断裂、沉陷、车辙及波浪等病害，从而使路况恶化、服务水平下降。因此，要求路面结构必须具有足够的强度，同时，应具有一定的刚度（即抵抗变形的能力）。

2.良好的稳定性

路面结构袒露在大气中，无时不受到温度和湿度变化的影响，其力学性能也就随之不断发生变化；强度和刚度不稳定，路况也就时好时坏。例如，沥青路面在夏季高温时会软化而出现车辙和推挤，冬季低温时又可能因收缩或变脆而开裂；水泥混凝土路面在高温时会产生拱胀破坏，温度急剧变化时会因翘曲而产生破坏；砂石路面在雨季时，路面结构会因雨水渗入而强度下降，出现沉陷、车辙或波浪。在冰冻地区，温度和湿度的共同作用会使路面结构产生冻胀、翻浆破坏。因此，需要研究路面结构的温度和湿度状况及其对路面结构的影响，以便在此基础上修筑能在当地气候条件下具有足够稳定性的路面结构。

3.耐久性

路面结构要承受车辆荷载的多次重复作用，由此逐渐出现疲劳破坏和塑性变形累积。另外，温度、湿度、日照等自然因素的影响会使路面各结构层材料老化而导致破坏，这些都将缩短路面的使用寿命，增加养护工作量和难度。因此，路面结构必须具有足够的抗疲劳强度和抗老化能力以及抗变形累积的能力。

4.路面平整度

路面平整度是影响行车安全、行驶舒适性和运输效益的重要指标。不平整的路面会增大行车的阻力，并使车辆产生附加的振动作用。这种振动会造成行车颠簸，影响行车的速度和安全、平稳和乘客的舒适。同时，振动作用还会对路面施加冲击力，从而加剧路面和汽车部件的损坏，并增加油料的消耗，而且，不平整的路面还会积滞雨水，加速路面的破

坏。不同等级的公路，对路面平整度的要求也不同。

平整的路面，依靠优良的施工机具、精细的施工工艺、严格的施工质量控制及经常、及时的养护作保证。同时，路面结构的平整度还和整个路面结构和面层材料的强度、抗变形能力有关。强度和抗变形能力差的路面结构经不起车轮荷载的反复作用，极易出现沉陷、车辙和推挤等破坏，从而形成不平整的路面。

5.路面抗滑性和耐磨性

路面表面要求平整度好，但不宜光滑。光滑的表面会造成行驶的车轮与路面之间的附着力和摩擦力较小，影响行车的安全性。特别是在雨天高速行车，或紧急制动，或爬坡、转弯时，车轮易产生空转或打滑，致使车速降低、油料消耗增加，甚至引起严重的交通事故。路面的抗滑性能通常采用摩擦系数表征。由于高速公路和一级公路的行车速度高，因此要求具有较高的抗滑性。

路面的抗滑性可以通过采用坚硬、耐磨、表面粗糙的集料组成路面面层材料来实现，同时，也可以采用一些工艺性措施来实现，如水泥混凝土路面的刷毛、刻槽等。另外，路面上的积雪、浮冰及污泥等，也会降低路面抗滑性，必须及时清除。

6.不透水性

大气降水若通过路面表面渗入路面结构和路基内部，那么在高速行车荷载的反复作用下，这些水将产生很大的动水压力不断冲刷路面，使路面出现剥落、坑洞、唧浆、网裂等早期水破坏现象。在降雨量大的潮湿地区，交通量大、载重车辆多的高速公路沥青路面，水破坏现象更严重。为避免路面水破坏，应尽量采用不透水的路面面层，设置路面排水设施或有效防水层。

7.低噪声和少尘性

汽车在路面上行驶，车身后面所产生的真空吸力会将表层中较细材料吸出而扬尘，导致路面松散、脱落、形成坑洞等破坏；扬尘还会加速汽车机件的损坏，影响行车视距，降低行车速度；而且，给旅客和沿路的环境卫生以及货物和路旁农作物均带来不良影响。

行车噪声，一方面因路面平整度差、路面面层材料的刚度大而产生，另一方面与不良的线形设计导致车辆频繁的加速、减速、转向有关。

因此，对于行车噪声和扬尘，应当从道路工程的设计、施工、养护和管理等方面统筹考虑，才能保证路面具有尽可能低的扬尘性和尽可能小的噪声。

（二）路面结构层位及功能

行车荷载和自然因素对路面的作用和影响，随深度而递减。因此，对路面结构的强度、抗变形能力和稳定性的要求也随深度的增加而逐渐降低。根据这一特点，同时考虑到筑路的经济条件，路面结构一般由各种不同材料分多层铺筑，各个层位分别发挥着不同的功能。通常，将路面结构划分为面层、基层和垫层。

1.面层

面层是路面结构的最上层，直接与车辆荷载和大气相接触。与其他层次相比，面层应具备更高的强度、抗变形能力和较好的稳定性、平整度，同时，应具有较好的耐磨性、抗滑性和不透水性。

铺筑面层的材料主要有水泥混凝土、沥青混凝土、块石、沥青碎（砾）石混合料等。

高等级道路的面层通常由两层（上面层和下面层）或三层（上、中、下面层）构成。

2.基层

基层设置在面层之下，承受由面层传递下来的行车荷载，并将它扩散和传递到垫层和土基上。虽然基层位于面层之下，但仍然难以避免大气降水从面层渗入，而且还可能受到地下水的侵蚀。因此，基层除应具有足够的强度和刚度外，还应具有良好的水稳定性。同时，为了保证面层的平整度，要求基层具有一定的平整度。

铺筑基层的材料主要有各种结合料（如石灰、水泥或沥青等）、稳定土或碎（砾）石或各种工业废渣（如煤渣、粉煤灰、矿渣、石灰渣等）组成的混合料、贫水泥混凝土、各种碎（砾）石混合料或天然砂砾及片石、块石或圆石等。

高等级道路的基层通常较厚，一般分为两层或三层铺筑，位于最下层的叫作底基层。对底基层的材料在质量和强度方面要求相对较低，应尽量使用当地材料铺筑。

3.垫层

垫层位于基层和土基之间，其功能是改善土基的湿度和温度状况，保证基层和面层的强度、刚度和稳定性不受土基的影响。同时，垫层还将基层传递下来的车辆荷载进一步扩散，从而减小土基顶面的压应力和竖向变形。另外，垫层也能够阻止路基土挤入基层，在地下水位较高的路基上及土质不良或冻深较大的路基上，通常都应设置垫层。

垫层材料的强度要求不一定高，但水稳定性和隔温性要好。常用的垫层材料有两类：一类为松散粒料，如砂、砾石、炉渣、煤渣等透水性垫层，另一类为石灰、水泥和炉渣稳定土等稳定性垫层。

为了保护路面各层的边缘，一般路面的基层宽度应比面层每边宽出至少25cm，垫层宽度应比基层每边宽出至少25cm，或与路基同宽以利于排水。

路面结构层次和组成材料的选择，应根据道路等级、交通繁重程度、路基承载能力、材料供应情况、气候条件、施工因素、资金筹措等因素，综合考虑和分析后作出决定。高速公路、一级公路的基层，应采用水泥稳定粒料、石灰粉煤灰稳定粒料、沥青混合料以及级配碎（砾）石等材料铺筑；高速公路、一级公路的底基层和二级及二级以下公路的基层和底基层，除上述材料外，也可以采用水泥稳定土、石灰稳定土、石灰粉煤灰稳定土、石灰工业废渣、填隙碎石等材料铺筑。当各级公路需要设置垫层时，一般可以采用水稳定性好的粗粒料或各种稳定类材料铺筑。

（三）路拱横坡度

为了及时排出路面上的积水，减少雨水对路面的浸湿和渗透，路面表面应做成两边低、中间高的路拱。路拱坡度的大小一般受路面材料、路面宽度和地区降雨等因素的影响。高级路面平整度和水稳性好，透水性小，一般采用较小的路拱横坡度和直线形路拱；为利于迅速排除路表积水，低级路面通常采用较大的路拱横坡度和抛物线形路拱。

路拱横坡度的具体选择，应考虑有利于行车平稳和路面排水的要求。在干旱和有积雪、浮冰地区，应采用低值；多雨地区采用高值。道路纵坡较大，或路面较宽，或行车速度较高，或经常有拖挂车行驶时用低值；反之，取用高值。

路肩横坡度一般较路面横坡度大1%。当硬路肩采用与路面行车道相同的结构时，高速公路和一级公路的路肩与路面采用相同的横坡度。

二、路面分级与分类

（一）路面的分级

通常按照路面面层的使用品质、材料组成类型和结构强度及稳定性的不同，将路面分成四个等级。

1.高级路面

高级路面的特点是强度高、刚度大、稳定性好、使用寿命长、平整无尘，能保证高速行车。高级路面需要采用高质量的材料修筑，因此，初期建设投资较高，但路面养护费用少、运输成本低。

2.次高级路面

与高级路面相比，次高级路面的强度、刚度和稳定性均较差，使用寿命短，行车速度也较低。其建设投资较高级路面低些，但要求定期维护，养护费用和运输成本较高。

3.中级路面

中级路面的强度、刚度低，稳定性差。路面平整度差，易扬尘。它可以利用当地材料进行修筑，初期建设投资很低，但养护工作量大，且需经常养护维修，因此运输成本也较高。

4.低级路面

低级路面的强度和刚度最低，水稳定性差，路面平整度差，易扬尘，只能低速行车，雨季甚至不能通车。可以大量使用当地材料修筑，初期建设投资相当低，但要求经常维护和维修，因此运输成本最高。

（二）路面的分类

路面类型一般按照路面所使用的主要材料划分，如水泥混凝土路面、沥青路面、砂石路面等。

但在进行路面结构设计时，主要从路面结构的力学特性出发，将路面划分为柔性路面、刚性路面两大类。

1.柔性路面

柔性路面结构整体刚度较小，在行车荷载作用下产生的弯沉较大，路面结构层抗弯拉强度较低，行车荷载通过各结构层传递给土基，因而，使土基承受较大的应力。路面结构主要靠抗压、抗剪强度承受行车荷载作用。柔性路面主要由各种未经处治的粒料基层和沥青面层、碎（砾）石面层或块石面层组成路面结构。

2.刚性路面

刚性路面主要指用水泥混凝土作面层或基层的路面结构。与柔性路面相比，刚性路面具有较高的抗压、抗弯拉强度和弹性模量，刚度大，板体性好，具有较强的扩散应力的能力。因此，在车辆荷载作用下，通过板体传递给基层或土基的应力比柔性路面小很多。

另外，用水泥、石灰、粉煤灰等无机结合料稳定土或碎（砾）石来修筑的基层，通常称为半刚性基层。此类基层初期强度和刚度较小，其强度和刚度随龄期的增加而增加，所以，后期体现出刚性路面的特性，但最终强度和刚度仍远小于刚性路面。用半刚性基层修筑的沥青类路面称为半刚性基层沥青路面，这类路面仍然采用柔性路面设计理论来设计。

三、行车荷载对路面的作用

汽车是道路的服务对象，为了使路面设计达到预定的性能且不浪费材料，首先应对汽车荷载进行分析。

（一）汽车静止时路面的受力

汽车在道路上有停车和行驶两个状态，当汽车处于停车状态时，路面承受车辆的自重压力P，P的大小与下列因素有关：

（1）轮胎的内压p_0。

（2）轮载大小。

（3）轮胎与地面的接触形状和轮胎本身的刚度。

货车轮胎的标准静压p_0一般为$0.4 \sim 0.7$MPa。处于停车状态时，轮胎与路面的接触压力略小于静止内压力，为$(0.8 \sim 0.9)p_0$；处于行驶状态时，车轮与地面的接触压力有所增加，可达到$(0.9 \sim 1.1)p_0$。

实际上，轮胎与地面的接触面积具有不规则性，其接触压力各个部位也不相同，但为了研究问题的方便，忽略次要因素后，在路面结构设计中，一般假定接触面为圆形，将车轮荷载等效成当量圆形均布荷载，且用静止内压力作为轮胎与路面的接触压力。车轴荷载通过充气轮胎传递给路面，车轮与路面的接触面积称为轮印面积，通常，把轮胎的投影面积当作接触面积，其形状为长、短轴比较接近的椭圆。在路面设计中，大都近似采用圆形接触面来代替，称为轮印的当量圆。汽车后轴多为双轮组，将双轮轮印化为一个当量圆，称为单圆荷载；若化为两个当量圆，则称为双圆荷载。

（二）汽车运动时路面的受力

汽车在路面行驶，除给路面竖向力（静压力）外，同时，还会给路面水平力和振动力。汽车给路面的水平力由路面摩擦来平衡，因此，车辆在路面行驶时，必须满足以下条件：

$$F_H \leqslant P \cdot \varphi$$

式中：F_H——汽车对路面的水平合力（kN）；

φ——车轮与路面之间的摩擦系数，中值由试验测得，一般为0.4~0.6。

由于路面不可能绝对平整，因此汽车在行驶过程中，会对路面产生冲击，给路面一个振动力。这种振动力基本在轴载附近交替变化，其数值大小取决于行车速度、路面平整度和车辆的抗振性能。速度越小、路面越平整、车辆减振性能越好，振动力越趋于零。车轮的高速旋转，使轮胎后形成暂时的真空，从而产生真空吸力。在路面设计中，根据路面材料的性能来有选择地考虑这些作用力。柔性路面主要考虑了汽车荷载对路面作用的垂直力和水平力；目前，只在刚性路面设计中才考虑汽车对路面的冲击力和振动力；至于真空吸力，目前尚未在设计中考虑。

四、路面排水设计

（一）路面表面排水

路面表面排水的主要任务是迅速把降落在路面和路肩表面的降水排走，以免造成路面积水而影响行车安全。路面表面排水设计应遵循下列原则：

（1）降落在路面上的雨水，应通过路面横向坡率向两侧排流，避免行车道路路面范围内出现积水。

（2）在路线纵坡平缓、汇水量不大、路堤较低且边坡坡面不会受到冲刷的情况下，应采用在路堤边坡上横向漫流的方式排出路面表面水。

（3）在路堤较高，边坡坡面未做防护而易遭受路面表面水流冲刷，或者坡面虽已采取防护措施但仍有可能受到冲刷时，应沿路肩外侧边缘设置拦水带，汇集路面表面水，然后通过泄水口和急流槽排离路堤。

（4）设置拦水带汇集路面表面水时，拦水带过水断面内的水面，在高速公路及一级公路上不得漫过右侧车道外边缘，在二级及二级以下公路上不得漫过右侧车道中心线。

由于修筑拦水带和急流槽需增加工程投资，因而，须对投资的经济性进行分析和比较，分析是采用有效的坡面防护措施而不设拦水带和急流槽经济，还是修筑拦水带和急流槽而降低对坡面防护工程的要求合算。

拦水带可由沥青混凝土现场铺筑，或者由水泥混凝土预制块铺砌而成。采用水泥混凝土预制块拦水带时，应避免预制块影响路面内部水的排泄。

（二）中央分隔带排水

中央分隔带排水是高速公路及一级公路地表排水的重要内容，应根据分隔带宽度、绿化和交通安全设施的形式、分隔带表面的处理方式等因素选择不同的排水方式。

1.宽度小于3m且表面采用铺面封闭的中央分隔带排水

降落在分隔带上的表面水排向两侧行车道，其坡率与路面的横向坡率相同；在超高路段上，可在分隔带上侧边缘处设置缘石或泄水口，或者在分隔带内设置缝隙式圆形集水管或碟形混凝土浅沟和泄水口，以拦截和排泄上侧半幅路面的表面水。缘石过水断面的泄水口可采用开口式、格栅式或组合式；碟形混凝土浅沟的泄水口采用格栅式。格栅钢丝应平行于水流方向，孔口的净泄水面积应占格栅面积的一半以上，泄水口间距和截流量以及断面尺寸等可通过计算选取。

2.宽度大于3m且表面未采用铺面封闭的中央分隔带排水

降落在分隔带上的表面水汇集在分隔带中央的低洼处，并通过纵坡排流到泄水口或横穿路界的桥涵水道中。分隔带的横向坡率不得陡于1∶6；分隔带的纵向排水坡率，在过水断面无铺面时不得缓于0.25%，有铺面时不得缓于0.12%。当水流速度超过地面土的最大允许流速时，应在过水断面宽度范围内对地面土进行防冲刷处理，做成三角形或U形断面的水沟。防冲刷层可采用石灰或水泥稳定土，或者采用浆砌片石铺砌，层厚10～15cm。当中央分隔带内的水流流量过大或流速超过允许范围处，或者在分隔带低凹区的流水汇集处，应设置格栅或泄水口，并通过排水管引排到桥涵或路界处。格栅可以同周围地面齐平，也可适当降低，并在其周围一定宽度范围内做成低凹区，以增加泄水能力。

3.表面无铺面且未采用表面排水措施的中央分隔带排水

降落在分隔带上的表面水下渗，由分隔带内的地下排水设施排出。常用的纵向排水渗沟，应隔一定间距通过横向排水管将渗沟内的水排引出路界。渗沟周围包裹反滤织物（土工布），以免渗入水携带的细粒将渗沟堵塞。渗沟上的回填料与路面结构的交界面铺设涂双层沥青的土工布隔渗层。排水管可采用直径70～150mm的塑料管。

在我国，通常采用较窄的中央分隔带，仅在中间设预留车道时才采用宽的中央分隔带。各地在选用排水设施类型时，并未拘泥于以分隔带宽度限值作为唯一的依据，而是结合地区和工程需要确定，形式是多样的。因而，上述分类中的宽度标准并不是绝对的。

（三）路面内部排水

水可以通过路面裂缝、路面表面和路肩渗入路面，或是由高水位地下水、截断的含水层和泉水进入路面结构，被围封在路面结构内的水分产生的有害影响可归纳如下：

（1）浸湿各结构层材料和路基土，易造成无黏结粒状材料和地基土的强度降低。

（2）使混凝土路面产生唧泥，随之出现错台、开裂和整个路肩破坏。

（3）进入空隙的自由水在行车荷载的作用下，会形成高孔隙水压力和高流速的水流，引起路面基层的细颗粒产生唧泥，结果使其失去支承。

（4）冰冻深度大于路面厚度时，高地下水位会造成冻胀，并在冻融期间降低承载能力。

（5）水使冻胀土产生不均匀冻胀。

（6）与水经常接触将使沥青混合料剥落，影响沥青混凝土耐久性和产生龟裂。

（四）边缘排水系统

边缘排水系统是沿路面边缘设置的，由透水性填料集水沟、纵向排水沟、横向出水管和过滤织物组成的排水系统。该系统将渗入路面结构内的自由水，先沿路面结构层间空隙或某一透水层横向流入纵向集水沟和排水管，再由横向出水管排引出路基。这种排水系统通常用于基层透水性小的水泥混凝土路面，特别是用于改善排水状况不良的旧水泥混凝土路面。水泥混凝土面层板的边缘和角隅处，由于温度和湿度梯度引起的翘曲变形以及地基的沉降变形，常出现板底面同基层顶面脱空的现象。下渗的路表水易积聚在这些脱空内，促使唧泥和错台等损坏的出现。设置边缘排水系统，便于将面层—基层—路肩界面处积滞的自由水排离路面结构。而对于排水状况不良的旧水泥混凝土路面，采用边缘排水设施方案，可以在不改变原路面结构的情况下改善其排水状况，从而提高原路面的使用性能和使用寿命。然而，自由水在路面结构层内沿层间渗流的速率要比向下渗流的速率慢许多，并且部分自由水仍有可能被阻封在路面结构内，因而，边缘排水系统的渗流时间较长，路面结构处于潮湿状态的时间要比下面将要介绍的排水基层排水系统长许多。

纵向排水管通常选用聚氯乙烯（PVC）或聚乙烯（PE）塑料管。排水管设三排槽口或孔口，其开口总面积不小于42cm²/延米。管径按设计流量由水力计算确定，通常为

70～150mm。排水管的埋设深度，应保证不被车辆或施工机械压裂，并应超过当地的冰冻深度，在非冰冻地区，新建路面时，排水管管底通常与基层底面齐平；改建路面时，管中心应低于基层顶面。排水管的纵向坡率宜与路线纵坡相同，但不得小于0.25%。

横向出水管选用不带槽或孔的聚氯乙烯塑料管，管径与排水管相同。其间距和安全位置由水力计算并考虑邻近地面高程和公路纵横断面情况确定，一般取50～100m。出水管的横向坡率不宜小于5%。埋设出水管所开挖的沟，须用低透水材料回填。出水管的外露端头用镀锌钢丝网或格栅罩住。出水口的下方应铺设水泥混凝土防冲刷垫板或者对泄水道的坡面进行浆砌片石防护，以防止水流冲刷路基边坡和不利植物生长。出水水流应尽可能排引至排水沟或涵洞内。

透水性填料由水泥处治的开级配粗集料组成，其孔隙率为15%～20%。粗集料最大粒径不大于40mm，粒径4.75mm以下的细粒含量不应超过16%，2.36mm以下的细粒含量不应超过6%。为避免带孔排水管被堵塞，透水性填料在通过率为85%时的粒径应比排水管槽口宽或孔口直径大1.0～1.2倍。水泥处治的集料的配合比，应按透水性要求和施工要求通过试配确定。集水沟底面的最小宽度，对新建路面，不应小于30cm；对改建路面，应能保证排水管两侧各有至少5cm宽的透水填料。透水填料的底面和外侧用反滤织物（土工布）包裹，以防垫层、基层和路肩内的细粒侵入而堵塞填料空隙或管孔。反滤织物可选用由聚酯类、尼龙或聚丙烯材料制成的无纺织物，能透水，但细粒土不能随水透过。

（五）排水基层的排水系统

直接在面层下设置透水性排水基层，在其边缘设置纵向集水沟和排水管以及横向出水管等，组成排水基层排水系统，采用透水性材料做基层，使渗入路面结构内的水分，先通过竖向渗流进入排水层，然后横向渗流进入纵向集水和排水管，再由横向出水管排引出路基。这种排水系统，由于自由水进入排水层的渗流路径短，在透水性材料中渗流的速率快，其排水效果要比边缘排水系统好得多。一般在新建路面时采用此方案。排水基层设在面层下，作为路面结构的基层或基层的一部分，共同承受车辆荷载的作用。

排水层也可采用横贯路基整个宽度的形式，不设纵向集水沟和排水管及横向出水管。渗入排水层内的自由水，横向渗流，直接排泄到路基坡面外。这种形式便于施工，但其主要缺点是，排水层在坡面出口处易生长杂草或被其他杂物堵塞，从而在使用几年后便不能再排泄渗入水，而集中积滞在排水层内的自由水反而使路面结构，特别是路肩部分，更易出现损坏。

在一些特殊地段，如连续长纵坡坡段、曲线超高过渡段和凹形竖曲线段等，排水层内渗流的自由水有可能被堵封或者渗流路径超过45～60m。在这些地段，应增设横向排水管以拦截水流，缩短渗流长度。

排水层的透水性材料可以采用经水泥或沥青处治，或者未经处治的开级配碎石集料。未处治的碎石集料的透水性一般比水泥或沥青处治的要低，其渗透系数为60～1000m/d。而水泥或沥青处治的碎石集料的渗透系数为1000～6000m/d，其中沥青处治的碎石的透水性略高于水泥处治的碎石。未经水泥或沥青处治的碎石集料，在施工摊铺时易出现离析，在碾压时不易压实稳定，并且易在施工机械行驶下出现推移变形，因而一般情况下不建议作为排水基层。用作水泥混凝土面层的排水基层时，宜采用水泥处治的开级配碎石集料，其最大粒径可选用25mm。而用作沥青混凝土面层的排水基层时，则宜采用沥青处治的碎石集料，最大粒径宜为20mm。材料的透水性同集料的颗粒组成情况有关，空隙率大的组成材料，其渗透系数也大，需通过透水试验确定。纵向集水沟布置在路面横坡的下方。行车道路面采用双向坡路拱时，在路面两侧都设置纵向集水沟。集水沟的内侧边缘可设在行车道面层边缘处，但有时为了避免排水管被面层施工机械压裂，或者避免路肩铺面受集水沟沉降变形的影响，将集水沟向外侧移出60～90cm。路肩采用水泥混凝土铺面时，集水沟内侧边缘可外移到路肩面层边缘处。

排水基层下必须设置不透水垫层或反滤层，以防止表面水渗入垫层，浸湿垫层和路基，同时防止垫层或路基土中的细粒进入排水基层而造成堵塞。

排水垫层按路基全宽设在其顶面。过湿路基中的自由水上移到排水垫层内后，向两侧横向渗流。路基为路堤时，水向路基坡面外排流；路基为路堑或半路堑时，挖方坡脚处须设置纵向集水沟、排水管和横向排水管。

排水垫层一方面要能渗水，另一方面要防止渗流带来的细粒堵塞透水材料。为此，在材料级配组成上要满足关于透水和反滤的要求。

第三章 高速铁路的规划设计及检测维修

第一节 高速铁路线路规划设计

一、高速铁路线路规划的基本要求

高速铁路主要以城市间旅客运输为服务对象，在进行线路规划时首先要考虑到线路所经过城市的经济发展情况，同时规划设计应以快速、方便、安全、舒适及减少环境干扰为主要思路，兼有为既有线分流客运、扩大货运能力的功能，又具有牵引功率大、列车质量小、地形高程障碍一般不突出、线路较顺直等特点。

高速铁路规划和建设时要符合环境保护、水土保持、土地节约及文物保护的要求。绕避各类不良地质体，无法绕避时应在详细地质勘察的基础上结合特殊岩土、不良地质的特性，做好工程整治措施，保证运营安全。高速铁路规划和建设时要结合地形地质条件，优化线路平、纵断面，减少拆迁工程量，合理确定工程类型，统筹考虑边坡及排水工程，做好工程方案比较。高速铁路规划和建设时要考虑既有交通走廊、高压电力线、重要地下管线、军用设施及易燃、易爆或者放射性物品等危险物品的影响。

除此之外，高速铁路在建设之前要还要做好线路的总体规划，考虑与其他线路的衔接和配合。高速铁路线路的规划要符合铁路网总体规划，与城市总体规划及其他交通方式、农田水利和其他工程建设相协调，做到布局合理。

高速铁路客运站设计的总体要求：铁路枢纽应与城市总体规划及铁路枢纽总体规划相协调；枢纽内客运站的数量应根据枢纽客运布局、枢纽客运量、引入线路数量、客车开行方案及既有设备配置等因素综合确定；枢纽内有两个及以上客运站时，客运站的分工应根据客车径路顺畅、点线能力协调、旅客乘降方便等原则，按引入方向、客车类别、客车开行方案等方式确定；客运站选址应满足运输需求并与城市规划相协调，考虑地形地质条件、既有建筑物拆迁、土地资源开发和城市发展等因素，经综合比较后确定；客运站应考虑与城市交通系统相协调，方便旅客换乘。

高速铁路定线设计的自然条件与工程条件总体要求：线路空间曲线按列车运行速度及速差设计；车站分布应根据城市分布、客运量、运输组织、设计输送能力及养护维修、救援等技术作业要求，结合工程条件等因素综合研究确定，站间距离宜为30～60km；逐步形成"客货分线、客内货外"的总格局；综合研究确定客运站数量，客运站站址选择结合城市总体规划和引入方向，形成综合交通枢纽；路基、桥涵及隧道等工程类型选择应进行技术经济分析后确定；路基与桥梁的分界高度应根据地质条件及地基处理措施、填料性质及运输距离、当地土地资源、建筑物拆迁、城镇交通要求等情况进行技术经济分析后确定；选线、桥梁、轨道设计应统筹考虑，减少钢轨伸缩调节器的设置：平面曲线和竖曲线地段应避免设置钢轨伸缩调节器；引入枢纽引起的既有线改建应符合相应技术标准的规定。

高速铁路与其他铁路、公（道）路以桥梁方式交叉跨越的总体要求：宜采用高铁路上跨的方式；在困难条件下，经技术经济分析后采用高速铁路下穿方式时，应按有关规定采取可靠的安全防护措施。

二、高速铁路线路设计理念

高速铁路设计、建设要贯彻"以人为本、服务运输、强本简末、系统优化、着眼发展"的建设理念，采用先进、成熟、经济、实用、可靠的技术，体现高速度、高密度、高安全、高舒适的要求，符合数字化铁路的需求。

高速铁路线路设计速度应按高速车、跨线车匹配原则进行选择，并应考虑不同速度共线运行的兼容性。高速铁路设计年度宜分近、远两期。近期为交付运营后10年，远期为交付运营后20年。对铁路基础设施及不易改、扩建的建筑物和设备，应按远期运量和运输性质设计，并考虑长远发展的要求。易改、扩建的建筑物和设备，可按近期运量和运输性质设计。并预留远期发展条件。随运输需求变化而增减的运营设备，可按交付运营后第5年运量进行设计。

高速铁路设计应重视保护生态环境、自然景观和人文景观；重视水土保持、生态环境敏感区、湿地的保护和防灾减灾及污染防治工作。加强轮轨系统噪声、弓网系统噪声、机电系统噪声、空气动力学噪声等的减震降噪设计，并采取适宜的工程措施；投资控制应从技术标准、方案和工程措施选择等多角度比选，贯彻科学定标、适度从紧、强本简末、节省投资的原则。

高速铁路线路应按全封闭、全立交设计。高速铁路设计应执行国家节约能源、节约用水、节约材料、节省用地、保护环境等有关法律、法规。高速铁路结构物的抗震设计应符合《铁路工程抗震设计规范》及国家现行有关规定。高速铁路线路应符合以下主要技术标准：

设计速度应根据项目在铁路快速客运网中的作用、运输需求、工程条件，进行综合技术经济分析后确定，应满足旅行时间目标值的要求。高速铁路应按一次建成双线电气化铁路设计，正线应按双方向行车设计。

正线线间距、最小平面曲线半径、最大坡度应根据设计行车速度、运输组织模式、安全和舒适度要求等因素确定。

最小行车间隔按照运输需求研究确定，宜采用3~4min。设计速度、线间距、线路平面和线路纵断面等标准应系统设计、协调匹配。

高速铁路线路应注重土建工程之间的协调。路基、桥涵及隧道等各类结构物的设计应注意各结构物间变形协调，尽量避免不同结构物间的频繁过渡，应重视轨道刚度均匀性和不同轨道结构间的刚度过渡。注重土建工程与其他专业之间设计的协调。路基、桥涵和隧道附属工程设计应满足电缆槽、接触网、声屏障、综合接地线、线路标志、站区过轨管线，以及牵引变电、电力、通信、信号电缆过轨等设备设置的要求。

三、高速铁路线路建设的基本要求

高速铁路路基工程应避免高填、深挖和长路堑，特殊岩土、不良地质区段应严格控制路基填挖高度。高速铁路在复杂地形地貌、地质不良条件下的深切冲沟地段，线路平、纵断面应满足桥梁或涵洞的设置要求。高速铁路还要满足环境保护、水土保持、土地节约及文物保护的要求。

高速铁路线路工程施工须按照批准的设计文件的要求进行，严格执行工程建设项目招投标和监理制度。建设单位应会同相关铁路运输企业和工程设计、施工单位制定安全施工方案，按照方案进行施工，加强环境保护，确保工程质量。施工完毕应及时清理现场，不得影响铁路运营安全。涉及营业线施工时，须按铁路总公司规定程序审批，且必须保证行车安全，减少对运输的影响。

铁路基本建设项目中的环境保护、节能、水土保持、劳动安全、职业卫生、消防、安全防护、公共安全等设施，必须和主体工程同时设计、同时施工、同时投产。铁路线路、桥隧、房建等技术设备，均须有完整和正确反映其技术状态的文件及技术履历等有关资料。上述技术资料由有关部门或单位妥善保管，并根据变化情况及时记载修订。时速200km及以上铁路应建立勘察设计、工程施工、运营维护"三网合一"的精密测量控制网。

高速铁路工期安排应突出高速铁路建设技术标准高、系统复杂的特点，抓住精密测量、线形控制、沉降变形观测、无砟轨道、系统集成、联调联试及试运行等影响建设质量的关键环节，系统规划，统筹安排，满足各项技术要求；应立足于现有铁路施工技术装备水平和技术发展水平，并积极推广采用新技术、新工艺、新材料和新设备，体现社会科技发展水平；应突出施工准备、路基桥梁隧道等线下工程，箱梁架设、轨道工程、大型站房、站后配套工程、联调联试及试运行等控制工期的关键工程，满足各主要工程间技术和接口的要求；应贯彻对劳动力、大型专有设备、周转性材料等施工资源进行综合优化的原则，并应满足动态设计的要求及考虑不稳定因素的影响。

新建铁路线路竣工后，应按规定进行验收，并进行安全评估。改建工程竣工后，应按规定进行验收。在确认工程符合技术标准、设计文件的要求，并检查竣工文件和技术设备使用说明书等资料齐全后，方可交接。新建、改建的工程设施必须有明确的质量保证期。

四、高速铁路线路及基础设施组成

高速铁路最大的特点可概括为高速度、高舒适性、高安全性和高行车密度。因此，高速铁路基础设施既要为高速度运行的机车车辆提供高平顺性与高稳定性的轨面条件，又要保证线路各组成部分具有一定的坚固性与耐久性，使其在高强度的运营条件下保持良好状态。

高速铁路线路的平纵断面对行车速度影响较大，设计时应尽可能降低列车的横向和纵向的加速度，提高旅客乘坐舒适度。线路平面标准包括最小曲线半径、缓和曲线、外轨超高等；线路纵断面标准包括坡度值和竖曲线等。高速铁路的平、纵断面的标准同样要保证线路行车的安全与高平顺性，同时也要考虑减小工程量，降低造价，便于施工、运营、维修等要求。

轨道是行车的基础，它的作用是引导机车车辆的运行，并直接承受来自列车的各种力，并传至路基或者桥隧建筑物上，因此要求轨道要具有足够的强度、稳定性和耐久性，只有这样才能保证列车安全、平稳、不间断地运行。高速铁路线路主要采用无砟轨道，这种轨道结构用混凝土板体基础代替有砟轨道，提高了轨下基础的强度和稳定性，使轨道结构得以加强，实现了轨道少维修的目的。传统的有砟轨道的碎石道床在列车荷载的长期作用下，极易产生变形及道砟的磨损和粉化，加之钢轨支承点的非连续性，道床变形和沿线路纵向呈非均匀性下沉的特点，极易引起轨道几何形位的变化，影响行车的安全与平稳，对保持良好的轨道状态非常不利，难以满足高速铁路的运营要求，因此被高速铁路所淘汰。

铁路路基和桥梁建筑物都是轨道结构的基础，它们直接承受轨道的重量及机车车辆的荷载，同时它们的质量状态也影响着轨面的平顺性。因此，高速铁路的路基和桥梁应该保证铺设线路轨面的高平顺性和行车的高稳定性，其设计、修建等应符合养护维修作业的要求。隧道是高速铁路基础设施的又一重要组成部分。随着高速铁路的发展，隧道在高速线路上也在大量地出现。高速铁路隧道与普速铁路隧道最大的区别就是当列车高速通过隧道时，产生的空气动力学效应对行车、旅客舒适度、列车相关性能和洞口环境的不利影响十分明显，同时对于防排水标准、防灾救援和耐久性等方面也有更高的要求，因此应保证高速线路上隧道的质量，减少养护维修量，延长隧道建筑物的使用寿命。

总之，高速铁路基础设施是个系统工程，只有所有组成部分都保证了良好的状态，才能保证高速列车安全、平稳、舒适地运行。

第二节　高速铁路线路平面和纵断面

一、高速铁路线路平面

铁路线路平面最好是直线，但考虑到施工的经济性，为了适应地形，避开地面障碍，必须采用曲线。铁路线路平面由直线和曲线组成，正线的线路平面曲线半径应因地制宜，合理选用。正线与既有铁路或客货共线铁路并行地段线间距不应小于5.3m；当两线不等高或线间设置其他设备时，最小线间距应根据相关技术要求计算确定。隧道双洞地段两线间距应根据地质条件、隧道结构及防灾与救援要求，综合分析后确定。

正线与联络线、动车组走行线并行地段的线间距，应根据相邻一侧线路的行车速度及其技术要求和相邻线的路基高程关系，考虑站后设备、路基排水设备、声屏障、桥涵等建筑物，以及保障作业人员安全的作业通道等有关技术条件综合研究确定，最小不应小于5.0m。

（一）最大超高

列车通过曲线时会产生离心力，为平衡这种离心力，可在曲线轨道上设置超高。超高有一定的限度，当离心力过大，超高不能平衡时，就必须限制速度。由于超高是固定设置的，而通过曲线的各种列车速度是不同的，其离心加速度各不相同，对速度较高的旅客列车，势必产生未被平衡的离心加速度，这将影响列车运行的安全和旅客的舒适度。

（二）欠（过）超高

在最高设计速度和运营速度确定以后，首先需要确定影响舒适度的参数——实设超高与欠超高。欠超高、过超高都会使钢轨承受走行列车的偏压，使内外轨因过大偏载而引起严重的不均等磨耗。限制欠超高、过超高以保证高速铁路线路所要求的高平顺性和高舒适度。

（三）最小曲线半径

线路上设置曲线是为了更好地适应地形的变化，减少工程量。曲线包括圆曲线和缓和曲线。曲线地段会增加轮轨的磨耗，影响列车的安全与稳定运行。最小曲线半径是限制列车最高速度的主要因素之一，且对工程费和运营费都有很大影响，因此，在条件允许的情况下，需要限制曲线的半径。最小曲线半径与运输组织模式、速度目标值、旅客乘坐舒适度和列车运行平稳度等有关。

（四）最大曲线半径

最大曲线半径关系到线路的铺设、养护、维修能否达到设计要求的精度。当曲线半径大到一定程度后，正矢值将很小，检测精度难于保证极小的正矢值的准确性，可能成为轨道不平顺的因素。因此，须对圆曲线的最大半径加以限制。

（五）缓和曲线

在直线与圆曲线之间设置的缓和曲线，其作用在于列车由直线驶向或驶离圆曲线（或直线），使离心力逐渐产生或消失，并减缓外轮对外轨的冲击，保证行车平顺。因此，为保持高速铁路的正常运行，在设计高速铁路的缓和曲线时，应考虑：在缓和曲线始终点与缓和曲线范围内运行的列车应有较好的稳定性，以确保行车安全和舒适性，提高平顺性；同时，缓和曲线线型要力求简单，便于铺设与养护。

缓和曲线长度由车辆脱轨加速度、未被平衡横向离心加速度时变率和车体倾斜角速度确定，前者是从安全角度考虑，后两者是从旅客舒适度考虑。根据理论分析，为保证车轮在缓和曲线上不脱轨，缓和曲线上的超高顺坡率小于2‰即可保证安全。

（六）夹直线与圆曲线

当车体的转向架由具有渐变超高的缓和曲线进入直线或圆曲线时，由于惯性与动力作用会继续振动、摆动1.5～2个周期才能平稳运行。所以，为了防止列车在缓和曲线与夹直线、圆曲线接点处发生振动叠加，使列车平稳地通过该地段，夹直线与圆曲线的长度应使转向架运行1.5～2个周期，以便振动衰减后再进入下一个缓和曲线。两相邻曲线间的直线段，即前一曲线终点与后一曲线起点间的直线段，称为夹直线。考虑列车的运行平稳性和旅客乘坐舒适度，为防止列车在缓和曲线的出入口（夹直线或圆曲线的起终点）发生振动

叠加，使列车平稳地通过该地段，需要限制缓和曲线间的夹直线与圆曲线的最小长度。夹直线与圆曲线最小长度的计算公式为

$$l_{j,y} \geqslant (1.5 \sim 2) \cdot T \cdot V_{max} / 3.6$$

式中：$l_{j,y}$——夹直线与圆曲线最小长度，m；

　　　V_{max}——最高行车速度，km/h；

　　　T——车辆振动的周期，s。

（七）线间距

线间距是指相邻两轨道线路中心线之间的最短距离。线间距的设定标准，主要受列车交会运行时空气动力作用的影响。线间距应能保证行车时的安全，它是根据铁路限界、线路是否通过装载超限货物的列车，以及股道是否装设信号机等设备，并考虑留有适当的余地来确定的。不同行车速度下的最小线间距如表3-1所示。

表3-1　不同行车速度下的最小线间距

设计行车速度（km/h）	350	300	250	200	160
最小线间距（m）	5.0	4.8	4.6	4.2	4.0

（八）建筑限界

建筑限界分为铁路建筑限界、隧道建筑限界和桥梁建筑限界。我国高速铁路建筑限界的基本尺寸取最大高度7.25m，最大宽度4.6m，可满足高速行车安全要求。曲线地段的建筑限界，应考虑因超高产生车体倾斜对曲线内侧的限界加宽，其加宽量为

$$W = H \cdot h / 1500$$

式中：W——曲线内侧加宽值，mm；

　　　H——轨顶面至计算点的高度，mm；

　　　h——外轨超高值，mm。

曲线上建筑限界的加宽范围包括全部圆曲线、缓和曲线和部分直线。

二、高速铁路线路纵断面

（一）一般要求

区间正线的最大坡度不宜大于20‰，困难条件下经技术经济分析后不应大于30‰；动车组走行线的最大坡度不宜大于30‰，困难条件下不应大于35‰；动车组走行线的最大坡

度大于30‰时，宜铺设无砟轨道。

最小坡段长度应符合下列规定：

正线宜设计为较长的坡段。最小坡段长度一般条件下不应小于900m，困难条件下不应小于600m。列车全部停站的车站两端不应小于400m。最小坡段长度不宜连续采用。动车组走行线最小坡段长度不宜小于200m，且竖曲线不应重叠。

最大设计坡度采用15‰时，坡段长度不宜大于10km；最大设计坡度采用20‰时，坡段长度不宜大于6km；最大设计坡度25‰时，坡段长度不宜大于4km；最大设计坡度采用30‰时，坡段长度不宜大于3km。最大设计坡度的坡段长度应进行行车检算。

坡段间的连接在正线相邻坡段的坡度差大于或等于1‰时，应采用圆曲线型竖曲线连接，最大竖曲线半径不应大于30000m，最小竖曲线长度不得小于25m。

（二）技术参数

1.最大坡度

高速铁路线路的设计坡度应适应地形，合理选用。线路的最大坡度应根据地形条件、动车组功率、运输组织模式、设计线的输送能力、牵引质量、工程数量和运营质量等，经过牵引计算验算并经技术经济分析后确定。采用坡度的大小，对设计线的运营和工程影响很大。在运营方面，限制坡度增大，牵引重量减少，列车速度降低；而在工程方面，可以适应地形，减少建设线路的工程量，降低造价。高速列车采用大功率、轻型动车组，牵引和制动性能优良，能适应大坡度运行。与传统铁路相比，高速铁路比较突出的特点是允许采用较大的坡度值。

一般情况下高速铁路线路正线的最大坡度，不宜大于20‰；困难条件下，经技术经济分析比较，不应大于30‰；动车组走行线的最大坡度不应大于35%。

2.竖曲线

为保证列车在变坡点的运行安全和乘客的舒适性要求，相邻坡段的坡度差大于1‰时，应采用圆曲线形竖曲线连接。竖曲线半径的大小可从竖向离心力和竖向离心加速度两个因素来考虑。当列车在凸形竖曲线上运行时，就会产生向上的离心力，使轮载减轻；当列车在凹形竖曲线上运行时，就会产生向下的离心力，使轮载增大。所以竖向离心力会对列车运行的安全性产生影响，也会对旅客的乘坐舒适性产生影响。

3.最小坡段长度

两个坡段的连接点，即坡度变化点，称为变坡点。一个坡段两端变坡点间的水平距离称为坡段长度。从列车运行的平稳性要求出发，纵断面坡段长度宜设计为较长的坡段；但从节省工程投资的角度分析，较短的坡段能够较好地适应地形，减少工程数量，降低工程投资。因此，最小坡段长度的确定，既要满足列车运行的平稳性要求，又要尽可能地节约工程投资，使两者取得最佳的统一。

为保证高舒适性，高速铁路最小坡段长度除应满足两竖曲线不重叠外，还应考虑两竖曲线间有一定的夹坡段长度，以保证列车在前一个竖曲线终点产生的振动在夹坡段长度范围内完成衰减，不至于与下一个竖曲线起点产生的振动叠加。

为避免列车运营过程中的频繁起伏，提高舒适程度，不得连续采用"N"形短坡段。相邻大坡段宜避免采用"V"形纵断面。

4.最大坡段长度

高速铁路的最大坡段长度与坡度有关，坡度正常值应随坡段长度而变化。一般情况下，高速铁路线路采用最大坡度12‰时，对最大坡段长度暂不限制；当采用最大坡度15‰时，最大坡段长度不宜大于9km；当采用最大坡度20‰时，最大坡段长度不宜大于5km。

除此之外，线路的纵断面也要考虑特殊的地质和自然环境的要求。连续梁、钢梁及较大跨度梁的桥上，纵断面设计应满足桥梁设计的技术要求。隧道内的坡道可设置为单面坡道或人字坡道，有地下水的长隧道宜采用人字坡，其坡度不应小于3‰。路堑地段线路坡度不宜小于2‰。跨越排洪河道的特大桥和大中桥的桥头路基、水库和滨河地段、行洪及滞洪区的浸水路堤，其路肩设计高程应按有关设计规范结合国家防洪标准设计。

站坪宜设在平道上，困难条件下，可设在不大于1‰的坡道上；特别困难条件下，可设在不大于2.5‰的坡道上；越行站可设在不大于6‰的坡道上。到发线有效长度范围内宜采用一个坡段。车站咽喉区的正线坡度宜与站坪坡度一致，困难条件下可适当加大，但不宜大于2.5‰，特别困难条件下不应大于6‰。

第三节 高速铁路路基与桥隧

一、高速铁路路基

（一）高速铁路路基结构

高速铁路路基一般是由基床表层、基床底层、路堤和地基等部分组成。其中，基床表层是轨道的直接基础，是基床的重要组成部分，受到列车动荷载的剧烈作用，对轨道的平顺和稳定影响很大，通常称为承载层和持力层，是高速铁路路基结构中最为重要的部分之一。基床表层除了给轨道提供坚实稳定的基础外，还必须具有：①较大的强度，抵御外力作用，避免破坏；②足够的刚度，抵抗变形；③较好的稳定性，以免基床的表层刚度与强度在外界不利因素的作用下发生改变；④良好的扩散应力的能力，给路基提供保护。根据日本铁路的观测资料，不良基床表层产生的轨道变形是好的基床表层的数倍，而且差距还随着速度的提高而增大。因此，为了向高速铁路提供较大的路基刚度和强度，需对基床表层进行特别的加强。

无砟轨道正线曲线地段路基面不应加宽，轨道结构和接触网支柱等设施的设置有特殊要求时，根据具体情况分析确定；有砟轨道正线曲线地段加宽值应在曲线外侧按规定加宽，曲线加宽值应在缓和曲线内渐变。

（二）路基的基本要求

路基主体工程应按土工结构物进行设计。路基工程应加强地质测绘、勘探和试验工作，查明基底、路堑边坡、支挡结构基础等的岩土结构及其物理力学性质，查明不良地质情况，查明填料性质和分布等，在取得可靠地质资料的基础上开展设计。路基主体工程设计使用年限应为100年。路基排水设施结构及路基边坡防护结构设计使用年限应为60年。

路基工程应保障列车高速行驶的安全性和舒适性。路基基床结构的刚度应满足列车运行时产生的弹性变形控制在一定范围内的要求；其强度应能承受列车荷载的长期作用，其厚度应使扩散到其底层面上的动应力不超出基床底层土的承载能力。基床表层结构应能防止地表水侵入导致基床软化及产生翻浆冒泥、冻胀等基床病害。

路基填料的材质、水稳性等应符合高速铁路的技术要求，填筑压实应符合相关标准的规定。路基连续填筑长度较长时，应积极采用连续压实控制等技术。路基填料最大粒径在基床底层内应小于60mm，在基床以下路堤内应小于75mm。路基边坡的最大限制高度应根据边坡稳定性分析和工后沉降控制标准，并结合地形地貌、岩土工程特性、填料性质、施工条件、土地资源及周边环境情况等因素综合分析确定。路堤填筑前应进行现场填筑试验。

路基与桥台、横向结构物、隧道及路堤与路堑、有砟轨道与无砟轨道等连接处应设置过渡段，保证刚度及变形在线路纵向的均匀变化。地基处理措施应根据路基工后沉降控制标准、路堤高度、填料、地形和地质条件、建设工期、材料来源、施工机械及环境影响等因素综合分析确定，并符合《铁路工程地基处理技术规程》。

路基工后沉降值应控制在允许范围内，并进行系统的沉降观测，轨道铺设前应根据沉降观测资料进行分析评估，评估通过后方可进行轨道铺设。

路基边坡工程应采用植物防护与工程防护相结合的措施，并兼顾景观与环境保护、水土保持、节约土地等要求。

路基防排水工程应系统规划，设置完整、并与桥涵、隧道、轨道、站场等排水设施有效衔接，形成完整的排水系统。

路基设计应符合防灾减灾要求，提高路基抵抗连续强降雨、洪水及地震等自然灾害的能力。

季节冻土地区路基设计应考虑最大冻结深度、降水量、地下水位等影响因素，合理选择路基填料，加强路基防排水、防冻胀措施。

（三）基床

路基基床应由基床表层和基床底层构成。基床表层厚度无砟轨道为0.4m，有砟轨道为0.7m，基床底层厚度为2.3m。基床表层应填筑级配碎石，无砟轨道及严寒、寒冷地区有砟轨道级配碎石填筑压实后的渗透系数应大于5×10^{-5}m/s。

路基面的宽度，应考虑设计速度、轨道类型、线间距、电缆槽、接触网支柱、路肩宽度等计算确定。有砟轨道路肩宽度：线路设计速度为200km/h区段的路肩宽度不应小于1.0m，250km/h及以上区段双线不应小于1.4m，单线不应小于1.5m。无砟轨道路肩宽度应根据无砟轨道形式、电缆槽和接触网基础类型等因素确定。

路基两侧应留有足够宽度的铁路用地，保证路基稳定，满足维修检查通道、栅栏设置、绿色通道建设及防沙工程的要求。

路基应采用优质填料填筑坚实，基床及过渡段应强化处理，并设置良好的防排水设备、完善的防排水系统、安全可靠的防护设施和支挡结构，工后沉降应满足相应的限值要求。对不良地质条件、特殊土及特殊环境等地段的路基，应采取可靠的加固处理措施，困难时应以桥梁等结构物代替。在路基范围内埋设电缆和接触网支柱基础时，必须保证路基的稳定和坚固及排水等设施的正常使用。路基宜优先采用有利于环保的植物（以灌木为主）保护，植物选择应根据当地条件、种植目的及经济适用性等确定，以优良的乡土植物为主。

无砟轨道路基工后沉降应当满足线路平顺性、结构稳定性和扣件调整能力的要求。有砟轨道路基工后沉降应满足线路平顺性和养护维修工作量的要求，具体限值执行相关规定。

（四）路堤

路基的稳定安全系数考虑列车荷载作用时不应小于1.25。软土及松软土地段的路基应结合工程实际，选择代表性地段提前修筑试验段。受洪水或河流冲刷及受水浸泡的路堤部位应采用水稳性好的渗水性材料填筑，并应放缓边坡坡率、设置边坡平台、加强边坡防护。雨季滞水及排水不畅的低洼地段的浸水影响范围应以渗水性材料填筑，并应采取排水疏导措施。在高地下水位的黏性土地基上填筑路堤时，路堤底部应填筑渗水性材料。有条件时，宜采取降低地下水位的措施。

路堤边坡坡率可根据路基填料、路堤高度、地震力、基底地质条件、水文气候条件等因素综合分析确定。地震区路堤应选用抗震稳定性较好的填料，基底垫层材料应采用碎石（卵石）或粗砂夹碎（卵）石，不得采用细砂或中砂。在可液化地基上填筑路堤时，应根据具体情况，采取换填、设置反压护道或地基加固等抗震措施。

黄土地段路基应加强防排水措施，采取封闭防水、拦截、疏导的处理原则，设置防冲刷、防渗漏和有利于水土保持的综合排水设施及防护工程，并妥善处理农田水利设施与路基的相互干扰。具有湿陷性或压缩性较高的黄土应根据地基土层性质、路堤填高、路基变形控制要求，确定湿陷性黄土处理措施。采用无砟轨道时，应采取可靠措施，消除地基湿陷性的影响。岩溶地段路基应结合工程实际（岩溶地表形态、地表径流、地下水活动等）判别岩溶对路基工程的危害性，选择适宜的处理措施。人为坑洞地段路基应根据坑洞的形成年代、埋深、坑洞高度、顶板岩性及力学性质、水文地质、工程地质条件等综合分析，分别采用明挖回填或钻孔充填、注浆等工程措施。膨胀土路基应分析膨胀土作为地基的变形特性，可采取挖除换填等处理措施，并加强防排水及边坡防护工程。季节冻土地区路基应根据地基土性质、地下水位埋深，采取换填、降低地下水位、保温等防冻胀措施。

（五）路堑

膨胀土、湿陷性黄土、季节冻土等特殊土基床，应根据具体情况进行挖除换填、隔水防渗、排水等措施，基床以下的膨胀土、湿陷性黄土等应在路基变形分析的基础上，采取地基处理措施。地面横坡较陡、下侧路堤边坡较高的半填半挖无砟轨道路基，采用挖除换填无法控制横向较大差异沉降时，应根据地形地质条件采用回填级配碎石、混凝土或竖向钢筋混凝土承载结构等措施进行处理。路堑均应设置侧沟平台，平台宽度不宜小于1.0m。在土石分界处、透水和不透水层交界面处及路堑边坡高度较大时，均应设置边坡平台，平台宽度不宜小于2.0m，并应满足路堑边坡稳定需要，边坡平台上应做好防水及加固措施。路堑边坡形式和坡率应根据地层的工程地质、水文地质、气象条件、防排水措施及施工方法等因素通过力学分析综合确定。非硬质岩石路堑宜采用路堤式路堑断面形式。

（六）路桥过渡段

路堤与桥台连接处应设置过渡段，可采用沿线路纵向倒梯形过渡形式。过渡段路基床表层应掺入5%水泥。

过渡段地基需要加固时应考虑与相邻地段协调渐变。过渡段还应满足轨道特殊结构的要求。过渡段路堤应与其连接的路堤同时施工，并按大致相同的高度分层填筑。距离台背

2.0m范围内应用小型机具碾压密实并适当减小分层填筑厚度。过渡段处理措施及施工工艺应结合工程实际，进行现场试验。

路堤与横向结构物（立交框构、箱涵等）连接处，应设置过渡段，可采用沿线路纵向倒梯形过渡形式。横向结构物顶面填土厚度不大于1.0m时，横向结构物及两侧20m范围基床表层级配碎石应掺入5%水泥。

路堤与路堑连接处应设置过渡段。过渡段可采用下列设置方式：路堤与路堑连接处为硬质岩石路堑时，在路堑一侧顺原地面纵向开挖台阶，每级台阶自原坡面的挖入深度不应小于1.0m，台阶高度0.6m左右，并应在路堤一侧设置过渡段；路堤与路堑连接处为软质岩石或土质路堑时，应顺原地面纵向开挖台阶，每级台阶挖入深度不应小于1.0m，台阶高度0.6m左右，其开挖部分填筑要求应与路堤相应位置相同。

土质、软质岩路堑与隧道连接地段应设置过渡段，并采用渐变厚度的混凝土或掺入5%水泥的级配碎石填筑；无砟轨道与有砟轨道连接处路基应设置过渡段，并符合轨道形式过渡要求。桥梁、涵洞及桥隧等工程之间的短路基长度不应小于40m，特殊情况下短路基长度不满足上述要求时，应对段路基进行特殊处理。

（七）路基排水

路基排水设施设计降雨的重现期应采用50年。路基面排水设计应综合考虑轨道形式、电缆槽、接触网立柱基础、声屏障基础等因素，并符合下列规定：线间排水应根据线路、气候条件及对轨道电路的影响等综合考虑，宜采用横向直排方式；轨道结构要求采用集水井排水时，集水井的位置、排水管的材料和结构尺寸及埋设深度和方式应根据荷载、降雨量和防冻、防渗要求等综合确定。

侧沟、天沟、排水沟及无砟轨道线间排水沟应采用混凝土浇筑或整体式预制拼装结构，不得采用浆砌片石。现浇混凝土水沟的厚度宜为0.2m，深度较大的矩形水沟的厚度应通过计算确定。

低矮路堤或路堑地段，地下水位较高或无固定含水层时，可采用明沟、排水槽、渗水暗沟、边坡渗沟、支撑渗沟等设施排除地下水；埋藏较深的地下水或固定含水层危害路基时，可采用渗水隧洞、渗井、渗管或仰斜式钻孔等设施排除地下水。渗水暗沟和渗水隧洞的纵坡不宜小于5‰，困难条件下不应小于2‰，在出口位置应采用较陡纵坡。渗水暗沟等地下排水设施应设置反滤层。

在易产生冻害的地区，采用渗水暗沟和渗水隧洞降低地下水位时，最高地下水位加毛细水上升高度，应低于最大冻结深度以下不小于0.25m处，或采用必要的防冻设施。严寒地区出水口应采取防冻措施。

排水设施布置应符合下列规定：地面横坡明显地段的排水沟、天沟可在横坡上方一侧设置；当地面横坡不明显时，宜在路基两侧设置；路堑地段应于路肩两侧设置侧沟；年降水量大于或等于400mm地区，路堑边坡平台宜设置截水沟；地面排水设施的纵坡不应小于2‰；排水沟沟顶应高出设计水位不小于0.2m；天沟不应向路堑侧沟排水，受地形限制需排入侧沟时，必须设置急流槽，并根据流量调整下游侧沟截面尺寸；路基排水宜根据所处地点排水条件纳入相关排水工程的系统设计之中。

（八）路基防护

路堤边坡应设置坡面防护工程，防护类型应根据工程类型、当地年平均降水量、工程及水文地质条件、边坡坡度与高度、材料来源、施工条件、环境保护及景观要求，经技术经济分析后合理选用，并符合下列规定：路堤边坡防护应贯彻绿色防护的理念，结合绿色通道建设，遵循因地制宜、安全可靠、经济适用、易于管护、兼顾景观的原则；当路堤边坡适宜进行植物防护，且能保证路基边坡的稳定时，宜采用植物防护或植物防护与工程防护相结合的措施，植物防护宜采用灌草结合、灌木优先的方式；路堤边坡高度较高时，宜在两侧边坡内分层铺设宽度不小于3m的土工格栅等土工合成材料；浸水地段受水流冲刷的路基边坡应根据流速、流向及冲刷深度，采用抗冲刷能力强的防护措施。

土质、软质岩路堑的边坡坡面（含边坡平台、侧沟平台）均应进行防护或加固，并符合下列规定：土质路堑边坡可采用植物防护措施，较高的土质路堑边坡根据地层性质可采取窗孔式护坡、骨架护坡或锚杆框架梁等措施；软质岩路堑应根据岩体结构、结构面产状、风化程度、地下水及气候条件等确定边坡加固措施，可采用窗孔式护坡、喷混植生、锚杆框架梁内喷混或客土植生等措施防护。

较完整的硬质岩路堑边坡应采用预裂、光面爆破并结合嵌补及锚杆框架梁防护。当边坡岩体破碎、节理发育时，根据边坡高度可采用喷混植生、锚杆框架梁内喷混或客土植生等措施防护，边坡较高时可在锚杆框架梁内打设锚杆挂钢绳网防护。

骨架护坡应采用带截水槽的结构，骨架埋置深度宜为0.4~0.6m，间距不宜大于3m。

地下水发育及膨胀土路堑边坡宜结合边坡防护，采用边坡支撑渗沟加固，必要时结合深层排水孔加强地下水排泄。

（九）路基支挡

在陡坡路基、深路堑、耕地保护区及临近城镇等地段应设置支挡结构保证路基边坡稳定，节约用地并减少填筑工程量。

支挡结构物计算时，列车轨道荷载的大小、分布宽度应采用规定的数值。支挡结构顶部设置接触网立柱、声屏障及挡风结构时，支挡结构荷载应增加相应结构的重力荷载及风荷载；运梁车通过时，路堤及路肩支挡结构应考虑运架梁车等特殊荷载的影响。

在城市、风景区周边及耕地保护区周边宜根据现场条件，采用悬臂式、扶壁式、L形挡墙及加筋土挡墙等轻型支挡结构。地震区宜采用加筋土挡墙等柔性支挡结构。采取重力式支挡结构，路堤墙高度不宜大于6m，路肩墙高度不宜大于8m。路基支挡结构应采用钢筋混凝土或素混凝土材料，墙背反滤层宜采用袋装砂夹砾石或土工合成材料。

（十）路基变形观测及评估

路基变形观测及评估应符合下列规定：路基填筑完成后宜有不小于6个月的放置期，并应经过一个雨季。个别情况下采取可靠工程措施并经论证可确保路基工后沉降满足轨道铺设要求时，路基放置条件可适当调整；路基施工应进行沉降观测，铺轨前应根据沉降观测资料进行系统分析评估，预测的路基工后沉降符合要求后方可开始进行轨道的铺设；观测数据不足以评估或工后沉降评估不符合要求时，应继续观测或者采取必要的加速或控制沉降的措施，保证工后沉降满足设计要求。

路基沉降观测应以路基面沉降和地基沉降观测为主，可设置沉降板、观测桩或剖面沉降观测装置等。并符合下列规定：路基沉降观测断面的设置及观测断面的观测内容应根据沉降控制要求、地形地质条件、地基处理方法、路堤高度、堆载预压等具体情况并结合施工工期确定；沉降观测断面的间距不宜大于50m；地势平坦、地基条件均匀良好、高度小于5m的路堤及路堑可放宽到100m；过渡段和地形地质条件变化较大的地段应适当加密；观测仪器应满足测量精度控制要求，可采用精密水准仪、剖面沉降仪和经纬仪。

路基沉降水准测量的重复精度不低于±1mm，读数取位至0.1mm。

路基评估应根据有关设计、施工和监理的资料及交接检验和复检的结果进行综合分析。

路基沉降预测应采用曲线回归法，并符合下列规定：根据实际观测数据进行曲线回归分析，确定沉降变形的趋势，曲线回归的相关系数不应低于0.92。沉降预测的可靠性应经过验证，间隔3~6个月的两次预测最终沉降的差值不应大于8mm。轨道铺设前最终的沉降预测应符合其预测准确性的基本要求。

路基工后沉降的评估应结合路基各断面之间的相互关系及相邻桥隧的沉降情况进行综合分析，路基的工后沉降及各断面之间、路基与相邻桥隧之间的不均匀沉降应符合规定。

二、高速铁路桥梁与涵洞

（一）高速铁路桥涵的基本要求

桥涵上部结构形式选择应综合考虑桥梁的使用功能、水文和地质情况、环境条件、轨道类型及施工方法等因素。桥梁结构应设计为正交。当斜交不可避免时，桥梁轴线与支承线夹角不宜小于60°，斜交桥台的台尾边线应与线路中线垂直，困难条件下桥台台位与线路中线不垂直时应采取与路基衔接的特殊过渡措施。

桥梁结构、桥面布置应满足轨道类型、桥面设施的设置及其养护维修的要求。涵洞宜采用钢筋混凝土矩形框架，也可根据工程情况选用其他适宜的涵洞形式。相邻桥涵之间路堤长度的确定应综合考虑高速列车行车的平顺性要求、路桥（涵）过渡段的施工工艺要求及工程造价等因素。

桥涵设置应满足铁路系统排水的要求，做好和自然水系、地方排灌系统的衔接，不宜改变天然排水系统。桥涵应根据相关标准的规定设置结构变形及基础沉降观测装置。洪水频率、抗震和耐久性要求应符合现行国家或行业标准的有关规定。

（二）桥涵设计荷载

桥梁设计应考虑主力与一个方向（顺桥或横桥方向）的附加力组合。桥梁设计应根据各种结构的不同荷载组合将材料基本容许应力和地基容许承载力乘不同的提高系数。结构构件及附属设备自重应按《铁路桥涵设计基本规范》的规定计算。土压力计算应按《铁路桥涵设计基本规范》的规定计算。台后填土的内摩擦角应根据台后过渡段填筑的设计情况确定。

桥涵结构计算应考虑列车竖向动力作用，实体墩台、基础、土压力计算可不考虑动力作用。涵洞及结构顶面有填土的承重结构，顶面填土厚度大于3m时，不计列车动力作用，支座动力系数可采用桥梁结构的动力系数。

（三）桥面布置及附属设施

1.桥面的布置

（1）桥上有砟轨道轨下枕底道砟厚度不应小于0.35m。

（2）桥上应设置防护墙兼做挡砟墙，其顶面与相邻轨道轨面等高。直线地段有砟轨道桥梁的线路中心线至挡砟墙内侧净距不应小于2.2m。

（3）桥面应为接触网支柱、电缆槽等有关设施的安装预留位置。

（4）桥上栏杆宜采用工厂化集中预制的混凝土构件，在踏面以上的高度不宜小于1m。

（5）接触网支柱在桥上的位置应根据接触网的技术要求和曲线内侧限界加宽要求确定。

（6）桥面宽度应按照建筑限界、作业维修通道或人行道、电缆槽、接触网立柱、养护维修方式等要求确定。

2.救援疏散通道规定

（1）桥长超过3km时，应结合地面道路条件，每隔3km（单侧6km）左右，在线路两侧交错设置一处可上下桥的救援疏散通道。

（2）救援疏散通道应满足抗震的要求。

（3）桥上应设置疏散导向标志，救援疏散通道侧对应的桥上栏杆或声屏障位置应预留出口。

（4）桥梁救援疏散通道应与地面道路顺接。铁路桥墩墩柱可能受到汽车（船舶）撞击时，宜设置防护工程。

三、高速铁路隧道

（一）一般规定

隧道主体结构设计使用年限应为100年，隧道设计应体现动态设计理念。隧道设计应考虑列车进入隧道诱发的空气动力学效应对行车、旅客舒适度、隧道结构、隧道内设施或设备及环境等方面的不利影响。隧道内采用无砟轨道时，应根据无砟轨道铺设要求，设置隧道地基沉降观测标。隧道辅助坑道的设置应综合考虑施工、防灾救援等能力的要求。隧道结构防水等级应达到地下工程一级标准。风险管理应贯穿于隧道的设计和施工全过程，并根据项目不同阶段有所侧重。新建双线10km及以上的特长隧道应根据地形地质条件，结合施工方法、施工组织要求，以及运营与防灾救援疏散工程设置等需要，进行修建单洞双线隧道和双洞单线隧道的技术经济比较分析。

（二）衬砌内轮廓

1.隧道衬砌内轮廓的确定因素

（1）隧道建筑限界。

（2）股道数及线间距。

（3）隧道设备空间。

（4）空气动力学效应。

（5）轨道结构形式及其运营维护方式。

（6）养护及工程技术作业空间。

（7）救援通道空间。

（8）机车车辆类型及其密封性。

2.隧道净空有效面积

（1）设计行车速度目标值为300km/h、350km/h时，双线隧道净空有效面积不宜小于

100m²，单线隧道净空有效面积不宜小于70m²。

（2）设计速度为250km/h时，双线隧道净空有效面积不宜小于90m²，单线隧道净空有效面积不宜小于58m²。

3.隧道救援通道的设置

（1）隧道通道应贯通设置，单线隧道单侧设置，双线隧道双侧设置，救援通道距线路中线不应小于2.3m。

（2）救援通道的宽度宜为1.5m，高度不应小于2.2m。

（3）救援通道走行面不应低于轨面，走行面应平整、铺设稳固。

4.隧道安全空间的设置

（1）安全空间应设在距线路中线3.0m以外，单线隧道在救援通道一侧设置，多线隧道在双侧设置。

（2）安全空间的宽度不应小于0.8m，高度不应小于2.2m。

（三）洞口结构

隧道洞口设计应结合地形、地质和环境条件，综合考虑景观要求，采取"早进晚出"的设计原则。隧道洞门优先选用斜切式和帽檐式结构形式，以减少洞口边仰坡开挖。

隧道洞口应避免通过危岩落石发育区，无法避免时应设置明洞、棚洞，同时采取清除、加固、拦截、遮蔽等综合整治措施。洞口附近有建筑物或特殊环境要求时，宜设置洞口缓冲结构降低微气压波峰值。隧道洞口缓冲结构设置应考虑列车类型及长度、隧道长度、隧道净空有效面积、隧道轨道类型、隧道洞口附近地形和居民情况等因素。隧道洞口上方有公路跨越时，应在靠近铁路的公路路侧设置防撞护栏，护栏等级应符合有关规定。两座隧道洞口距离小于30m时，宜采用明洞形式连接。

洞口缓冲结构规定如下：

（1）缓冲结构形式应考虑实用、美观及洞口附近的地形环境条件等因素，缓冲结构宜采用与隧道衬砌内轮廓形状相似的开孔式结构，也可采用其他结构形式。

（2）缓冲结构当横断面不变时，侧面或顶面应开减压孔，减压孔面积可根据实际情况确定，宜为隧道净空有效面积的1/5～1/3。

（3）缓冲结构宜采用钢筋混凝土结构。

（四）防排水

隧道防排水设计方案应结合隧道洞身水环境要求和水文地质条件确定。隧道防排水应采取"防、堵、截、排，因地制宜，综合治理"的原则。初期支护与二次衬砌的拱墙之间应根据地下水发育情况合理设置防水板，防水板厚度不应小于1.5mm。无水地段可不设防水板，但应加强排水及施工缝处理措施。地下水环境保护要求高、埋深浅的隧道应采用全断面封闭防水。

双线隧道应设置双侧水沟和中心水沟，中心水沟应与双侧水沟相连通。隧道衬砌背后应设置与排水沟连通的环、纵向排水盲管。水沟断面应根据水量大小确定。水沟的设置应考虑清理和检查要求，暗埋中心排水沟应设检查井。检查井间距不宜大于50m，其盖板面宜与隧底填充面齐平。侧沟在边墙衬砌侧应预留进水孔，间距不宜大于4m；侧沟与中心水沟间应设置排水管，间距不大于50m。

隧道衬砌结构的施工缝、变形缝应按一级防水要求采取可靠的防水措施。隧道洞内排水系统应与洞外排水系统顺接，必要时设置具有检修、维护功能的缓冲井（池）。

（五）运营通风及防灾救援

隧道通风方式应根据技术、经济条件，考虑维修、防灾救援等因素综合比选确定，并符合现行铁路隧道通风设计标准的相关规定。隧道的防灾通风应与通风统筹考虑，应采用可靠的防火安全措施，并符合现行铁路隧道防灾救援疏散工程设计标准的相关规定。

隧道防灾救援疏散应采取"以人为本，应急有备，方便自救，安全疏散"的原则，健全防灾救援疏散系统，预防灾害发生，将列车发生灾害事故后所产生的危害降到最低程度。铁路隧道防灾救援疏散工程应根据运输性质、环境条件、施工辅助坑道条件等因素进行设计，并符合现行铁路隧道防灾救援疏散工程设计标准的有关规定。

（六）隧道其他的要求

隧道洞口、浅埋和偏压地段及断层破碎带地段应按现行国家标准《铁路工程抗震设计规范》的有关规定进行抗震设防，其衬砌结构应加强。在活动断层破碎带地段，可根据实际情况预留断面净空。洞口设防段的长度可根据地形、地质条件及设防烈度确定，并不得小于2.5倍的隧道净空宽度。隧道抗震设防段应采用曲墙（带仰拱）复合式衬砌结构，并设置变形缝。变形缝间距不宜大于20m。地震区隧道应避免洞口高边坡，洞口边坡宜采用柔性防护措施。

隧道设计应考虑相关专业设施在隧道内的布置要求。各专业设施在隧道内的布置应综合考虑，统筹布置。隧道与相关专业的接口应有良好的过渡和衔接。隧道与接触网、通信、信号等专业设施的接口设计应满足接触网下锚、综合接地、过轨管预埋等技术要求。隧道底板、仰拱填充应与无砟轨道底座结合设置。

隧道与路基、桥梁接口应进行系统设计并符合下列规定：

（1）隧道洞口边坡防护应与路基边坡协调设计。

（2）隧道与路基隧道分界处应设置过渡段。

（3）隧道洞内排水沟与路基排水沟顺接。

（4）隧道内的电缆槽向路基、桥梁范围的电缆槽过渡时其转弯半径应满足电缆铺设要求。

（5）隧道与桥梁相连时，隧道内的救援通道与桥梁人行道应平顺连接。

第四节　高速铁路轨道和检测维修

一、高速铁路轨道

（一）高速铁路对轨道结构的要求

1.基本要求

（1）高平顺性

高平顺性是高速铁路对轨道的最根本的要求，也是建设高速铁路的控制性条件。这是因为轨道不平顺是引起列车振动、轮轨动作用力增大的主要原因。所以，为保障高速行车的平稳、安全和舒适，必须严格控制轨道的平顺性。

（2）高可靠性，长寿命

高可靠性主要是指轨道结构保持平顺性，维持线路正常运营的能力。高速列车荷载的特点主要在于高频冲击和振动，这种高频荷载容易造成扣件松动、轨下胶垫磨耗、混凝土轨枕承轨槽破损，特别是有砟轨道中道砟破碎、粉化，道床沉降和变形。

长寿命指的是轨道结构要有较长的维修和大修周期。由于高速铁路的行车密度大，速度高，所以其维修工作量必须少，维修周期必须长，才能保证不中断行车，维持列车正常运行。

（3）高稳定性

采用跨区间无缝线路是提高轨道结构连续性、均匀性的重大举措。

2.技术要求

正线及到发线轨道应按一次铺设跨区间无缝线路设计。正线应根据线路速度等级和线下工程条件，经技术经济论证后合理选择轨道结构类型，并符合下列规定：设计时速300km及以上线路、长度超过1km的隧道及隧道群地段，可采用无砟轨道；活动断裂带、地面严重沉降区、冻结深度较大且地下水位较高的季节冻土区及深厚层软土等地域变形不易控制的特殊地质条件地段，不应采用无砟轨道；同种类型轨道结构应集中成段铺设，无砟轨道与有砟轨道之间应设置轨道结构过渡段；无砟轨道的结构形式应根据线下工程类型、环境条件等具体情况，经技术经济比较后合理确定；轨道结构部件及所用工程材料应符合国家和行业相关标准的规定；无砟轨道主体结构的设计使用年限应为60年。

轨道结构设计应根据环境需求考虑减振降噪措施；轨道结构应根据线下基础和环境条件设置性能良好的排水系统，严寒地区排水设计应考虑防冻融要求。

正线应设置线路标志、线路安全保护标志等。线路标志包括公里标、半公里标。正线轨道宜采用100m定尺长的60kg/m无螺栓孔新钢轨，其质量应符合相应速度等级的钢轨相关要求。正线有砟轨道应采用Ⅲ型混凝土轨枕，每千米铺设1667根；道岔区段应铺设混凝土岔枕。

3.道床设计规定

（1）道床应采用特级碎石道砟，道砟的物理力学性能应符合有关规定。道砟上道前应进行清洗，清洁度应符合相关技术要求。

（2）道床顶面应低于轨枕承轨面40mm，且不应高于轨枕中部顶面。

（3）路基地段单线道床顶面宽度3.6m，道床厚度0.35m，道床边坡1∶1.75，砟肩堆高0.15m。双线道床顶面宽度应分别按单线设计。

（4）桥梁及隧道地段的道床标准应与路基地段一致，砟肩至挡砟墙或边墙（高侧水沟）间应以道砟填平。

（5）道床密度不应小于1.75g/cm³，轨枕支承刚度不应小于120kN/mm，纵向阻力不应小于14kN/枕，横向阻力不应小于12kN/枕。

4.轨道结构过渡段

轨道结构过渡段应设置辅助轨及配套部件，辅助轨的设置不应影响大型养路机械的维修作业；过渡段范围的轨道刚度宜通过调整扣件弹性垫层等方式按分级过渡设计。

5.钢轨伸缩调节器

线路、桥梁和轨道应系统设计，减少钢轨伸缩调节器。钢轨伸缩调节器的设置数量和位置应经轨道和桥梁结构检算后，结合运营实践经验研究确定。钢轨伸缩调节器应根据线路设计速度、线路平面条件、轨道类型、钢轨伸缩量等合理选型，调节器范围的轨道刚度应均匀。钢轨伸缩调节器应设置在直线地段，不应设置在竖曲线上，也不应设置在不同线下构筑物和轨道结构过渡段范围内。

（二）高速铁路轨道结构类型

1.有砟轨道

有砟轨道是指在路基上面使用石渣作为道床，其特点是构造均匀、坚硬、耐风化、冲击韧性好、富有弹性、有利于排水等特点。

目前我国高速铁路线路中只有部分连接线和过渡线采用的是有砟轨道，绝大多数高速铁路线路均采用的是无砟轨道。

2.无砟轨道

无砟轨道是乳化沥青混凝土砂浆（CA砂浆）和轨枕或自密型混凝土轨枕等取代散粒体道砟道床而组成的轨道结构形式。由于无砟轨道具有轨道平顺性高、刚度均匀性好、轨道几何形位能持久保持、维修工作量显著减少等特点，在各国铁路得到了迅速发展。一些国家已把无砟轨道作为轨道的主要结构形式进行全面推广，并取得了显著的经济效益和社会效益。

（1）长枕埋入式

长枕埋入式无砟轨道由预应力混凝土轨枕、混凝土道床板和混凝土底座组成。其结构内没有易受环境或温度影响的橡胶、乳化沥青等材料，结构整体性和耐用性较好。混凝土枕制造和现场灌注混凝土的技术和设备均是成熟、配套的。

（2）板式

普通型板式无砟轨道由预制的轨道板、CA砂浆层、混凝土底座、轨道板之间的凸形挡台和钢轨组成。其轨道结构高度低、自重轻，可减小桥梁的二期恒载。

CRTS Ⅰ 型板式无砟轨道结构包括混凝土底座和凸型挡台、CA砂浆层、轨道板、扣件和钢轨。

用于CRTS Ⅱ 型无砟轨道系统的轨道板称为CRTS Ⅱ 型无砟轨道板，轨道板的制造是Ⅱ型无砟轨道系统技术的关键，制造工艺与传统混凝土制品存在较大差异，且在国内无相关生产经验可借鉴。通过消化、吸收国外公司转让的技术资料，中国中铁对轨道板的制造工艺（尤其针对关键、特殊工序）进行了系统的试验和研究，通过试制试验板、小批量试生产及大批量正式生产三个阶段的摸索和总结，全面实现轨道板制造工艺的国产化。同时，经过大量的试验、研制、选购等工作和科技攻关活动，基本实现了工装设备的国产化，逐步形成完整的制造工艺及生产组织的管理体系。CRTS Ⅱ 型无砟轨道主要应用于京沪高铁、沪杭高铁、京石武高铁、宁杭高铁、津秦高铁、杭甬高铁等。

随着中国高速铁路建设的快速发展，研发具有自主知识产权的板式无砟轨道成套技术已成为体现我国高铁技术水平、彰显国家实力的当务之急。原铁道部于2009年在成都至都江堰城际客运专线，开展了具有完全知识产权的板式无砟轨道成套技术工程实验与设计创新工作，并取得了成功，于2010年12月正式定型为CRTSⅢ型轨道板。其试验成果在盘锦至营口和沈阳到丹东高速铁路线路进行了应用和实践。

CRTSⅢ型板式无砟轨道总体结构方案为带挡肩的新型单元板式无砟轨道结构，主要由钢轨、扣件、预制轨道板、配筋的自密实混凝土（自流平混凝土调整层）、限位挡台、中间隔离层（土工布）和钢筋混凝土底座等部分组成。

轨道结构采用单元分块式结构，在路基、桥梁和隧道地段轨道板间均采用不连接的分块式单元结构。底座板在每块轨道板范围内设置两个限位挡台（凹槽结构），扣件采用WJ-8C型扣件。

与CRTSI型轨道板模板相比，CRTSⅢ型轨道板模板精度要求和加工难度迥异，其主要特点是：底模上开16个孔镶嵌承轨台模具，易变形，模板整体刚度要求大；承轨台模具形状复杂、加工精度要求高，铸造件表面质量和变形控制困难；承轨台模具镶嵌基准面的选择和加工困难，模板的最终质量取决于装配、调整工艺；预埋套管垂直于承轨面，与底模成1：40的倾斜，定位精度控制、测量控制困难，脱模阻力大；模板刚度大、振动力大、频率高，易产生应力集中，造成焊缝开裂、模板变形。GRTSⅢ型轨道板模板的技术含量和加工难度更高。

（3）弹性支承块式

弹性支承块式无砟轨道由弹性支撑块（混凝土支撑块、块下弹性垫层和橡胶靴套）、混凝土道床板、混凝土底座等组成。

无砟轨道的造价高于有砟轨道，但由于无砟轨道结构具有高度低、每延米重量轻的特点，可使桥梁、隧道结构物的建设费用降低。由于板式轨道线路的维修项目减少，且轨道几何状态稳定，故维修作业量明显减少，为高速运输提供了安全可靠、平顺高质量的轨道，实现了少维修和维修费用大幅度降低的目标。

（三）高速铁路钢轨

钢轨是轨道的主要结构之一。为保证列车高速运行的平顺性，线路下部基础、轨道上部结构及各轨道部件，都要为钢轨的正常工作提供良好条件。而钢轨本身，其内在质量、材质性能、断面公差、平直程度等都是十分重要的特性。钢轨在技术上要能保证足够的强度、韧性、耐磨性、稳定性和平顺性，在经济上要能保证合理的大修周期，减少养护维修工作量。钢轨由轨头、轨腰、轨底组成。

钢轨是铁路轨道的主要组成部件，它的功用在于引导机车车辆的车轮前进，承受车轮的巨大压力，并传递到轨枕上。钢轨必须为车轮提供连续、平顺和阻力最小的滚动表面。在自动闭塞区段，钢轨还可兼做轨道电路之用。

1.钢轨重量

钢轨的类型，以每1m大致质量kg数来划分。目前，我国铁路的钢轨类型主要有75kg/m、60kg/m、50kg/m及43kg/m。60kg/m钢轨的横向、垂向刚度是可满足高速列车动弯应力的强度需求的。目前，中国高速铁路、日本新干线、法国TGC高速铁路和德国ICE高速铁路均采用60kg/m钢轨。

2.钢轨尺寸允许偏差及平直度要求

高速铁路的轨道结构区别于普通线路的最重要的特点是对轨道不平顺的严格控制，体现在钢轨上则是对其表面尺寸质量、平直度、表面平整度和扭曲的严格要求。钢轨尺寸的精确和外形的平直是轨道平顺的基本保证之一。

3.钢轨的化学成分

高速铁路钢轨出现质量问题的主要形式是由于钢轨内部夹杂、缺陷所引起的疲劳折损。提高钢轨材质的纯净度是减少钢轨疲劳折损、提高钢轨的可靠性、延长其使用寿命的有力途径。钢轨的化学成分是影响其力学性能、焊接性能及其他使用性能的基本因素，也是钢轨材质纯净度的重要指标。

（四）轨枕

尽管在高速铁路的发展中无砟轨道所占的比例越来越大，在许多国家已成为轨道结构的首选，但有砟轨道仍然是高速铁路轨道结构的形式之一，混凝土枕的性能和质量仍是需要关注的重点。

由于混凝土轨枕使用寿命长，维修工作量少，由混凝土制品厂生产的轨枕形状、尺寸、性能都比较标准、均一，为钢轨支撑的均匀性和轨面的动态平顺性提供了更可靠的条件，所以世界各国高速铁路有砟轨道均采用混凝土轨枕。我国既有铁路干线大部分铺设了混凝土枕，高速铁路则要求全部采用混凝土枕。

高速铁路混凝土轨枕类型大部分为整体式，如德国、意大利、西班牙和日本等国的各类轨枕，法国有砟轨道传统的轨枕结构是双块式，在高速铁路中仍然采用双块式轨枕，但在有砟桥上因设置护轮轨的需要，采用了整体式轨枕。

世界高速铁路轨道的技术发展表明，整体式和双块式混凝土轨枕形式都可以满足高速运行在承载能力、耐久性和稳定性等方面的使用要求，我国高速铁路采用整体式混凝土轨枕。

（五）扣件

高速铁路的扣件除要求具有足够的扣压力以确保线路的纵、横向稳定之外，还要求弹性好，以保证良好的减振、降噪性能；扣压力保持能力好，以降低维修工作量；绝缘性能好。以提高轨道电路工作的可靠性，延长轨道电路长度，降低轨道电路投资。

（六）道床

道床是轨道结构的重要组成部分。道床从结构上可分为碎石道床与整体道床。碎石道床铺设于路基、桥梁或隧道等下部结构之上，钢轨、轨枕或支承块之下的碎石、卵石层或混凝土层，作为钢轨或轨道框架的基础。道砟是直径20～70mm的小块状花岗岩，块与块之间存在着空隙和摩擦力，使得轨道具有一定的弹性，这种弹性不仅能吸收机车车辆的冲击和振动，使列车运行比较平稳，而且大大改善了机车车辆和钢轨、轨枕等部件的工作条件，延长了使用寿命。

整体道床是由混凝土整体灌筑而成的道床，道床内可预埋木枕、混凝土枕或混凝土短枕，也可在混凝土整体道床上直接安装扣件、弹性垫层和钢轨。目前我国高速铁路线路均采用的是整体道床。

（七）高速铁路道岔

道岔是使列车由一组轨道转到另一组轨道上去的装置。每一组道岔由转辙器、岔心、两根护轨和岔枕组成。

道岔是铁路线路的重要设备，也是制约列车运行速度的关键因素之一。目前国内有三个系列的高速铁路道岔，分别为德国技术、法国技术和国内自主研发的高速铁路道岔。高速铁路道岔由于其自身的特点，与普通道岔在设计、制造、铺设及养护维修方面有较大的区别。道岔的使用性能与道岔的制造、铺设水平密切相关。尤其是道岔的铺设质量，将直接影响道岔上道后能否满足运营要求。同时道岔初期铺设质量一旦出现问题，将来难以整治。因此，对道岔的铺设应给予充分的重视。

高速铁路道岔由于列车高速运行的特点，其使用条件与普通道岔相比，有较大的不同，主要表现在以下几个方面：

1.较高的容许通过速度

目前国内高速铁路，一种为时速200～250km，另一种为时速300～350km，道岔的直向通过速度应与区间相同，不能限速。同时由于列车运行速度较高，在个别岔位，对道岔侧向的通过速度也较高，需要采用大号码道岔。

2.较高的旅客乘坐舒适度

列车在高速运行条件下，旅客对舒适度比较敏感。因此高速铁路的舒适度要求要比普通铁路要高得多。对于道岔区，列车通过时只能有轻微的感觉，甚至没有感觉，平稳性、舒适性要达到较高的水平。

3.高安全性

对于高速运行的列车，安全性至关重要。保证列车通过时的安全性是道岔上道使用的前提。

4.较长的使用寿命与较少的维护工作量

高速铁路由于行车速度高、密度大，只能在天窗点进行维护，所以要求道岔必须有较长的使用寿命，同时尽量减少养护维修工作量。

5.道岔的轨下基础与区间相匹配

目前的高速铁路分为有砟轨道和无砟轨道两种，道岔区的道床类型应与区间相匹配。避免频繁地设置过渡段。

归纳起来，高速铁路道岔具有以下特点：

（1）道岔种类较为单一，以单开道岔为主。

（2）道岔号码较大，一般在18号以上，最大可达65号。

（3）道岔要具有高平顺性、高稳定性。

（4）辙叉普遍采用可动心轨道岔。

（5）道岔适用于跨区间无缝线路。

（6）电务转换采用外锁闭装置。

（7）轨下基础采用混凝土长岔枕，并与道床相匹配。

（8）道岔要具有监测系统，用于严寒地区的道岔要具有融雪装置。

（9）道岔要具有较高的制造、组装、铺设精度。

（10）道岔的铺设需要专用设备。

根据目前的技术发展趋势，时速350km高速铁路采用无砟轨道，时速250km高速铁路采用有砟轨道，个别城际轨道交通，虽然最高运行速度不超过250km/h，采用无砟轨道，但列车轴重较轻，也应采用时速350km的高速铁路道岔。

二、高速铁路轨道检测

高速铁路的安全运行，高质量的线路设备是基本保证。线路设备质量的提高，首先要依靠检测方法的加强和维修手段的不断进步。

高速铁路轨道检测可分为动态检测和静态检测。

动态检测主要有综合检测车检查和线路检查仪检查。综合检测车有0号检查车和10号检查车，二者检测项目略有不同，检测周期为每月2～3次。另外，在既有线提速段通常每月还有2～3次挂在直达列车上的时速160km的轨道检查车的检查。线路检查仪分安装在机车（或动车）上的车载线路检查仪和人工添乘时携带的便携式线路检查仪两种。

静态检测主要有轨检仪、静调小车，以及道尺和弦绳等辅助检测工具。静调小车主要应用于无砟轨道测量。轨检仪和道尺、弦绳主要是对轨道几何尺寸的检测。

轨道检查车是检查轨道动态不平顺的主要设备，检查包括轨道动态不平顺和车辆动态响应。检查项目主要包括左右高低、左右轨向、轨距、水平、三角坑、曲率、曲线超高、曲线半径、车体横向和垂直振动加速度、左右轴箱垂直振动加速度、轮重减载率和脱轨系数等。新型轨检车还增加了钢轨断面、波磨、断面磨耗、轨底坡、表面擦伤、道床断面、线路环境监视等项目检测。轨检车根据轨道动态不平顺和车辆动态响应综合评价轨道状态。

轨检车检测的主要内容是轨距、水平和三角坑等偏差的峰值超限，主要是对其Ⅰ、Ⅱ、Ⅲ级偏差的临修指导。工务部门在月度工作安排中，对峰值超限处所安排选择性保养，以实现线路设备状态的均值管理。

轨检仪检测数据包括轨道左右高低、左右轨向、轨距、水平、三角坑，它可以实现每间隔125mm的连续检测。通过对检测数据的处理可以生成经常保养作业报告、临时补修作业报告和作业验收超限报告。同时可进行轨道频谱分析、缺陷统计及图形化分析轨道几何尺寸的特点。

轨检仪里程相对来讲较为精确，可以精确到"米"甚至于单根轨枕上，这是其与轨检车相比最为关键的优点。而轨检车是动态下的检测结果，对于有砟轨道来讲，其更能真实反映轨道在列车荷载作用下的动态几何形变。

三、高速铁路线路维修

线路维修工作的基本任务是保持线路设备状态完好，保证列车以规定速度安全、平稳、舒适和不间断地运行，并尽量延长设备使用寿命。线路维修应按照"预防为主、防治结合、严检慎修"的原则，根据线路状态的变化规律，合理安排养护与维修，做到精确检测、全面分析、精细修理，以有效预防和整治病害。

线路维修应实行检、修分开的管理制度，实行专业化和属地化管理。应本着"资源综合、专业强化、集中管理"和"精干、高效"的原则建立高速铁路线路维修管理机构。应严格实行天窗修制度，天窗时间应固定，一般不得少于240min。

应做好精密测量控制网的管理，保证运营维护测量有稳定可靠的测量基准，并利用精细测量资料指导线路维修。应加强曲线（含竖曲线）、道岔（含调节器）、焊缝、无砟轨道结构及过渡段的检查和养护维修，加强轨道长波不平顺的检查和管理，保证线路质量均衡、稳定。

应积极采用新技术、新设备、新材料、新工艺和先进的施工作业方法，优化作业组织，提高线路检修质量。积极推行信息化技术，建立维修管理信息系统，逐步实现信息化管理。应按规定为线路维修提供生产、生活所需的设施和设备。应设置作业车辆停留线，以满足线路修理作业要求。

我国高速铁路维修一般由铁路总公司与铁路局签订委托运输管理协议，各个铁路局负责受托范围内高速铁路线路设备的安全、维护和管理，保持线路设备状态良好，使之符合相关技术标准。

铁路总公司基础设施检测中心、铁路局工务检测所和大型养路机械运用检修段负责利用综合检测列车、钢轨探伤车对线路进行周期性检测和钢轨周期性探伤。大型养路机械运用检修段或工务机械段负责利用大型养路机械对线路进行修理。工务段应建立考核机制，确保线路设备质量均衡、稳定。

铁路总公司基础设施检测中心应编制线路年度分月动态检查计划，报铁路总公司运输局。铁路局应编制年度分月线路检修计划。工务段应根据铁路局安排和相关规定编制月度线路检查及维修计划。线路车间应根据工务段安排和相关规定编制线路检查周作业计划。

工务系统的线路车间所管辖线路长度以营业里程200～300km为宜，线路车间下设工区，工区间距平原地区一般为100km左右。动车段（所）应单独设置线路车间或工区。

第四章 路桥工程施工

第一节 公路工程施工概述

一、公路的基本组成

（一）公路路基

1.公路路基的概念

公路路基是按线形设计的位置和横断面尺寸在天然地面上用土或石填筑成路堤（填方路段）或挖成路堑（挖方路段）的带状结构物，其主要作用是承受路面传递的车荷载，是用来支撑路面的重要基础。因此，路基本身必须要具有足够的强度及足够的稳定性，还应具有不易变形等特点，并且要能够防止水分及其他自然因素对路基本身的侵蚀和损害。

水是造成路基破坏的主要自然因素之一，因此为了排除地面水和地下水，保证路基使用寿命与强度，需设计完善的公路排水系统。

2.公路路基的分类

路基防护工程是为了加固路基边坡，确保路基稳定而修建的结构物。按其作用不同，可具体分为以下三种类型：

（1）坡面防护

路基边坡坡面防护一般有植物防护、坡面处治及护坡与护面墙等。

（2）冲刷防护

冲刷防护除上述防护外，为调节水流流速及流向，防护路基免受水流冲刷，在沿河路基还可设置顺坝、丁坝、格坝等导流结构物。

（3）支挡构造物

支挡构造物一般是指填（砌）石边坡、挡土墙、护脚及护面墙等。

（二）公路路面

公路路面是一种运用各种材料及混合料，分层或多层铺筑在路基顶面以供车辆行驶的层状结构物，其直接受车辆荷载作用和自然因素影响。因此，路面必须要具有能够满足车辆在其表面可以安全、迅速、舒适行驶的强度、刚度、平整度、稳定性以及抗滑性。

（三）桥涵

桥涵是工业术语，是桥梁和涵洞的统称。

桥梁是在公路跨越河流、沟谷或其他线路时，为保证公路的连续性而设置的构造物。

涵洞是指在公路工程建设中，为了使公路顺利通过水渠不妨碍交通，设于路基下的排水孔道（过水通道），通过这种结构可以让水从公路的下面流过。涵洞主要由洞身、基础、端和翼墙等组成。涵洞根据连通器的原理，常用砖、石、混凝土和钢筋混凝土等材料筑成。其一般孔径较小，形状有管形、箱形及拱形等。

（四）隧道

交通隧道是由主体建筑物与附属建筑物两个部分所组成的结构。隧道的主体建筑物由洞身衬砌和洞门建筑两部分所组成。隧道的主体建筑物是为了保持隧道稳定，保证行车安全运行而修的。隧道洞身衬砌的平、纵、横断面的形状由其几何设计而确定；衬砌断面的轴线形状和厚度由衬砌计算决定；洞门的构造形式由多方面因素决定，例如地形地貌、岩体稳定性、通风方式、照明状况及环境条件等。在洞门容易坍塌或在山体坡面有崩坍和落石地段，则应接长洞身（即早进洞或晚出洞），或加筑明洞洞口。

（五）交通服务设施

交通服务设施指的就是在公路沿线所设置的一些与交通安全、服务环境保护及养护管理等相关的设施，其目的便是保证行车安全、舒适、迅速与美观。

二、公路的分级与标准

（一）公路分级

1.技术分级

公路的技术等级是表示公路通行能力、技术水平和服务水平的指标。根据公路的使用任务、功能以及适应的交通量将公路分成了以下五个等级：

（1）高速公路

高速公路是一种专门供汽车分向、分车道行驶并全部控制出入口的多车道公路，属于我国的公路网骨干线。在高速公路上一般设有中央分隔带，全部立体交叉，并且还具备了完善的交通安全设施、管理设施以及服务设施。高速公路的设计年限通常为20年。

高速公路一般采用四、六、八车道数，其中四车道高速公路应能适应将各种汽车折合成小客车的年平均日交通量25000～55000辆，六车道为45000～80000辆，八车道为60000～100000辆。

（2）一级公路

一级公路是一种专门供汽车分向、分车道行驶，并可根据需要控制出入口的多车道公路，属于我国的公路网骨干线。但是当其作为集散公路时，纵横向干扰较大，因此为了保证汽车分道、分向行驶，可设慢车道供非汽车交通行驶；当其作为干线公路时，为保证运行速度、交通安全和服务水平，应根据需要采取控制出入口措施。一级公路的设计年限通常为20年。

一级公路一般采用四、六车道，四车道一级公路应能适应将各种汽车折合成小客车的年平均日交通量15000～30000辆，六车道为25000～55000辆。

（3）二级公路

二级公路是一种专门供汽车行驶的双车道公路，属于我国公路网内基本线。为了保证汽车在行驶过程中的速度及交通安全，在混合交通量大的路段，可设置慢车道供非汽车交通行驶。二级公路的设计年限通常为15年。

双车道二级公路应能适应将各种汽车折合成小客车的年平均日交通量5000～15000辆。

（4）三级公路

三级公路是一种专门供汽车行驶的双车道公路，属于我国公路网内基本线。同时，也可供拖拉机、畜力车、人力车等非汽车通行。其混合交通特征明显，设计速度可采用40km/h或30km/h。三级公路的设计年限通常为15年。

双车道三级公路应能适应将各种车辆折合成小客车的年平均日交通量2000～6000辆。

（5）四级公路

四级公路与三级公路相似，是一种专门供汽车行驶的双车道或单车道公路，属于我国公路网的支线。同时，也可供拖拉机、畜力车、人力车等非汽车通行。其混合交通特征明显，设计速度采用20km/h。四级公路的设计年限通常为10年。

双车道四级公路应能适应将各种车辆折合成小客车的年平均日交通量2000辆以下。单车道四级公路应能适应将各种车辆折合成小客车的年平均日交通量400辆以下。

2.行政分级

（1）公路网

公路网的组成有国道、省道、县乡道三级体系。20世纪末，实行"统一领导，分级管理"的原则，把公路分为国家干线公路（简称国道）、省干线公路（简称省道）、县公路（简称县道）、乡公路（简称乡道）和专用公路。

（2）国道

国道是指在国家干线网中，具有全国性的经济、国防意义的主要干线公路，包括重要的国际公路，国防公路，连接首都与各省、自治区、直辖市首府的公路，连接各大经济中心、港站枢纽、商品生产基地和战略要地的公路。

（3）省道

省道是指在省（自治区、直辖市）公路网中，具有全省性的经济、国防意义，并由省级公路主管部门负责修建、养护和管理的省级公路干线。

（4）县道

县道是指具有全县经济意义，连接县城和县内主要乡（镇）、主要商品生产和集散地的公路，还有不属于国道、省道的县际公路。县道由县、市公路主管部门负责修建、养护和管理。

（5）乡道

乡道是指直接或主要为乡村经济、文化、生产、生活服务，以及乡村与外部联系的公路。乡道由县统一规划，由县、乡组织修建、养护和使用。由于乡村道路主要为农业生产，一般不列入国家公路等级标准。

（6）专用公路

专用公路是指专供或主要供厂矿、林区、农场、油田、旅游区、军事基地等与外部联系的公路。专用公路由专用单位负责修建、养护和管理，也可委托当地公路部门修建、养护和管理。专用公路的技术要求应按其专门制定的技术标准或参照公路工程技术标准执行。

（二）技术标准

《公路工程技术标准》（以下简称《标准》）是国务院主管部门颁布的公路建设的技术法规，反映了我国公路建设的方针政策和技术要求，是公路勘测设计、修建和养护的依据。《标准》是根据公路设计与交通设计速度对路线和各工程结构设计的要求，这些要求被列为指标，用标准规定下来。它是根据理论计算和公路设计、修建经验同时结合我国国情而确定的。因此，在公路设计、施工、养护中，必须严格遵守。

采用技术标准时要防止两种错误倾向：一是只顾降低工程造价，而一味采用低标准；另一种是只强求线形好，不顾工程造价而采用高标准。

同时也要避免两种错误观念：一种是只求合法、不求合理，另一种是只求合理、不求合法。

三、公路施工的基本程序

（一）基本建设及其内容构成

基本建设是指国民经济各部门为发展生产面进行的固定资产的扩大再生产。例如，为了增加社会生产能力，新建工厂、学校、公路、桥梁、码头、矿井、电站、水坝、铁路等；为了扩大生产和提高效益而扩建生产车间、提高路面等级、修建永久性桥梁；为了提高生产效率，改进产品质量对原有设备及工艺进行整体性技术改造；原有公路的全面改建等。这些都属于基本建设的范畴。由此可见，凡是固定资产扩大再生产的新建、改建、扩建、恢复工程的建筑、添置、安装等活动及其与之连带的工作称为基本建设。

在我国，基本建设是发展国民经济，增强综合国力，迅速实现社会主义现代化，提高人民物质文化生活水平和加强国防实力的重要手段。因此，党和国家历来都十分重视基本建设事业，并制定、颁布了一系列政策、法规。通过十个五年计划，全国范围的大规模基本建设，我国已初步形成了比较完整的工业、交通运输体系和国民经济体系，使历史悠久的中华大地发生了天翻地覆的变化，为我国的改革开放事业和构建社会主义和谐社会提供了坚实的物质基础。基本建设工作应包括以下内容：

1.建筑工程

建筑是指消耗建筑材料，使用工程机械，通过施工活动而建成的工程实体，如路基、路面、桥梁、隧道、厂房、水坝等构筑物。

2.安装工程

安装是指基本建设项目需用的各种机械和设备安设、装配、调试等工作，如工业生产设备、公路及大型桥梁所需的各种机械、设备、仪器的安装及调试等。

3.设备、工具及器具的购置

其包括属于固定资产的机器、设备、工具等用品的购置，如机械厂的机床、发电站的电力设备、高速公路的监控设备、路面养护用的沥青混合料拌和设备和摊铺机械等。

4.勘察、设计及相关工作

它是指编制建筑工程施工依据的勘察设计文件所进行的工作，如公路工程的初步设计、施工图设计等，还有勘察、设计过程中必须进行的地质调查、钻探、材料试验和技术研究工作等。

5.其他基本建设工作

其为确保基本建设工程顺利实施和正常运行而进行的基础工作，如土地征用、拆迁安置、人员培训等。

（二）基本建设项目划分

基本建设工程无论大小都有其自身的复杂性，要进行若干项技术的、经济的和物质形态的工作。为了加强对基本建设工作的管理，便于编制设计文件、概预算文件和施工组织设计文件要便于工程招投标工作和施工管理，必须对基本建设项目进行科学分解和合理划分。基本建设工程可以划分为建设项目、工程项目、单位工程、分部工程和分项工程。

1.建设项目

建设项目也可称为基本建设项目，指的是经过批准后，在一个设计任务书范围内，按照同一总体设计进行建设的全部工程。建设项目是由一个或者多个单项工作所组成的，在经济上实行统一核算，行政上也实行统一管理，通常是以一个企业（或联合企业）、事业单位或独立工程作为一个建设项目。公路工程一般是以单独设计的公路路线、独立桥梁作为基本建设项目。

2.工程项目

工程项目也称单项工程，是指建设项目中具有独立的设计文件，建成后可独立发挥生产能力或使用效益的工程，如工业建筑中的生产车间、办公楼、仓库，民用建筑中的教学楼、图书馆、实验室、住宅，公路工程中独立合同段的路线、大桥、隧道等。

3.单位工程

单位工程是单项工程的组成部分，是指在单项工程中具有单独设计文件和独立施工条件，而又单独作为一个施工对象的工程，如生产车间的厂房修建、设备安装，公路工程中同合同段内的路基、路面、桥梁、互通式立交、交通安全设施等。由此可见，单位工程一般不能独立发挥生产能力和使用效益。

4.分部工程

分部工程是按工程结构、构造或施工方法不同所作的分类，它是单位工程的组成部分。如房屋的基础、地面、墙体、门窗，公路路基的土石方、排水、涵洞、大型挡土墙，桥梁的上、下部构造、引道等。

5.分项工程

分项工程是指通过较为简单的施工过程就能生产出来，并且可以用适当计量单位计算的"假定"的建筑或安装产品。如10m³块石基础、100m²水泥混凝土路面，一台某型号龙门吊的安装等。必须指出，分项工程只是建筑或安装工程的一种基本构成因素，是为了确定施工资源消耗和计算工程费用而划分的一种假定产品，以便作为分部工程的组成部分。

因此，分项工程的独立存在是没有意义的，它不像上述项目那样是完整产品。

（三）公路基本建设程序

公路基本建设程序是指公路基本建设项目从规划立项到竣工验收的整个建设过程中各项工作的先后顺序。这个顺序是由固定资产的建设过程，即基本建设发展进程的客观规律所决定的。科学的基本建设程序能正确处理基本建设工作中制定建设规划、确定建设项目、勘察设计、组织施工、竣工验收等各阶段与各环节之间的关系，指导基本建设工作有计划、按步骤地进行。公路基本建设涉及面广，既受地质、气候、水文等自然条件的制约，又受物资供应、技术水平等物质技术条件影响，同时还需要建设单位与设计、施工、监理、质量监督等单位和部门的协作配合。因此，公路基本建设项目必须严格按照规定程序实施，依次进行各个方面工作，才能达到预期效果，否则将可能给国家造成严重经济损失或给工程带来无法弥补缺陷。

1.公路基本建设程序的流程

公路基本建设程序的流程：规划阶段→设计阶段→施工阶段→后评价阶段。

所有大中型公路基本建设项目，都要严格按照公路基本建设程序运行，对于某些特殊的小型项目，经建设行政主管部门批准后可以根据实际情况适当简化建设程序。

2.公路基本建设程序各阶段内容

为加强公路基本建设项目管理，公路建设还应当按照国家和交通运输部的有关规定实行项目法人制度、招标投标制度、工程监理制度和合同管理制度（通常称为"四项制度"）。现将公路基本建设程序各阶段的主要内容分别叙述如下：

（1）项目建议书阶段

项目建议书是建设单位（业主）向国家提出的要求建设某一项目的建议文件，是对建设项目的轮廓构想，这种构想可来自国家、部门和地方的发展规划与计划安排，或来自市场调查研究，或来自某种资源发现。项目建议书应对拟建项目的社会需求进行分析研究，明确为满足此需求所要达到的建设目标，包括经济目标、社会目标和环境目标，并考虑可能承担的风险。

（2）可行性研究阶段

项目建议书批准后，由政府交通主管部门组织项目的可行性研究。可行性研究是对拟建项目在技术上和经济上是否可行进行科学分析和论证工作，为项目决策（即该项目是继续实施还是放弃）提供依据。可行性研究的主要任务是通过多方案比较，提出评价意见，推荐最佳方案。

按可行性研究的工作深度，其划分为预可行性研究和工程可行性研究两个阶段。预可行性研究应重点阐明建设项目的必要性，通过踏勘和调查研究，提出建设项目的规模、技术标准，进行简要经济效益分析。工程可行性研究应通过必要的测量（高速公路、一级公路必须做）、地质勘探（大桥、隧道及不良地质地段等），在认真调查研究、占有必要资料的基础上，对不同建设方案从技术上和经济上进行综合论证，提出推荐方案。可行性研究报告的文件应符合《公路建设项目可行性研究报告编制办法》的规定。

可行性研究报告经审查批准后，项目才能正式"立项"。大中型项目和限额以上项目的可行性研究报告经批准后，可根据实际需要组成筹建机构，即组建项目法人。一般改建、扩建项目不单独设置机构，仍由原企业负责筹建。

（3）设计任务书阶段

设计任务书是项目确定建设方案的决策性文件，是编制设计文件的主要依据。设计任务书可由建设单位自行提出，也可由工程咨询公司代为拟定，或由建设单位与设计单位协商确定。

设计任务书的主要内容包括以下几个方面：①建设依据和建设规模；②路线走向和主要控制点，独立大桥桥址和主要特点；③地理位置、自然条件和社会经济现状；④工程技术标准和主要技术指标；⑤设计阶段及完成时间；⑥环境保护、城市规划、抗震、防洪、防空、文物保护等要求和采取的措施方案；⑦投资估算和资金筹措；⑧经济效益和社会效益；⑨建设期限和实施方案。

（4）勘察设计阶段

不论按几个阶段设计，其中的施工图设计文件均由以下13篇及附件组成，即总说明书，总体设计，路线，路基、路面及排水，桥梁、涵洞，隧道，路线交叉，交通工程及沿线设施，环境保护，渡口码头及其他工程，筑路材料，施工组织计划，施工图预算，附件。其中第二篇总体设计只用于高速公路和一级公路，附件内容为补充地质勘探、水文调查及计算等基础资料。

（5）建设准备阶段

项目在开工建设之前，要做好以下前期准备工作：

①预备项目

初步设计已经批准的项目可列为预备项目。国家的预备项目计划，是对列入部门、地方编报的年度建设预备项目计划中的大中型项目和限额以上项目，经过对建设总规模、生产力布局、资源优化配置及外部协作条件等方面进行综合平衡后安排和下达的。

②建设准备的内容

建设准备的主要工作内容主要分为以下五个部分：征地、拆迁和安置；完成施工用水、电、路工程；设备、材料订货；准备施工图纸；监理、施工招标投标。

③申报项目施工许可

工程完成了规定的建设准备，并具备了开工条件以后，应申报项目施工许可。年度大中型项目和限额以上项目须经国务院批准，国家发展和改革委员会下达项目计划，其他项目可由部门和地方政府批准。

（6）建设施工阶段

建设项目开工报告一经批准，项目便进入了建设施工阶段。本阶段是项目决策的实施、建成投入使用、发挥效益的关键，因此建设单位、施工企业、监理单位都应认真做好各自工作。

公路项目开工建设的时间以开始进行土石方施工的日期作为正式开工日期。分期建设的项目，分别按各期工程开工的日期计算。施工活动应严格按照设计要求、技术规程、合同条款、预算投资、施工程序和顺序、施工组织设计，在保证质量、工期、成本等计划目标的前提下进行，达到竣工标准要求，经验收后移交使用。

（7）竣（交）工验收交付使用阶段

竣（交）工验收是建设全过程的最后一道程序，是投资成果转入使用的标志，是建设单位、设计单位和施工单位向国家汇报建设项目的生产能力或效益、质量、造价等全面情况及交付新增固定资产的过程。验收工作在建设项目按施工合同文件的规定内容全部完成后进行。

公路项目验收分为单项工程交工验收和整体项目竣工验收两个阶段。竣工验收由建设主管部门主持，依据国家有关规定组成验收委员会，按照相关要求组织验收。在工程验收前，建设单位要做好以下准备工作：组织设计、施工等单位进行工程初验，并向主管部门提出验收报告；整理技术资料，包括各种文件绘制竣工图，必须准确、完整、符合档案管理要求；编制竣工决算验收合格的工程，应移交使用，并按有关规定办理交接手续。

（8）项目后评价阶段

项目后评价应经过建设单位自评和投资方评价两个阶段，包括以下内容：①评估项目的实际成效；②确定项目是否达到了预期目标和设计要求；③检查设计、施工各个环节的实际质量重新计算实际财务效益和国民经济效益。

项目后评价可以肯定成绩、总结经验、探讨问题、吸取教训，并提出建议，作为今后改进投资规划、评估和管理工作参考。

第二节　桥梁工程施工

一、桥梁的组成、分类及施工

（一）桥梁的组成和分类

1.桥梁的组成

概括地说，桥梁由上部结构、下部结构、支座系统和附属设施四个基本部分组成。上部结构通常又称为桥跨结构，是在线路中断时跨越障碍的主要承重结构；下部结构包括桥墩、桥台和基础；桥梁附属设施包括桥面系、伸缩缝、桥头搭板和锥形护坡等，桥面系包括桥面铺装（或称行车道铺装）、排水防水系统、栏杆（或防撞栏杆）、灯光照明等。

2.桥梁的分类

（1）桥梁的基本体系

按结构体系划分，有梁式桥、拱桥、刚架桥、悬索桥等四种基本体系。其他还有几种由基本体系组合而成的组合体系等。

①梁式体系

是古老的结构体系。梁作为承重结构是以其抗弯能力来承受荷载的。梁分简支梁、悬臂梁、固端梁和连续梁等。悬臂梁、固端梁和连续梁都是利用支座上的卸载弯矩去减少跨中弯矩，使梁跨内的内力分配更合理，以同等抗弯能力的构件断面就可建成更大跨径的桥梁。

②拱式体系

其主要承重结构是拱肋（或拱箱），以承压为主，可采用抗压能力强的圬工材料（石、混凝土与钢筋混凝土）来修建。拱分单铰拱、双铰拱、三铰拱和无铰拱。拱是有水平推力的结构，对地基要求较高，一般常建于地基良好的地区。

③刚架桥

是介于梁与拱之间的一种结构体系，其是由受弯的上部梁（或板）结构与承压的下部柱（或墩）整体结合在一起的结构。由于梁与柱的刚性连接，梁因柱的抗弯刚度而得到卸载作用，整个体系是压弯结构，也是有推力的结构。刚架分直腿刚架与斜腿刚架。刚架桥施工较复杂，一般用于跨径不大的城市桥或公路高架桥和立交桥。

④悬索桥

就是指以悬索为主要承重结构的桥。其主要构造是缆、塔、锚、吊索及桥面，一般还有加劲梁。其受力特征是：荷载由吊索传至缆，再传至锚墩，传力途径简捷、明确。悬索桥的特点是：构造简单，受力明确；在同等条件下，跨径愈大，单位跨度的材料耗费愈少、造价愈低。悬索桥是大跨桥梁的主要形式。

⑤组合体系

连续刚构：连续刚构是由梁和刚架相结合的体系，其是预应力混凝土结构采用悬臂施工法而发展起来的一种新体系。

梁、拱组合体系：这类体系中有系杆拱、桁架拱、多跨拱梁结构等。它们利用梁的受弯与拱的承压特点组成联合结构。

斜拉桥：其是由承压的塔、受拉的索与承弯的梁体组合起来的一种结构体系。

（2）桥梁的其他分类

①按用途划分

有公路桥、铁路桥、公路铁路两用桥、农桥、人行桥、运水桥（渡槽）及其他专用桥梁（如通过管路、电缆等）。

②按桥梁全长和跨径划分

有特大桥、大桥、中桥和小桥。

③按主要承重结构所用的材料划分

有圬工桥（包括砖、石、混凝土桥）、钢筋混凝土桥、预应力混凝土桥、钢桥和木桥等。

④按跨越障碍的性质划分

有跨河桥、跨线桥（立体交叉）、高架桥和栈桥。

⑤按上部结构的行车道位置划分

有上承式桥、下承式桥和中承式桥。

（二）桥梁基础施工

1.桥梁基础分类

桥梁基础分为刚性基础、桩基础、管柱、沉井、地下连续墙等。

2.各类基础适用条件

刚性基础：适用于地基承载力较好的各类土层，根据土质情况分别采用铁镐、十字镐、爆破等设备和方法开挖。

桩基础：按施工方法可分为沉桩、钻孔灌注桩、挖孔桩，其中沉桩又分为锤击沉桩法、振动沉桩法、射水沉桩法、静力压桩法。

管柱、沉井适用于各种土质的基底，尤其在深水、岩面不平、无覆盖层或覆盖层很厚的自然条件下，不宜修建其他类型基础时，均可采用。

地下连续墙适用于作地下挡土墙、挡水围堰、承受竖向和侧向荷载的桥梁基础、平面尺寸大或形状复杂的地下构造物基础，可用于除岩溶和地下承压水很高处的其他各类土层中施工。

3.钻孔灌注桩基础施工

（1）钻孔灌注桩的特点

钻孔灌注桩桩长可以根据持力土层的起伏面变化，并按使用期间可能出现的最不利内力组合配置钢筋，钢筋用量较少，便于施工且承载能力强，故应用较为普遍。

（2）钻孔灌注桩施工的主要工序

①埋设护筒

护筒能稳定孔壁、防止坍孔还有隔离地表水、保护孔口地面、固定桩孔位置和起到钻头导向作用等。

②泥浆制备

钻孔泥浆由水、黏土（膨润土）和添加剂组成，具有浮悬钻渣、冷却钻头、润滑钻具、增大静水压力并在孔壁形成泥皮、隔断孔内外渗流、防止坍孔的作用。

通常采用塑性指数大于25，粒径小于0.005mm的黏土颗粒含量大于50%的黏土，通过泥浆搅拌机或人工调和，贮存在泥浆池内，再用泥浆泵输入钻孔内。

③钻孔

一般采用螺旋钻头或冲击锥等成孔或用旋转机具辅以高压水冲成孔。根据井孔中土（钻渣）的取出方法不同，常用的方法有螺旋钻孔、正循环回转钻孔、反循环回转钻孔、潜水钻机钻孔、冲抓钻孔、冲击钻孔、旋挖钻机钻孔。

④成孔检查与清孔

钻孔的直径、深度和孔形直接关系成桩质量，是钻孔桩成败的关键。为此，除了钻孔过程中严谨操作、密切观测监督外，在钻孔达到设计要求深度后，应采用适当器具对孔深、孔径、孔形等认真检查，符合设计要求后，填写"终孔检查表"。

⑤钢筋笼制作与吊装

钢筋笼的制作应符合设计和规范要求，长桩骨架宜分段制作，分段长度应根据吊装条件确定；后场制作时应在固定胎架上进行，以保证钢筋笼的顺直；注意在钢筋笼外侧设置控制保护层厚度的垫块；钢筋笼起吊入孔一般用吊机，无吊机时，可采用钻机钻架、灌注塔架。

⑥灌注水下混凝土

灌注水下混凝土时配备的搅拌机等设备，应能满足桩孔在规定时间内灌注完毕。灌注时间不得长于首批混凝土初凝时间。若估计灌注时间长于首批混凝土初凝时间，则应掺入缓凝剂。水下混凝土一般用钢导管灌注，导管内径为200～350mm，视桩径大小而定。导管使用前应进行水密承压和接头抗拉试验，严禁用压气试压。混凝土拌合物运至灌注地点时，应检查其均匀性和坍落度等，如不符合要求，应进行第二次拌合，二次拌合后仍不符合要求时，不得使用。首批灌注混凝土的数量应能满足导管首次埋置深度和填充导管底部的需要。首批混凝土拌合物下落后，混凝土应连续灌注。在灌注过程中，导管的埋置深度宜控制在2～6m，在灌注过程中，应经常测探井孔内混凝土面的位置，及时调整导管埋深。为防止钢筋骨架上浮，当灌注的混凝土顶面距钢筋骨架底部1m左右时，应降低混凝土的灌注速度。当混凝土拌合物上升到骨架底口4m以上时，提升导管，使其底口高于骨架底部2m以上，即可恢复正常灌注速度。在灌注过程中，特别是潮汐地区和有承压水地区，应注意保持孔内水头。在灌注过程中，应将孔内溢出的水或泥浆引流至适当地点处理，不得随意排放，污染环境及河流。灌注中发生故障时，应查明原因，确定合理处理方案，及时处理。

二、涵洞分类及施工技术

（一）涵洞的分类

涵洞是横贯公路路基，用以泄水或通过人、畜、车辆的小型构筑物。根据桥梁涵洞按跨径分类标准，涵洞的单孔跨径小于5m或多孔跨径总长小于8m，但圆管涵及箱涵不论管径或跨径大小、孔数多少，均称为涵洞。

涵洞按建筑材料可分为砖涵、石涵、混凝土涵和钢筋混凝土涵，按涵洞断面形式可分为管涵、板涵、箱涵、拱涵，按涵顶填土情况可分为明涵（涵顶无填土）和暗涵（涵顶填土大于50cm），按水力性能分为无压涵、半压力涵和压力涵。

（二）涵洞的施工

1.混凝土和钢筋混凝土圆管涵施工

（1）圆管涵施工主要工序

测量放线→基坑开挖→砌筑圬工基础或现浇混凝土管座基础→安装圆管→出入口浆砌→防水层施工→涵洞回填及加固。

（2）涵管预制

为保证涵管节的质量，管涵宜在工厂中成批预制，再运到现场安装，预制混凝土圆涵管可采用振动制管法、离心法、悬辊法和立式挤压法。在运输条件限制时，也可在现场就地制造。钢筋混凝土圆管成品应符合下列要求。①管节端面应平整并与其轴线垂直。斜交管涵进出水口管节的外端面，应按斜交角度进行处理。②管壁内外侧表面应平直圆滑，如有蜂窝，蜂窝处应修补完善后方可使用。③管节各部尺寸不得超过规定的允许偏差。④管节混凝土强度应符合设计要求。⑤管节外壁必须注明适用的管顶填土高度，相同的管节应堆置在一处，以便于取用，防止弄错。

（3）安装管节时的注意事项

①应注意按涵顶填土高度取用相应的管节，管节应检查合格后方可使用。②各管节应顺流水坡度安装平顺，当管壁厚度不一致时应调整高度使内壁齐平，管节必须垫稳坐实，管道内不得遗留泥土等杂物。③对插口管，接口应平直，环形间隙应均匀，并应安装特制的胶圈或用沥青、麻絮等防水材料填塞，不得有裂缝、空鼓、漏水等现象；对平接管，接缝宽度应不大于10~20mm，禁止用加大接缝宽度来满足涵洞长度要求；接口表面应平整，并用有弹性的不透水材料嵌塞密实，不得有间断、裂缝、空鼓和漏水等现象。

2.拱涵、盖板涵施工

（1）石拱涵或钢筋混凝土拱涵施工主要工序

测量放样→基坑开挖、排水及换填→混凝土基础或浆砌基础施工→拱涵涵身、台座立模灌注→支立拱架，安装拱模→对称灌注拱圈混凝土或浆砌拱圈→养护拱圈混凝土或砂浆强度达80%设计值→对称拆除拱架、拱模→施做防水层→涵顶对称填土夯实→出入口、八字墙等附属工程施工。

（2）盖板涵（预制吊装）施工主要工序

测量放线→基坑开挖→下基础→浆砌墙身→现浇板座→吊装盖板→出入口浆砌→防水层施工→涵洞回填及加固。

（3）拱涵、盖板涵的施工要求

①拱圈和出入口拱上端墙的施工，应由两侧向中间同时对称进行。②钢筋混凝土、混凝土拱圈和盖板混凝土的现场浇筑施工宜连续进行，避免施工接缝，当涵身较长时，可沿长度方向分段进行，接缝应设在涵身沉降缝处。③就地浇筑的拱涵和盖板涵，宜采用组合钢模板，在缺乏钢木材料的情况下，可采用全部土胎。④拱圈砌筑砂浆或混凝土强度达到设计强度的75%时，方可拆除拱架，达到设计强度后，方可回填土。⑤在拱架未拆除的情况下，拱圈砌筑砂浆或混凝土强度达到设计强度的75%时，可进行拱顶填土，但在拱圈强度达到设计强度100%后，方可拆除拱架。

（4）预制拱圈和盖板的安装注意事项

①钢筋混凝土拱圈和盖板的预制，应按相关规范要求进行施工。预制涵洞盖板时，应注意检查上下面的方向，斜交涵洞应注意斜交角的方向，避免发生反向错误。②成品混凝

土强度达到设计强度的70%时，方可搬运安装。③成品安装前，应检查成品及拱座、墩台的尺寸。④安装后，成品拱圈和盖板上的吊装孔，应以砂浆填塞，如系吊环应锯掉。⑤拱座与拱圈、拱圈与拱圈的拼装接触面，应先拉毛或凿毛（沉降缝处除外），安装前应浇水湿润，再以M10水泥砂浆砌筑。

3.倒虹吸管施工

（1）倒虹吸管施工主要工序

测量放线→基坑开挖→基坑修整与检查→铺设砂垫层和现浇混凝土管座→安装管节→接缝防水施工→竖井、出入口施工→防水层施工→回填土及加固。

（2）倒虹吸管施工注意事项

①倒虹吸管宜采用钢筋混凝土或混凝土圆管，进出水口必须设置竖井，包括防淤沉淀井。施工时管节接头及进出水口砌缝应特别严格，不漏水。填土覆盖前应做灌水试验，符合要求后，方可填土。②倒虹吸管如需在冰冻期施工时，应按冬期要求施工进行，并应在冰冻前将管内积水排出，以防冻裂。③倒虹吸管的进出水口应在竣工后及时盖上。

4.通道桥涵的顶进施工

当公路须从现有铁路、公路路基下面立交通过时，对原有路线采取必要的加固措施后，可采取顶入法施工通道桥涵。

（1）通道桥涵顶进施工主要工序

测量放线→工作坑定位与开挖→工作坑基础、导轨及附属设施施工→后背设计与施工桥涵身预制→顶进设备与设施准备→既有线路的加固→顶进作业→附属工程施工。

（2）顶进工作坑及后背施工要求

①顶进的工作坑位置应根据现场地形、土质、结构物尺寸及施工需要决定，在保证排水和安全的前提下，工作坑边缘距公路、铁路应有足够的安全距离。②工作坑基底的承载力应能满足顶入桥涵的要求，否则应加固。③工作坑滑板应满足下列要求：滑板中心线与桥涵中心线一致；具有足够的强度、刚度和稳定性，必要时可在滑板上层配置钢筋网，以防顶进时滑板开裂；表面平整，减小顶进时的阻力；底面设粗糙面或锚梁，增加抗滑能力；宜将滑板做成前高后低的仰坡，坡度为3%左右；沿顶进方向，在滑板的两侧，距桥涵外缘50～100m处设置导向墩，以控制桥涵顶入方向。④顶进桥涵的后背，应根据现场条件、地质、材料设备情况及强度、稳定性的要求进行设计计算，确保顶进工作顺利和安全。

（3）顶进作业

①桥涵顶进前应检查验收桥涵主体结构的混凝土强度、后背，应符合设计要求，应检查顶进设备并做预顶试验。②千斤顶应按桥涵的中轴线对称布置。顶进法的传力设备安装时应与顶力线一致，并与横梁垂直。顶程较长时，顶柱与横梁应用螺栓固定。③桥涵顶

进挖土时保持刃角有足够的吃土量，挖掘进尺及坡度应视土质情况确定。挖土必须与观测紧密配合，根据偏差随时改变挖土方法。④顶管施工应在工作坑内安装导轨，导轨高程允许偏差为2mm，中心线允许偏差为3mm。首节管节安放在导轨上，应测量其中线和前后两端高程，合格后方可顶进。⑤顶管施工时，可在管前端先挖土，后顶进，一般轴向超挖量在铁路道渣下不得大于100mm，其余情况不得大于300mm，管节上部超挖量不得大于15mm，管节下部135度范围内不应超挖。⑥桥涵顶进中，应经常对桥涵中线和高程进行观测，发现偏差及时纠正。发生左右偏差时，可采用挖土校正法和千斤顶校正法调整；发生上下偏差时，可采用调整刃角挖土量或铺筑石料等方法调整。⑦顶进作业应连续进行，不得长期停顿，以防地下水渗出，造成路基坍塌。出现事故时应立即停止顶进。⑧桥涵顶进时，对节间接缝及结构物应按设计要求进行防水处理。

三、桥梁工程作用及施工测量控制技术

（一）桥梁工程作用的计算方法及作用效应组合

1.桥梁施工作用的计算方法

（1）对不同作用应采用不同的代表值

①永久作用应采用标准值作为代表值。②可变作用应根据不同的极限状态分别采用标准值、频遇值或准永久值作为其代表值。承载能力极限状态设计及按弹性阶段计算结构强度时应采用标准值作为可变作用的代表值。正常使用极限状态按短期效应（频遇）组合设计时，应采用频遇值作为可变作用的代表值；按长期效应（准永久）组合设计时，应采用准永久值作为可变作用的代表值。③偶然作用取其标准值作为代表值。

（2）作用的代表值按下列规定取用

①永久作用的标准值

对结构自重（包括结构附加重力），可按结构构件的设计尺寸与材料的重力密度计算确定。

②偶然作用的标准值

应根据调查、试验资料，结合工程经验确定其标准值。

2.作用组合效应

（1）公路桥涵结构设计应考虑结构上可能同时出现的作用

按承载能力极限状态和正常使用极限状态进行作用效应组合，取其最不利效应组合进行设计；在结构上可能同时出现的作用，才进行其效应的组合；当结构或结构构件需作不同受力方向的验算时，则应以不同方向的最不利的作用效应进行组合。可变作用的出现对结构或结构构件产生有利影响时，该作用不应参与组合；实际不可能同时出现的作用或同

时参与组合概率很小的作用，按相关规定不考虑其作用效应的组合。施工阶段作用效应的组合，应按计算需要及结构所处条件而定：结构上的施工人员和施工机具设备均应作为临时荷载加以考虑。组合式桥梁，当把底梁作为施工支撑时，作用效应宜分两个阶段组合，底梁受荷为第一个阶段，组合梁受荷为第二个阶段。

（2）公路桥涵结构按承载能力极限状态设计应采用的两种作用效应组合

①基本组合

永久作用的设计值效应与可变作用设计值效应相结合。

②偶然组合

永久作用标准值效应与可变作用某种代表值效应、一种偶然作用标准值效应相组合。偶然作用的效应分项系数取1.0；与偶然作用同时出现的可变作用，可根据观测资料和工程经验取用适当的代表值。

（3）公路桥涵结构按正常使用极限状态设计

应根据不同的设计要求，采用以下两种效应组合：①作用短期效应组合；②永久作用标准值效应与可变作用频遇值效应相组合。

（二）桥梁施工监测和控制

1.桥梁监测

（1）监测范围

①敏感部位监测

一般只在桥梁内力、应变、位移变化和裂纹产生对桥梁影响至关重要的（敏感）部位进行监测。

②总体监测

特大桥梁构造复杂，难以做地毯式人工监测。鉴于特大桥梁的重要性，需要适时地掌握桥梁正常工作的总体状况。通过对可能取得的桥梁工作参数，采用不同的方法进行"识别"，找到桥梁异常的一个或几个可能部位，再由配备检测设备的专业人员到可能异常部位检测。

（2）监测方式

①人工监测

配备简单的仪器，用人工作地毯式监测，用模糊分级描述桥梁状况，一般可作为定期监测、突发性事件后的特别监测。

②自动监测

一般适用于特大的或重要的桥梁在线监测。这种方法自动化程度高，是当前研究热点与发展方向。但是难度大，目前使用尚少。

③联合监测

考虑到前两种方法的实际情况，用各种小型的自动化程度较高的仪器配合人工监测，是一个比较可行的方案。

（3）监测的状态

①监测桥梁结构的静态几何和力学参数，用以分析桥梁结构的工作状态。静态监测比较困难，一般都是加载检测。但是，静态参数比较直观地反映了桥梁的工作状态。②监测桥梁结构的动态几何和力学参数，用以分析桥梁结构的工作状态。动态监测适于运营监测。

（4）常规监测传感器和手段

位移（量程）计、倾斜仪、（高程、方位、距离）测量设备、GPS、数字成像机，位移传感器、电阻应变仪、压电式应变仪、振弦应变仪、分布式光纤应变计，压力环、磁弹性张力计、油压计、剪力销等，速度计、伺服（或压电）加速度计算，刻度放大镜、数字成像机、超声探测仪、地面雷达等，化学试剂试验、由外观特征判断、钢筋锈蚀仪、风向（速）计、空气（或埋入式）温度计、当地的地震观测数据、交通量观测仪、埋入（或移动）式称重仪、摄像机。

2.桥梁施工控制

（1）桥梁施工控制方法

①采取纠偏终点控制的方法，即在施工过程中，对产生主梁线形偏差的因素跟踪控制，随时纠偏，最终达到理想线形。②应用现代控制理论中的自适应控制方法，即对施工过程中的标高和内力的实测值与预计值进行比较，对桥梁结构的主要基本设计参数进行识别，找出产生实测值与预计值（设计值）产生偏差的原因，从而对参数进行修正，达到双控的目的。③误差的容许值法，即在设计时给予主梁标高和内力最大的宽容度，这种做法减少了控制的难度。

（2）桥梁的施工控制特点

控制最基本的要求是保证施工中的安全和结构恒载内力及结构线形符合设计要求。由于桥梁结构形式和施工方法有许多，对于具体某一座桥梁的施工控制又有其侧重点。不同桥梁的控制特点如下：

①斜拉桥

施工时，在主梁悬梁浇筑或悬臂拼装过程中，确保主梁线形和顺、正确是第一位的，施工中以标高控制为主。二期恒载施工时，为了保证结构的内力和变形处于理想状态，拉索再次张拉时以索力控制为主。所谓以标高控制为主，并非只控制主梁的标高，而不顾及拉索索力的偏差。施工中应根据结构本身的特性和施工方法的不同，采取相应的控制策略。若主梁刚度较小，斜拉索索力的微小变化将引起悬臂端挠度的较大变化，斜拉索张拉时应以高程测量为主进行控制，但索力张拉吨位不应超过容许范围，确保施工安全。若主梁刚度较大，斜拉索索力变化了很多，而悬臂端挠度的变化却非常有限，施工中应以拉索张拉吨位进行控制，然后根据标高的实测情况，对索力作适当的调整。此时标高、线形的控制主要是通过混凝土浇筑前底模标高的调整（悬臂浇筑方法）或预制块件接缝转角的调整（悬臂拼装方法）来加以实现的。

②悬索桥

其主要承重结构是主索，主索在施工中又是悬索桥吊装的主要承重结构，主索一经架好，其长度和线形调整甚小，为了确保悬索内力和线形符合设计要求，主索的无应力长度（下料长度）要严格加以控制，尤其是基准束的尺寸要更加重视。对于加劲梁的拼装，为保证符合设计线形，吊杆的下料长度（无应力长度）将又是一个控制重点。可以看出，为了使在无应力状态下结构各部分的尺寸准确无误，故要有一个符合结构实际的计算程序。在施工过程中，除了主索和加劲梁外，对桥塔受力、索鞍偏移、吊杆和主索索股受力均匀性等应严加跟踪控制，保证应力和线形的双控实现。

③大跨度混凝土拱桥

同样按安全、线形和恒载内力的要求进行施工控制。由于大跨度混凝土拱桥拱肋截面多采用底板、侧板、顶板分次浇筑完成的组合截面，必然造成结构挠度和内力的重分布，为确保拱肋应力和变形符合设计要求，要严格进行双控，但拱肋的形成一般要靠劲性骨架进行浇筑，其拱肋各段是在工厂放样加工制作的（无应力长度），骨架一经合龙，今后无法进行大的调整，所以大跨度混凝土拱桥的施工控制首先要把好骨架无应力长度控制这一关，然后做好拱肋混凝土浇筑的跟踪施工、控制，确保拱肋应力和标高符合要求。拱桥是以受压为主的结构，对于施工过程中结构的稳定性要给予关注。

④预应力混凝土连续梁或连续刚构

相对斜拉桥而言，没有斜拉索，其施工控制与斜拉桥主梁相同。凡是以悬臂浇筑或悬臂拼装施工的桥梁，都是逐节段向前推进的，施工控制中常采用逐节段跟踪控制的方法。

四、大跨径桥梁施工特点

（一）斜拉桥施工特点

1.索塔

其施工可视其结构、体形、材料、施工设备和设计综合考虑选用合适的方法。裸塔施工宜用爬模法，横梁较多的高塔宜用劲性骨架挂模提升法。

2.混凝土主梁

主梁零号段及其两旁的梁段，在支架和塔下托架上浇筑时，应消除温度、弹性和非弹性变形及支承等因素对变形和施工质量的不良影响。

3.挂篮悬浇

采用挂篮悬浇主梁时，除应符合梁桥挂篮施工的有关规定外，还应按下列规定执行：①挂篮的悬臂梁及挂篮全部构件制作后均应进行检验和试拼，合格后再于现场整体组装检验，并按设计荷载及技术要求进行预压，同时测定悬臂梁和挂篮的弹性挠度、调整高程性能及其他技术性能；②挂篮设计和主梁浇筑时应考虑抗风振的刚度要求；③拉索张拉时应对称同步进行，以减少其对塔与梁的位移和内力影响。

4.合龙梁段

（1）防止合龙梁段施工出现的裂缝，应采用以下方法改善受力和施工状况

①在梁上下底板或两肋端部预埋临时连接钢构件或者设置临时纵向连接预应力索，还可以用千斤顶调节合龙口的应力和合龙口长度。②合龙两端高程在设计允许范围内时，可视情况进行适当压重。③观测合龙前连日的昼夜温度场变化与合龙高程及合龙口长度变化的关系，选定适当的合龙浇筑时间。

（2）合龙梁段浇筑后至纵向预应力索张拉前，应禁止施工荷载的超平衡变化

①预制梁段，如设计无规定，宜选用长线台座（可分段设置），亦可采用多段的联线台座，每联宜多于5段，先预制顺序中的1、3、5段，脱模后再在其间浇2、4段，使各端面啮合密贴，端面不应随意修补。②应在底模上调整主梁分段形体所受竖曲线的影响。拼装中多段积累的超误差，可用湿接缝调整。③梁段拼合前应试拼，以便及时调整。④湿接缝拼合面应进行表面凿毛和清扫，干接缝应保持结合面清洁，黏合料应涂刷均匀。⑤采用垫片调整梁段拼装线形时，每次垫片调整的高程不应大于20mm。

5.长拉索

在抗振阻尼支点尚未安装前，应采用钢索或杆件（平面索时）将一侧拉索联结以抑制和减小拉索的振动。

6.大跨径主梁

施工时应缩短双向长悬臂持续时间，尽快使一侧固定，以减少风振的不利影响，必要时应采取临时抗风措施。

7.钢主梁

钢主梁包括叠合梁和混合梁，应注意以下方面。①钢主梁应由资质合格的专业单位加工制作、试拼，经检验合格后安全运至工地备用。堆放应无损伤、无变形和无腐蚀。②钢梁制作的材料应符合设计要求。③应进行钢梁的连日温度变形观测对照，确定适宜的合龙温度及实施程序，并应满足钢梁安装就位时高强螺栓定位所需的时间。

（二）悬索桥施工特点

1.锚锭大体积混凝土

锚锭大体积混凝土施工需采取下列措施进行温度控制，防止混凝土开裂。①采用低水化热品种的水泥。对于普通硅酸盐水泥应经过水化热试验比较后方可使用。②降低水泥用量、减少水化热，掺入质量符合要求的粉煤灰和缓凝型外掺剂。③降低混凝土入仓温度。可对砂石料加遮盖，防止日照，采用冷却水作为混凝土的拌合水等。④在混凝土结构中布置冷却水管，混凝土终凝后开始通水冷却降温。设计好水管流量、管道分布密度和进水温度。⑤大体积混凝土应采用分层施工，每层厚度可为1.0～1.5m。

2.猫道面架设

中跨、边跨猫道面的架设进度，要以塔的两侧水平力差异不超过设计要求为准。在架设过程中须监测塔的偏移量和承重索的垂度。

3.索力调整

索力的调整以设计提供的数据为依据，其调整量应根据调整装置中测力计的读数和锚头移动量双控确定。

4.试拼装

加劲梁应按拼装图进行厂内试拼装，试拼不少于3个节段，按架梁顺序试拼装。

5.吊装

吊装过程应观察索塔变位情况，应根据设计要求和实测塔顶位移量分阶段调整索鞍偏移量，以保证工程质量和施工安全。安装前应确定安装顺序，一般可以从中跨跨中对称地向两边进行，安装完一段跨中梁段后，再从两边跨对称地向索塔方向进行。钢箱梁水上运输必须由有经验的人员担任，架设前，宜进行现场驳船定位试验，以保证定位精度。各工作面上，吊装第二节段起须与相邻节段间预偏一定间隙（0.5～0.8m），至标高后，牵拉连接，避免吊装过程与相邻节段发生碰伤，影响吊装工作顺利进行。安装合龙段前，必须根据实际的合龙长度，对合龙段长度进行修正。

（三）刚构桥施工特点

1.平衡悬臂施工

可分为悬臂浇筑法与悬臂拼装法施工：前者是当桥墩浇筑到顶以后，在墩顶安装脚手钢桁架，并向两侧伸出悬臂以供垂吊挂篮，实施悬臂浇筑（挂篮是主要施工设备）；后者是将梁逐段分成预制块件进行拼装，穿束张拉，自成悬臂。

2.悬臂梁起步段施工

为拼装挂篮或吊机，需在墩柱两侧先采用支撑托架浇筑一定长度的梁段。其施工托架可根据墩身高度、承台形式和地形情况，分别支承在墩身、承台或经过加固的地面上。挂篮由主桁架、悬吊系统、锚固系与平衡重、行走系统及工作平台底模架等所组成。挂篮设置除应保证强度安全可靠外，还应满足变形小、行走方便、锚固、装拆容易及各项施工作业的操作要求，并注意安全防护设施。

3.箱梁混凝土的浇筑（悬臂浇筑）

可视箱梁截面高度情况采用一次或两次浇筑法。浇筑肋板混凝土时，两侧肋板应同时分层进行。浇筑顶板及翼板混凝土时，应从外侧向内侧一次完成，以防发生裂缝。

当箱梁截面较大（或靠近悬臂根部梁段），节段混凝土数量较多，每个节段可分两次浇筑，先浇底板到肋板的倒角以上，再浇筑肋板上段和顶板，其接缝按施工缝要求处理。

4.悬臂拼装

主要工序的主要工序包括块件预制、移运、整修、吊装定位、预应力张拉、施工接缝处理等，各道工序均有其不同的要求，并对整个拼装质量具有密切影响。

5.块件拼装接缝

一般为湿接缝与胶接缝两种。湿接缝用高强细石混凝土，胶接缝则采用环氧树胶为接缝料。由于1号块的安装对控制该跨节段的拼装方向和标高非常关键，故1号块与0号块之间的接缝多采用湿接缝以利调整1号块位置。

（四）拱桥施工特点

1.劲性骨架浇筑拱圈

大跨径劲性拱圈混凝土拱圈（拱肋）的浇筑，可采用分环多工作面均衡浇筑法、水箱压载分环浇筑法和斜拉扣挂分环连接浇筑法。浇筑前应进行加载程序设计，正确计算和分析钢骨架及钢骨架与先期混凝土层联合结构的变形、应力和稳定安全度，并在施工过程中进行监控。

2.装配式混凝土、钢筋混凝土拱圈

装配式混凝土、钢筋混凝土拱圈适用于箱形拱、肋拱及箱肋组合拱（以下均称箱形拱）的少支架或无支架施工。

（1）无支架安装拱圈

①构件拼装应结合桥梁规模、河流、地形及设备等条件采用适宜的吊装机具，各项机具设备和辅助结构的规格、型号、数量等均应按有关规定经过设计计算确定。缆索吊机在吊装前必须按规定进行试拉和试吊。②拱肋吊装时，除拱顶段以外，各段应设一组扣索悬挂。③扣架的布置应符合下列规定：扣架一般设在墩台顶上，扣架底部应固定，架顶应设置风缆；各扣索位置必须与所吊挂的拱肋在同一竖直面内；扣架上索鞍顶面的高程应高于拱肋扣环高程；扣架应进行强度和稳定性验算。

（2）转体施工安装方法

①平转施工主要适用于刚构梁式桥、斜拉桥、钢筋混凝土拱桥及钢管拱桥。竖转施工主要适用于转体重量不大的拱桥或某些桥梁预制部件（塔、斜腿、劲性骨架）。②竖转施工对混凝土拱肋、刚架拱、钢管混凝土拱，当地形、施工条件适合时，可选择竖转法施工。其转动系统由转动铰、提升体系（动、定滑轮组，牵引绳等）、锚固体系（锚索、锚碇顶）等组成。③平、竖转结合。

（3）缆索吊装施工

预制的拱肋（箱），一般均有起吊、安装等过程，因此必须对吊装、搁置、悬挂、安装等状况下的拱肋进行强度验算、以保证拱肋（箱）的安全施工。拱肋如采用卧式预制，还需验算平卧运输或平卧起吊时截面的侧向应力。

（4）钢管拱肋（桁架）安装

钢管拱肋（桁架）安装采用少支架或无支架吊装、转体施工或斜拉扣索悬拼法施工。钢管拱肋成拱过程中，应同时安装横向连接泵，未安装连接系的不得多于一个节段，否则应采取临时横向稳定措施。节段间环的焊缝的施焊应对称进行，施焊前需保证节段间有可靠的临时连接并用定位板控制焊缝间隙，不得采用堆焊。合龙口的焊接或栓接作业应选择在结构温度相对稳定的时间内尽快完成。

第三节　隧道工程施工

一、隧道的组成、围岩分级和施工

（一）隧道组成

1.隧道的种类

隧道通常指用作地下通道的工程建筑物，一般可分为两大类：一类是修建在岩层中的，称为岩石隧道；一类是修建在土层中的，称为软土隧道。岩石隧道修建在山体中的较多，故又称山岭隧道；软土隧道常常修建在水底和城市，故称为水底隧道和城市道路隧道。

2.隧道的组成

（1）洞门类型及构造

①洞门类型

为了保护岩（土）体的稳定和使车辆不受崩塌、落石等威胁，确保行车安全，应该根据实际情况，选择恰当的洞门形式，修筑洞门，并对边、仰坡进行适宜的护坡。洞门类型有端墙式洞门、翼墙式洞门、环框式洞门、遮光式洞门等。

②洞门构造

洞口仰坡坡脚至洞门墙背的水平距离不应小于1.5m，洞门端墙与仰坡之间的水沟的沟底至衬砌拱顶外围的高度不应小于1.0m，洞门墙顶应高出仰坡坡脚0.5m以上。洞门墙应根据实际需要设置伸缩缝、沉降缝和泻水孔；洞门墙的厚度可按计算或结合其他工程类比确定。洞门墙基础必须置于稳固的地基上，应视地形及地质条件，埋置足够的深度，保证洞门的稳定性。

（2）明洞类型及构造

①明洞类型

洞顶覆盖层较薄，难以用暗挖法建隧道时，隧道洞口或路堑地段受坍方、落石、泥石流、雪害等危害时，道路之间或道路与铁路之间形成立体交叉，但又不宜做立交桥时，通常应设置明洞。明洞一般用明挖法施工。通常根据明洞的用途、地形、地质条件、荷载分布情况、运营安全、施工难易以及条件等进行具体分析、比较，确定明洞形式。明洞主要分为两大类，拱式明洞和棚式明洞。按荷载分布，拱式明洞又可分为路堑对称型、路堑偏压型、半路堑偏压型和半路堑单压型。按构造，棚式明洞又可分为墙式、刚架式、柱式等。此外还有特殊结构明洞，如支撑锚杆明洞、抗滑明洞、柱式挑檐棚洞、全刚架式棚洞、空腹肋拱式棚洞、悬臂棚洞、斜交托梁式棚洞、双曲拱明洞等，以适应特殊场合。

②明洞构造

拱式明洞：主要由顶拱和内外边墙组成混凝土或钢筋混凝土结构，整体性较好，能承受较大的垂直压力和侧压力。内外墙基础相对位移对内力影响较大，所以对地基要求较高，尤其外墙基础必须稳固。必要时还可加设仰拱。通常用作洞口接长衬砌的明洞以及用明洞抵抗较大的塌方推力、范围有限的滑坡下滑力和支撑边坡稳定等。

棚式明洞：受地形、地质条件限制，难以修建拱式明洞时，边坡有小量坍落掉块，侧压力较小时，可以采用棚式明洞，棚式明洞由顶盖和内外边墙组成。顶盖通常为梁式结构。内边墙一般采用重力式结构，并应置于基岩或稳固的地基上。当岩层坚实完整干燥无水或少水时，为减少开挖和节约圬工，可采用锚杆式内边墙。外边墙可以采用墙式、刚架式、柱式结构。

（3）洞身类型及构造

洞身类型：按隧道断面形状分为曲墙式、直墙式和连拱式等。

洞身构造：分为一次衬砌和二次衬砌、防排水构造、内装饰、顶棚及路面等。

（4）隧道的附属设施

隧道的附属设施是指为确保交通安全和顺适而设置的通风设施、照明设施、安全设施、应急设施以及公用设施等。

（二）围岩分级

1.公路隧道围岩分级

公路隧道围岩分级见表4-1。

表4-1　公路隧道围岩分级

围岩级别	围岩或土体主要定性特征	围岩基本质量指标或修正的围岩基本质量指标（MPa）
Ⅰ	坚硬岩，岩体完整，巨整体状或巨厚层状结构	＞550
Ⅱ	坚硬岩，岩体较完整，块状或厚层状结构；较坚硬岩，岩体完整，块状整体结构	550～451
Ⅲ	坚硬岩，岩体较破碎，巨块（石）碎（石）状镶嵌结构；较坚硬岩或较软硬岩层，岩体较完整，块状体或中厚层结构	450～351
Ⅳ	坚硬岩，岩体破碎，碎裂结构；较坚硬岩，岩体较破碎至破碎，镶嵌碎裂结构；较软岩或软硬岩互层且以软岩为主，岩体较完整至较破碎，中薄层状结构土体；压密或成岩作用的黏土及砂性土；黄土（Q_1、Q_2）；一般钙质、铁质胶结的碎石土、卵石土、大块石土	350～251
Ⅴ	较软岩，岩体破碎；软岩，岩体较破碎；极破碎各类岩体，碎、裂状，松散结构，一般第四系的半干硬至硬塑的黏土及稍湿至潮湿的碎石土，卵石土、网砾、角砾土及黄土（Q_3、Q_4）；非黏土呈松散结构，黏土及黄土呈松软结构	≤250
Ⅵ	软塑状黏土及潮湿、饱和粉细砂层、软土等	

注：①本表不适用于特殊条件的围岩分级，如膨胀性同岩、多年冻土等；②在工程可行性研究和初步勘测阶段，可采用定性划分的方法或工程类比的方法进行围岩级别划分。

2.围岩分级的判定方法

（1）隧道围岩分级的综合评判方法宜采用两步分级

按以下顺序进行：①根据岩石的坚硬程度和岩体完整程度两个基本因素的定性特征和定量的岩体基本质量指标，综合进行初步分级；②对围岩进行详细定级时，应在岩体基本质量分级基础上考虑修正因素的影响，修正岩体基本质量指标值，按修正后的岩体基本质量指标，结合岩体的定性特征综合评判、确定围岩的详细分级。

（2）按岩石坚硬程度、岩体完整程度两个基本因素划分

这两个基本因素的定性划分和定量指标及其对应关系应符合有关规定。

（3）围岩详细定级

如遇下列情况之一，应对岩体基本质量指标进行修正：①有地下水；②围岩稳定性受软弱结构面影响且由一组起控制作用；③存在高初始应力。

（三）隧道施工技术

1.隧道施工的主要技术

隧道施工的技术与方法归纳如图4-1。

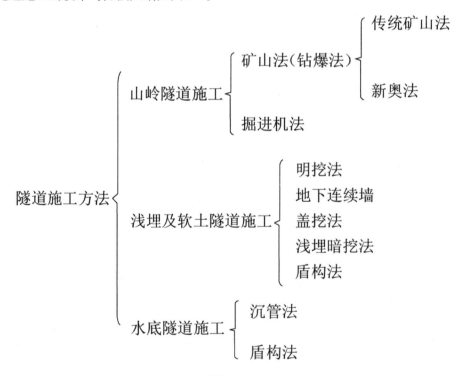

图4-1　隧道施工的技术与方法

（1）新奥法

新奥地利隧道施工方法的简称，其是奥地利学者在长期从事隧道施工实践中，从岩石

力学的观点出发而提出的一种合理的施工方法，是采用喷锚技术、监控量测等并与岩石力学理论构成的一个体系而形成的一种新的工程施工方法。

（2）传统的矿山法

采用钻爆法开挖和钢木构件支撑的施工方法。

（3）隧道掘进机法

装置有破碎岩石的刀具，采用机械破碎岩石的方法开挖隧道，并将破碎的石碴传送出机外的一种开挖与出碴联合作业的掘进机械，能连续掘进。

（4）盾构法

一种钢制的活动防护装置或活动支撑，是通过软弱含水层，特别是河底、海底及城市中心区修建隧道的一种机械。在其掩护下，头部可以安全地开挖地层，一次掘进相当于装配式衬砌一环的宽度。尾部可以装配预制管片或砌块，迅速地拼装成隧道永久衬砌，并将衬砌与土层之间的空隙用水泥压浆填实，防止周围地层的继续变形和围岩压力的增长。

（5）明挖法

指挖开地面，由上向下开挖土石方至设计标高后，自基底由下向上顺作施工，完成隧道主体结构，最后回填基坑或恢复地面的施工方法。

（6）盖挖法

由地面向下开挖至一定深度后，将顶部封闭，其余的下部的工程在封闭的顶盖下进行施工，主体结构可以顺作，也可逆作。

（7）浅埋暗挖法

是参考新奥法的基本原理，开挖中采用多种辅助施工措施加固围岩，充分调动围岩的自承能力，开挖后即时支护，封闭成环，使其与围岩共同作用形成联合支护体系，有效地抑制围岩过大变形的一种综合施工技术。

（8）地下连续墙

也称为混凝土地下墙、连续地中墙。其是将分段施工的单元地下墙连接成连续的地下墙体，替代传统的木桩、钢桩、钢筋混凝土桩等，起挡土、承重、防水作用。

2.山岭隧道施工技术

（1）山岭隧道的洞口、明洞与浅埋段施工技术

①洞口施工

隧道洞口各项工程应通盘考虑，妥善安排，尽快完成，为隧道洞身施工创造条件。隧道引道范围内的桥梁墩台、涵管、下挡墙等工程的施工应与弃渣需要相协调，尽早完成。洞口支挡工程应结合土石方开挖一并完成。当洞口可能出现地层滑坡、崩塌、偏压时，应采取相应的预防措施。开挖进洞时，宜用钢支撑紧贴洞口开挖面进行支护，围岩差时可用管棚支护，支撑作业应紧跟开挖作业，稳妥前进。

洞门衬砌拱墙应与洞内相连的拱墙同时施工，连成整体。如系接长明洞，则应按设计要求采取加强连接措施，确保与已成的拱墙连接良好。洞门端墙的砌筑与墙背回填应两侧同时进行，防止对衬砌边墙产生偏压。洞门衬砌完成后，及时处治洞门上方仰坡脚受破坏处。当边（仰）坡地层松软、破碎时，应采取坡面防护措施。

②明洞工程

当边坡能暂时稳定时，可采用先墙后拱法。当边坡稳定性差，但拱脚承载力较好，能保证拱圈稳定时，可采用先拱后墙法。半路堑式明洞施工时，可采用墙拱交替法且宜先做外侧边墙，继作拱圈，再作内侧边墙。当路堑式明洞拱脚地层松软，不能采用先拱后墙法施工时，可待起拱线以上挖成后，采用跳槽挖井法先灌筑两侧部分边墙，再做拱圈，最后做其余边墙。具备相应的机具条件时，可采用拱墙整体灌筑。

③浅埋段工程

浅埋段和洞口加强段的开挖施工，应根据地质条件、地表沉陷对地面建筑物的影响以及保障施工安全等因素选择开挖方法和支护方式，并应符合下列规定：根据围岩及周围环境条件，可优先采用单侧壁导坑法、双侧壁导坑法或留核心土开挖法；围岩的完整性较好时，可采用多台阶法开挖。严禁采用全断面法开挖。开挖后应尽快施作锚杆、喷射混凝土、敷设钢筋网或钢支撑。当采用复合衬砌时，应加强初期锚喷支护。Ⅴ级以下围岩，应尽快施作衬砌，防止围岩出现松动。锚喷支护或构件支撑，应尽量靠近开挖面，其距离应小于1倍洞跨。浅埋段的地质条件很差时，宜采用地表锚杆、管棚、超前小导管、注浆加固围岩等辅助方法施工。

（2）山岭隧道的洞身开挖施工技术

开挖方法应考虑围岩条件，并与支护衬砌施工相协调。一般选择新奥法或矿山法施工技术。岩石隧道的爆破应采用光面爆破或预裂爆破技术。双洞（小间距隧道和连拱隧道）开挖时，应根据两洞的轴线间距、洞口里程距离、地质条件及其他自然条件，选择适宜的开挖方法，确定好两洞开挖的时间差，并采取措施防止后行洞开挖对先行洞周壁产生不良影响。

（3）山岭隧道的洞身衬砌施工技术

选择支护方式时，应优先采用锚杆、喷射混凝土或锚喷联合作为临时支护。在软弱围岩中采用锚喷支护时，应根据地质条件结合辅助施工方法综合考虑。对不同级别的围岩，应采用不同结构形式的施工支护。施做二衬时，应采用模板台车。

（4）山岭隧道的排水与防护施工技术

①施工防排水

隧道两端洞口及辅助坑道洞（井）口应按设计要求及时做好排水系统；覆盖较薄和渗透性强的地层，地表积水应及早处理。洞内顺坡排水，其坡度应与线路坡度一致；洞内反坡排水时，必须采取机械抽水。洞内有大面积渗漏水时，宜采用钻孔将水集中汇流引入排水沟。其钻孔的位置、数量、孔径、深度、方向和渗水量等应作详细记录，以便在衬砌时确定拱墙背后排水设施的位置。洞内涌水或地下水位较高时，可采用井点降水法和深井降水法处理。严寒地区隧道施工排水时，宜将水沟、管埋设在冻结线以下或采取防寒保温措施。洞顶上方设有高位水池时应有防渗和防溢水设施。当隧道覆盖层厚度较薄且地层中水渗透性较强时，水池位置应远离隧道轴线。

②结构防排水施工

洞内永久性防排水结构物施工时，防排水结构物的断面形状、尺寸、位置和埋设深度应符合设计要求。衬砌背后设置排水暗沟、盲沟和引水管时，应根据隧道的渗水部位和开挖情况适当选择排水设施位置，并配合衬砌进行施工。设在衬砌背后和隧底的纵横向排水设施，其纵横向坡应平顺，并配合其他作业同时施工；当隧底岩层松软有裂隙水时，应视具体情况加深侧沟或中心水沟的沟底或增设横向盲沟，铺设渗水滤层及仰拱等。衬砌背后采用压注水泥砂浆防水时，压浆地段混凝土衬砌达设计强度70%时，方可进行压浆，如遇流沙或含水土质地层，不宜采用水泥砂浆作防水层；注浆地段衬砌背面宜用干砌片石回填紧密，并每隔20m左右用1m厚浆砌片石或混凝土做阻浆隔墙，分段进行压浆。压浆顺序应从下而上，从无水、少水的地段向有水或多水处，从下坡方向往上坡方向，从两端洞口向洞身中间压浆。隧道衬砌采用防水混凝土时，必须经现场试验达到规定要求后方可使用。衬砌的施工缝和沉降缝采用橡胶止水带或塑料止水带防水时，止水带不得被钉子、钢筋和石子刺破。在固定止水带和灌注混凝土过程中应防止止水带偏移。应加强混凝土振捣，排除止水带底部气泡和空隙，使止水带和混凝土紧密结合。复合式衬砌中防水层的施工时，防水层应在初期支护变形基本稳定后，二次衬砌施作前进行。防水层可在拱部和边墙按环状铺设，并视材质采取相应的接合方法。开挖和衬砌作业不得损坏防水层，当发现层面有损坏时应及时修补。防水层纵横向一次铺设长度应根据开挖方法和设计断面确定。铺设前，宜先行试铺，并加以调整。防水层在下一阶段施工前的连接部分，应保护不得弄脏和破损。防水层属隐蔽工程，二次衬砌灌筑前应检查防水层质量，做好接头标记，并填写质量检查记录。

二、隧道施工测量和监控量测技术

（一）隧道施工测量技术

1.隧道施工测量技术的一般规定

（1）控制测量的精度应以中误差衡量

最大误差（极限误差）规定为中误差的2倍。

（2）隧道施工时应做好的工作

①长隧道设置的精密三角网或精密导线网，应定期对其基准点和水准点进行校核。②洞外水准点、中线点应根据隧道平纵面、隧道长度等定期进行复核，洞内控制点应根据施工进度设定。

（3）洞内施工隧道测量

桩点必须稳定、可靠且通视良好。水准点应设在不易损坏处，并加以妥善保护。测量仪器、工具在使用前应作检校，保证仪器具的技术状态符合使用要求。使用光电测距仪时，应按其使用规定要求进行。

隧道平面控制测量的精度、隧道内两相向施工中线在贯通面上的极限误差、由洞外和洞口内控制测量误差引起在贯通面产生的贯通误差影响值、洞内导线测角、量距的精度以及两洞口水准点间往返测高差不符值，均应符合交通部现行的《公路勘测规范》的规定。

隧道竣工后应提交贯通测量技术成果书，贯通误差的实测成果和说明，净空断面测量和永久中线点、水准点的实测成果及示意图。

2.洞内施工测量

洞内导线应根据洞口投点向洞内作引申测量，洞口投点应纳入控制网内，由洞口投点传递进洞方向的联接角测角中误差，不应超过测量等级的要求，后视方向的长度不宜小于300m。导线点应尽量沿路线中线布设，导线边长在直线地段不宜短于200m；曲线地段不宜短于70m。无闭合条件的单导线，应进行两组独立观测，相互校核。用中线法进行洞内测量的隧道，中线点间距直线部分不宜短于100m；曲线部分不宜短于50m。特长隧道、长隧道及采用大型掘进机械施工的隧道，宜用激光设备导向。供导坑延伸和掘进用的临时点可用串线法标定，其延伸长度在直线部分不应大于30m，曲线部分不应大于20m。串线法的两吊线间距不宜小于5m。用串线法标定开挖面中线时，其距离可用皮尺丈量。

开挖前应在开挖断面标出设计断面尺寸线，开挖工作完成后应及时测量并绘出断面图。采用上下导坑法施工的隧道，上部导坑的中线每引申一定距离后，应与下部导坑的中线联测一次，用以校核上部导坑的中线点或向上部导坑引点。供衬砌用的临时中线点，必须用经纬仪测定，其间距可视放样需要适当加密，但不宜大于10m。衬砌立模前应复核中线和高程，标出拱架顶、边墙底和起拱线高程，用设计衬砌断面的支距控制架立拱模和墙模。立模后必须进行检查和校正，确保无误。洞内水准路线应由洞口高程控制点向洞内布设，结合洞内施工情况，测点间距以200～500m为宜。洞内施工用的水准点，应根据洞外、洞内已设定的水准点，按施工需要加设。为使施工方便，在导坑内拱部、边墙施工地段宜每100m设立一个临时水准点，并定期复核。

3.贯通误差的测定及调整

（1）贯通误差的测定

应按下列要求进行：①采用精密导线测量时，在贯通面附近定一临时点，由进测的两方向分别测量该点的坐标，所得的闭合差分别投影至贯通面及其垂直的方向上，得出实际的横向和纵向贯通误差，再置镜于该临时点测求方位角贯通误差；②采用中线法测量时，应由测量的相向两方向分别向贯通面延伸，并取一临时点，量出两点的横向和纵向距离，得出该隧道的实际贯通误差；③水准路线由两端向洞内进测，分别测至贯通面附近的同一水准点或中线点上，所测得的高程差值即为实际的高程贯通误差。

（2）贯通误差的调整

①用折线法调整直线隧道中线。②曲线隧道，根据实际贯通误差，由曲线的两端向贯通面按长度比例调整中线。③采取精密导线法测量时，贯通误差用坐标增量平差来调整。④进行高程贯通误差调整时，贯通点附近的水准点高程，采用由进出口分别引测的高程平均值作为调整后的高程。

（3）隧道贯通后，施工中线及高程的实际贯通误差

应在未衬砌的100m地段内（即调线地段）调整。该段的开挖及衬砌均应以调整后的中线及高程进行放样。

4.竣工测量

隧道竣工后，应在直线地段每50m、曲线地段每20m及需要加测断面处，测绘以路线中线为准的隧道实际净空，标出拱顶高程、起拱线宽度、路面水平宽度。

隧道永久中线点，应在竣工测量后用混凝土包埋金属标志。直线上的永久中线点，每200～250m设一个，曲线上应在缓和曲线的起终点各设一个；曲线中部，可根据通视条件适当增加。永久中线点设立后，应在隧道边墙上画出标志。

洞内水准点每公里应埋设一个，短于1km的隧道应至少设一个，并应在隧道边墙上画出标志。

5.辅助坑道测量

经辅助坑道引入的中线及水准测量，应根据辅助坑道的类型、长度、方向和坡度等，按要求精度在坑道口附近设置洞外控制点。

平行导坑与横洞的引线方法和高程测量均与正洞相同。斜井中线的方向应由斜井口外直线引申，可采用正倒镜分中的串线法进行；斜井量距应丈量斜距，测出桩顶高程，求出高差，按斜距换算成水平距离。

竖井测量时，应根据竖井的大小、深度、必要的测量精度决定测量方法。经竖井引入中线的测量可使用钢弦吊锤、激光、经纬仪等。经竖井的高程可将钢卷尺直接吊下测定。

（二）隧道施工监控量测技术

1.监控量测的目的

掌握围岩和支护的动态信息并及时反馈，指导施工作业；通过对围岩和支护的变位、应力量测，修改支护系统设计；分析各项量测信息，确认或修正设计参数。

2.采用复合式衬砌的隧道

必须将现场监控量测项目列入施工组织设计量测计划，应根据隧道的围岩条件、支护类型和参数、施工方法及所确定的量测目的进行编制。同时应考虑量测费用的经济性，并注意与施工的进程相适应。

3.量测数据处理与应用

应及时对现场量测数据绘制时态曲线（或散点图）和空间关系曲线。当位移—时间曲线趋于平缓时，应进行数据处理或回归分析，以推算最终位移和掌握位移变化规律。当位移—时间曲线出现反弯点时，则表明围岩和支护已呈不稳定状态，此时应密切监视围岩动态，并加强支护，必要时暂停开挖。二次衬砌的施作，应在满足下列要求时进行：①各测试项目的位移速率明显收敛，围岩基本稳定；②已产生的各项位移已达预计总位移量的80%～90%；③周边位移速率或拱顶下沉速率小于规定值。

4.量测管理

隧道现场监控量测应成立专门量测小组，由施工单位或委托其他单位承担量测任务。量测组负责测点埋设、日常量测、数据处理和仪器保养维修工作，并及时将量测信息反馈于施工和设计。现场监控量测应按量测计划认真组织实施，并与其他施工环节紧密配合，不得中断工作。各预埋测点应牢固可靠，易于识别并妥善保护，不得任意撤换，并防止受到破坏。

5.竣工文件中应包括的量测资料

竣工文件中应包括的量测资料有：①现场监控量测计划；②实际测点布置图；③围岩和支护的位移—时间曲线图、空间关系曲线图以及量测记录汇总表；④经量测变更设计和改变施工方法地段的信息反馈记录；⑤现场监控量测说明。

三、特殊地段施工技术

（一）流沙地段施工

1.施工调查

掌握流沙特性、规模，了解地质构成、贯入度、相对密度、塑性指数、地层承载力、滞水层分布、地下水压力和透水系数等，并制订处治方案。

2.治理措施

在流沙地段开挖隧道，可采取的治理措施如下。①加强防排水工作，防止沙层稀释和挟走沙粒，必要时采取井点法降低地下水位，其集水管可用加气砂浆充填。②将泥水抽排至洞外。当隧道很长时，可在洞内合适位置设时蓄泥水池，将泥水在该池内经处理沉淀后抽出洞外，池内沉积的淤泥定期清除。③采用化学药液注浆固结围岩时，注剂可采用悬浮型或溶液型浆液。④应自上而下分部开挖，先护后挖，边挖边密封，遇缝必堵。流沙出现后，尽快用板材封闭开挖面。⑤可采用工字型钢支撑或木支撑，设置底梁，支撑的上下、纵横均应连接牢固。架设拱架时，拱脚应用方木或厚板铺垫。支撑背面应用木板或槽型钢板遮挡，严防流沙从支撑间逸出。⑥在流沙逸出口附近较干燥围岩处，应尽快打入锚杆或施作喷射混凝土层，加固围岩，防止逸出扩大。

3.流沙地段开挖边墙马口

流沙地段开挖边墙马口，其长度不得大于2m，并应采取措施防止拱圈两侧不均匀下沉。拱部和边墙衬砌混凝土的灌筑应尽量缩短时差，尽快形成封闭环。

（二）涌水地段施工

1.施工调查

根据设计文件对隧道可能出现涌水地段的涌水量大小、补给方式、变化规律及水质成分等进行详细调查，选择既经济合理，又能确保围岩稳定，并保护环境的治水方案。处理涌水可用下列辅助施工办法：超前钻孔或辅助坑道排水、超前小导管预注浆、超前围岩预注浆堵水、井点降水及深井降水。

2.采用辅助坑道排水

应符合的要求：①坑道应和正洞平行或接近平行；②坑道底标高应低于正洞底标高；③坑道应超前正洞10~20m，至少应超前1~2个循环进尺。

3.采用超前钻孔排水

应符合的要求：①应使用轻型探水钻机或凿岩机钻孔；②钻孔孔位（孔底）应在水流上方。钻孔时孔口应有保护装置，以防人身及机械事故；③采取排水措施，保证钻孔排出的水迅速排出洞外；④超前钻孔的孔底应超前开挖面1~2个循环进尺。

4.超前围岩预注浆堵水

应符合的规定：①注浆段的长度应根据地质条件、涌水量、机具设备能力等因素确定，一般宜在30~50m；②钻孔及注浆顺序应由外圈向内圈进行，同一圈钻孔应间隔施工；③浆液宜采用水泥浆液或水泥—水玻璃浆液。

5.井点降水施工

应符合如下规定。①井点的布置应符合设计要求。当降水宽度小于6m，深度小于

5m时，可采用单排井点。井点间距宜为1.0～1.5m。②有地下水的黄土地段，当降水深为3～6m时，可采用井点降水；当降水深度大于6m时，可采用深井井点降水。③滤水管应深入含水层，各滤水管的高程应齐平。④井点系统安装完毕后，应进行抽水试验，检查有无漏气、漏水情况。⑤抽水作业开始后，宜连续不间断地进行抽水，并随时观测附近区域地表是否产生沉降，必要时应采取防护措施。

6.深井井点降水施工

应符合如下要求。①在隧道两侧地表面布置井点，间距为25～35m。井底应在隧底以下3～5m。②做好深井抽水时地面的排水工作。

（三）塌方地段施工

1.塌方地段应加强预报工作

在处理塌方前，应详细调查其范围、形状、塌穴的地质构造，查明其诱发原因和塌方类型，据此确定处理方案。

2.隧道塌方后的治理

（1）隧道塌方后

应先加固未塌方地段，防止塌穴扩大。

（2）塌方规模较小

首先加固塌体两端洞身，并尽快施作喷射混凝土或锚喷联合支护封闭塌穴顶部和侧部，然后清渣。在保证安全的前提下，亦可在塌渣上架设施工临时支架，稳定顶部，然后清渣。临时支架待灌注衬砌混凝土达到要求强度后方可拆除。

（3）塌方规模很大，塌渣体完全堵死洞身

此时宜采取先护后挖的方法。在查清塌穴规模大小和穴顶位置后，可采用管棚法或注浆固结法稳固围岩体和渣体，待其基本稳定后，按先上部后下部的顺序清除渣体，亦可用全断面法按短进尺、弱爆破、早封闭的原则开挖塌体，并尽快完成衬砌。

（4）塌方冒顶

在清渣前应支护陷穴口，地层极差时，在陷穴口附近地面应打设地表锚杆，洞内可采用管棚支护和钢架支撑。

（5）在塌方处，模筑衬砌背后与塌穴洞孔周壁间必须紧密支撑

当塌方较小时，可用浆砌片石或干砌片石将其充填，当塌穴较大时，可用浆砌片石回填，厚度宜为2m，其以上空间应采用钢支撑等顶住稳定围岩；特大塌穴应作特殊处理。衬砌厚度应按松散体荷载计算确定。

（6）塌方地段防排水

除应遵守有关规定外，尚应遵守下列规定：对于地表沉陷和裂缝，应采用不透水土夯

填密实，并开挖截水沟，防止地表水下渗到塌穴和塌渣体内；塌方冒顶时，应在陷穴口地表四周挖沟排水，并设棚遮盖穴顶，防止雨水流入；陷穴口回填标高应高出地面并封口。

（7）岩爆引起塌方

此时应采取以下措施。①迅速将人员和机械撤至安全地段。②采用摩擦型锚杆进行支护，增大锚杆的初锚固力。③采用钢纤维喷射混凝土，抑制开挖面拱部围岩的剥落。④采取挂钢筋网，必要时可用钢支撑加固；充分做好岩爆现象观察记录。⑤可采取声波探测，加强岩爆预报工作。

第五章 路基施工

第一节 路基的组成与作用

一、路基的基本要求

路基是指路面基础是路面支撑结构物有足够的强度、稳定性、抵扣外界力量为道路基础统称。路基是道路的重要组成部分之一，它既是道路的主体，又是路面的基础。作为路面的支承结构，路基与路面共同承受交通荷载的作用。在结构形式上，路基比较简单，但受地形、地质、水文和气候等自然因素的影响十分巨大。如果设计和施工不当，路基本身容易产生各种各样的病害，导致路面破坏，进而影响交通和行车安全。路基的主要具有以下几个重要特点：一是工程量大，二是投资大，三是占地面积大，四是使用劳动力多，五是施工工期长，六是施工中受气候影响大。路基设计的主要内容包括以下两个方面：一方面是确定路基宽度及横断面几何尺寸，另一方面是结合平纵面设计确定路拱横坡、超高等。对于路基，我们应该遵守以下基本要求：

第一，路基是道路的基本结构物。设计者应根据使用要求和当地自然条件（包括地质、水文和材料情况等）并结合施工方案进行设计，这样既能满足应有的强度和稳定性，又能符合经济性的要求。

第二，位于路面下的那部分路基，必须有足够的强度、抗变形能力（刚度）和水稳性。水稳性是指强度和刚度在自然因素（主要是水温状况）影响下的变化幅度。土基具有足够的强度、刚度和水稳性，就可以减轻路面的负担，从而减薄路面的厚度，改善路面使用状况。

第三，对于影响路基强度和稳定的地面水和地下水，我们必须采取拦截或排出路基以外的措施，并结合路面排水，做好综合排水设计，形成完整的排水系统。

第四，通过特殊地质、水文条件地带的路基，设计者应进行特殊设计。

第五，对于土石方数量较大，在取土和弃土时，我们应符合环保要求，宜将取土坑、弃土堆加以处理，减少弃土侵占耕地，防止水土流失。

二、路基的基本组成

（一）路基横断面与几何尺寸组成

宽度、高度和边坡坡度是路基的主要几何尺寸。路基宽度取决于公路技术等级；路基高度（包括路中心线的挖填深度，路基两侧的边坡高度）取决于纵坡设计及沿线地形；路基边坡坡度取决于地质、水文条件，并由边坡稳定性和横断面经济性等因素比较选定。就路基稳定性和横断面经济性的要求而论，路基的边坡坡度及相应的稳定性措施，这是路基设计的主要设计内容。

（二）路基结构的基本组成部分

路基主要是由土、石材料在原地面上填筑或开挖而成的，结构十分简单。由于地形的变化和填挖高度的不同，使得路基横断面也各不相同。路基结构断面主要有三种典型形式，即路堤（填方路基）、路堑（挖方路基）和填挖结合路基（半挖半填）。

1.路堤（填方路基）

路堤有几种常见的横截面，其中填筑高度在1m以下为低路堤，1～18m（土质）或1～20m（石质）为一般路堤，高于18m（或20m）为高路堤。确定路基边坡坡度是路基设计的基本任务。公路路基边坡坡度，习惯用边坡高度h与边坡宽度b之比值来表示。为了方便起见，通常将高度差取为1，相对的水平距离是几，这个坡度就是1比几，如1：0.5，1：1.5。边坡坡度的大小关系边坡稳定和工程造价：边坡愈陡，稳定性愈差；边坡愈缓，土石方数量愈大，造价升高，且受水冲刷面积也大，有时反而不利。因此，在确定边坡坡度时，要权衡利弊，力求合理。

（1）填土路基边坡

路堤的边坡坡度，在路堤基底情况良好时，结合已成公路的实践经验采用。填方高度大于8～12m的一般路基，边坡坡度要相应放缓。地面横坡较陡时，填方有可能沿山坡下滑。为减少占地宽度，可设置石砌坡脚，若路堤为开挖水渠填筑而成，则水渠与路堤之间设置1～2m的平台作为护坡道。护坡道应高出水渠的设计水位加浪高，再加0.5m。沿河路堤受水浸淹部分的边坡应采用1：2，并视水流等情况采取边坡加固措施。

（2）填石路基边坡

所谓的填石路基边坡，是指在岩石地段的半填路基或跨越深沟的路堤，通常利用挖方路基的石料进行填筑。浸水路基的受水淹部分，我们可用开山石料或天然石料（漂、砾石）进行填筑。当石料不足时，我们也可在路基外部填石，内部填土，并在填石部分与填土部分的结合面设置反滤层，以防止填土流失，影响路基稳定。填石路基的坡面应采用大于20cm的石块码砌，坡度可采用1∶1。

2.路堑（挖方路基）

路堑开挖后破坏了原地层的天然平衡状态，其稳定性主要取决于地质水文条件、坡深和坡陡。当地质条件较差（如岩层倾向边坡、岩性软弱极易风化、岩石破碎或为土夹石等），水文状况不利（如地层含有地下水，当地暴雨量集中或地面排水不易等）时，如开挖较深路堑，则边坡稳定性较低，路基的后遗病害较多。所以在设计深路堑时，我们需要根据地质及水文条件，选用合适的边坡坡度，并且可以自下而上逐层放缓而成折线形边坡。陡峻山坡上的半路堑、路中线宜向内移动，尽量采用台口式路基，避免路基外侧的少量填方。遇有整体性的坚硬岩层，为节省石方工程，有时可采用半山洞路基。但要确保安全可靠，不得滥用，免成后患。

路堑或挖方路基边坡的稳定性主要和当地的工程地质、水文地质和地面排水条件及施工方法有关。除此以外，气候、地貌等因素对其稳定性也有很大影响。设计者应结合上述因素，参考当地稳定的自然山坡和人工边坡（已建成道路的边坡）坡度等，论证确定路堑边坡。当路堑边坡为均质或薄层互层且高度不大时，宜采用直线形边坡；当边坡较高或由多层土组成，宜采用折线形边坡；若边坡由多层土组成且很高，或是易风化的软质岩石边坡及松散粗粒土类边坡，宜采用台阶式边坡。

土质路堑边坡：土质（包括粗粒土）路堑边坡应根据边坡高度、土的密实程度、地下水和地面水的情况、土的成因及生成年代等因素来确定。一般土质边坡的挖方高度不宜超过30m。岩石路堑边坡：岩石挖方边坡坡度应根据岩性、地质构造、岩石的风化破碎程度、边坡高度、地下水、地面水的情况及施工方法等因素综合分析确定。应特别注意岩体中的构造面（层理、节理、片理、不整合面、断层等）的情况，构造面往往成为控制边坡坡度的主要因素。挖方边坡高度超过30m时，其边坡坡度应根据现场情况，调查附近天然山坡及人工边坡的状况后，论证确定。对于采用大爆破施工及地震烈度较高的路段，应适当放缓边坡。

3.填挖结合路基（半挖半填）

位于山坡上的路基，通常采用路中心线的设计标高即原地面标高，其目的减少土石方数量，避免高填深挖和保持土石方数量的横向挖填平衡，即形成挖填结合的路基横断面。如果山坡比较平缓，路中心线的挖填很小，路基全宽将形成半挖半填的横断面。事实上，山坡并非平整，路中心线标高受纵坡设计制约，任一横断面的挖填比例随着山坡横坡度大小不同，变化很大。考虑路基稳定性需要，较陡山坡上的路基宁挖勿填或多挖少填；在陡峭山坡上，尤其是沿溪路线，为减少石方的开挖数量，避免大量废方堵塞溪流，有时又需要少挖多填。因此，挖填结合的路基，兼有路堤和路堑的设置要求，在选定路线和线形设计时，应予统一安排，进行路线的平、纵、横三者综合设计，权衡利弊，择优而定。

三、路基的排水作用

路基排水包括地面水和地下水两方面。

（一）去除地表水

地表水的来源是降雨。为了防止降雨冲毁路肩和边坡，必须做好地面水的排除。地面排水系统包括边沟、切沟和排水沟。

1.边沟

沿路堑或路堤设置侧沟，以排除路面、路肩、边坡以及路基附近地面降雨径流。边沟的横断面形式多为梯形，在石质路堑边沟也可做成三角形或矩形。梯形边沟的底宽和沟深均不小于0.4m。边沟纵坡一般不小于0.5%，特殊情况可小于0.3%。

2.截水沟

在坡面上开挖路基边坡，大致与公路平行，开挖截水沟（又称天沟），截住山坡流水，保护挖方边坡不受水流冲刷。土质边坡的天沟距挖方距离d要大于6m，并利用挖沟土方，修筑水平台。截水沟一般用梯形断面，底宽不小于0.5m。沟深视流量而定，也不宜小于0.5m。边坡1:1~1:1.5。其纵坡最小0.3%~0.5%，也不宜超过3%，以1%为宜。在出水口处，纵坡加大，必要时设跌水或急流槽，将水泄入排水沟。在山坡路堤内侧设置的截水沟，截住山坡来水，以防侵蚀路基。这种截水沟相当于边沟，应开挖在原山坡上，并用挖土机填成单向倾斜2%的土台。

3.排水沟

在有边沟和截流沟的地段，每隔500m（雨区300m）设置排水沟，边沟和截流沟将水排入涵洞、桥下或河流中。排水沟断面大小是由排水沟排水量决定的。

（二）地下水排除

当地水位过高或毛细水蚀路基或地下水流，泉水侵蚀路基，则必须降低地下水位或截留地下水，清除泉水，保护路基。

降低地下水位：当地下水埋藏较浅，通常用明沟排除，明沟多用梯形断面；当地下水埋藏较深，则可在明沟底下开挖矩形沟槽，内填透水料（如砂、砾石、排水管等）构成渗沟，以降低地下水位。

拦截潜流：当地层中有潜水流向路堤，则需修拦截潜流的渗沟。

截住潜流：这种渗沟需通到堤外的排水沟，将潜流通畅排出。

排除泉水：用暗沟将泉水引出路基排入边沟。

（三）排水系统的总体规划

路基排水有地面水与地下水。做排水设计必须综合考虑，全面规划组成一个整体的排水系统，主要有两点。一点是排水必须有出路。按边沟的水流入排水沟，排水沟的水流入涵洞、桥下或河沟中，在平面图上构成排水系统。另一点是水流要通畅。按照排水系统各级排水沟的纵向坡降的要求，在纵断面上规划设计各级排水沟的进出口的高程。根据以上要点，规划好排水系统后，再设计边沟、截水沟、排水沟的断面尺寸。

第二节　软土地基处理技术

软土地基是一种常见的地基形式，施工中经常遇到，由于其承载力较低且不稳定，使得地基的变形过大，常需要进行处理。在实际工程中，深层搅拌水泥桩、真空预压排水法、强夯法等几种典型的地基处理方法经常被使用，给出了常见地基处理的施工方法。

一、软土的工程特性

（一）软土的概念

一般情况下，软土是指在静力或缓慢流水环境中以细颗粒为主的近代沉积物，其直径小于0.1mm的颗粒一般占土样重量的50%以上。这类土的物理特性大部分是饱和的，含有机质，天然含水量大于液限，天然孔隙比大于1。当天然孔隙比大于1.5时，称为淤泥；天然孔隙比大于1而小于1.5时，则称为淤泥质土。工程上将淤泥、淤泥质土、泥炭、泥炭质土、杂填土、冲填土和饱和含水黏性土统称为软土。软土地层还包括软土与砂土、碎石土、角砾土和块土等形成的互层。因此，软土地层还可包括除岩石以外的所有含有软弱土层的地层。

（二）软土成因

软土是在静水或慢流、缺氧、有机质较多的条件下形成的，往往与泥炭和粉砂交错沉积。大部分形成于中晚全新世，也有软土层埋藏在密实的硬土层之下，生成期较早。但总的说来，在各种土中，软土是较年轻的沉积物，甚至还有欠固结的软土在继续沉积。软土地基指以软土为主，与粉砂、泥炭等一些其他土层相间组成的地基，当然也存在厚度几十米、上百米而土质较均匀的软土地基。软土地基主要指自然界力生成的地基，有时也包括弃土、吹填土及滨海围涂造地或山间填土地区的地基。

（三）软土的分布及其对路基的不利影响

软土地基在我国公布很广，大都成型于天然，如第四纪沉积物等。在我国南方地区，江河湖泊、稻田、沼泽等处，往往成为工程的软地基。以软土作为建筑物的地基是十分不利的，它可造成构造物不同程度的破坏，严重者不但影响使用，甚至造成建筑物的彻底报废。由于软土的强度很低，承载力不足，不能承受较大的建筑物荷载，可能出现地基的局部破坏乃至整体滑动；开挖较深的基坑时，也可能出现基坑的隆起和坑壁的失稳现象。由于软土的压缩性较高，建筑物增加的沉降和不均匀沉降是比较大的，对于一般 4~7 层的砌体承重结构房屋，最终沉降为 0.2~0.5m。著名的意大利比萨斜塔，建筑已数百年，塔身完好无损，但严重倾斜，其原因就是地基不均匀沉降所致，且至今无好的解决方法。

公路是一种特殊的人工建筑，它同时承受动、静载两种荷载，由于其具有分布较广、使用要求较高等工程特点，因而对地基有较高的要求。与此同时，公路不可避免地要经过大量的软土地质地区，对软基处理不当，将会使路基沉降过大，导致路堤失稳、路面开裂，桥台与路基的沉降不同而产生桥头错台，路的中心沉降过大引起涵管弯曲和路基路面横坡变小等问题，严重者甚至彻底破坏。因此，从高质量、高标准的使用要求出发，可行、合理地处理好软土地基，已经成为公路建设必不可少的一个环节。

二、软土的固结

在实际工程中，地基土的压缩、建筑物的沉降及稳定性，均与时间有关。土体的超静孔隙水压力逐渐减小，土体内部渗水和体积逐渐减小，这种现象称为土壤的"固结"。土体固结时消散的超静孔隙水压力，可以是地面或基础底面荷载作用下产生的，还可以是地基加固施工残留下来的。当地基土体渗透性较差时，这种超静孔隙水压力在施工结束时仍将部分残留下来，尽管地基无外荷载作用，残留的孔隙水压力仍会影响地基的变形及稳定性。随着土体的固结，土体的变形和强度逐渐增加。工程中常应用固结过程的这种特性通过排水固结法对软土地基进行改良，达到提高地基承载力的目的。研究软土的固结主要根据软土的特性，从饱和软土和非饱和软土这两方面来研究：

（一）饱和软土的固结

按照固结的类型，饱和软土的固结主要分为初级固结、次级固结、再固结、超固结四大类。

1.饱和软土的初级固结与次级固结

在固结实验中，人们发现当超孔隙水压力消散后，试样的变形随时间发展而继续增大，这一现象称为次级固结，变形称为次级固结变形。对应于次级固结，将孔隙水压力消散土体固结过程称为初级固结。

次级固结系数的影响因素很多，它与黏土矿物成分和物理化学环境有关。次级固结变形在总变形中的比例并非常数，它与荷载增量比有关，荷载增量比越大，其比值越小。次级固结沉降占总沉降量的比例，随着土的工程性质不同而异，差别比较大。

2.饱和软土的再固结

由于软土地基渗透性较差，动荷载作用下引起的孔隙水压力很难在短时间内消散。饱和软土在静荷载作用下固结稳定，然后在动荷载作用下孔压升高，随后消散，这一过程称为土的再固结。这一现象在工程中并不少见。如打桩引起孔隙水压力并导致地基沉降，公路软基在长期运行条件下的变形可能也与此有关。一般认为，饱和软土在沉积过程中大多数形成结构性较强的片架结构，土颗粒之间多以"边—边、边—面"方式连接。在静荷载作用后，外荷由土骨架来承担，达到应力平衡。但这种平衡只是一种"暂态稳定"状态。在动荷载作用下，土骨架结构部分遭到破坏，这种平衡随之被打破，原来由土骨架承担的荷载部分传给孔隙水压力，引起孔压上升，有效应力减小，在排水条件下孔压消散，土骨架形成比先前更为稳定的状态。经多次作用，土颗粒的排列趋于一种超稳定的状态，抵抗外荷载的能力也将大大增强，表现出较强的超固结特性。

3.饱和软土的超固结

工程中的地基土有的本身具有超固结性，正常固结的软土在冲击荷载作用后再固结，土体表现为较强的似超固结性状，后续的冲击荷载实质上相当于对超固结土的作用。且随冲击遍数增加，似超固结比也愈大。相关研究学者通过实验指出，似超固结土也和超固结土具有类似的性质。

（二）非饱和软土的固结

在荷载作用下，非饱和土的固结的机理与饱与土在荷载作用下的固结机理存在显著的差别。非饱和土中气体具有很高的压缩性，固结过程中，土中水和气会发生相互作用，非饱和土要涉及两种介质的渗透性，并且两者都与土的含水量和吸力密切相关。非饱和土的渗透性受土的结构性影响相当显著。这些使非饱和土的固结过程非常复杂。通常，把非饱和土在荷载及其周围环境共同作用下，同时考虑孔隙蒸汽、水、空气、热运动与土骨架变形的耦荷问题称为非饱和土广义固结问题。

非饱和土的广义固结问题可分为以下两类：一类是外加荷载作用下的压密变形；另一类是外加荷载和渗入共同作用下的湿陷变形或湿胀变形，或外加荷载和蒸发共同作用下的干缩变形。非饱和土在荷载作用下的压密变形包含三部分：荷载作用下孔隙气体的压缩而产生的压密变形，孔隙气压力和孔隙水压力消散而产生的消散固结变形，土骨架蠕变而产生的蠕变变形。

三、软土地基的处理方法

（一）软土地基处理方法存在的主要问题

目前，软土地基处理方法有几十种。有的技术已比较成熟，在实践工程得到广泛地运用；有的处理技术还不是很成熟，工程施工处在探索阶段；有的处理方法还处在技术研究方面，还没在实践工程中加以运用。地基处理技术发展不可避免地存在一些问题有待继续的研究，一般主要存在以下问题：

第一，未能因地制宜地选择地基处理方法，在合理选用地基处理方法方面有时存在一定的盲目性。例如，饱和软黏土地基不适宜采用振密、挤密法加固。根据工程地质条件和地基加固原理，因地制宜合理选用处理方法特别重要。在这方面，现在的问题是对几个技术上可行方案进行比较、优化不够。采用的方法不是较好的方法，更不是最好的方法。有时工程问题是解决了，但需要更多的金钱和时间。

第二，不能正确评价每一种地基处理方法的适用性。人人都承认每种地基处理方法都有一定的适用范围，但遇到具体问题就会盲目扩大其应用范围，施工单位应多加注意。

第三，施工单位的质量差，影响了地基处理的质量。近年来，地基处理施工队伍的快速膨胀，造成绝大多数施工队伍缺乏必要的技术培训，熟练技术工人缺乏是普遍现象。除此之外，还存在偷工减料现象。其他地基处理方或轻或重也存在类似问题。

第四，施工机械质量差，影响地基处理的水平和质量。近几十年来，我国地基处理施工机械发展很快，许多已形成系列化产品。但应看到现在的发展与我国工程建设需要相比较，差距还很大。以深层搅拌法为例，不能很好保证施工质量不仅与施工单位素质有关，也与目前应用的施工机械水平有关。简陋的机械很难保持稳定良好的施工质量。

第五，地基处理理论落后于实践。从"实践—理论—再实践"的角度看，实践先于理论是一般规律，对土木工程更是如此。但重视理论研究，用理论指导实践也是很重要的。对地基处理各种工法及一般理论缺乏深入系统的研究也是发展中存在的问题之一。

（二）软土地基的常见处理方法

软土由于具有含水量高、透水性差、压缩性大、强度低和变形稳定所需时间长等工程特性，一般不能直接作为天然地基使用，需经过加固处理以减小道路路基在荷载作用下引起的沉降或不均匀沉降。路基沉降是导致路基变形、破坏的主要原因，因此对软土地基处理恰当与否，不仅影响工程的投资，而且将直接影响道路的使用性能和工程质量。对软土地基的处理对策很多，但不管采用何种方法，处理后的地基必须满足强度、变形、动力稳定性和透水性要求，从而达到减小道路路基在荷载作用下引起的沉降或不均匀沉降的目的。软土路基处理方法较多，分类也各有不同，软土地基的常见处理方法如下：

1.表层处理法

（1）表层排水法

表层排水法是在路基填筑前，在地面开挖水沟，以排除地表水，同时降低地基表层的含水量，确保施工机械的作业条件，为了使开挖水沟在施工中发挥盲沟作用，常用透水性良好的砂砾回填。水沟布设应全面考虑地形与土质情况，使排水畅通。在路堤填筑前，施工人员宜用砂砾回填成盲沟，若埋设孔管，必须用良好的过滤材料保护。

（2）砂垫层法

砂垫层法是在软土地基顶面铺设厚度为0.6～1.0m的砂垫层（具体厚度视路堤高度、软土层厚度及压缩性而定，太厚施工困难，太薄效果差）作为软土层固结所需要的上部排水层，以加速沉降的发展，缩短固结过程的方法。砂垫层可作为路堤内的地下排水层，以降低堤内水位，改善施工时重型机械的作业条件。砂垫层法具有施工简单，不需要特殊机具设备等特点。砂垫层法主要适用于以下情况：一是路堤高度小于2倍极限高度；二是软土表面无透水性低的硬壳；三是软土层不很厚，或具有双面排水条件的情况；四是当地有砂，且运距不太远，施工期限不甚紧迫的工程；五是采用砂垫层，砂宜采用中砂及粗砂，要求级配良好；六是砂垫层一般用自卸汽车及推土机配合摊铺，摊铺应均匀，注意不要有很大的集中载荷作用；七是当路堤为粉土类土，透水性不好时，路堤坡脚附近砂垫层被路堤覆盖，可能会阻碍侧向排水，必须注意做好砂垫层端部的处理；八是在路堤的填筑过程中，填筑的速度要合理安排，使加载的速率与地基承载力增加的速率相适应，以保证地基在路堤填筑过程中不发生破坏；九是通常可利用埋设在路堤中线的地面沉降板及布置在路堤坡脚的位移边桩进行施工观测，随时掌握地基在路堤填筑过程中的变形情况和发展趋势，借以判断地基是否稳定，控制填土的速度。

（3）稳固剂表层处治法

稳固剂表层处治法是用生石灰、熟石灰、水泥及土壤离子稳固剂等稳定材料，掺入软弱的表层地基土中，改善地基的压缩性和强度特性，保证机械作业条件，提高路堤填土的稳定及压实效果。软土地基表层处治法施工工艺与稳定土类路面基层的施工工艺基本相同。采用平地机路拌法施工时，应符合以下要求。一是施工前需将软土排水晾干，以防止机械陷入土中、工地存放的水泥、石灰不可太多，以够1天使用为宜，最多不宜超过3天使用量，要做好防水、防潮措施。二是软土地基表层处理厚度应根据软土的物理力学性质而定，一般为30～60cm，过薄效果差，过厚不经济。三是压实与养生是表层处治法的两个关键环节，用水泥、熟石灰或离子稳固剂稳定处治土，应在最后一次拌和后立即压实；生石灰稳定土，必须在拌和时初碾压，生石灰水解结束后再次碾压。四是压实后若能获得足够的强度，可不必进行专门养生，但由于土质与施工条件不同，处治土强度增长不均衡，则应做好一周时间的养生。

2.固结法

固结法又名为动力固结法或动力压实法。这种方法是反复将重槌（一般为10～40t）提到高处使其自由落下（一般落距为10～40m）夯击地基，从而使地基的强度提高、压缩性得到降低的方法。固结法由于具有加固效果好、适用土类广、设备简单、施工方便、节省劳力、施工期短、节约材料、施工文明和施工费用低等优点，很快就传播到世界各地。

固结法适用于处理碎石土、沙土、粉土、黏性土、杂填土和素填土等地基，它不仅能提高地基的强度、降低其压缩性、还能改善其抗振动液化的能力和消除土的湿陷性，所以还常用于处理可液化沙土地基和湿陷性黄土地基等。固结法对于饱和度较高的黏性土，一般来说处理效果不显著，尤其是淤泥和淤泥质土地基，处理效果更差。因此对于淤泥质土地基应谨慎选用或采取其他方法。

固结法的加固原理：固结法处理软土地基是利用重物自山落下产生的冲击波使地基密实，这种冲击引起的振动在土中是以波的形式向地下传播的。固结法的加固机理：当固结法应用于非饱和土时，压密过程基本上同实验室中击实法（普罗克特击实法）相同；对于饱和无黏性土，夯击过程中，土体可能会产生液化，其致密过程与爆破和振动压密过程相似；对于饱和细粒黏土的效果尚不明确，成功和失败的例子均有报道，对于这类饱和的细颗粒土，要求破坏土的结构、产生超孔隙水压力、山裂隙形成排水通道。

固结法的适用条件：一是固结法同其他软土地基处理技术一样，也有其一定的适用范围和特殊要求；二是从国内外工程实践经验看，固结法加固软土地基的一个关键性问题就是土的粒径、土层特性及其含水量；三是一般认为固结法目前除了对厚层淤泥质和淤泥不适用外，对某些类型的软土强夯效果还是比较好的；四是从土的性质分析，软土强夯效果决定于地基土的含水量、粒径级配及孔隙比的大小；五是软土的土层性质也很重要，固结法适用于处理碎石土、沙土、低饱和度的粉土与黏性土、湿陷性黄土、杂填土和素填土等地基，当采用在夯坑内回填块石、碎石或其他粗颗粒材料进行强夯置换时，应通过现场试验确定其适用性；六是采用固结法处理软土地基，其加固效果决定于地基土的渗透性，所以必须创造排水通道。因此在强夯时，为了取得更好的效果，根据软土的物理力学性质，施工人员可以采用综合加固方法进行，但是此种方法费用较高，对路基大面积采用得不偿失。

3.换填法的应用

（1）换填法的加固机理

换填法就是将基础地面以下不太深的一定范围内的软弱土层挖去，然后以质地坚硬，强度较高，性能稳定，具有抗侵蚀性的砂、碎石、卵石、灰土、素土、煤渣、矿渣等材料分层充填，并同时以人工或机械方法分层压、夯、振动，使之达到要求的密实度，从而成为良好的人工地基。当地基软弱土层较薄，而且上部荷载不大时，换填法也可直接以人工或机械方法（填料或石填料）进行表层压、夯、振动等密实处理，这同样可以取得换填加固地基的效果。

（2）换填法加固地基的适用范围

换填法适用于浅层地基处理，这其中包括淤泥、淤泥质土、松散素填土、杂填土、已完成自重固结的回填土等地基处理，以及暗塘、暗洪、暗沟等浅层处理和低洼区域的填筑。换填法还适用于一些地域性特殊土的处理：一是可用于膨胀土地基可消除地基上的胀缩作用；二是可用于湿陷性黄土地基可消除黄土的湿陷性；三是可用于山区地基可用于处理岩面倾斜、破碎、高低差，软硬不匀以及岩溶与土洞等；四是可用于季节性冻土地基可消除冻胀力和防止冻胀损坏等。

4.土工合成材料法的应用

土工合成材料是以人工合成的聚化物为原料制成的各种类型产品。土工合成材料可置于岩土或其他工程结构内部、表面或各种结构层之间，它具有过滤、防渗、隔离、排水、加筋和防护等多种功能。土工合成材料是发挥加强、保护岩土或其他结构功能的一种新型岩土工程材料。

土工合成材料的功能是多方面的，综合起来具有加筋、隔离、防护、防渗、过滤和排水六种基本功能。它与土相互作用的加筋机理就是在土体中放置了筋材，构成了土体—筋材的复合体。由于土的抗拉抗剪性能差，在土体中加筋，以筋材料为抗拉构件，这与土产生相互摩擦作用，限制其上下土体及土体的侧向变形，等效于给土体施加了一个侧压力增量，从而增强土体内部的强度和整体性，提高土体的抗剪强度。研究结果表明，筋土间相互作用的基本原理大致可归纳为两大类：一是准黏聚力原理，二是摩擦加筋原理。

（1）准黏聚力原理

准黏聚力原理是根据以沙土和水平布置一层或多层筋材的加筋沙土三轴试验结果分析而提出的。加筋土结构可以看成各向异性的复合材料，一般情况下拉筋的弹性模量远远大于土的弹性模量，拉筋与土共同作用，这也使得加筋土的强度明显提高。沙土试样在单轴压力下受到压密，土样侧向在侧压力作用下发生侧向应变。如在土中布置了拉筋，由于拉筋对土体的摩擦阻力，当土体受到了垂直应力作用时，在拉筋中将产生一个轴向力，起着限制土体侧向变形的作用，相当于在土中增加了一个侧向应力，使土的强度提高。

（2）摩擦加筋原理

筋材与土的摩擦是加筋土的一个重要性质，筋材与土相互摩擦作用机理较为复杂，它与筋材的类型、变形特性、形状长度和土的性质及上覆压力等密切相关。由于摩擦加筋原理概念明确、简单，在加筋土挡墙的足尺试验中得到了较好的验证。因此在加筋土的实际工程中，特别是加筋土挡墙工程中得到了广泛的应用。在加筋土挡墙中，墙体由于受土体的推力产生破坏时，下滑土棱体的自重产生水平推力对每一层拉筋形成拉力，欲将拉筋从土中拔出，而下滑土棱体外的土体与筋带的摩擦阻力阻止拉筋被拔出。如果每一层拉筋与土体的摩擦阻力都能抵抗相应的土推力，那么墙体不会出现下滑土棱体的滑动面，加筋土体的内部也会稳定。拉筋的工作类似于通过筋带结构锚固在稳定土体中，从而保证挡墙的稳定。

5.水泥搅拌桩法的应用

（1）加固软土地基的机理的作用

水泥搅拌桩加固软土地基的机理主要是通过水泥的水解和水化反应及水泥水化物与黏土的化学反应及碳酸化作用，从而形成了强度相对较高的桩体与桩周软土一起形成复合地基，从而起到提高地基承载力、增强路基稳定性及减少路基沉降的作用。

（2）水泥搅拌桩适用条件的具体分析

第一，地基条件。《建筑地基处理技术规范》中规定："深层搅拌法适用于处理淤泥、淤泥质土、粉土和含水量较高且地基承载力标准值不大于120kPa的黏性土等地基。"由地基承载力与不排水抗剪强度之间的换算关系，《公路软土地基路堤设计与施工技术规范》（以下简称《软规》）条文说明中换算出适用水泥搅拌桩处理的软土地基，其不排水抗剪强度的上限值为45kPa。不排水抗剪强度是软土地基中常用的、易于获得的指标。事实上，对于强度指标较高的地基中采用搅拌桩处理，往往也是不经济的。当地基土pH小于4，或天然含水量大于70%时不宜采用，对地基中含有伊利石、氯化物等矿物的黏性土及有机含量高的地基土，加固效果较差。此外，当地基土体中含有碎石、卵石时，施工者要是使用搅拌桩法，就会造成施工困难，使用中需慎重。高速公路软土地基处理中，水泥搅拌桩法已经成为一种常见的方法，它具有处理效率高（施工期短、一般要求预压时间短或不需预压）、质量可靠、施工简便等优点。

第二，湿法和干法的选择。目前，水泥搅拌桩有喷浆法（湿法）和喷粉法（干法）之分，通过深层搅拌机械将软土和固化剂强制搅拌，固化剂采用水泥浆液时，它们被称为水泥浆搅拌桩法或湿法。固化剂采用水泥粉时，其称为粉体搅拌桩法或干法。一般认为湿法水泥剂量容易控制，搅拌均匀，成桩质量较为可靠。而干法喷粉量相对较难控制，搅拌质量不容易控制，成桩质量相对较差，湿法质量有保证的成桩长度也比干法成桩长度大。但干法采用粉体做固化剂，不再向地基中附加水分，反而能充分吸收软土的自由水。因此，加固后地基的初期强度较高，特别是对高含水量的软土加固效果显著。干法在国外已经得到了广泛应用。国内设计施工中对含水量为35%~70%的软土处理一般采用水泥浆搅拌桩法，而含水量大于70%时，国内设计施工则多采用粉喷桩法处理。

6.静力排水固结法的应用

静力排水固结法的原理是地基在荷载作用下，通过布置竖向排水井（砂井或塑料排水带等），使土中的孔隙水被慢慢排出，孔隙比减小，地基发生固结变形，地基土的强度逐渐增长，地基发生沉降，同时强度逐步提高的一种方法。静力排水固结法可以解决以下两个问题：

（1）沉降问题

精力排水固定法使地基沉降在加载预压期间，即修筑路面之前沉降大部分或基本完成，路面在使用期间不致产生不利的沉降和沉降差。

（2）稳定问题

精力排水固结法加速地基土的抗剪强度的增长，从而提高地基的承载力和稳定性。公路是条带状荷载，在横断方向受力面积较小，稳定问题就显得非常重要。

排水固结法是由以下两部分共同组合而成的：一部分是排水系统有竖向排水体（包括普通砂井、袋装砂井和塑料排水板）和水平排水体（砂垫层）；另一部分是加压系统，包括堆载法、真空法、降低地下水位法、电渗法和联合法。设置排水系统主要在于改变地基原有的排水边界条件，从而增加孔隙水排出的途径，缩短排水距离。

7.碎石桩法的应用

碎石桩法是利用一个产生水平向振动的管状设备，在高压水流作用下边振边冲，在软弱黏土中成孔后，再往孔内分批填入碎石等坚硬材料制成一根根桩体，由碎石桩体和桩间土组成复合地基，从而提高原有地基承载力，减少沉降量的一种加固地基技术。这种方法由挤密砂体的振冲技术演变发展而来，其主要作用是置换部分软土，从而形成一个类似于钢筋混凝土复合结构。由于此种方法不受地下水位影响，且造价低，又能减少路基沉降，所以在高等级公路建设中越来越受到普遍重视。

（1）施工工艺的具体流程

第一，确定桩位。施工者根据设计在平整好的场地上按图纸定出桩位，桩位偏差不得大于5cm。各桩位都要有桩标，并且进行编号，造孔前还应检查桩位是否移动。

第二，造孔。施工者将振冲器对准桩位，通水通电，检查水压和振冲器的空载电流值是否正常，然后开孔，振冲器以1~2m/min的速度徐徐下沉。在开孔过程中，施工者一要控制水压，二要控制水量。水量要充足，孔内自始至终都要充满水，这样可以防止塌孔，使制桩得以顺利进行。关于水压，对不同的土层要采用不同的水压。土层强度低，水压取小值；土层强度高，水压取大值。当接近桩底标高时，施工者就要降低水压，以免破坏桩体以下土层。当振冲器达到设计的标高以上0.3m时，施工者就要将振冲器往上提，直到孔口，提升速度为5~6m/min，重复1~2次，达到造孔要求为止。

第三，清孔。施工者将振冲器下沉停留在设计加固深度以上0.3m处，借循环水使孔内泥浆变稀。清孔时间一般为2min，然后将振冲器提出孔口，准备填料。

第四，填料。施工者开始往孔内填料为0.5~1.0m，以后每次填料不超过0.5m，切忌一次填料过多。

第五，振密成桩。施工者在每次填料后将振冲器沉至填料中进行振实，振冲器不仅使填料振密，并且使部分填料挤入孔壁的土层中，从而使桩径扩大。由于填料的不断挤入，孔壁土的约束力不断增大，一旦约束力与振冲器产生的振力相等，桩径不再扩大，此时电机的电流值迅速增大。当电流值达到一定值且保持不变时，则认为该段桩体已经振密。振密电流稳定10s后，再提升振冲器，如电机电流达不到规定值，施工者应继续加料振密，如此重复操作至孔口，这样一根桩就做成了。

断电停水，整理好记录，移至下一桩位。

（2）施工质量控制

碎石桩的施工质量控制，实质上就是对施工中作用的水、电、料三者的控制。对于黏性土的质量控制，目前尚无严格的规则可循。施工者必须通过现场试验进行综合分析，以便制定出合理地控制数据。控制好桩位中心轴线及桩底标高，施工者按要求振冲器尖端喷水中心与孔径中心偏差不得大于5cm。尤其是桩底标高。在造孔过程中，施工者一定要测量其桩底标高，以确保达到设计高程。控制好成孔质量，防止塌孔，施工者造孔时应根据要求掌握好水压，水量和灌入速度。施工者每灌入1m左右，将振动器提起留振约5s进行扩孔，当接近桩底标高时要降低水压，以免破坏桩底以下土层。施工者在整修造孔过程中孔内应充满水，以防塌孔。

振密工序是确保碎石桩质量的关键，当造孔完毕并清孔后，施工者应立即进行填料振密工作。施工者要严格控制填料的粒径和每批填料量，粒径宜选择2~5cm孔隙率最小的级配为好。粒径大于10cm容易卡住振冲器。施工者一定要按照试验所确定的振密电流和留振时间操作。

制桩完成后，施工者应逐桩进行标准贯入试验，连续5击，下沉小于7cm视为合格。连续出现下沉量大于7cm的桩长达0.5m，或间断出现大于7cm的累计桩长1m以上的桩，则视为不合格，施工者应采取加强措施。

该段地基处理完毕后，施工者应立即进行填筑作业以使地基有充足的沉降时间。

8.抛石挤淤的概念

抛石挤淤是在路基底部抛投一定数量的片石，施工者将淤泥挤出基底范围，以提高地基的强度。这种方法施工简单、迅速、方便。它主要适用于常年积水的洼地、排水困难、泥炭呈流动状态、厚度较薄、表层无硬壳，片石能沉达底部的泥沼或厚度为3~4m的软土。

抛投的片石大小，随泥炭或淤泥的稠度而定，对于容易流动的泥炭或淤泥，片石可稍小些，但一般不宜小于30cm。抛投的顺序，施工者应先从路堤中部开始，中部向前突进后再渐次向两侧扩展，以使淤泥向两旁挤出。当软土或泥沼地面有较大的横坡时，抛石应从高的一侧向低的一侧扩展，并在低的一侧多抛填一些。片石抛出水面后，施工者宜用重型压路机振动碾压密实，然后在其上铺设反滤层，再行填土。片石高出软土面后，施工者应用较小的石块填塞垫平，用重型机械反复碾压，以便填石紧密，然后在其上铺设反滤层，再进行填土。这里须指出的是，抛石挤淤时，由于沉降不一致，从而在路堤下面残留部分软土，完工后会发生不利的不均匀沉降，施工者应引起重视。

9.反压护道法的注意事项

反压护道法是在路堤两侧填筑一定宽度的护道，使路堤下的淤泥或泥炭向两侧隆起的趋势得到平衡，以提高路堤在施工中的滑动破坏安全系数，从而达到路堤稳定的目的。反压护道法加固路基的特点是不需要特殊的机具设备和材料，施工简易，但占地较多、用土量较后期沉降大，养护工作量大。反压护道法一般适用于非耕作区、取土方便的地区和路堤高度不大于（5/3~2倍）极限高度路段的软土处理，但其对泥沼并不适用。

反压护道在设计施工中应注意以下几点。一是反压护道一般采用单级形式，因为多级式护道的稳定力矩增加值较小，作用不大。二是反压护道高度，一般为路堤高度的1/2或1/3。为保证护道本身稳定，其高度不得超过天然地基所容许的极限高度。三是反压护道宽度，一般用圆弧稳定分析法通过稳定性验算确定。实验中，软土或泥沼地基的强度指标采用快剪法测定，也可用无侧限抗压强度之半计算，或用十字板现场剪力试验所测得的强度。四是反压护道在施工时，施工者一般宜先填反压护道在内的砂垫层及下路堤，最后填筑主路堤。同时填筑中应避免过高堆填，施工者应分层铺筑，充分压实，并应有一定横坡度，这样做以利于排水。五是两侧反压护道应与主路堤同时填筑，特别是反压护道的填筑速度不得低于主路堤。六是当软土层或泥沼土层较薄或其下卧硬层具有明显的横向坡度时，宜采用两侧不同宽的反压护道，横坡下方的护道应较横坡上方的护道宽一些。反压护道的压实度应达到《公路土工试验规程》重型击实试验法测定的最大干密度的90%，或满足设计要求。

以上简略地介绍了已有的几种地基加固方法，有的已在国内公路路基工程中运用，有的新技术还在研讨。同时，地基加固是路基主体工程的一部分，施工者要结合路基标高、断面形式等方面综合处治。随着公路建设的高速发展，地基加固方法在理论与实践上必将有新的发展与突破。

（三）软土地基处理方法时应考虑的各种因素

1.地基状况因素

（1）砂性土、黏性土

仅对那种可能发生液化的砂性土采用挤实砂桩法或振动压实法进行改善。而黏性土除了压实法外，其他方法均适用，但采取的处理方法对土基的扰动必须尽量小，因为黏土一经扰动，强度降低很多。

（2）地基构成

在软土层浅而薄的情况下，施工者常用简单的表层处理法，重要的构造物则常用开挖换填法。若软土层较厚，施工者应使用其他方法配合表层处理法。夹有砂层且厚度较薄（3～4m）的软土层，施工者一般采用表层处理法，荷载压重法等方法。即使是5cm的砂层也是有效排水层，在土质调查中不要遗漏。软土层厚且无砂层的情况，因排水距离长，固结沉降需很长时间，强度也不增长。因此，沉降处理常用垂直排水法，稳定措施常反压护道法，挤实砂桩法和石灰桩法。在浅层部位堆积有4m以上厚度砂层，以下为软弱黏土层的情况。一般来说，稳定不成问题，只需沉降处理，施工者常用垂直排水、荷载压重等方法。

2.道路性质因素

道路等级愈高，平整度愈重要，施工者愈需要采取有效的沉降处理措施。等级较低时，施工者可先铺简易路面。待沉降结束后，施工者再铺正式路面以节约资金。

（1）道路形状

路堤的设计高度与宽度也是选择处理方法时要考虑的重要因素。如采用换填法时，宽而低的路堤易发生局部破坏；窄而高的路堤，下面易被换填。在设计高度高而有危险的情况下，施工者采用压重法将受到限制。还有路堤越宽越高，则地基产生压力球的根部越深而引起深处黏土层沉降。

（2）道路所在地段

一般地段上，剩余沉降即使达到一定程度，只要不均匀沉降不大，路面基本上就不会丧失其平整度。但与构造物相连地段，剩余沉降将造成错台，路面形成对行等非常危险的状况。而且若路基稳定性不够，桥台将受到大的土压力作用而引起侧向位移的事故也是屡见不鲜。因此，施工者构造物邻接地段的处理措施非常重要。

3.施工条件因素

不同的施工条件选用的处理方法不同，经济性也不同。其中包括工期、材料、机械的作业条件等各个因素。

4.周围环境因素

施工中对周围环境的影响，如噪声、振动地基及地下水的变化和排出的泥水等，施工者在选择施工方法时必须考虑。在路堤高度较而地基特别软弱的情况下，周围地基经常发生大的隆起或沉降。这样，在路堤坡脚附近有民房和重要构造物时，施工者应考虑以减小总沉降量且控制剪切变形的方法为主要措施。不能采用这类方法时，施工者应考虑事先对可能受影响的构造物加以保护，或者应考虑以高架构造物代替路堤。

第三节　路基施工技术

路基是公路工程的重要组成部分之一。它既是路线的主体，又是路面的基础，路基的施工质量是整个公路施工中的重中之重，它的质量好坏直接影响到路面的使用效果。因而保证路基施工质量是关系到整个公路施工质量的关键。路基土石方工程量大，分布不均匀，不仅与自身的排水、防护、加固等相互制约，而且同公路工程的其他工程项目，如桥涵、隧道、路面及附属设施相互交错。路基施工，在质量标准、技术操作、施工管理等方面具有特殊性。它是公路工程施工组织管理及控制工程进度的关键。路基施工的方法较多，按其技术特点可分为人工及简单机械施工、机械化施工、水力机械化施工、爆破法施工等方法。路基施工主要内容大致可归纳为施工前的准备工作和基本工作两大部分。

一、施工前准备工作

施工前准备工作是组织施工的第一步。准备工作内容大致可归纳为组织准备、技术准备和物质准备三个方面。合理的施工前准备为整个工程的顺利施工提供了必要的保障。

物质准备：施工前的物资准备是开工前期的重要准备工作。由于路基施工所需的材料和机械设备数量大、质量高、品种多，所以务必做好充分地准备工作。一是按照施工作业计划的具体要求，进行采购、调配、运输和储存材料，机具设备，同时现场进行"三通一平"，即通水、通电、通车、平整场地。二是进行工程房屋的修建和生活所需的准备。

技术准备：路基开工前，施工单位应在全面熟悉设计文件和设计交底的基础上进行现场核对和调查，编制施工组织作业计划，然后进行恢复路线、划定路界、清理施工现场、路基放样和打开工报告等工作。

技术准备工作主要包括以下三个方面。一是进一步熟悉、研究并核对设计文件。设计文件是工程施工的重要依据。熟悉、核对施工图纸领会设计意图，掌握工程特点的重要内容。二是制定指导性施工组织设计。根据经过核对后准确无误的工程量、工地条件、工期要求及本单位的施工设备情况，制定实施性施工组织设计（其中包括施工方案、施工方法、施工现场的布置，编制施工进度计划，材料、人力、接卸计划，拟定关键工程的施工技术措施与安全措施等），报业主及监理工程师审批。三是施工现场的准备工作。路基施工前，现场的准备工作有施工测量、路基放样、场地清理、修建临时工程等。

物质准备主要是指按照已经过监理工程师批准的实施性施工组织设计的要求和施工合同的相关规定进行，其中包括各种材料及施工机具的购置、采集、加工、调试和储存，一级生活后勤供应等。

二、路基施工的规定和要求

路基施工应满足设计和使用要求，并把试验检测作为主要技术手段，指导施工。我们应以挖作填，减少土地占用和环境污染。石质路基施工尽可能不采用大爆破方法，必须时应按大爆破规定做出专门设计。

（一）施工排水

在土质路基开挖和填筑中，排水是施工的保证。具体要求如下：

第一，各施工层表面不应有积水，填方路堤应根据土质情况和气候状况，形成路拱，做成2%～4%的排水横坡。在挖方施工中，路基各层顶面应及时形成纵、横坡，确保在施工过程中，能及时排泄雨水。

第二，在雨季施工或因故中断施工时，施工人员应将表面及时修理平整并压实。

第三，在路堑或边坡内发生地下水渗流时，施工人员应设置排水沟、集水井、渗沟等设施，降低地下水位或将地下水排出。路基施工前，施工人员应先做好截水沟、排水沟等排水及防渗设施。排水沟的出口应通至桥涵进出口处。

（二）路基施工取土、弃土

在路基建设中，取土和弃土直接关系到合理利用土地和环境保护。

路线两侧的取土坑，应按设计规定的位置设置，具体要求如下。一是取土深度可根据用土量和取土坑面积确定。二是取土坑应有规则的形状，坑底应设置纵、横向坡度和完整的排水系统。三是取土时不得使作业面积水。四是取土坑原地面的草皮、腐殖土或其他不宜用作填料的土均应废弃、处理。如系耕地种植土，宜先挖出堆置一边备用。护坡道应严格按设计规定施工，无设计规定时，路基边缘与取土坑底之高差大于2m。对于一般公路，应设置1~2m的护坡道；对于高速公路、一级公路，应设置宽度不小于3m的护坡道。护坡道应平整密实，并做成1%~2%向外倾斜的横坡。弃土堆应少占耕地，除设计图规定位置外，可设于就近的低地和路堑山脚的一侧。当地面横坡缓于1:5时，可设于路堑的两侧当沿河弃土时，不得堵塞河流，挤压桥孔和造成河岸冲刷。

三、路堤填筑

路堤填筑质量关系到路基的稳定性和使用质量，也会影响到与其相连的路面和人工构造物的稳定性。路堤填筑的质量，关键在于路堤基底的处理、土的选择、填筑方法和填土的压实。

（一）土方路堤填筑与压实

1.土方路堤填筑

土方路堤必须根据设计断面分层填筑并分层压实。采用机械压实时，分层的最大松铺厚度，高速公路和一级公路不应超过30cm；其他公路，按土质类别、压实机具功能、碾压遍数等，经过试验确定。但最大松铺厚度，不宜超过50cm。填筑至路床顶面最后一层的最小压实厚度，不应小于8cm。路堤填土宽度每侧应宽于填层设计宽度，压实宽度不得小于设计宽度，最后削坡。填筑路堤宜采用水平分层填筑法施工，即按照横断面全宽分成水平层次逐层向上填筑。如原地面不平，应由最低处分层填起，每填一层，经过压实符合规定要求之后，再填上一层。原地面纵坡大于12%的地段，可采用纵向分层法施工，沿纵坡分层，逐层填压密实。山坡路堤地面横坡不陡于1:5时，路堤可直接修筑在天然的土基上。地面横坡陡于1:5时，原地面应挖成台阶（台阶宽度不小于1m），并用小型夯实机加以夯实。填筑应由最低一层台阶填起，并分层夯实，然后逐台向上填筑，分层夯实，所有台阶填完之后，即可按一般填土进行。

高速公路和一级公路，横坡陡峻地段的半填半挖路基，施工人员必须在山坡上从填方坡脚向上挖成向内倾斜的台阶，台阶宽度不应小于1m。其中挖方一侧，在行车范围之内的宽度不足一个行车道宽度时，施工人员则应挖够一个行车道宽度，其上路床深度范围之内的原地面土应予以挖除换填，并按路床填方的要求施工。

若填方分几个作业段施工，两段交接处，不在同一时间填筑，则先填地段，应按1:1坡度分层留台阶。若两个地段同时填，则应分层相互交叠衔接，其搭接长度，不得小于2m。对于陡峻山坡半挖半填路基，设计边坡外面的松散弃土应在路基竣工后全部清除。

不同土质混合填筑路堤时，应符合下列规定。一是以透水性较小的土填筑于路堤下层时，应做成4%的双向横坡；如用于填筑上层时，除干旱地区外，不应覆盖在由透水性较好的土所填筑的路堤边坡上。二是不同性质的土应分别填筑，不得混填。三是每种填料层累计总厚不宜小于0.5m。四是凡不因潮湿或冻融影响而变更其体积的优良土应填在上层，强度较小的土应填在下层。五是河滩路堤填土，应连同护道在内，一并分层填筑。可能受水浸淹部分的填料，应选用水稳性好的土料。六是河槽加宽、加深工程应在修筑路堤前完成。七是构造物应提前修建。八是机械作业时，应根据工地地形、路基横断面形状和土方调配图等，合理地规定机械运行路线。九是土方集中工点，应有全面、详细的机械运行作业图为根据，进行施工。十是两侧取土，填高在3m以内的路堤，可用推土机从两侧分层推填，并配合平地机分层整平。十一是土的含水量不够时，用洒水车洒水，并用压路机分层碾压。

填方集中地区路堤的施工，可按以下方法进行：一是取土场运距在1km范围内时，可用铲运机运送，辅以推土机开道、翻松硬土、平整取土段、清除障碍和助推等；二是取土场运距超过1km范围时，可用松土机械翻松，用挖掘机或装载机配合自卸汽车运输，用平地机平整填土，压路机碾压。

2.土方路堤压实及压实度

细粒土、砂类土和砾石土不论采用何种压实机械，均应在该种土地最佳含水量±2%之内压实。当土的实际含水量不位于上述范围内时，应均匀加水或将土摊开、晾晒，使达到上述要求后方可进行压实。运输上路的土在摊平后，其含水量若接近于压实最佳含水量时，应迅速压实。

压路机碾压路基时应按下列规定进行：一是碾压前应对填土层的松铺厚度、平整度和含水量进行检查，符合要求后方可进行碾压；二是压实应根据现场压实试验提供的松铺，厚度和控制压实遍数进行；三是高速公路和一级公路路基填土压实宜采用振动压路机或35～50t轮胎压路机进行。

采用振动压路机碾压时，第一遍应不振动静压，先慢后快，由弱振至强振。各种压路机的碾压行驶速度开始时宜用慢速，最大速度不宜超过4km/h；碾压时直线段由两边向中间，小半径曲线段由内侧向外侧，纵向进退式进行；横向接头对振动压路机一般重叠0.4～0.5m。对三轮压路机一般重叠后轮宽的1/2，前后相邻两区段（碾压区段之前的平整预压区段与其后的检验区段）宜纵向重叠1.0～1.5m。应达到无漏压、无死角，确保碾压均匀。使用夯锤时，首遍各夯位宜紧靠，如有间隙，则不得大于15cm，次遍夯位应压在首遍夯位的缝隙上，如此连续夯实直至达到规定的压实度。

（二）石方路堤填筑与压实

1.石方路堤填筑

填石路堤的石料强度不应小于15MPa（用于护坡的不应小于20MPa）。填石路堤石料最大粒径不宜超过层厚的2/3。填石路堤（包括分层填筑岩块及倾填爆破石块）的紧密程度在规定深度范围内，以通过12t以上振动压路机进行压实试验，当压实层项面稳定，不再下沉（无轮迹）时，可判为密实状态，即压沉值为零。

高速、一级公路和铺设高级路面的其他等级公路的填石路堤均应分层填筑，分层压实。二级及二级以下且铺设低级路面的公路在陡峻山坡段施工特别困难或大量爆破以挖作填时，可采用倾填方式将石料填筑于路堤下部，但倾填路堤在路床底面下不小于1.0m范围内仍应分层填筑压实。

分层松铺厚度：高速公路及一级公路不宜大于0.5m，其他公路不宜大于1.0m。填石路堤倾填前，路堤边坡坡脚应用粒径大于30cm的硬质石料码砌。当设计无规定，填石路堤高度小于或等于6m时，码砌厚度不应小于2m。逐层填筑时，应安排好石料运输路线，专人指挥，按水平分层，先低后高、先两侧后中央卸料，并用大型推土机摊平。个别不平处应配合人工用细石块、石屑找平。当石块级配较差、粒径较大、填层较厚、石块间的空隙较大时，可于每层表面的空隙里扫入石渣、石屑、中粗砂，再以压力水将砂冲入下部，反复数次，使空隙填满。人工铺填粒径25cm以上石料时，应先铺填大块石料，大面向下、小面向上，摆平放稳，再用小石块找平，石屑塞缝，最后压实。人工铺填块径25cm以下石料时，可直接分层摊铺，分层碾压。填石路堤的填料如其岩性相差较大，则应将不同岩性的填料分层或分段填筑。如路堑或隧道基岩为不同岩种互层，允许使用挖出的混合石料填筑路堤，但石料强度、粒径应符合规定。用强风化石料或软质岩石填筑路堤时，应按土质路堤施工规定先检验其CBR值是否符合要求，CBR值不符合要求时不得使用，符合使用要求时，应按土质筑堤的技术要求施工。高速公路及一级公路填石路堤路床项面以下50cm范围内应填筑符合路床要求的土料并分层压实，填料最大粒径不得大于10cm。其他公路填石路堤路床顶面以下30cm范围内宜填筑符合路床要求的土料并压实，填料最大粒径不应大于15cm。

2.石方路堤压实

填石路堤在压实之前，应用大型推土机摊铺平整，个别不平处，应用人工配合以细石屑找平。填石路堤均应压实并宜选用12t以上的重型振动压路机、2.5t以上的夯锤或25t以上的轮胎压路机压（夯）实。当缺乏上述的压实机具时，可采用重型静载光轮压路机压实并减少每层填筑厚度和减小石料粒径，其适宜的压实厚度应根据试验确定，但不得大于50cm。采用重型振动压路机或夯锤压实填石路堤时，可加厚至1.0m。填石路堤压实时的操作要求，应先压两侧（即靠路肩部分）后压中间，压实路线应纵向互相平行，反复碾压。对夯锤应成弧形，当夯实密实程度达到要求后，再向后移动一夯锤位置。行与行之间应重叠40～50cm，前后相邻区段应重叠100～150cm。填石路堤压实到所要求的紧密程度所需的碾压或夯压的遍数应经过试验确定。

（三）土石路堤填筑与压实

利用天然土石混合材料填筑路堤在工程中应用较为普遍。优化填筑方案，控制填筑质量，路堤的施工可取得理想效果。

1.土石路堤填筑

天然土石混合材料中所含石料强度大于20MPa时，石块的最大粒度不得超过压实层厚的2/3，超过的应清除；当所含石料为软质岩（强度小于15MPa）时，石料最大粒径不得超过压实层厚，超过的应打碎。土石路堤不得采用倾填方法，均应分层填筑，分层压实，每层铺填厚度应根据有关机械类型和规格确定，不宜超过40cm。压实后渗水性差异较大的土石混合填料应分层或分段填筑，不宜纵向分幅填筑。如确需纵向分幅填筑，应将压实后渗水良好的土石混合料填筑于路堤两侧。当土石混合填料来自不同路段，其岩性或土石混合比相差较大时，应分层或分段填筑。如不能分层或分段填筑，应将含硬质石块的混合料铺于填筑层的下面，且石块不得过分集中或重叠，上面再铺含软质石料混合料，然后整平碾压。土石混合填料中，当石料含量超过70%时，应先铺填大块石料，且大面向下，放置平衡，再铺小块石料、石渣或石屑嵌缝找平，然后碾压；当石料含量小于70%时，土石可混合铺填，但应避免硬质石块（特别是尺寸大的硬质石块）集中。高速及一级公路土石路堤的路床顶面以下30~50cm范围内，应填筑符合路床要求的土并分层压实，填料最大粒径不大于10cm。其他公路填筑砂类土厚度应为30cm，最大粒径不大于15cm。

2.土石路堤压实

土石路堤的压实度可采用灌砂法或水袋法检测。其标准干容重应根据每一种填料的不同含石量的最大干容重做出标准干密度曲线，然后根据试坑挖取试样的含石量，从标准干容重曲线上查出对应的标准干密度。如几种填料混合填筑，则应从试坑挖取的试样中计算各种填料的比例，利用混合填料中几种填料的标准干容重曲线查得对应的标准干容重，用加权平均的计算方法，计算所挖试坑的标准干容重。

当按填石规定方法检验时，土石路堤的紧密程度在规定深度范围内，以通过12t以上振动压路机进行压实试验，当压实层顶面稳定，不再下沉（无轮迹）时，可判为密实状态，即压沉值为零。

四、石方路堑

按岩土性质，路堑分为土方路堑和石方路堑。开挖方法和施工方案差异较大。本书主要介绍石方路堑的施工流程，以及相关技术。

根据开挖岩体的类型、风化程度和节理发育程度，石方路堑确定开挖方式，对于软石和强风化岩石，尽可能地用机械直接开挖，不能用机械直接开挖，则采用爆破法开挖。

（一）爆破开挖过程

爆破法开挖石方应按以下程序进行：施爆区地下管线等调查—炮位设计与设计审批—配备专业施爆人员—机械或人工清除施爆区覆盖层和强风化岩石—钻孔—爆破器材检查与试验—炮孔（或坑道、药室）检查与废渣清除—装药并安装引爆器材—布置安全岗和施爆区安全员—炮孔堵塞—撤离施爆区和飞石、强地震波影响区内的人、畜—起爆—清除瞎炮—解除警戒—测定爆破效果（包括飞石、地震波对施爆区内外构造物的损害及造成的损失）。

（二）石方爆破方法

根据石料的集中程度、地质地形条件和路基断面形状，选择最佳的爆破方法是石料爆破的关键。工程中常用的爆破方法有浅孔爆破法、深孔爆破法、药壶爆破法和洞室爆破法，路堑石方在公路工程中采用综合爆破，即结合各种爆破方法的最佳使用特性，综合配套使用的一种较先进的爆破方法。归纳起来一般包括小炮和洞室炮两大类。小炮主要包括钢钎炮、深孔爆破等钻孔爆破及药壶炮和猫洞炮；洞室炮则以药量划分为大炮（药量1t以上）和中小炮（药量1t以下）两大类。

（三）爆破技术

公路路堑开挖一般不采用大爆破施工，而是采用中小型爆破。《公路路基施工技术规范》中对中小型爆破技术做了具体规定。较常用爆破包括裸露药包炮、炮眼炮、药壶炮、猫洞炮。

1.裸露药包炮

裸露药包炮是将药包置于被炸物体表面或经清理的石缝中，药包表面用草皮或稀泥覆盖，然后进行爆破，这种方法限用于孤石破碎或大块岩石的二次爆破。

2.炮眼炮

炮眼炮根据岩石的坚硬程度决定炮眼深度，当使用多排排炮爆破时，应该符合以下要求：一是炮眼应按梅花形布置，炮排距约为同排炮孔距的0.86倍；二是装药量，炮眼的装药高度一般为炮孔深度的1/3～1/2，特殊情况下也不得超过2/3；三是对于松动爆破或减弱松动爆破，装药高度可降到炮孔深度的1/3～1/4；四是提高爆破效果的措施，为提高爆破效果，可选用空心炮（炮眼底部设一段不装药的空心炮孔）、石子炮（底部或中部装一部分石子）或木棍炮（用直径为炮孔直径1/3，长6～10cm的木棍装在炮眼底部或中部）进行爆破。

3.药壶炮（葫芦炮）

药壶炮是将炮眼底部扩大成葫芦形，以便将炸药基本集中于炮眼底部的扩大部分，以提高爆破效果的一种炮型。葫芦炮的炮眼较深，它适用于均匀致密黏土（硬土）、次坚石、坚石。对于炮眼深度小于2.5m，节理发育的软石，地下水较发育或雨季施工时，不宜采用。葫芦炮炮眼深度一般为5～7m，不宜靠近设计边坡布设，药室距设计边坡线的水平距离不宜小于最小抵抗线。

4.猫洞炮

猫洞炮是将集中药包直接放入直径为0.2～0.5m、炮眼深2～6m的水平或略有倾斜的炮洞中的一种炮型。它适用于硬土、胶结良好的古河床、冰渍层、软石和节理发育的次坚石。坚石可利用裂隙修成导洞或药室。这种炮型对大孤石、独岩包等爆破效果更佳。炮眼深度应与阶梯高度、自然地面横坡相配合，遇高阶梯时要布置多层药包。烘膛应根据岩石类别，分别采用浅眼烘膛、深眼烘膛和内部扩眼等方法。

（四）石方路堑的技术要求

为确保边坡稳定，靠挖方边坡的两列炮，宜用小型排炮微差爆破，且用松动爆破或减弱松动爆破，药室距设计边坡线的水平距离不小于炮孔间距的1/2，炮眼钻进的倾斜度同设计边坡坡度。如为分幅工作面，路堑中幅标高已下降，靠边坡的开挖石方宽度不大，可考虑用光面爆破，使边坡成型良好，减少刷坡工作量。预裂孔是使边坡成型良好、减少边坡坍塌、减轻对边坡外建筑物的地震波造成损失等的良好施工工艺，对于岩层产状不佳或边界外建筑较多，或挖方边坡较高等情况，都比较适合。

裸露药包法，也称裸炮，这种方法施爆简便，但炸药能量利用率低。凡有条件打眼的，宜用炮眼法，对于无条件使用炮眼法施工的，则用裸露药包法施爆。药壶炮（葫芦炮）的爆破效果较炮眼法好，炸药能量利用率较高。但这种炮施工工艺较繁，炮眼钻好后，应进行扩孔（扩药室），爆破物大块径较多，需进行二次爆破。但由于它的效果好，使用群炮，每次爆破量大，所以仍是一种广泛采用的爆破方法。在施工中，爆破人员应注重施爆和扩孔时的安全，要严格控制扩孔用药量和每次扩孔的炮孔数，以免扩孔飞出物损伤人、畜。

石质路堑边坡清刷及路床检验，应符合下列要求。一是石质挖方边坡应顺直、圆滑、大面平整。二是边坡上不得有松石、危石。三是凸出于设计边坡线的石块，其凸出尺寸不应大于20cm，超爆凹进部分尺寸也不应大于20cm。四是对于软质岩石，凸出及凹进尺寸均不应大于10cm，否则应进行处理。五是挖方边坡应从开挖面往下分级清刷边坡，下挖2～3m时，应对新开挖边坡刷坡，对于软质岩石边坡可用人工或机械清刷，对于坚石和次坚石，可使用炮眼法、裸露药包法爆破清刷边坡，同时清除危石、松石。六是清刷后的石质路堑边坡不应陡于设计规定。七是石质路堑边坡如因过量超挖而影响上部边坡岩体稳定时，应用浆砌片石补砌超挖坑槽。八是石质路堑路床底高应符合设计要求：如过高，应凿平；过低，应用开挖的石屑或灰土碎石填平并碾压密实。九是石质路堑路床顶而宜使用密集小型排炮施工，炮眼底标高宜低于设计标高10～15cm，装药时宜在孔底留5～10cm空眼，装药量按松动爆破计算。十是石质路床超挖大于10cm的坑洼当有裂隙水时，应采用渗沟连通，渗沟宽不宜小于10cm，渗沟底略低于坑洼底，坡度不宜小于6%，使可能出现的裂隙水或地表渗水由浅坑洼渗入深坑洼，并与边沟连接。

第六章　路面施工

路面是道路的重要组成部分，是在路基的顶部用各种材料或混合料分层铺筑的供车辆行驶的一种层状结构物。路面的性能影响行车速度、安全、舒适性和运输成本，因此，认真组织、严格施工，使路面在设计使用年限内具有良好的使用性能，具有十分重要的意义。

第一节　路面基层施工技术

一、路面基层（底基层）施工技术

（一）路面基层（底基层）用料要求

1.粒料基层原材料的技术要求

填隙碎石用作基层时，骨料的公称最大粒径应不大于53mm；用作底基层时，应不大于63mm。用作基层时骨料的压碎值应不大于26%，用作底基层时应不大于30%。骨料中针片状颗粒和软弱颗粒的含量应不大于15%。骨料可用具有一定强度的各种岩石或漂石轧制，宜采用石灰岩。采用漂石时，其粒径应大于骨料公称最大粒径的3倍。骨料也可以用稳定的矿渣轧制，矿渣的干密度和质量应均匀，且干密度应不小于960kg/m³。填隙料宜采用石屑，缺乏石屑地区，可添加细砾砂或粗砂等细集料。

（二）无机结合料稳定基层原材料的技术要求

1.水泥及添加剂

（1）强度等级为32.5或42.5，且满足规范要求的普通硅酸盐水泥等均可使用。

（2）所用水泥初凝时间应大于3h，终凝时间应大于6h且小于10h。

（3）在水泥稳定材料中掺加缓凝剂或早强剂时，应对混合料进行试验验证。缓凝剂和早强剂的技术要求应符合现行规范的规定。

2.石灰

（1）高速公路和一级公路用石灰应不低于Ⅱ级技术要求，二级公路用石灰应不低于Ⅲ级技术要求，二级以下公路宜不低于Ⅲ级技术要求。

（2）高速公路和一级公路的基层，宜采用磨细消石灰。

（3）二级以下公路使用等外石灰时，有效氧化钙含量应在20%以上，且混合料强度应满足要求。

3.粉煤灰等工业废渣

（1）干排或湿排的硅铝粉煤灰和高钙粉煤灰等均可用作基层或底基层的结合料。

（2）各等级公路的底基层、二级及二级以下公路的基层使用的粉煤灰，应进行混合料强度试验，达到规格相关要求的强度指标时，方可使用。

（3）煤矸石、煤渣、高炉矿渣、钢渣及其他冶金矿渣等工业废渣可用于修筑基层或底基层，使用前应崩解稳定，且宜通过不同龄期条件下的强度和模量试验以及温度收缩和干湿收缩试验等评价混合料性能。

（4）水泥稳定煤秆石不宜用于高速公路和一级公路。

（5）工业废渣类作为集料使用时，公称最大粒径应不大于31.5mm，颗粒组成宜有一定级配，且不宜含杂质。

4.水

（1）饮用水可直接作为基层、底基层材料拌和与养护用水。

（2）拌和使用的非饮用水应进行水质检验。

（3）养护用水可不检验不溶物含量。

5.粗集料

（1）用作被稳定材料的粗集料宜采用各种硬质岩石或砾石加工成的碎石，也可直接采用天然砾石。

（2）高速公路和一级公路极重、特重交通荷载等级基层的4.75mm以上粗集料应采用单一粒径的规格料。

（3）作为高速公路、一级公路底基层和二级及二级以下公路基层、底基层被稳定材料的天然砾石材料满足应级配稳定、塑性指数不大于9。

（4）应选择适当的碎石加工工艺，用于破碎的原石粒径应为破碎后碎石公称最大粒径的3倍以上。高速公路基层用碎石，应采用反击破碎的加工工艺。

（5）碎石加工中，根据筛网放置的倾斜角度和工程经验，应选择合理的筛孔尺寸。粒径尺寸与筛孔尺寸对应关系，根据破碎方式和石质的不同，可适当调整筛孔尺寸，调整范围宜为1~2mm。

（6）用作级配碎石或砾石的粗集料应采用具有一定级配的硬质石料，且不应含有黏土块、有机物等。

（7）级配碎石或砾石用作基层时，高速公路和一级公路公称最大粒径应不大于26.5mm，二级及二级以下公路公称最大粒径应不大于31.5mm；用作底基层时，公称最大粒径应不大于37.5mm。

6.细集料

（1）细集料应洁净、干燥、无风化、无杂质，并有适当的颗粒级配。

（2）高速公路和一级公路用细集料技术要求：

①对0~3mm和0~5mm的细集料应分别严格控制大于2.36mm和4.75mm的颗粒含量。对3~5mm的细集料应严格控制小于2.36mm的颗粒含量。

②高速公路和一级公路，细集料中小于0.075mm的颗粒含量应不大于15%；二级及二级以下公路，细集料中小于0.075mm的颗粒含量应不大于20%。

③级配碎石或砾石中的细集料可使用细筛余料，或专门轧制的细碎石集料。

④天然砾石或粗砂作为细集料时，其颗粒尺寸应满足工程需要，且级配稳定，超尺寸颗粒含量超过规范或实际工程的规定时应筛除。

7.材料分档与掺配

公称最大粒径为19mm、26.5mm和31.5mm的无机结合料稳定碎石或砾石的备料规格：

用于二级及二级以上公路基层和底基层的级配碎石或砾石，应由不少于四种规格的材料掺配而成。

天然材料用于高速公路和一级公路的基层时，天然材料的规格不满足设计级配的要求时，可掺配一定比例的碎石或轧碎砾石。

级配碎石或砾石细集料的塑性指数应不大于12。不满足要求时，可加石灰、无塑性的砂或石屑掺配处理。

8.混合料组成设计

无机结合料稳定材料组成设计应包括原材料检验、混合料的目标配合比设计、混合料的生产配合比设计和施工参数确定四部分。

（1）原材料检验

应包括结合料、被稳定材料及其他相关材料的试验。所有检测指标均应满足相关设计标准或技术文件的要求。

（2）目标配合比设计应包括下列技术内容

①选择级配范围。

②确定结合料类型及掺配比例。

③验证混合料相关的设计及施工技术指标。

（3）生产配合比设计应包括下列技术内容

①确定料仓供料比例。

②确定水泥稳定材料的容许延迟时间。

③确定结合料剂量的标定曲线。

④确定混合料的最佳含水率、最大密度。

（4）施工参数确定应包括下列技术内容

①确定施工中结合料的剂量律。

②确定施工合理含水率及最大干密度。

③验证混合料强度技术指标。

二、路面粒料基层（底基层）施工

（一）粒料分类及适用范围

1.粒料分类

（1）嵌锁型——包括泥结碎石、泥灰结碎石、填隙碎石等。

（2）级配型——包括级配碎石、级配砾石、符合级配的天然砂砾、部分砾石经轧制掺配而成的级配砾、碎石等。

2.粒料类适用范围

（1）级配碎石可用于各级公路的基层和底基层。级配碎石可用做较薄沥青面层与半刚性基层之间的中间层。

（2）级配砾石、级配碎砾石，以及符合级配、塑性指数等技术要求的天然砂砾，可适用于轻交通的二级和二级以下公路的基层以及各级公路的底基层。

（3）填隙碎石可用于各等级公路的底基层和二级以下公路的基层。

（二）施工一般要求

1.填隙碎石可采用干法或湿法施工。干旱缺水地区宜采用干法施工。单层填隙碎石的压实厚度宜为公称最大粒径的1.5～2.0倍。填隙碎石施工时，应符合下列规定：

（1）填隙料应干燥。

（2）宜采用振动压路机碾压，碾压后，表面骨料间的空隙应填满，但表面应看得见骨料。填隙碎石层上为薄沥青面层时，宜使骨料的棱角外露3～5mm。

（3）碾压后基层的固体体积率宜不小于85%，底基层的固体体积率宜不小于83%。

（4）填隙碎石基层未洒透层沥青或未铺封层时，不得开放交通。

2.填隙碎石施工前，应按有关规定准备下承层和施工放样。

3.应根据各路段基层或底基层的宽度、厚度及松铺系数，计算各段需要的骨料数量，并应根据运料车辆的车厢体积，计算每车料的堆放距离。填隙料的用量宜为骨料质量的30%～40%。

4.材料装车时，应控制每车料的数量基本相等。

5.应由远到近将骨料按计算的距离卸置于下承层上，应严格控制卸料距离。

6.用平地机或其他合适的机具将骨料均匀地摊铺在预定的范围内，表面应平整，并有规定的路拱，应同时摊铺路肩用料。

7.应检验松铺材料层的厚度，不满足要求时应减料或补料。

（三）路面粒料基层施工方法

1.填隙碎石干法施工应按下列要求操作

（1）初压宜用两轮压路机碾压3～4遍，使骨料稳定就位，初压结束时，表面应平整，并具有规定的路拱和纵坡。

（2）填隙料应采用石屑撒布机或类似的设备均匀地撒铺在已压稳的骨料层上，松铺厚度宜为25～30mm；必要时，可用人工或机械扫匀。

（3）应采用振动压路机慢速碾压，将全部填隙料振入骨料间的空隙中。无振动压路机时，可采用重型振动板。路面两侧宜多压2～3遍。

（4）再次撒布填隙料，松铺厚度宜为20～25mm，应用人工或机械扫匀。

（5）再次振动碾压，局部多余的填隙料应扫除。

（6）碾压后，应对局部填隙料不足之处进行人工找补，并用振动压路机继续碾压，直到全部空隙被填满，应将局部多余的填隙料扫除。

（7）填隙碎石表面空隙全部填满后，宜再用重型压路机碾压1～2遍。在碾压过程中，不应有任何蠕动现象。在碾压之前，宜在表面洒少量水，洒水量宜不少于3kg/m²。

（8）需分层铺筑时，应将已压成的填隙碎石层表面骨料外露5～10mm，然后在其上摊铺第二层骨料。

2.填隙碎石湿法施工应按下列要求操作

（1）骨料层表面空隙全部填满后，宜立即用洒水车洒水，直到饱和。

（2）宜用重型压路机跟在洒水车后碾压。应将湿填隙料及时扫入出现的空隙中；必要时，宜再添加新的填隙料。

（3）应洒水碾压至填隙料和水形成粉浆，粉浆应填塞全部空隙，并在压路机轮前形成微波纹状。

（4）碾压完成的路段应让水分蒸发一段时间，结构层变干后，应将表面多余的细料以及细料覆盖层扫除干净。

（5）需分层铺筑时，宜待结构层变干后，将已压成的填隙碎石层表面填隙料扫除一些，使表面骨料外露5～10mm，然后在其上摊铺第二层骨料。

三、路面沥青稳定基层（底基层）施工

（一）沥青稳定类基层分类及适用范围

1.分类

沥青稳定基层（底基层）又称柔性基层（底基层），包括热拌沥青碎石、贯入式沥青碎石、乳化沥青碎石混合料基层（底基层）等。

2.适用范围

柔性基层、底基层可用于各级公路。

（1）热拌沥青碎石宜用于中等交通及其以上的公路基层、底基层。

（2）贯入式沥青碎石宜用于中、重交通的公路基层或底基层。

（3）热拌沥青碎石、贯入式沥青碎石可用于改建工程的调平层。

（二）施工一般要求

1.按施工规范要求做好各项施工准备工作。

2.按施工规范规定的步骤进行热拌沥青碎石的配合比设计，即包括目标配合比设计阶段、生产配合比设计阶段、生产配合比验证阶段。

3.配合比设计采用马歇尔试验设计方法。

（三）路面沥青稳定基层施工

1.热拌沥青碎石基层施工

（1）热拌沥青碎石的拌制

①沥青混合料必须在沥青拌和场拌制，可采用间歇式拌和机或连续式拌和机拌制。

②拌和机拌制的沥青混合料应均匀一致，无花白料，无结团成块或严重的粗细料分离现象，不符合要求时不得使用，并应及时调整。

③出厂的沥青混合料应逐车用地磅称重。

（2）热拌沥青混合料的运输

①热拌沥青混合料应采用较大吨位的自卸汽车运输，车厢应清扫干净。为防止沥青与车厢板黏结，车厢侧板和底板可涂一薄层油水（柴油与水的比例可为1：3）混合料，但不得有余液积聚在车厢底部。

②从拌和机向运料车上放料时，应每卸一斗混合料挪动一下汽车位置，以减少粗细集料的离析现象。

③运料车应用篷布覆盖，用以保温、防雨、防污染。

（3）热拌沥青混合料的摊铺

①铺筑沥青混合料前，应检查确认下层的质量。当下层质量不符合要求，或未按规定撒布透层、粘层、铺筑下封层时，不得铺筑沥青面层。

②热拌沥青混合料应采用机械摊铺。

③沥青混合料的摊铺温度应符合规范要求，并应根据沥青标号、黏度、气温、摊铺层厚度选用。

④当高速公路和一级公路施工气温低于10℃、其他等级公路施工气温低于5℃时，不宜摊铺热拌沥青混合料。

⑤沥青混合料的松铺系数应根据实际的混合料类型，由试铺试压方法或根据以往实践经验确定。

⑥沥青混合料的松铺系数：机械摊铺1.15～1.30，人工摊铺1.20～1.45。

⑦用机械摊铺的混合料，不应用人工反复修整。

⑧可用人工做局部找补或更换混合料；摊铺不得中途停顿。摊铺了的沥青混合料应紧接着碾压，如因故不能及时碾压或遇雨时，应停止摊铺。

（4）热拌沥青混合料的压实及成型

①压实后的沥青混合料应符合压实度及平整度的要求，沥青混合料的分层压实厚度不得大于10cm。

②应选择合理的压路机组合方式及碾压步骤，以达到最佳结果。沥青混合料压实宜采用钢筒式静态压路机与轮胎压路机或振动压路机组合的方式。压路机的数量应根据生产率确定。

③沥青混合料的压实应按初压、复压、终压（包括成型）三个阶段进行。压路机应以慢而均匀的速度碾压，压路机的碾压速度应符合规定。

④初压应在混合料摊铺后较高温度下进行，应采用轻型钢筒式压路机或关闭振动装置

的振动压路机碾压两遍。压路机应从外侧向中心碾压。相邻碾压带应重叠1/3～1/2轮宽，最后碾压路中心部分，压完全幅为1遍。

⑤复压应紧接在初压后进行，复压宜采用重型的轮胎压路机，也可采用振动压路机或钢筒式压路机。碾压遍数应经试压确定，以4～6遍为宜，达到要求的压实度，并无显著轮迹。

⑥终压应紧接在复压后进行。终压可选用双轮钢筒式压路机或关闭振动压路机碾压，不宜少于2遍，并无轮迹。路面压实成型的终了温度应符合规范要求。

（5）接缝

在施工缝及构造物两端的连接处必须仔细操作，保证紧密、平顺。纵向接缝部分的施工，摊铺时采用梯队作业的纵缝应采用热接缝。施工时应将已铺混合料部分留下10～20cm宽暂不碾压，作为后摊铺部分的高程基准面，最后做跨缝碾压以消除缝迹。

半幅施工不能采用热接缝时，宜加设挡板或采用切刀切齐。铺另半幅前必须将缝边缘清扫干净，并涂洒少量粘层沥青。摊铺时应重叠在已铺层上5～10cm，摊铺后用人工将摊铺在前半幅上面的混合料铲走。碾压时先在已压实路面上行走，碾压新铺层10～15cm，然后压实新铺部分，再伸过已压实路面10～15cm，充分将接缝压实紧密。

2.贯入式沥青碎石基层施工方法

贯入式沥青碎石路面的施工应按下列步骤进行：

（1）撒布主层集料。撒布时应避免颗粒大小不均，并应检查松铺厚度。撒布后严禁车辆在铺好的集料层上通行。

（2）主层集料撒布后应采用6～8t的钢筒式压路机进行初压，碾压速度宜为2km/h。碾压应自路边缘逐渐移向路中心，每次轮迹重叠约30cm，接着应从另一侧以同样的方法压至路中心，以此方式碾压1遍。然后检验路拱和纵向坡度，当不符合要求时，应调整找平再压，至集料无显著推移为止。然后再用10～12t压路机进行碾压，每次轮迹重叠1/2左右，宜碾压4～6遍，直至主层集料嵌挤稳定，无显著轮迹为止。

（3）主层集料碾压完毕后，应立即浇洒第一层沥青。浇洒方法应按规范进行。沥青的浇洒温度应根据沥青标号及气温情况选择。当采用乳化沥青贯入时，为防止乳液下漏过多，可在主层集料碾压稳定后，先撒布一部分上一层嵌缝料，再浇洒主层沥青。乳化沥青在常温下撒布，当气温偏低需要加快破乳速度时，可将乳液加温后撒布，但乳液温度不得超过60℃。

（4）主层沥青浇洒后，应立即均匀撒布第一层嵌缝料，嵌缝料撒布后应立即扫匀，不足处应找补。当使用乳化沥青时，石料撒布必须在乳液破乳前完成。

（5）嵌缝料扫匀后应立即用8～12t钢筒式压路机进行碾压，轮迹重叠1/2左右，宜碾压4～6遍，直至稳定为止。碾压时随压随扫，使嵌缝料均匀嵌入。因气温过高使碾压过程中发生较大推移现象时，应立即停止碾压，待气温稍低时再继续碾压。

（6）浇洒第二层沥青，撒布第二层嵌缝料，然后碾压，再浇洒第三层沥青。

（7）撒布封层料。施工要求与撒布嵌缝相同。

（8）最后碾压，宜采用6～8t压路机碾压2～4遍。

3.乳化沥青碎石基层施工方法

（1）乳化沥青碎石混合料宜采用拌和机拌和。在条件限制时也可在现场用人工拌制。

（2）采用阳离子乳化沥青时，在与乳液拌和前需用水湿润集料，使集料总含水量达到5%左右，天气炎热宜多加，低温潮湿可少加。当集料湿润后仍不能与乳液拌和均匀时，应改用破乳速度更慢的乳液，或用1%～3%浓度的氯化钙水溶液代替水预先润湿集料表面。

（3）混合料的拌和时间应保证乳液与集料拌和均匀。机械拌和不宜超过30s，人工拌和不宜超过60s（自矿料中加进乳液的时间算起）。

（4）混合料应具有充分的施工和易性，混合料的拌和、运输和摊铺应在乳液破乳前结束。已拌好的混合料应立即运至现场进行摊铺。拌和与摊铺过程中已破乳的混合料，应予废弃。

（5）拌制的混合料宜用沥青摊铺机摊铺。当用人工摊铺时，应防止混合料离析。乳化沥青碎石混合料的松铺系数可根据规范规定通过试验确定。

（6）乳化沥青碎石混合料的碾压，可按热拌沥青混合料的规定进行，并应符合下列要求：

①混合料摊铺后，应采用6t左右的轻型压路机初压，宜碾压1～2遍，使混合料初步稳定，再用轮胎压路机或轻型筒式压路机碾压1～2遍。初压时应匀速进退，不得在碾压路段上紧急制动或快速启动。

②当乳化沥青开始破乳，混合料由褐色转变成黑色时，用12～15t轮胎压路机或10～12t钢筒式压路机复压。复压2～3遍后，立即停止，待晾晒一段时间，水分蒸发后，再补充复压至密实为止。当压实过程中有推移现象时应立即停止碾压，待稳定后再碾压。如当天不能完全压实，应在较高气温状态下补充碾压。

③碾压时发现局部混合料有松散或开裂时，应立即挖除并换补新料，整平后继续碾压密实。修补处应保证路面平整。压实成型后的路面应做好早期养护，并封闭交通2～6h。

④阳离子乳化沥青碎石混合料可在下层潮湿的情况下施工，施工过程中遇雨应停止铺筑，以防雨水将乳液冲走。

第二节 沥青路面的施工技术

一、沥青路面结构及类型

（一）沥青路面结构组成

沥青路面结构层可由面层、基层、底基层、垫层组成。

1.面层是直接承受车轮荷载反复作用和自然因素影响的结构层，可由1～3层组成。表面层应根据使用要求设置抗滑耐磨、密实稳定的沥青层，中面层、下面层应根据公路等级、沥青层厚度、气候条件等选择适当的沥青结构层。

2.基层是设置在面层之下，并与面层一起将车轮荷载的反复作用传布到底基层、垫层、土基，起主要承重作用的层次。基层材料的强度指标应有较高的要求。基层视公路等级或交通量的需要可设置1层或2层。当基层较厚需分两层施将工时，可分别称为上基层、下基层。

3.底基层是设置在基层之下，并与面层、基层一起承受车轮荷载反复作用，起次要承重作用。底基层材料的强度指标要求可比基层材料略低。底基层视公路等级或交通量的需要可设置1层或2层。底基层较厚需分两层施工时，可分别称为上底基层、下底基层。

4.垫层是设置在底基层与土基之间的结构层，起排水、隔水、防冻、防污等作用。

（二）沥青路面分类

1.按技术品质和使用情况分类

（1）沥青混凝土路面

由适当比例的各种不同大小颗粒的集料、矿粉和沥青，加热到一定温度后拌和，经摊铺压实而成的路面面层。采用相当数量的矿粉是沥青混凝土的一个显著特点。较高的黏结力使路面具有甚高的强度，可以承受比较繁重的车辆交通。但沥青混凝土路面的允许拉应变值较小，会产生规则的横向裂缝，因而要求强度较高的基层。对高温稳定性与低温稳定性均有要求。较小的空隙率使沥青混凝土路面具有透水性小、水稳性好、耐久性高的特点，有较强的抵抗自然因素的能力，使用年限达15～20年，甚至20年以上。沥青混凝土路面适用于各级公路面层。

（2）沥青碎石路面

用沥青碎石作为面层的路面，其高温稳定性好，路面不易产生波浪，冬季不易产生冻缩裂缝，行车荷载作用下裂缝少；路面较易保持粗糙，有利于高速行车；对石料级配和沥青规格要求较宽，材料组成设计比较容易满足要求；沥青用量少，且不用矿粉，造价低。但其孔隙较大，路面容易渗水和老化。热拌沥青碎石适宜用于三、四级公路。中粒式、粗粒式沥青碎石宜用作沥青混凝土面层下层、联结层或整平层。

沥青贯入式：用沥青贯入碎（砾）石作为面层的路面，即把沥青浇洒在铺好的主层集料上，再分层撒布嵌缝石屑和浇洒沥青，分层压实，形成一个较致密的沥青结构层。贯入式路面的强度与稳定性主要由石料相互嵌挤作用构成。贯入式路面需要2~3周的成型期，在行车碾压与重力作用下，沥青逐渐下渗包裹石料，填充空隙，形成整体的稳定结构层，温度稳定性好，热天不易出现推移、壅包，冷天不易出现低温裂缝，贯入式路面的最上层应撒布封层料或加铺拌和层。沥青贯入式适用于三、四级公路，也可作为沥青混凝土面层的联结层。

沥青表面处置：用沥青和集料按层铺法或拌和法铺筑而成的厚度不超过3cm的沥青面层。表面处置按浇洒沥青和撒布集料的遍数不同，分为单层式、双层式、三层式。表面处置路面的使用寿命不及贯入式路面，设计时一般不考虑其承重强度，其作用主要是对非沥青承重层起保护和防磨耗作用，而对旧沥青路面，则是一种日常维护的常用措施。沥青表面处置，一般用于三、四级公路，也可用作沥青路面的磨耗层、防滑层。

2.按组成结构分类

（1）密实—悬浮结构

在采用连续密级配矿料配制的沥青混合料中，一方面矿料的颗粒由大到小连续分布，并通过沥青胶结作用形成密实结构；另一方面较大一级的颗粒只有留出充足的空间才能容纳下一级较小的颗粒，这样粒径较大的颗粒就往往被较小一级的颗粒挤开，造成粗颗粒之间不能直接接触，也就不能相互支撑形成嵌挤骨架结构，而是彼此分离悬浮于较小颗粒和沥青胶浆中间，这样就形成了密实—悬浮结构的沥青混合料。工程中常用的AC-I型沥青混凝土就是这种结构的典型代表。

（2）骨架—空隙结构

当采用连续开级配矿料与沥青组成沥青混合料时，由于矿料大多集中在较粗的粒径上，因此粗粒径的颗粒可以相互接触，彼此相互支撑，形成嵌挤的骨架。但因很少含有细颗粒，粗颗粒形成骨架空隙无法填充，从而压实后在混合料中留下较多的空隙，形成骨架—空隙结构。工程中使用的沥青碎石混合料（AN）和排水沥青混合料（OGFC）是典型的骨架空隙型结构。

（3）密实—骨架结构

当采用间断密级配矿料与沥青组成沥青混合料时，由于矿料颗粒集中在级配范围的两端，缺少中间颗粒，所以一端的粗颗粒相互支撑嵌挤形成骨架，另一端较细的颗粒填充于骨架留下的空隙中间，使整个矿料结构呈现密实状态，形成密实—骨架结构。沥青膏碎石混合料（SMA）是一种典型的骨架密实型结构。

3.按矿料级配分类

（1）密级配沥青混凝土混合料

各种粒径的颗粒级配连续、相互嵌挤密实的矿料，与沥青拌和而成，且压实后的剩余空隙率小于10%的混凝土混合料。剩余空隙率为3%~6%（行人道路为2%~6%）的是Ⅰ型密实式改性沥青混凝土混合料；剩余空隙率为4%~10%的是Ⅱ型半密实式改性沥青混凝土混合料。代表类型有沥青混凝土、沥青稳定碎石。

（2）半开级配沥青混合料

由适当比例的粗集料、细集料及少量填料（或不加填料）与沥青拌和而成，压实后剩余空隙率在10%以上的半开式改性沥青混合料。代表类型有改性沥青稳定碎石，用AM表示。

（3）开级配沥青混合料

矿料级配主要由粗集料组成，细集料和填料较少，采用高黏度沥青结合料黏结形成，压实后空隙率大于15%的开式沥青混合料。代表类型有排水式沥青磨耗层混合料，以OGFC表示；另有排水式沥青稳定碎石基层，以ATPCZB表示。

（4）间断级配沥青混合料

矿料级配组成中缺少1个或几个档次而形成的级配间断的沥青混合料，代表类型有沥青玛蹄脂碎石混合料（SMA）。

4.按矿料粒径分类

（1）砂粒式沥青混合料

矿料最大粒径等于或小于4.75mm（圆孔筛5mm）的沥青混合料，也称为沥青石屑或沥青砂。

（2）细粒式沥青混合料

矿料最大粒径为9.5mm或13.2mm（圆孔筛10mm或15mm）的沥青混合料。

（3）中粒式沥青混合料

矿料最大粒径为16mm或19mm（圆孔筛20mm或25mm）的沥青混合料。

（4）粗粒式沥青混合料

矿料最大粒径为26.5mm或31.5mm（圆孔筛30~40mm）的沥青混合料。

（5）特粗式沥青混合料

矿料的最大粒径等于或大于37.5mm（圆孔筛45mm）的沥青混合料。

5.按施工温度分类

（1）热拌热铺沥青混合料

沥青与矿料经加热后拌和，并在一定的温度下完成摊铺和碾压施工过程的混合料。

（2）常温沥青混合料

采用乳化沥青或稀释沥青在常温下（或者加热温度很低）与矿料拌和，并在常温下完成摊铺和碾压过程的混合料。

二、沥青路面用料要求

（一）一般规定

1.沥青路面使用的各种材料运至现场后必须取样进行质量检验，经评定合格后方可使用，不得以供应商提供的检测报告或商检报告代替现场检测。

2.沥青路面集料的选择必须经过认真的料源调查，确定料源应尽可能就地取材。质量符合使用要求，石料开采必须注意环境保护，防止破坏生态平衡。

3.集料粒径规格以方孔筛为准。不同料源、品种、规格的集料不得混杂堆放。

（二）道路石油沥青

1.道路石油沥青各个沥青等级的适用范围见表6-1。

表6-1　道路沥青的适用范围

沥青等级	适用范围
A级沥青	各个等级的公路，适用于任何场合和层次
B级沥青	1.高速公路、一级公路沥青下面层次，二级及二级公路以下公路的各个层次； 2.用作改性沥青、乳化沥青、改性乳化沥青、稀释沥青的基质沥青
C级沥青	三级及三级以下公路的各个层次

2.沥青路面采用的沥青标号，宜按照公路等级、气候条件、交通条件、路面类型及在结构层中的层位及受力特点、施工方法等，结合当地的使用经验，经技术论证后确定。

对高速公路、一级公路，夏季温度高、高温持续时间长、重载交通、山区及丘陵区上坡路段、服务区、停车场等行车速度慢的路段，尤其是汽车荷载剪应力大的层次，宜采用稠度大、黏度大的沥青，也可提高高温气候分区的温度水平选用沥青等级；对冬季寒冷的地区或交通量小的公路、旅游公路宜选用稠度小、低温延度大的沥青；对温度日温差、年温差大的地区宜注意选用针入度指数大的沥青。当高温要求与低温要求发生矛盾时应优先考虑满足高温性能的要求。

当缺乏所需标号的沥青时，可采用不同标号掺配的调和沥青，其掺配比例由试验确定。

（三）乳化石油沥青

1.乳化沥青适用于沥青表面处置、沥青贯入式路面、冷拌沥青混合料路面，修补裂缝，喷洒透层、粘层与封层等。

2.乳化沥青类型根据集料品种及使用条件选择。阳离子乳化沥青可适用于各种集料品种，阴离子乳化沥青适用于碱性石料。乳化沥青的破乳速度、黏度宜根据用途与施工方法选择。

3.制备乳化沥青用的基质沥青，对高速公路和一级公路，宜符合道路石油沥青A、B级沥青的要求，其他情况可采用C级沥青。

4.乳化沥青宜存在立式罐中，并保持适当搅拌。储存期以不离析、不冻结、不破乳为度。

（四）液体石油沥青

1.液体石油沥青适用于透层、粘层及拌制冷拌沥青混合料。根据使用目的与场所，可选用快凝、中凝、慢凝的液体石油沥青，其质量应符合"道路液体石油沥青技术要求"的规定。

2.液体石油沥青宜采用针入度较大的石油沥青，使用前按先加热沥青后加稀释剂的顺序，掺配煤油或轻柴油，经适当的搅拌、稀释制成。掺配比例根据使用要求由试验确定。

3.液体石油沥青在制作、储存、使用的全过程中必须通风良好，并有专人负责，确保安全。基质沥青的加热温度严禁超过140℃，液体沥青的储存温度不得高于50℃。

（五）改性沥青

1.改性沥青可单独或复合采用高分子聚合物、天然沥青及其他改性材料制作。

2.各类聚合物改性沥青的质量应符合"聚合物改性沥青技术要求"的规定，其中PI值可作为选择性指标。当使用"聚合物改性沥青技术要求"表列以外的聚合物及复合改性沥青时，可通过试验研究制订相应的技术要求。

3.制造改性沥青的基质沥青应与改性剂有良好的配伍性，其质量宜符合表A级或B级道路石油沥青的技术要求。供应商在提供改性沥青的质量报告时应提供基质沥青的质量检验报告或沥青样品。

4.天然沥青可以单独与石油沥青混合使用或与其他改性沥青混融后使用。沥青的质量要求宜根据其品种参照相关标准和成功的经验执行。

5.用作改性剂的SBR胶乳中的固体物含量宜少于45%，使用中严禁长时间暴晒或遭冰冻。

6.改性沥青的剂量以改性剂占改性沥青总量的百分数计算，胶乳改性沥青的剂量应以扣除水以后的固体物含量计算。

7.改性沥青宜在固定式工厂或在现场设厂集中制作，也可在拌和厂现场边制造边使用，改性沥青的加工温度不宜超过180℃。胶乳类改性剂和制成颗粒的改性剂可直接投入拌和缸中生产改性沥青混合料。

8.用溶剂法生产改性沥青母体时，挥发性溶剂回收后的残留量不得超过5%。

9.现场制造的改性沥青宜随配随用，需作短时间保存，或运送到附近的工地时，使用前必须搅拌均匀，在不发生离析的状态下使用。改性沥青制作设备必须设有随机采集样品的取样口，采集的试样宜立即在现场灌模。

（六）粗集料

1.沥青面层使用的粗集料包括碎石、破碎砾石、筛选砾石、钢渣、矿渣等，但高速公路和一级公路不得使用筛选砾石和矿渣。粗集料必须由具有生产许可证的采石场生产或施工单位自行加工。

2.粗集料应该洁净、干燥、表面粗糙，符合质量要求。当单一规格集料的质量指标达不到要求，而按照集料配合比计算的质量指标符合要求时，工程上允许使用。对受热易变质的集料，宜采用经拌和机烘干后的集料进行检验。

3.沥青混合料用粗集料规格应按"沥青混合料粗集料规格"的规定生产和使用。

4.采石场在生产过程中必须彻底清除覆盖层及泥土夹层。生产碎石用的原石不得含有土块、杂物，集料成品不得堆放在泥土地上。

5.高速公路、一级公路沥青路面的表面层（或磨耗层）的粗集料的磨光值应符合"粗集料与沥青的黏附性、磨光值的技术要求"。除SMA、OGFC路面外，允许在硬质粗集料中掺加部分较小粒径的磨光值达不到要求的粗集料，其最大掺加比例由磨光值试验确定。

6.粗集料与沥青的黏附性土办法应符合"粗集料与沥青的黏附性、磨光值的技术要求"，当使用不符合要求的粗集料时，宜掺加消石灰、水泥或用饱和石灰水处理后使用，必要时可同时在沥青中掺加耐热、耐水、长期性能好的抗剥落剂，也可采用掺加改性沥青的措施，使沥青混合料的水稳定性检验达到要求。掺加外加剂的剂量由沥青混合料的水稳定性检验确定。

7.破碎砾石应采用粒径大于50mm、含泥量不大于1%的砾石轧制，破碎砾石的破碎面应符合"粗集料对破碎面的要求"。

8.筛选砾石仅适用于三级及三级以下公路的沥青表面处置路面。

9.经过破碎且存放期超过6个月以上的钢渣可作为粗集料使用。除吸水率允许适当放宽外，各项质量指标应符合"沥青混合料用粗集料质量技术要求"。钢渣在使用前应进行活性检验，要求钢渣中的游离氧化钙含量不大于3%，浸水膨胀率不大于2%。

（七）细集料

1.沥青面层的细集料可采用天然砂、机制砂、石屑。细集料必须由具有生产许可证的采石场、采砂场生产。

2.细集料应洁净、干燥、无风化、无杂质，并有适当的颗粒级配，其质量应符合要求。细集料的洁净程度，天然砂以小于0.075mm含量的百分数表示，石屑和机制砂以砂当量（适用于0～4.75mm）或亚甲蓝值（适用于0～2.36mm或0～0.15mm）表示。

3.天然砂可采用河砂或海砂，通常宜采用粗、中砂，其规格应符合"沥青混合料用天然砂规格"。砂的含泥量超过规定时应水洗后使用，海砂中的贝壳类材料必须筛除。开采天然砂必须取得当地政府主管部门的许可，并符合水利及环境保护的要求。热拌密级配沥青混合料中天然砂的用量通常不宜超过集料总量的20%，SMA和OGFC混合料不宜使用天然砂。

4.石屑是采石场破碎石料时通过4.75mm或2.36mm的筛下部分，其规格应符合"沥青混合料用机制砂或石屑规格"。采石场在生产石屑的过程中应具备抽吸设备，高速公路和一级公路的沥青混合料，宜将S14与S16组合使用，S15可在沥青稳定碎石基层或其他等级公路中使用。

5.机制砂宜采用专用的制砂机制造，并选用优质石料生产，其级配应符合S16的要求。

（八）填料

1.沥青混合料的矿粉必须采用石灰岩或岩浆岩中的强基性岩石等憎水性石料经磨细得到的矿粉，原石料中的泥土杂质应除净。矿粉应干燥、洁净，能自由地从矿粉仓流出，其质量应符合沥青混合料用矿粉质量要求。

2.拌和机的粉尘可作为矿粉的一部分回收使用。但每盘用量不得超过填料总量的25%，掺有粉尘填料的塑性指数不得大于4%。

3.粉煤灰作为填料使用时，用量不得超过填料总量的50%，粉煤灰的烧失量应小于12%，与矿粉混合后的塑性指数应小于4%，其余质量要求与矿粉相同。高速公路、一级公路的沥青面层不宜采用粉煤灰做填料。

（九）纤维稳定剂

1.在沥青混合料中掺加的纤维稳定剂宜选用木质素纤维、矿物纤维等。木质纤维素的质量应符合表木质素纤维质量技术的要求。

2.纤维应在250℃的干拌温度下不变质、不发脆，使用纤维必须符合环保要求，不危害身体健康。纤维必须在混合料拌和过程中能充分分散均匀。

3.矿物纤维宜采用玄武岩等矿石制造，易影响环境及造成人体伤害的石棉纤维不宜直接使用。

4.纤维应存放在室内或有棚盖的地方，松散纤维在运输及使用过程中应避免受潮，不结团。

5.纤维稳定剂的掺加比例以沥青混合料总量的质量百分率计算，通常情况下用于SMA路面的木质素纤维不宜低于0.3%，矿物纤维不宜低于0.4%，必要时可适当增加纤维用量。纤维掺加量的允许误差不超过±5%。

三、沥青路面面层施工

（一）热拌沥青混凝土路面施工工艺

热拌沥青混凝土路面施工工艺如图6-1所示。

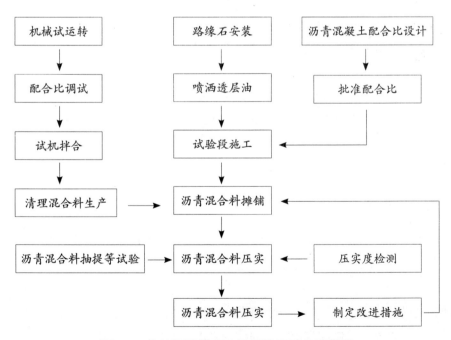

图6-1　热拌沥青混凝土路面施工工艺流程图

原有路面凿除采用人工配合机械进行作业，大面积作业时，采用挖掘机、推土机、装载机等机械配合，小面积的采用空压机带动风镐、电钻的设备进行凿除、在凿除破损路面时，应该注意以下几点：

1.在凿除前必须经过测量放样，避免盲目施工，而造成成本增加。

2.在凿除时，尽量避免损坏旁边未损坏的原有路面。

3.凿除的深度必须符合设计要求。

4.在施工过程中，必须做好保通措施，避免影响车辆的行驶。

5.做到工地排水畅通，指定专人负责挖沟、疏导排水等工作。

6.在低洼地段和工程不良地质路基段尽量避开雨季施工。

7.雨季施工时，必须做好气象资料的收集与整理。

8.协调安排施工计划，合理调整雨季施工任务量。

（二）施工准备

选购经调查试验合格的材料进行备料，矿料应分类堆放，矿粉必须是石灰岩磨细而成且不得受潮，必要时做好矿料堆放场地的硬化处理和场地四周排水及搭设矿粉库房或储存罐。

做好配合比设计报送监理工程师审批，对各种原材料进行符合性检验。

在验收合格的基层上恢复中线（底面层施工时），在边线外侧0.3～0.5m处每隔5～10m钉边桩进行水平测量，拉好基准线，画好边线。

对下承层进行清扫，底面层施工前两天在基层上洒透层油，在中底面层上喷洒粘层油。

试验段开工前28d安装好试验仪器和设备，配备好的试验人员报请监理工程师审核。各层开工前14d在监理工程师批准的现场备齐全部机械设备进行试验段铺筑，以确定松铺系数、施工工艺、机械配备、人员组织、压实遍数，并检查压实度、沥青含量、矿料级配、沥青混合料马歇尔各项技术指标等。

（三）沥青混合料的拌和

1.各种集料分类堆放，每个料源均进行试验，按要求的配合比进行配料。

2.设置间歇式具有密封性能及除尘设备，并有检测拌和温度装置的沥青混凝土拌和站。

3.拌和站设试验室，对沥青混凝土的原材料和沥青混合料及时进行检测。

4.沥青的加热温度控制在规范规定的范围之内，即150～170℃。集料的加热温度控制在160～180℃，混合料的出厂温度控制在140～165℃。当混合料出厂温度过高时应废弃。

混合料运至施工现场的温度控制在120～150℃。

5.出厂的混合料须均匀一致，无白花料，无粗细料离析和结块现象。不符合要求时应废弃。

（四）混合料的运输

1.根据拌和站的产量、运距合理安排运输车辆。

2.运输车的车厢内保持干净，涂防粘薄膜剂。运输车配备覆盖篷布以防雨和热量损失。

3.已离析、硬化在运输车箱内的混合料，低于规定铺筑温度或被雨淋的混合料应予以废弃。

（五）混合料的摊铺

1.根据路面宽度选用1～2台具有自动调节摊铺厚度及找平装置、可加热的振动熨平板，并且运行良好的高密度沥青混凝土摊铺机进行摊铺。

2.底、中面层采用走线法施工，表面层采用平衡梁法施工。

3.摊铺机均匀行驶，行走速度和拌和站产量相匹配，以确保所摊铺路面的均匀不间断摊铺。在摊铺过程中不准随意变换速度，尽量避免中途停顿。

4.沥青混凝土的摊铺温度根据气温变化进行调节。一般正常施工控制在110～130℃，不超过165℃，在摊铺过程中随时检查并做好记录。

5.开铺前将摊铺机的熨平板进行加热至不低于65℃。

6.采用双机或三机梯进式施工时，相邻两机的间距控制在10～20m。两幅应有5～10cm宽度的重叠。

7.在摊铺过程中，随时检查摊铺质量，出现离析、边角缺料等现象时人工及时补撒料，换补料。

8.在摊铺过程中随时检查高程及摊铺厚度，并及时通知操作手。

9.摊铺机无法作业的地方，在监理工程师同意后采取人工摊铺施工。

（六）混合料的压实

1.压路机采用2～3台双轮双振压路机及2～3台重量不小于16t胶轮压路机组成。

2.初压：采用双轮双振压路机静压1～2遍，正常施工情况下，温度应不低于110℃并紧跟摊铺机进行；复压：采用胶轮压路机和双轮双振压路振压等综合碾压4～6遍，碾压温度多控制在80～100℃；终压：采用双轮双振压路机静压1～2遍，碾压温度应不低于65℃。边角部分压路机碾压不到的位置，使用小型振动压路机碾压。

3.碾压顺纵向由低边向高边按规定要求的碾压速率进行。相邻碾压重叠宽度大于30cm。

4.采用雾状喷水法，以保证沥青混合料碾压过程中不粘轮。

5.不在新铺筑的路面上进行停机、加水、加油活动，以防各种油料、杂质污染路面。压路机不准停留在已完成但温度尚未冷却至自然气温以下的路面上。

6.碾压进行中压路机不得中途停留、转向或制动，压路机每次由两端折回的位置呈阶梯形随摊铺机向前推进，使折回处不在同一横断面上，振动压路机在已成型的路面上行驶时应关闭振动。

（七）接缝处理

1.梯队作业采用热接缝，施工时将已铺混合料部分留下20～30cm宽暂不碾压，作为后摊铺部分的高程基准面，后摊铺部分完成立即骑缝碾压，以消除缝迹。

2.半幅施工不能采用热接缝时，采用人工顺直刨缝或切缝。铺另半幅前必须将边缘清扫干净，并涂修量粘层沥青。摊铺时应重叠在已铺层上5～10cm，摊铺后人工将混合料清走。碾压时先在已压实路面行走，碾压新铺层10～15cm，然后压实新铺部分，再伸过已压实路面10～15cm，充分将接缝压实紧密。

3.横接缝的处理方法。首先用3m直尺检查端部平整度。不符合要求时，垂直于路中线切齐清除。清理干净后在端部涂粘层沥青接着摊铺。摊铺时调整好预留高度，接缝处摊铺层施工结束后再用3m直尺检查平整度。横向接缝的碾压先用双轮双振压路机进行横压，碾压时压路机位于已压实的混合料层上伸入新铺层的宽为15cm，然后每压一遍向新铺混合料方向移动15～20cm，直至全部在新铺层上为止，再改为纵向碾压。

4.纵向冷接缝上、下层的缝错开15cm以上，横向接缝错开1m以上。

（八）检查试验

1.按施工技术规范要求的频率认真做好各种原材料、施工温度、矿料级配、马歇尔试验、压实度等试验工作。

2.在施工过程中随时检查铺筑厚度、平整度、宽度、横坡度、高程。

3.所有检验结果资料报监理工程师审批和申报计量支付。

第三节　中央分隔带及路肩施工技术

一、中央分隔带施工

（一）中央分隔带的开挖

当路面基层施工完毕后，即可进行中央分隔带的开挖，先挖集水槽后挖纵向盲沟，一般采用人工开挖的方式。开挖的土料不得堆置在已铺好的基层上，以防止污染并应及时运走。沟槽的断面尺寸及结构层端部边坡应符合设计要求，沟底纵坡应符合设计要求，沟底须平整、密实。沟底不得有杂物。

（二）防水层施工

沟槽开挖完毕并经验收符合设计要求后，即进行防水层施工，可喷涂双层防渗沥青。防渗层沥青要求涂布均匀，厚薄一致，无漏涂现象，涂布范围应是中央分隔带范围内的路基及路面结构层。防水层也可铺设PVC防水板等，PVC防水板铺设时两端应拉紧，不应有褶皱，PVC板材纵横向应搭接，铺完后用铁钉固定。

（三）纵向碎石盲沟的铺设

1.碎石盲沟应做到填筑充实、表面平整。

2.反滤层可用筛选过的中砂、粗砂、砾石等渗水性材料分层填筑，目前高等级公路多采用土工布作为反滤层。

3.碎石盲沟上铺设土工布，使与回填土隔离，较之砂石料作为反滤层，施工方便，有利于排水并可保持盲沟长期利用。施工时应注意：

（1）必须平滑无拉伸地铺在碎石盲沟的面层上，不得出现扭曲、折皱、重叠，避免过量拉伸超过其强度和变形的极限而发生破坏和撕裂；

（2）现场施工若发现土工布有破损时，必须立即修补好，并能恢复到原性能时才可使用；

（3）土工布的接长和拼幅需采用平搭接的连接方式，搭接长度不得小于30cm。

（四）埋设横向塑料排水管

1.路基施工完毕后，即可进行埋设横向塑料排水管的施工。

2.基槽开挖。根据设计要求，按图纸所示桩号，定出埋设位置。采用人工开挖，或用开沟机挖槽，沟槽应保持直线并垂直于路中心线。沟槽开挖深度及宽度应符合设计要求。沟底坡度应和路面横坡一致。

3.铺设垫层。垫层采用粒径小的石料，如石屑、瓜子片等，铺设厚度应保持均匀一致，保证垫层顶面具有规定的横坡。

4.埋设塑料排水管。

埋设要求：一端应插入中央分隔带范围内的纵向排水盲沟位置，另一端应伸出路基边坡外。横向塑料排水管的进口须用土工布包裹，防止碎石堵塞。

接头处理：当塑料管不足一次埋设长度时，需套接。套接时，管口要对齐，并靠紧，接头处用一短套管套紧相邻两根塑料排水管，套管两端需用不透水材料扎紧。

5.沟槽回填。横向排水管埋设完毕并经验收合格后，方可进行沟槽回填。

（五）缘石安装

1.路缘石的预制安装或现场浇筑应符合图纸所示的线型和坡度。

2.路缘石应在路面铺设之前完成。

3.预制缘石应铺筑设在厚度不小于2cm的砂垫层上，砌筑砂浆的水泥与砂的体积比应为1：2。

4.路缘石的施工技术要求如下：

（1）预制缘石的质量应符合规定要求。

（2）安砌稳固，顶面平整，缝宽均匀，勾缝密实，线条直顺，曲线圆滑美观。

（3）槽底基础和后背填料必须夯打密实。

二、路肩施工

（一）土路肩施工

对填方路段来说，采用培路肩的方法施工既经济又简便，土路肩通常随着路面结构层的铺筑，相应地分层培筑，可以先培也可以后培，各有利弊。先培路肩的优点是：已培好的路肩在结构层碾压时起支撑作用，可以减轻或避免结构层侧移影响边缘的厚度和平整度；先培路肩的缺点是：横断面上易形成一个三角区。培土路肩的材料，通常与填筑路堤的材料相同，应在填筑路堤、修整边坡时，将削坡剩余的材料暂存在靠近路肩的边坡上。这样，不仅使用时很方便，而且可避免在铺筑路面的过程中，向路肩运送培路肩的材料可能污染路面。

培土路肩施工方案：

1.准备下承层：具有经检验合格的底基层面，底基层表面应平整、坚实，规定的宽度、纵坡、路拱、平整度和压实度，标高应满足规范要求，且没有任何松散的材料和软弱反弹的地点；

2.施工流程：备料→推平→平整→静压→切边→平整→碾压。

3.施工方法：

（1）备料：选择可以用作底基层的取土场，挖掘机挖装合格的底基层料，自卸运输并卸至路肩区域；堆卸时按自卸汽车的装容量、路肩的松铺方量确定堆卸距离；

（2）推平：推土机(或平地机)沿路肩区域根据松铺厚度均匀推平料堆，使材料摊铺在路肩区域；

（3）平整：平地机按需要的宽度、高度进行平整、翻刮，使材料基本平顺；

（4）静压：压路机沿路肩区域往返静压；

（5）切边：技术人员根据路基中心确定路肩内边缘，人工沿内边缘拉线并撒白灰，平地机根据白灰线切除并翻材料至路肩上；

（6）平整：用平地机按设计横坡、宽度、标高、平整度进行精确平整，使路肩材料达到设计的松铺要求；

（7）碾压：按最佳含水量的要求，用洒水车进存洒水，待可以碾压时用18t压路机沿路肩区域进行初压、复压、终压，使压实度达到规定要求。

路堑段的路肩是开挖出来的，当开挖到设计标高时，路肩部分宜停止开挖，路面部分继续开挖直至路床顶面。开挖路床时，路床两侧与路肩连接处应开挖整齐，既要保证路面宽度又不要多挖，否则超挖部分摊铺的路面得不到计量与支付；开挖时应尽量使路槽的侧壁为垂直面，以减少麻烦或造成浪费。

土路肩填筑的压实度不小于设计值(重型击实)，应按照要求进行重型击实试验。填筑好的土路肩表面应平整密实，不积水，肩线直顺，曲线圆滑，无其他堆积物。

（二）硬路肩施工

硬路肩的设计标高常见的有两种情况：一种是硬路肩与车行道连接处标高一致，横坡与沥青混合料的种类也相同时，可将硬路肩视为行车道的展宽，摊铺混合料时可与行车道一起铺筑，硬路肩的质量要求同相同的路面结构；另一种是硬路肩的顶面标高低于相连的行车道，这种情况应先摊铺硬路肩部分，宽度应比要求的宽 5cm 左右，保证与行车道路面有一定的搭接，以免搭不上需人工找补。摊铺行车道表面层时，摊铺机靠硬路肩一侧的端部应使用45°的斜挡板，以减少碾压时边缘坍塌或发生较大的侧移，并尽量使边缘顺直、平齐。

第七章 桥梁工程上下结构施工

第一节 桥梁下部结构施工

一、桥梁墩台、基础及支座的类型与构造

桥梁墩台和基础是桥梁结构的重要组成部分，称为桥梁结构的下部结构，主要由墩台帽、墩台身和基础三部分组成。

（一）桥墩主要类型及构造

桥墩是指多跨（大于或等于三跨）桥梁的中间支承结构，是支撑桥跨结构和传递桥梁荷载的结构物。它承受上部结构自重及作用于其上的车辆、人群荷载作用，并将荷载传到地基上，且还承受流水压力、水面以上风力及可能出现的冰荷载、船只等漂浮物的撞击力。

桥墩按照建筑构造，可分为实体桥墩、空心桥墩、柱式桥墩等；按其受力特点，可分为刚性墩和柔性墩；按其截面形状，可分为矩形、圆形、圆端形、尖端形及各种组合形桥墩；按施工工艺，可分为就地浇筑墩或砌筑墩、预制安装墩等。

按构造和施工方法不同，桥梁基础类型可分为明挖基础、桩基础、沉井基础、沉箱基础和管柱基础等。这里主要介绍常见的实体桥墩、空心桥墩、柱式桥墩。

1.实体桥墩

实体桥墩是指由一个实体结构组成的桥墩。按其截面尺寸或刚度及重力的不同，实体桥墩又可分为重力式桥墩和实体轻型桥墩。

（1）重力式桥墩

重力式桥墩主要依靠自身重力来平衡外力，从而保证桥墩的稳定。它通常由圬工材料

修筑而成，具有刚度大、防撞能力强等优点，同时具有阻水面积大、自重大、对地基承载力要求高等缺点。该类型桥墩适用于荷载较大的大中型桥梁或流冰、漂浮物较多的河流，以及砂石料丰富的地区和基岩埋深较浅的地基。

（2）实体轻型桥墩

实体轻型桥墩可用浆砌块石、混凝土或钢筋混凝土等材料制成。其中实体钢筋混凝土薄壁墩最为典型，该桥墩与重力式桥墩相比圬工体积明显减少、自重较小、抗冲击能力较弱，不宜用于流速较大并夹有大量河沙的河流或可能有船只、冰等漂浮物撞击的河流中，多用于中小跨径的桥梁。

2.空心桥墩

空心桥墩有两种形式：一种为中心镂空桥墩，另一种为薄壁空心桥墩。

中心镂空桥墩是在重力式桥墩基础上镂空中心一定数量的圬工体积，能减少圬工数量，减轻桥墩自重，降低对地基承载力的要求，但镂空有一个前提，即必须保证桥墩强度和刚度足以承担和平衡外力，从而保证桥墩的稳定性。

薄壁空心桥墩是用强度高、墩身壁较薄的钢筋混凝土构筑而成的空格形桥墩。该类型桥墩的最大特点是大幅度减小了墩身圬工体积和墩身自重，减小了地基负荷，因此适用于软弱地基。

按壁厚，空心墩又可以分为厚壁和薄壁两种，一般用壁厚与墩身中间的直径比来区分，比值小于1/10的为薄壁。

3.柱式桥墩

柱式桥墩是目前公路桥梁中广泛采用的桥墩形式，特别是对于桥宽较大的城市桥或立交桥。该类型桥墩具有节约圬工材料、自重较小，且轻巧美观等特点。

柱式桥墩一般由盖梁、柱式墩身和基础上的承台组成，常用的有单柱式、双柱式、哑铃式和混合双柱式等形式。

盖梁是柱式桥墩的墩帽，一般用C20～C30的钢筋混凝土就地浇筑，也有采用预制安装的。盖梁的横截面形状一般为矩形。盖梁宽度根据上部结构的构造形式、支座间距和尺寸等确定；盖梁高度一般为梁宽的80%～120%；盖梁的长度应大于上部构造两边梁间的距离，并应满足上部构造安装时的要求；设置橡胶支座的桥墩应预留更换支座所需位置，即支座垫石的高度应保证端横隔板底与墩顶面之间能安置千斤顶的要求；盖梁悬臂高度不小于3cm。各截面尺寸与配筋需通过计算确定。墩柱一般采用直径为0.6～1.5m的圆柱或方形、六角形柱。墩柱配筋由计算确定，并应符合主体结构构造要求。

（二）桥台的主要类型及构造

桥台是设置在桥的两端，支承桥跨结构并与两岸接线路堤衔接的构造物。桥台既要承受桥梁边跨结构和桥台本身结构自重及作用在其上的车辆荷载的作用，并将荷载传到地基上，又要挡土护岸，还要承受台背填土及填土车辆荷载所产生的附加土侧压力。桥台类型按其形式划分主要有以下几种：重力式桥台、轻型桥台、框架式桥台、组合式桥台和承拉桥台。这里主要介绍常见的重力式桥台和轻型桥台。

1.重力式桥台

重力式桥台一般采用砌石、片石混凝土或混凝土等圬工材料就地砌筑或浇筑而成，主要依靠自重来平衡台后土压力，从而保证自身的稳定。重力式桥台依据桥梁跨径、桥台高度及地形条件的不同有多种形式，常用的类型有U形桥台、埋置式桥台等。

U形桥台，由台身（前墙、两侧翼墙）、台帽与基础组成，在平面上呈U形。台身支承桥跨结构并承受台后土压力。翼墙与台身连接成整体承受土压力并起到与路堤衔接的作用。U形桥台构造简单，基础底承压面大，应力较小，但圬工体积大，桥台内的填土容易积水，应注意防水、防止冻胀，以免桥台结构开裂。U形桥台适用于8m以上跨径的桥梁。

埋置式桥台，台身为圬工实体，台帽及耳墙采用钢筋混凝土。台身埋置于台前溜坡内，利用台前溜坡填土抵消部分台后填土压力，不需另设翼墙，仅由台帽两端的耳墙与路堤衔接。埋置式桥台圬工较省，但溜坡对河道有影响，因此仅适用于桥头为浅滩、溜坡受冲刷较小、填土高度在10m以下的中等跨径多跨桥梁。

2.轻型桥台

轻型桥台通常用圬工材料或钢筋混凝土砌筑。圬工轻型桥台只限于桥台高度较低的情况，而钢筋混凝土轻型桥台应用更为广泛。从结构形式上分，轻型桥台有薄壁轻型桥台和支撑梁型轻型桥台。薄壁轻型桥台常用的形式有悬臂式、扶壁式、撑墙式和箱式。其主要特点是利用钢筋混凝土结构的抗弯能力来减少圬工体积从而使桥台轻型化。相对而言，悬臂式桥台的柔性较大，钢筋用量较多，而撑墙式和箱式桥台刚度大，但施工时模板用量多。

对于单跨或少跨的小跨径桥，在条件许可的情况下，可在轻型桥台基础间设置3~5根支撑梁，成为支撑型桥台。支撑型桥台主要具有以下特点：

（1）利用上部结构及下部的支撑梁作为桥台的支撑，防止桥台向跨中移动或倾覆；

（2）整个构造物称为四铰刚构系统；

（3）除台身按上下铰接支承的简支竖梁承受水平土压力外，桥台还应作为弹性地基梁加以验算。

（三）支座的主要类型及构造

桥梁支座的作用是将桥跨结构上的恒载与活载反力传递到桥梁的墩台上去，同时保证桥跨结构所要求的位移与移动，以便使结构的实际受力情况与计算的理论图式相吻合。下面是几种常用的支座形式：

1.油毛毡或平板支座（石棉板或铅板支座）

标准跨径10m以内的钢筋混凝土梁（板）桥一般采用油毛毡或平板支座。油毛毡一般在墩台帽支承面上铺垫2～4层，厚约1cm，层间涂热沥青，使梁或板的端部支承在油毛毡垫层上。安设这类支座时，应先检查墩台支承面的平整度和横向坡度是否符合设计要求，否则应凿平整并用水泥砂浆抹平，再铺垫油毛毡、石棉垫板或钢板支座。梁（板）安装后支承面间不得有空隙。

2.橡胶支座

橡胶支座主要分为两类，即板式橡胶支座和盆式橡胶支座。

（1）板式橡胶支座

板式橡胶支座由数层薄橡胶片与刚性加劲材料联结而成。桥梁上常用的橡胶支座每层橡胶片厚5mm，橡胶片间嵌入2mm厚的薄钢板。由于钢板的加劲，阻止橡胶片的侧向膨胀，从而提高了橡胶片的抗压能力。

（2）盆式橡胶支座

盆式橡胶支座的橡胶板置于扁平的钢盆内，盆顶用钢盖盖住。在高压力作用下，其作用如液压千斤顶中的黏性液体，盆盖相当于千斤顶的活塞。由于活塞边缘与盆壁很好地密合，橡胶在盆内是不可能被压缩的，也不可能横向伸长，因此支座能承受相当大的压力。支座在均匀承受应力的情况下，可做微量转动，这就是盆式橡胶支座的工作性质。

盆式橡胶支座又分为固定支座与活动支座。活动支座由上支座板、不锈钢板、聚四氟乙烯滑板、圆钢盆、橡胶板、紧箍圈、防水圈和下支座组成。

3.钢支座

钢支座主要分为平板式支座和弧形钢板支座两类。

（1）平板式支座

平板式支座适用于跨径8～12m的桥梁。该种支座由上下两块平面钢板组成，钢板厚度略小于20mm，钢板间接触面应经过精细加工，活动端钢板间自由滑动，固定端在钢板间设有栓钉或镶有齿板。

（2）弧形钢板支座

弧形钢板支座适用于跨径20m和支承力不超过500～600kN的梁桥。该种支座由两大块厚度为40～50mm的钢垫板构成，上面一块为平板形，下面一块的顶面为圆弧形。用于活动支座时，垫板沿接触面滑动；用于固定支座时，则用穿钉或齿板固定上下两块垫板位置。为使支座能自由转动，穿钉顶端应制成圆弧形。

二、基础工程施工技术

桥梁墩台和基础的施工是桥梁工程施工中的一个重要组成部分。其施工质量的优劣不仅直接影响到桥梁上部结构的制作与安装质量，而且对桥梁的使用功能效果影响重大。因此，在施工过程中，勘测人员应对桥梁墩台准确定位，采用经过正规检验合格的建筑材料，并严格按施工规范执行，以确保工程质量。

（一）明挖扩大基础施工

扩大基础或明挖基础属直接基础，是将基础底板搭设在直接承载地基上，来自上部结构的荷载通过基础底板直接传递给地基。

扩大基础的施工方法通常采用明挖的方式。在开挖基坑前，应做好复核基坑中心线、方向和高程，并应按地质水文资料，结合现场情况，决定开挖坡度、支护方案及地面的防水、排水措施。如果地基土质较为坚实，开挖后能保持坑壁稳定，可不设置支撑，采取放坡开挖。实际工程由于土质关系、开挖深度、放坡受到用地或施工条件限制等因素影响，需采取各种加固坑壁措施，如挡板支撑、钢木结合支撑、混凝土护壁等。若开挖过程中有渗水，则需要在基坑四周挖边沟或集水，以利于排除积水。在水中开挖基坑时，通常需预先修筑临时性的挡水结构物（称为围堰），将基坑内的水排干，再开挖基坑。

基坑开挖至设计高程后，必须抓紧进行坑底土质鉴定、清理与整平工作，及时砌筑基础结构物。因此，明挖扩大基础施工的主要内容包括基础的定位放样、基坑开挖、基坑排水、基底检验与处理及基础圬工浇（砌）筑等。

1.基础的定位放样

基坑是指为建筑基础开挖的临时性坑。基坑属于临时性工程，其作用是提供一个空间，使基础的砌筑作业能按照设计所指定的位置进行。

在基坑开挖前，施工人员需要先进行基础的定位放样工作，以便正确地将设计图上的基础位置准确地设置到桥址上。放样工作根据桥梁中心线与墩台的纵横轴线，推出基础边线的定位点，再放线围出基坑的开挖范围。基坑底部的尺寸较设计的平面尺寸每边各增加0.5~1.0m的富余量，以便于支撑、排水与立模板。

2.基坑开挖

基坑大小应满足基础施工要求，对有渗水土质的基坑坑底开挖尺寸，需按基坑排水基础模板设计而定，一般基底尺寸应比设计平面尺寸各边增宽0.5~1.0m。基坑可采用垂直开挖、放坡开挖、支撑加固或其他加固的开挖方法，具体应根据地质条件、基坑深度、施工期限与经验，以及有无地表水或地下水等现场因素来确定。

（1）坑壁不加支撑的基坑

坑壁不加支撑的基坑，一般适用于以下两种情况：一是在干涸无水河滩、河沟中，或在有水经过但通过改河或筑堤能排除地表水的河沟中；二是在地下水水位低于基底，或渗透量少，不影响坑壁稳定，以及基础埋置不深，施工期较短，挖基坑时不影响邻近建筑物安全的施工场所。

垂直坑壁基坑，一般适用于以下三种情况：一是黏性土在半干硬或硬塑状态下，基坑顶缘无活荷载，稍松土质基坑深度不超过0.5m；二是中等密实（锹挖）土质基坑深度不超过1.25m；三是密实（镐挖）土质基坑深度不超过2.0m。

无水基，一般适用于以下两种情况：一是对于一般小桥涵的基础，基坑工程量不大，可用人力施工方法；二是大、中桥基础工程，基坑深，基坑平面尺寸较大，挖方量多，可用机械或半机械施工方法。

除此以外，基坑深度在5m以内，土的湿度正常时，采用斜坡坑壁开挖，或按坡度比值挖成阶梯形坑壁，每梯高度为0.5～1.0m为宜，可作为人工运土出坑的台阶。基坑深度大于5m时，坑壁坡度可适当放缓，或加做平台。土的湿度影响坑壁的稳定性时，应采用该湿度下土的天然坡度或采取加固坑壁的措施。当基坑的上层土质适合敞口斜坡坑壁，下层土质为密实黏性土或岩石时，可用垂直坑壁开挖，在坑壁坡度变换处，应至少保留为0.5m的平台。

基坑施工过程中应注意以下几点：

第一，在基坑顶缘四周适当距离处设置截水沟，防止水沟渗水，以免地表水冲刷坑壁，影响坑壁稳定性。

第二，坑壁边缘应留有护道，静荷载距坑边缘不小于0.5m，动荷载距坑边缘不小于1.0m；垂直坑壁边缘的护道还应适当增宽；水文地质条件欠佳时应有加固措施。

第三，应经常注意观察坑边缘顶面上有无裂缝，坑壁有无松散塌落现象发生，以确保安全施工。

第四，基坑施工从开挖至基础完成，不可延续时间过长，应抓紧时间连续施工。

第五，如用机械开挖基坑，挖至坑底时，应保留不小于300m厚度的底层，在基础浇筑圬工前，用人工挖至基底高程。

第六，基坑应尽量在少雨季节施工。

第七，基坑宜用原土及时回填，对桥台及有河床铺砌的桥墩基坑，则应分层夯实。

（2）坑壁有支撑的基坑

当基坑壁坡不易稳定并有地下水渗入，或放坡开挖场地受到限制，或基坑较深、放坡开挖工程量较大，不符合技术经济要求时，可视具体情况，采取以下加固坑壁措施，如挡板支撑、钢木结合支撑、混凝土护壁及锚杆支护等。

坑壁有支撑的施工，按土质情况不同，可一次挖成或分段开挖，每次开挖深度不宜超过2m。

混凝土护壁适用于除流沙及呈流塑状态的黏土外的各类土的开挖防护，对直径较大、基坑较深的圆形或椭圆形土质基坑更宜采用。

3.基坑排水

基坑坑底一般多位于地下水水位以下，地下水会经常渗进坑内，因此必须设法把坑内的水排除，以便施工。想要排除坑内渗水，首先要估算渗水量，方能选用适合的排水设备。施工前为了估计基坑抽水设备能力，施工单位应先计算基坑的渗水量。计算可参照现有的经验公式，其中土的渗透系数是计算渗水量是否准确的关键。桥梁基础施工中常用的基坑排水方法有集水坑排水法和井点排水法。

（1）集水坑排水法

除严重流沙外，集水坑排水法一般适用于排水沟底宽不小于0.3m，纵坡坡度为1%～5%，如排水时间较长或土质较差时，沟壁可用木板或荆篱支撑防护。集水坑一般设在下游位置，坑深应大于进水笼头高度，并用荆笆、竹篾、编筐或木笼围护，防止泥沙阻塞吸水笼头。

（2）井点排水法

当土质较差有严重流沙现象，地下水水位较高，挖基较深，坑壁不易稳定，用普通排水方法难以解决时，可采用井点排水法，降水深度一般可达4～6m，二级井点可达6～9m，超过9m应选用喷射井点或深井点法。具体可视土层的渗透系数、要求降低地下水水位的深度及工程特点等，选择适宜的井点排水法和所需设备。用井点排水法降低土层中的地下水水位时，应该遵守以下原则：

第一，应尽可能将滤水管埋设在透水性较好的土层中，并应在水位降低的范围内，设置水位观测孔。

第二，整个井点系统应加强维修和检查，保证能不间断地进行抽水。

第三，应考虑到水位降低区域构筑物受其影响而可能产生的沉降。为此要做好沉降观测，必要时应采取防护措施。

第四，井点排水法因需要设备较多，施工布置较复杂，费用较多，应进行技术经济比较后再考虑是否采用。

4.基底检验与处理

（1）基底检验

基础是隐蔽工程。基坑施工是否符合设计要求，在基础浇筑前应按规定进行检验，需要遵守以下原则：

第一，基坑开挖并处理完毕，首先应由施工人员自检并报请检验，确认合格后填写地基检验表。

第二，经检验签证的地基检验表由施工单位保存作为竣工交验资料。

第三，未经签证，不得砌筑基础。检验的目的在于确定地基容许承载力的大小、基坑位置与高程是否与设计文件相符，以确保基础的强度和稳定性，不至于发生滑移等病害。

基底检验的主要内容应包括以下方面：

第一，检查基底平面位置、尺寸大小，基底高程。

第二，检查基底土质的均匀性、地基稳定性及承载力等。

第三，检查基底处理和排水情况，检查施工日志及有关试验资料等。

基底检验根据桥涵大小、地基土质复杂情况（如溶洞、断层、软弱夹层、易熔岩等）及结构来决定对地基有无特殊要求等，按以下方法进行：

第一，小桥涵的地基：一般采用直观或触探方法，必要时进行土质试验。特殊设计的小桥涵对地基沉降有严格要求，且土质不良时，宜进行荷载试验。对经加固处理后的特殊地基，一般采用触探或进行密实度检验等。

第二，大、中桥和填土12m以上涵洞的地基，一般由检验人员用直观、触探、挖试坑或钻探（钻深至少4m）试验等方法，确定土质容许承载力是否符合设计要求。对地质特别复杂，或在设计文件中有特殊要求，或虽经加固处理又经触探、密实度检验后尚有疑问的，需进行荷载试验，确认符合设计要求后，方可进行基础结构物施工。

（2）基底处理

天然地基上的基础是直接靠基底土壤来承担荷载的，故基底土壤状态的好坏，对基础及墩台、上部结构的影响极大，不能仅检查土壤名称与容许承载力大小，还应为土壤更有效地承担荷载创造条件，即要进行基底处理工作。

软土及软弱地基为沉积的软弱饱和黏土层，承压力小、沉降量大，进行处理时，可根据软土层的厚度及其力学性质、承载力大小、施工期限、施工机具和材料供应等因素，因地制宜、就地取材，采取换填土、沙砾垫层、袋装砂井、排水塑料板桩、生石灰桩、真空预压及粉体喷射搅拌法等处理方法。

5.基础坞工浇（砌）筑

明挖基坑中的基础施工，有的基坑渗漏不严重，易于排水施工；有的渗漏严重，不易将水排干。为了方便施工和保证施工质量，施工单位应尽可能地使基底在干燥的情况下再浇砌基础。通常的基础施工可分为无水砌筑、排水砌筑及水下灌注三种情况。基础结构物的用料应在挖基完成前准备好，保证及时浇砌基础，避免基底土质变差。

排水砌筑施工主要包括四个要点：一是确保在无水状态下砌筑坞工；二是禁止带水作业及用混凝土将水赶出模板外的灌注方法；三是基础边缘部分应严密隔水，四是水下部分坞工必须待水泥砂浆或混凝土终凝后才允许浸水。

水下灌注混凝土一般只在排水困难时采用。基础圬工的水下灌注分为水下封底和水下直接灌注基础两种。前者封底后仍要排水再铺筑基础，封底只起封闭渗水的作用，其混凝土只作为地基而不作为基础本身。

浇筑基础时，施工单位应做好与台身、墩身的接缝连接，一般要求如下：

（1）混凝土基础与混凝土墩台身的接缝，周边应预埋直径不小于16mm的钢筋或其他铁件，埋入与露出的长度不应小于钢筋直径的30倍，间距不大于钢筋直径的20倍。

（2）混凝土或浆砌片石基础与浆砌片石墩台身的接缝，应预埋片石作榫，片石厚度不应小于15cm，片石的强度要求不低于基础或墩台身混凝土或砌体的强度。

（3）施工后的基础平面尺寸，其前后、左右边缘与设计尺寸的容许误差在±500mm之内。

（二）桩基础施工

当地基浅层土质较差，持力层土埋藏较深，需要采用深基础才能满足结构物对地基强度、变形和稳定性的要求时，可用桩基础。桩基础是常用的桥梁基础类型之一。

基桩按材料分类有木桩、钢筋混凝土桩、预应力混凝土桩与钢桩，桥梁基础上应用较多的是中间两种；按制作方法分为预制桩和钻（挖）孔灌注桩；按施工方法分为锤击沉桩、振动沉桩、射水沉桩、静力压桩、就地灌注桩与钻孔埋置桩等，前四种又统称为沉入桩。施工单位应该依据地质条件、设计荷载、施工设备、工期限制及对附近建筑物产生的影响等来选择桩基的施工方法。

1.沉入桩基础

沉入桩所用的基桩主要为预制的钢筋混凝土桩和预应力混凝土桩。断面形式常用的有实心方桩和空心管桩两种。

制作钢筋混凝土桩和预应力混凝土桩所用技术应按《公路桥涵施工技术规范》办理，此外还应注意以下事项：一是钢筋混凝土桩内的纵向主钢筋如需接头时，应采用对焊接头。二是螺旋筋或箍筋必须箍紧主筋，与主筋交接处应用点焊焊接或用铁丝扎结牢固。三是预应力混凝土的纵向主筋采用冷拉钢筋且需焊接时，应在冷拉前采用闪光接触对焊焊接。四是桩长用法兰盘连接时，法兰盘应对准位置焊接在钢筋或预应力钢筋上。对先张法预应力混凝土桩，法兰盘应先焊接在力筋上，然后进行张拉。五是混凝土应由桩顶向桩尖方向连续灌注，不得中断。六是桩的钢筋骨架（包括预应力钢筋骨架）允许偏差应符合规范。七是钢筋混凝土桩的预制要点：制桩场地的整平与夯实、制模与立模、钢筋骨架的制作与吊放、混凝土的浇筑与养护。八是预制桩在起吊与堆放时，较多采用两个支点。较长的桩也可用3~4个支点。支点位置一般应按各支点处最大负弯矩与支点间桩身最大正弯矩相等的条件来确定。堆放场地应靠近沉桩现场，场地平整坚实，并备有防水措施，以免场地出现湿陷或不均匀沉陷的现象。当预制桩长度不足时，需要接桩。常用的接桩方法有法兰盘连接、钢板连接及硫黄胶泥（砂浆）连接等。九是沉桩前应处理空中和地面上下的障碍物，平整场地或搭设支架、平台，做好准备工作。

沉入桩的施工方法主要有锤击沉桩、射水沉桩、振动沉桩及静力压桩等。

（1）锤击沉桩

锤击沉桩一般适用于中密砂类土、黏性土。由于锤击沉桩依靠桩锤的冲击能量将桩打入土中，因此，一般桩径不能太大，入土深度在400m左右，否则对沉桩设备要求较高。沉桩设备是桩基施工成败的关键，应根据土质，工程量，桩的种类、规格、尺寸，施工期限，现场水电供应等条件选择。

（2）射水沉桩

射水施工方法的选择原则如下：

第一，应视土质情况而异，在砂夹卵石层或坚硬土层中，一般以射水为主，锤击或振动为辅。

第二，在亚黏土或黏土中，为减小承载力的降低值，一般以锤击或振动为主，以射水为辅，并应适当控制射水时间和水量。

第三，下沉空心桩，一般用单管内射水。当下沉较深或土层较密实时，可用锤击或振动，配合射水，下沉实心桩，将射水管对称地装在桩的两侧，并能沿着桩身上下自由移动，以便在任何高度上射水冲土。必须注意，不论采取何种射水施工方法，在沉入最后阶段至设计高程1～1.5m时，应停止射水，单用锤击或振动沉入设计深度。

第四，对湿陷性黄土地层，除设计有特殊规定外，不宜采用射水沉桩。

第五，预制的钢筋混凝土桩或预应力混凝土桩以射水配合沉桩时，宜用较低落距锤击，避免因射水后，桩尖支承力不足，桩身产生超过允许的拉应力。

（3）振动沉桩

振动沉桩适用于沙质土、硬塑及软塑的黏性土和中密及较松散的碎、卵石类土。对于软塑料黏土及饱和沙质土，当基桩入土深度小于15m时，可只用振动沉桩机。此外，宜采用射水配合沉桩。在选择沉桩机（锤）时，应该遵守以下原则：

第一，应验算振动上拔力对桩身结构的影响。

第二，应注意确保振动沉桩机、机座、桩帽连接可靠，沉桩和桩中心轴线尽量保持在同一直线上。

第三，每一根桩的沉桩作业应一次完成，不可中途停顿，以免土层的摩阻力恢复，增加下沉困难。

第四，振动沉桩停振控制标准，应以通过试桩验证的桩尖高程控制为主，以最终贯入度或可靠的振动承载力公式计算的承载力作为校核。

（4）静力压桩

静力压桩是采用静压力将桩压入土中，即以压桩机的自重克服沉桩过程中的阻力，适用于高压缩性黏土或砂性较轻的亚黏土层。沉桩速度视土质状况而异。同一地区、相同截面尺寸与沉入深度的桩，其极限承载能力与锤击沉桩大体相同。静力压桩的准备工作包括：

第一，根据地质钻探、静力触探或试桩资料估算压桩阻力。

第二，选用压桩设备，但应注意使设计承载力大于压桩阻力的40%。

第三，压桩施工用辅助设备及测量仪器的检查校定等。

第四，压桩作业开始后，应尽可能连续施工，减少停顿次数和时间，以免产生过大的启动阻力。

第五，桩尖接近设计高程时，应严格控制压桩进程。

第六，当遇到插桩初压，即桩尖有较大走位和倾斜，或沉桩过程中桩身倾斜或下沉速度加快，以及压桩阻力突然剧增或压桩设备倾斜等情况时，应暂停施压，分析原因，及时处理。

2.钻孔灌注混凝土桩基础

（1）钻孔灌注桩的特点

钻孔灌注桩的桩长可以根据持力土层的起伏面变化，并按使用期间可能出现的最不利内力组合配置钢筋，钢筋用量较少，便利施工，故应用较为普遍。

（2）钻孔方法和机具设备

钻孔灌注桩的关键是钻孔。钻孔的方法可归纳为三种类型，即冲击法、冲抓法与旋转法。冲击法是用冲击钻机或卷扬机带动冲锥，借助锥头自重下落产生的冲击力反复冲击破碎土石或把土石挤入孔壁中，用泥浆浮起钻渣，或用抽渣筒或空气吸泥机排出钻渣而形成钻孔。冲抓法是用冲抓锥靠自重产生冲击力切入土层或破碎土层，叶瓣抓土、弃土以形成钻孔。旋转法是用人力或钻机，通过钻杆带动锥或钻头旋转切削土壤，用泥浆浮起排出钻渣形成钻孔。每种方法又因动力与设备功能的不同，而分为多种。

（3）钻孔灌注桩的施工工艺流程

钻孔灌注桩施工因成孔方法的不同和现场情况各异，施工工艺流程不会完全相同。在施工前，要安排好施工计划，编制具体的工艺流程图，作为安排各工序施工操作和进度的依据。

当有几个桩位同时施工时，要注意相互配合，避免干扰与冲突，并尽可能地做到均衡使用机具与劳动力，既要抓紧新钻孔的施工，也要做好已成桩的养护和质量检验工作。

钻孔灌注桩施工必须由有经验的施工人员主持，并掌握场地的地质与水文地质情况，保证钻孔设备完好，施工记录完善。

钻孔灌注桩施工的主要工序是埋设护筒→制备泥浆→钻孔→清底→钢筋笼制作与吊装→灌注水下混凝土等。

三、墩台工程施工技术

（一）砌筑墩台施工

石砌墩台具有可就地取材和经久耐用的优点，在石料丰富的地区且施工期限允许的情况下可优先考虑砌墩台以节约水泥。

1.石料、砂浆与脚手架

石砌墩台是由片石、块石及粗料石以水泥砂浆砌筑的。石料与砂浆的规格要符合有关规定。浆砌片石一般适用于高度小于6m的墩台身、基础、镶面，以及各式墩台填腹；浆砌粗料石则用于磨耗及冲击严重的分水体及破冰体的镶面工程，以及有整齐美观要求的桥墩台身等。

将石料吊运并安砌到正确位置是砌石工程中比较困难的工序。当质量轻或距地面不高时，可用简单的马镫跳板直接运送；当质量较重或距地面较高时，可采用固定式动臂吊机或桅杆式吊机或井式吊机，将材料运到墩台上，然后再分运到安砌地点。用于砌石的脚手架应环绕墩台搭设用以堆放材料，并方便支撑施工人员砌筑镶面定位行列及勾缝。脚手架常用固定式轻型脚手架（适用于6m以下的墩台）、简易活动脚手架（适用于25m以下的墩台）及悬吊式脚手架（用于较高墩台）。

2.墩台砌筑施工要点

（1）墩台放样

在砌筑前应按设计图放出式样，挂线砌筑。砌筑基础的第一层砌块时，如基底为土质，只在已砌石块的侧面铺上砂浆即可，不需坐浆；如基底为石质，应将其表面清洗、润湿后砌石。砌筑斜面墩台时，斜面应逐层放坡，保证规定的坡度。砌块间用砂浆黏结并保持一定的缝厚，所有砌缝要求砂浆饱满。形状比较复杂的工程，应先做出配料设计图，注明块石尺寸；形状比较简单的，也要根据砌体高度、尺寸、错缝等，先行放样配好料石再砌。

（2）砌筑方法

同一层石料及水平灰缝的厚度要均匀一致，每层按水平砌筑，工顺相间，砌石灰缝互相垂直。砌石顺序为先角石，再镶面，后填腹。填腹石的分层厚度应与镶面相同；圆端、尖端及转角形砌体的砌石顺序，应自顶点开，工顺排列接砌镶石面。圆端形桥墩的圆端顶点不得有垂直灰缝，砌石应从顶端开始先砌石块，然后应工顺相间排列，安砌四周镶面石；尖端桥墩的尖端及转角处不得有垂直灰缝，砌石应从两端开始，先砌石块，再砌侧面转角，最后安砌四周的镶面石。

（3）砌体质量要求

第一，砌体所有材料类别、规格及质量符合要求。

第二，砌缝砂浆或小石子混凝土铺填饱满，强度符合要求。

第三，砌缝宽度、错缝距离符合规定，勾缝坚固、整齐，深度和形式符合要求。

第四，砌筑方法正确。

第五，砌体位置、尺寸不允许偏差。

（二）现浇墩台施工

现浇混凝土施工有两个主要工序：制作与安装墩台模板、墩台混凝土浇筑。

1.制作与安装墩台模板

（1）模板的基本要求

模板是使钢筋混凝土墩台按设计所要求的尺寸成型的模型板，一般用木材或钢材制成。木模板质量轻，便于加工成墩台所需的尺寸和形状，但较易损坏，使用次数少。大量或定型的混凝土结构物多采用钢模板。钢模板造价较高，但装拆方便，且可重复使用多次。

模板的设计与施工应符合《公路桥涵施工技术规范》的规定。钢筋混凝土对模板的基本要求与预制混凝土受压构件相同，其轮廓尺寸的准确性由制模和立模来保证。墩台模板形式复杂、数量多、消耗大，对桥梁工程的质量、进度、经济技术的可靠性均有直接影响。因此，模板应能保证墩台的设计尺寸；有足够的可靠度承受各种荷载并保证受力后不变形，结构应简单、制造方便、拆装容易。

（2）常用模板类型

拼装式模板：各种尺寸的标准模板利用销钉连接，并与拉杆、加劲构件等组成墩台所需形状的模板。拼装式模板在厂内加工制造，板面平整、尺寸准确、体积小、质量轻、拆装快速、运输方便，应用广泛。

整体式吊装模板：将墩台模板水平分成若干段，每段模板组成一个整体，在地面拼装后吊装就位，分段高度可视起吊能力而定。优点是安装时间短、无须施工接缝、施工进度快、质量高、拆装方便、对建造较高的桥墩较为经济。

组合型钢模板：以各种长度、宽度及转角标准构件，用定型的连接件将钢模拼成模板，有体积小、质量轻、拆装简单、运输方便、接缝紧密的优点，适用于地面拼装，整体吊装的结构上。

滑动钢模板：适用于各种类型的桥墩。各种模板在工程上的应用，可根据墩高、墩台形式、设备、期限等条件合理选用。

（3）模板制作与安装的技术标准

第一，模板安装前应对模板尺寸进行检查。

第二，安装时要坚实牢固，以免振捣混凝土时引起跑模漏浆。

第三，安装位置要符合结构设计要求。

2.墩台混凝土浇筑

墩台混凝土浇筑的质量控制要点包括：

（1）墩台混凝土施工前应将基础顶面冲洗干净，凿除表面浮浆，整修连接钢筋。

（2）浇筑混凝土过程中，应经常检查模板、钢筋、预埋件的位置和保护层的尺寸以确保不发生变形。

（3）施工过程中应确保混凝土的各项技术性能指标满足规范要求，材料选用低流动度的或半硬性的混凝土拌和料，分层分段对称灌注，并应同时灌完一层。

（4）灌注过程要连续，以保证施工质量。

（5）墩台中钢筋的绑扎应和混凝土的浇筑配合进行。在配置第一层垂直钢筋时应有不同的长度，同一断面的钢筋接头应符合规范，水平钢筋的接头也应内外、上下互相错开。

（三）墩台帽施工

墩台帽是用来支撑桥跨结构的，其位置、高程及垫石表面的平整度等，均应符合设计要求，以免桥跨结构安装困难，使顶帽、垫石等出现破裂或裂缝，影响墩台的正常使用功能和耐久性。墩台帽的主要施工顺序如下：

1.墩台帽放样

墩台混凝土（或砌石）灌注至墩台帽底下30~50cm处高度时，即需测出墩台纵横中心线，并开始竖立墩台帽模板，安装锚栓孔或安装预埋支座垫板、绑扎钢筋等。台帽放样时，应注意不要以基础中心线作为台帽背墙线，浇筑前应反复核实，以确保墩台帽中心，支座垫石等位置方向与水平高程等不出差错。

2.墩台帽模板安装

墩台帽是支撑上部结构的重要部分，其尺寸位置和水平高程的准确度要求较严，浇筑混凝土应从墩台帽下30~50cm处至墩台帽顶面一次浇筑，以保证墩台帽底有足够厚度的紧密混凝土。混凝土桥墩墩帽模板下面的一根拉杆可以利用墩帽下层的分布钢筋，以节省铁件。台帽背墙模板应特别注意纵向支撑或拉条的刚度，防止浇筑混凝土时发生鼓肚，侵占梁端空隙。

3.钢筋和支座垫板的安设

墩台帽上支座垫板的安设一般采用预埋支座垫板和预留锚栓孔的方法。

预埋支座垫板需在绑扎墩台帽和支座垫石钢筋时将焊有锚固钢筋的钢垫板安设在支座的准确位置上，即将锚固钢筋和墩台帽骨架钢筋焊接固定，同时用木架将钢垫板固定在墩台帽模板上。此法在施工时垫板位置不易准确，应经常校正。

预留锚栓孔需在安装墩台帽模板时，安装好预留孔模板，在绑扎钢筋时注意将锚栓孔位置留出。此法安装支座施工方便，支座垫板位置准确。

第二节　桥梁上部结构施工

桥梁的上部结构是桥梁的主体，也是桥梁的直接承载结构。桥梁上部结构的施工质量对整个桥梁的安全性、稳定性及美观性起着至关重要的作用，也直接影响工程建设成本和施工周期。因此，需要切实重视桥梁上部结构的施工管理及质量控制，充分保证桥梁使用功能的充分发挥。

桥梁上部结构的施工方法多样，且其施工方法将直接影响桥梁的受力情况。在确定桥梁上部结构施工方法时，施工单位应根据梁桥的设计要求、施工现场、环境设备、经验等各种因素综合分析考虑，合理选择最佳的施工方法。

一、装配式梁桥施工

装配式梁桥施工，又称预制安装法，是指桥梁的桥跨结构在非桥址的位置提前集中预制生产，待桥梁下部结构施工完成并满足施工要求后，采用运梁机械将梁体运输至桥址位置，并采用起重吊装机械将梁体安放至设计位置的一种施工方法。

装配式梁桥施工可分为预制整孔式安装和预制节段式块件拼装两种。预制整孔式安装主要是指装配式的简支梁桥或先简支后连续梁桥，如空心板梁、T形梁及中小跨径的箱梁等的安装，是先将板梁吊装就位，而后进行横向连接或施工桥面板而使之成为桥梁整体。预制节段式块件拼装是指梁体（一般为箱梁）沿桥轴向分段预制成节段或节式块件，运到现场进行拼装（悬臂拼装），连续梁、T构、连续刚构和斜拉桥多运用这种方法进行施工。

一般来说，用预制安装法施工的装配式梁桥与就地浇筑的整体式梁桥相比，有如下特点：一是可以缩短施工工期。构件预制可以提早进行，在下部结构施工的同时进行预制工作，做到上、下部结构平行施工。二是可以节约支架、模板。装配式梁桥往往采用无支架或少支架施工。另外，构件在预制场或工厂内预制时，采用的模板和支架能做到尽量简便合理，并尽可能更多地考虑重复使用周期。三是提高工程质量。装配式梁桥构件在预制过程中较易做到标准化和机械化，特别适合50m跨径以下的套用标准图设计的简支梁桥的施工，可以大大提高经济效益。四是需要吊装设备。主要预制构件的自重，少则几吨或十几吨，一般为几十吨，这就要求施工单位有相应的吊装能力和设备。

公路工程中的梁桥大都是预应力混凝土结构，因此下面仅介绍预应力混凝土梁板的施工方法：

（一）先张法梁板预制

在我国，30m以下跨径多采用先张法，预应力钢束采用直线布置，且主要用于小跨径预应力混凝土空心板梁中。随着弯曲器的应用，在先张法预制梁板中也出现了折线形预应力筋的配置情况。

先张法的制梁工艺是在浇筑混凝土前张拉预应力筋，将其临时锚固在张拉台座上，然后立模浇筑混凝土，待混凝土达到规定的强度时，逐渐将预应力筋放松，这样就因预应力筋的弹性回缩通过其与混凝土之间的黏结作用，使混凝土获得预压应力。

1.预制台座建造

台座是先张法施加预应力的主要设备之一，它承受预应力筋在构件制作时的全部张拉力。张拉台座必须在受力后不倾覆、不移动、不变形。

（1）台座的类型

墩式台座是先张法预应力构件应用最为广泛的一种台座形式。墩式台座靠自重和墩后的被动土压力来平衡张拉力所产生的倾覆力矩，并靠台座与其基底土壤间的摩阻力和反力抵抗水平滑移。在地质情况良好、台座张拉线较长的情况下，采用墩式台座可节约大量混凝土。

基桩式台座主要由基桩、横梁和台面等组成，主要用桩的抗水平承载力来抵抗拉力。

压杆式台座，也称为框架式台座，主要由压杆、横梁、台面组成。它既可以承受钢筋张拉时的反力，又可以作为构件采用蒸汽养护的养生槽。压杆主要承受预应力张拉时的反力，一般用钢筋混凝土整浇而成。对于公路工程施工，由于预制场是临时性的，所以最好采用装配式的压杆，装配式的压杆可用钢管、钢箱等制成。这样便于拆除运输和重复使用，也便于按照地形条件、构件长度和工艺要求而改变台座长度。

在实际施工过程中，施工单位应该根据工程结构、工程环境及工期要求进行合理选择，不拘泥于常规的台座形式，并在满足台座强度、刚度、稳定的前提下创新设计其他轻型结构，如薄壁轻型、组合型等。

（2）台座构造

底板作为预制构件的底模，要求平整、光滑。一般采用在夯实平整的土基上浇筑5～8cm厚的C15～C20素混凝土，每隔10～20m留伸缩缝。

承力架，也称为支撑架，是台座的主要受力结构。它要求承受全部张拉力，制造时要保证承力架变形小，经济、安全、便于操作。承力架形式很多，如框架式、墩式等。

横梁是将预应力筋的张拉力传给承力架的横向构件，常用型钢或钢筋混凝土制作。其断面尺寸由横梁的跨径、张拉力的大小决定，并应保证刚度和稳定的要求，受力后挠度应不大于2mm。

定位板用来固定预应力筋，一般用钢板制成，连接在横梁上。它必须保证承受张拉力后，具有足够的强度和刚度。孔的位置根据梁体预应力筋的位置设置，孔径比预应力筋大2～4mm，以便穿筋。

固定端装置用于固定力筋位置并在梁预制后放松力筋，它设在非张拉端，仅用于一段张拉的先张台座。

2.预应力筋安装

预应力筋（钢绞线）按计算长度切割，在失效段套上塑料管，放在台座上，线两端穿过定位钢板。卡上锚具，用液压千斤顶单束张拉，先张拉中间束，再向两边对称张拉。

3.预应力钢筋张拉

（1）确定张拉方法

先张法通常采用一端张拉，另一端在张拉前要设置好固定装置或安放好预应力筋的放松装置，但也有采用两端张拉的方法。

先张法张拉预应力筋，分单根张拉和多根张拉，以及单向张拉和双向张拉。单根张拉设备比较简单、吨位要求小，但张拉速度慢，张拉顺序不应使台座承受过大的偏心力。多根张拉一般需有两个大吨位千斤顶，张拉速度快。数根预应力筋同时张拉时，必须使它们的初始长度一致，张拉后每根预应力筋的应力均匀。因此，施工单位可在预应力筋一端选用螺丝杆锚具和横梁、千斤顶组成张拉端，另一端选用墩粗夹具为固定端，这样可以利用螺丝端杆的螺母调整各根力筋的初始长度。如果预应力筋直径较小，在保证每根预应力筋下料长度精确的情况下，可两端采用墩粗夹具。

（2）张拉设备的选用

桥梁工程中通常采用液压拉伸机作为预应力的张拉设备，它由千斤顶和配套的高压油泵、压力表及外接油管组成。施工时，施工单位必须根据构件特点、张拉锚固工艺情况及预应力筋的规格和根数等情况选用张拉设备，一般主要选择适宜的张拉吨位及压力表。

（3）张拉设备的标定

实际中千斤顶的油缸与活塞有摩阻力存在，千斤顶和油压表在使用前必须通过标准压力计进行标定。根据标定数据，可采用一元线性回归分析法与直线插值法计算油压表读数，用以控制张拉力。张拉用的千斤顶、油压表、油泵应配套标定、配套使用，标定应在国家授权的法定计量技术机构定期进行。标定时，千斤顶活塞的运行方向应与实际张拉工作状态一致。

（4）张拉操作注意事项

张拉前，应先安装定位板，检查定位板的力筋孔位置和孔径大小是否符合设计要求，然后将定位板固定在横梁上。检查预应力钢筋数量、位置，张拉设备和锚具后，方可进行张拉。

4.混凝土浇筑

浇筑前，施工人员应会同监理工程师对模板、钢筋及预埋件位置进行检查。

（1）混凝土的浇筑速度

为了保证浇筑混凝土的整体性，防止在浇筑上层混凝土时破坏下层混凝土，浇筑层次的增加须有一定的速度，须使次一层的浇筑能在先浇筑的一层混凝土初凝以前完成。

（2）混凝土的浇筑顺序

考虑主梁混凝土的浇筑顺序时，不应使模板和支架产生不利的下沉。为了使混凝土振捣密实，应采用相应的分层浇筑。当在斜面或曲面上浇筑混凝土时，一般应从低处开始。

5.混凝土养护

混凝土浇筑完成后应及时进行养护。在养护期间，应使混凝土保持湿润、防止雨淋、日晒、受冻及受荷载的震动、冲击，以促使混凝土硬化，并在获得强度的同时，防止混凝土干缩引起的裂缝。为此，具体应该遵守以下原则：

（1）对于混凝土外露面，在表面收浆、凝固后，即用草帘等物覆盖，并应经常在覆盖物上洒水（或用水喷淋）养护。

（2）洒水养护时间一般不少于7d，可根据空气的湿度、温度和水泥品种及掺用的外加剂等情况，酌情延长或缩短。

（3）当日平均气温低于5℃，或日最低气温低于-3℃时，应按冬季施工要求进行养护。

6.预应力放张

当混凝土达到设计规定的放张强度后（设计无规定时，一般应在大于混凝土设计强度等级值的80%、弹性模量不低于混凝土28d弹性模量的80%），可在台座上放张受拉的预应力筋（称为放张），对预制梁施加预应力。预应力放张通常采用砂箱放张法、千斤顶直接放张法、千斤顶再张拉放张法和氧气-乙炔切割法进行。

7.梁板的移运及存放

梁板移运时，混凝土强度应不低于设计强度的80%。梁板移运时的吊点位置应按设计文件的规定设置。如设计无规定时，梁、板、构件的吊点应根据计算决定，构件的吊环应顺直。吊绳与起吊构件的交角小于60°时，应设置吊架或扁担，尽可能使吊环垂直受力。根据吊具的不同，必须采取不同的梁体保护装置。

梁、板、构件移运和堆放的支承位置应与吊点位置一致，并应支承牢固，避免损伤构件。在顶起各种构件时，应随时设置好保险垛。

吊移板式构件时，不得吊错上、下面，以免折断。构件运输时，应有特制的固定架以稳定构件。小构件宜顺宽度方向侧立放置，并注意防止倾倒；如果平放，两端吊点处必须设置支撑方木。

（二）后张法梁板预制

后张法施工工艺是先浇筑留有预应力孔道的梁体，待混凝土达到规定强度后，再在预留孔道内穿入预应力筋进行张拉锚固（后穿入预应力筋困难时，可在浇筑混凝土之前穿入），最后进行孔道压浆并浇筑梁端封头混凝土。

后张法生产预应力混凝土梁，不需要大型的张拉台座，便于桥梁工地现场施工，而且适宜于配置曲线预应力筋的重、大型构件制作，因此在公路桥梁上应用广泛。后张法预制梁板施工中，普通钢筋制作与安装、模板支架的制作与安装、混凝土的浇筑及养护工序与普通钢筋混凝土梁板施工中的相关工序及要求类型相同。

1.孔道预留

梁体内预留孔道的生产主要有两种方式：埋置式和抽拔式。埋置式制孔主要采用金属波纹管和塑料波纹管。抽拔式制孔（俗称抽拔管）常用的有橡胶抽拔管、金属伸缩抽拔管和钢管等。

抽拔橡胶管制孔是按设计位置将抽拔橡胶管固定在钢筋骨架中，待混凝土抗压强度达到4~8MPa时（混凝土初凝后，终凝前），将橡胶管拔出以形成孔道。这种制孔的方式比较经济，管道内压注的水泥浆与构件混凝土结合较好。但缺点是不易形成多向弯曲形状复杂的管道，且需要控制好抽拔的时间点。

预埋波纹管是在浇筑混凝土前，将波纹管按预应力钢筋设计位置绑扎于箍筋焊连的钢筋托架上，再浇筑混凝土，结硬后即可形成穿束的孔道。金属波纹管是用薄钢带经卷管机压波后卷成，其重量轻，纵向弯曲性能好，径向刚度较大，连接方便，与混凝土连接良好，与预应力钢筋的摩阻系数也小，是后张法预应力混凝土构件中一种较理想的制孔方式。

2.预应力筋的张拉

（1）张拉前的准备工作

预应力筋张拉前必须对千斤顶和油压表进行校验，计算与张拉吨位相应的油压表读数和钢绞线伸长量，确定张拉顺序和清孔、穿束等，并完成制锚工作。

（2）张拉程序

后张法预制梁，当跨径或长度大于或等于25m时，宜采用两端同时张拉的工艺。只有短构件可用单端张拉，非张拉端用固定锚具。在进行张拉时，施工单位应遵守以下原则：

第一，当梁体混凝土强度达到设计强度的75%以上时，才可进行穿束张拉。

第二，穿筋工作一般采取直接穿筋，较长的钢筋可借助钢丝作为引线，用卷扬机进行穿筋。

第三，预应力筋张拉端的设置应符合设计要求，当设计无具体要求时，曲线预应力筋和长度大于25m的直线预应力筋，应采用两端对称张拉。

第四，长度等于或小于25m的直线预应力筋，可在一端张拉。

第五，预应力筋的张拉应符合设计要求，当设计无要求时，可分批分阶段对称张拉。分批张拉时，应按顺序对称地进行，以防过大偏心压力导致梁体出现较明显的侧弯现象，同时应考虑后张拉的预应力筋对先张拉的预应力筋所带来的预应力损失。后张法预应力筋的张拉应分级进行。

预应力筋在张拉控制应力达到稳定后方可锚固。预应力筋锚固后的外露长度不宜小于30mm，且不应小于1.5倍预应力筋直径。锚具应用封端混凝土保护，当需长期外露时，应采取防止锈蚀的措施。一般情况下，锚固完毕并经检验合格后，即可切割端头多余的预应力筋，严禁用电弧焊切割，强调用砂轮机切割。一般防锈措施为砂浆封堵。

张拉完即封堵完成后，即对外露多余钢绞线、钢筋进行切割，封堵方法是用素灰将锚头封住，然后用塑料布将其裹住进行养护，以防止裂缝而使锚头漏浆、漏气，影响压浆质量。此外，张拉时应注意夹片的回缩量，并做好记录予以减除。用自锚式锚头时，夹片的回缩量即钢绞线回缩量，一般为限位板位槽深减去夹片外露量。夹片外露量由张拉完毕后量得。

3.孔道压浆

孔道压浆能保护预应力筋不受锈蚀，并使预应力筋与混凝土梁体联结成整体，从而既能减轻锚具的受力，又能提高梁的承载能力、抗裂性能和耐久性能。孔道压浆应比选压浆设备及压浆方法。预应力筋张拉锚固后，孔道应尽早压浆，且在48h内完成，否则应采取避免预应力筋锈蚀的措施。

4.封端

对设计需要进行锚端封闭的梁体，孔道压浆后应立即将梁端水泥浆冲洗干净，并将断面混凝土凿毛。对端部钢筋网的绑扎和封端板的安装，要妥善处理并确保固定，以免在浇筑混凝土时因模板移动而影响梁长。封端混凝土的强度等级应不低于梁体混凝土强度等级的80%。浇完混凝土并静置1~2h后，应按一般规定进行保湿养护。

对需封锚的锚具，压浆后应先将其周围冲洗干净并对梁端混凝土凿毛，然后设置钢筋网浇筑封锚混凝土。封锚混凝土的强度应符合设计规定，一般不宜低于构件混凝土强度等级的80%；必须严格控制封锚后的梁体长度；长期外露的锚具，应采取防锈措施；对后张预制构件，在管道压浆前不得安装到位，在压浆强度达到设计要求后方可移运和吊装。

（三）预制梁板的吊装

预制装配式桥梁施工是将在预制厂或桥梁现场预制的梁运至桥位处，使用一定的起重设备进行安装并完成横向连接组成桥梁的施工方法。目前，预制安装法是简支梁经常采用的一种施工方法。预制梁的安装主要有架桥机法、跨墩龙门式吊车架梁法、自行式吊车架梁法、扒杆架设法、浮吊架设法和高低腿龙门架配合架桥机架设法等。

1.一般规定

由于梁体长度笨重，起吊、运输都比较困难，因此要合理选择起吊、运输的工具和方法，以确保安全。梁体起吊时，应符合以下设计规定：

（1）压浆强度不得低于设计强度的75%，封端混凝土强度不得低于设计强度的50%。

（2）吊点、支点位置应经计算确定，其距离误差不得大于规定的200mm，无论起吊、运输或存放都要有防止倾覆措施。

（3）桥梁施工架梁前常需先卸后架，应有一处存梁场地。

（4）场地位置要慎重选择，一般可在车站、区间或桥头存放，也可在施工线路上选择适当地点存放。

（5）存梁场应有良好的排水系统和设施，宜优先采用大跨度吊梁龙门架装卸桥梁。

（6）采用滑道移梁时，滑道应有一定的强度和刚度，并满足移梁作业的需要。

2.吊装方法

（1）架桥机法

架桥机可分为单导梁式、双导梁式、斜拉式和悬吊式等类型。其中，双导梁式架桥机以高安全性、高效性及适应性强的特点，在高速公路桥梁架设中广泛使用。

（2）跨墩龙门式吊车架梁法

跨墩龙门式吊车安装适用于桥不太高，架梁孔数又多，地势平坦，沿桥墩两侧铺设轨道不困难，无水或浅水河滩区域安装预制梁。一台或两台跨墩龙门吊车分别设于待安装孔的前后墩位置，预制梁内平车顺桥向运至安装孔一侧，移动跨墩龙门吊车上的吊梁平车，对准梁的吊点放下吊架将梁吊起。当梁底超过桥墩顶面后，停止提升，用卷扬帆牵引吊梁平车慢慢横移，使梁对准桥墩上的支座，然后落梁就位，接着准备架设下一片梁。

（3）自行式吊机架梁法

在桥不高、场内又可设置行车便道的情况下，用自行式吊车（汽车吊车或履带吊车）架设中、小跨径的桥梁十分方便。此法视吊装重量不同，还可采用单吊（一台吊车）或双吊（两台吊车）两种形式。其特点是机动性好，无须动力设备和准备作业，架梁速度快。

（4）浮吊架设法（水上架设）

在海上和深水大河上修建桥梁时，选用可回转的伸臂式浮吊架梁比较方便，也可用钢制万能杆件或贝雷钢架拼装固定的悬臂浮吊进行。此架梁方法高空作业较少、吊装能力大、工效高、施工较安全，但需要大型浮吊。由于浮吊船来回运梁航行时间长，需增加费用，一般采取用装梁船存梁后成批架设的方法。在浮吊架梁时，施工单位需在岸边设置临时码头来移运预制梁。架梁时浮吊要仔细锚固，流速不大时，可用预先抛入河中的混凝土锚作为锚固点。

预制梁（板）的吊装除了采用上述四种方法之外，还有简易型钢导梁架设法等其他方法，在规范中明确严禁使用扒杆法施工。

二、现浇法梁桥施工

现浇法梁桥施工是指在桥址设计位置采用支架法或悬臂法安装模板、绑扎及安装钢筋、浇筑混凝土的施工方法。

（一）支架现浇法施工

公路工程桥梁支架施工常采用满堂式支架和梁式或梁柱式支架。

1.地基处理

为保证现浇梁体不产生过大的变形，除了保证支架本身的强度、刚度和稳定性外，支架的基础还必须坚实牢靠，并将其沉降控制在容许范围内。

满堂式支架由于其作用面积广，因此常采用碾压夯实、换填稳定土、桩基础或浇筑混凝土层对地基进行加固处理；正常情况下，常使用推土机配合平地机将支架范围内的地基整平，并用5%白灰处理，用压路机碾压夯实，靠近墩柱1m范围内用人工夯实，压实度不小于93%。如果存在"弹簧土"现象，原土清除后用灰土换填。为防止下雨浸泡地基而降低地基承载力，在压实的地基上铺设5cm厚的砂浆。若地基土层为淤泥和淤泥质土，不宜直接作为支架地基持力层，应在其上覆盖较好的土层作为持力层，并采取避免对淤泥和淤泥质土扰动的措施。一般采用对地基进行3m换填的办法，保证覆盖层的厚度满足地基持力结构要求。地基硬化处理后，加强基础范围内的排水工作，在两侧开挖排水沟，设流水槽，防止施工场内积水，以免造成地基不均匀沉降，影响支架稳定性。

梁式或梁柱式支架因其荷载较集中，可设置桩基础、混凝土扩大基础或直接支撑在墩台本身或永久性基础上。

2.支架搭设

地基处理达到要求后，首先测出支架地面高程，根据桥梁净空高度确定各单元块支架所需整平碾压处理的地基高程，按设计的支架平面位置进行立杆位置放样。横桥向设置10cm×20cm方木，以增加立杆与地基的接触面并保证受力均匀。

杆件安装时，立杆垂直度要求小于0.2%，以避免偏心受压；横杆水平度要求小于3%，同时检查锁定是否可靠。支架搭设好后，顶面采用调节范围不小于45cm的可调节顶托作为支撑，顺桥向设左、中、右3个控制点，精确调出顶托高程，然后用明显的标记标明顶托伸出量，以便校验。最后再用拉线内插方法，依次调出每个顶托的高程。

顶托高程调整完毕后，在其上按设计间距安放纵横梁。横梁长度随桥梁宽度而定，比顶板一边各宽出至少50cm，以支撑外模支架及供检查人员行走。安装纵横梁时，应注意横梁接头与纵梁接头错开，且任何相邻的两根横梁接头不在同一平面上。用底模高程（设计梁底高程+支架变形+前期施工误差调整量）来控制底模立模。为增强支架体系的整体稳定性，顺桥向和横桥向按要求设置剪刀撑。

3.钢筋加工、安装

钢筋加工时应按照设计要求尺寸进行下料、成型，钢筋安装时控制好间距、位置及数量。要求绑扎的要绑扎牢固，要求焊接的钢筋，可事先焊接的应提前成批次焊接，以提高工效。焊缝长度、饱满度等方面应满足规范要求。钢筋加工安装完毕，经自检合格在报请监理工程师抽检合格后，方可进行下一道工序施工。

4.混凝土浇筑

混凝土浇筑前，用人工及吹风机将模板内的杂物清除干净，对支架、模板、钢筋和预埋件进行全面检查，同时对吊车、拌和站、罐车发电机和振捣棒等机械设备进行检查，确保万无一失。

混凝土浇筑应沿中心线，先中心、后两侧对称浇筑。混凝土分层厚度为30cm，浇筑过程中，随时检查混凝土的坍落度。

混凝土振捣采用插入式振捣棒，移动间距不应超过振捣棒作用半径的1.5倍，作用半径为振捣棒半径的8～9倍。

振捣棒振捣时与侧模保持5～10cm的距离，避免振捣棒接触模板和预应力管道等。振捣上层混凝土时，振捣棒要插入下层混凝土10cm左右。对每一振动部位振捣至混凝土停止下沉，不再冒气泡，表面平坦、泛浆为止，避免漏振或过振，每一处振完后应徐徐提出振捣棒。

混凝土浇筑过程中，安排专人跟踪检查支架和模板的情况，模板若出现漏浆现象，要用海绵条进行填塞。浇筑混凝土前，在1/2、1/4截面位置的底模板下挂垂线，每截面分左边、左中、中线、右中、右边设5道垂线。垂线下系钢筋棍，在地面对应位置埋设钢筋棍，在两根钢筋棍交错位置画上标记线，以此来观测混凝土浇筑过程中的底板沉降情况；若发生异常情况立即停止浇筑混凝土，查明原因后再继续施工。

箱梁浇筑既可以分两次进行，也可以一次浇筑完成。箱梁混凝土分两次浇筑时，第一次浇筑底板和腹板，浇筑至肋板顶部；第二次浇筑顶板和翼板，两次浇筑接缝按施工缝处理。混凝土高度略高出设计腹板顶部1cm左右，将顶面的水泥浆和松散混凝土凿除，露出坚硬的混凝土粗糙面，用水冲洗干净。

第二次浇筑箱梁顶板混凝土时，在1/2、1/4、墩顶等断面处，从内侧向外侧间距5m布设钢筋棍，将钢筋棍焊在顶层钢筋上，使顶端高程为顶板高程，以此控制顶板混凝土浇筑高程及横坡。混凝土经振实整平后进行真空吸水。真空吸水时间为10~15min，以剩余水灰比检验真空吸水效果。真空吸水机开机后真空度逐渐增加，当达到要求的真空度（500~600mm汞柱）开始正常出水后，真空度要保持均匀。结束吸水工作前，真空度逐渐减弱，防止在混凝土内部留下出水通路，影响混凝土密实度。真空吸水完毕后，用提浆辊滚压，使其表面出浆，便于抹面。提浆辊滚压后，紧跟着人工抹面。抹面时要架设模板，不得踩混凝土面，以免影响平整度。待抹面后约半小时，采用抹光机再次进行抹面整平，最后再人工进行收浆抹面。混凝土收浆抹面后进行人工拉毛，采用钢丝刷横桥向拉毛，深度控制在1~2mm。要掌握好拉毛时间，早了带浆严重，影响平整度，晚了则拉毛深度不够；一般凭经验掌握，在混凝土表面用手指压有轻微硬感时拉毛为宜，分两次抹面。第一次抹面对混凝土进行找平，在混凝土接近终凝、表面无泌水时，进行二次抹面收光，然后横桥向进行拉毛处理。

浇筑箱梁顶板预留孔混凝土前，应清除箱内杂物，避免堵塞底板排水孔。主梁顶面预留孔四壁凿毛，填筑预留孔混凝土要振捣密实。

混凝土养生采用土工布覆盖洒水养生，保证混凝土表面始终处于湿润状态。养生时间不少于7d。用于控制张拉、落架的混凝土强度试块放置在箱梁室内，同条件进行养生。养生期内，桥面严禁堆放材料。

5.拆除模板和落架

模板、支架的拆除期限和拆除程序等应严格按施工图设计的要求进行。设计未要求时，应根据结构物特点、模板部位和混凝土所应达到的强度要求决定。其具体要求如下：

（1）非承重侧模板应在混凝土抗压强度达到2.5MPa，且能保证其表面及棱角不致因拆模受损坏时方可拆除。

（2）芯模和预留孔道的内模，应在混凝土强度能保证其表面不发生塌陷或裂缝现象时方可拆除。

（3）钢筋混凝土结构的承重模板、支架，应在混凝土强度能承受其自重荷载及其他可能的叠加荷载时方可拆除。

（4）对预应力混凝土结构，其侧模应在预应力钢束张拉前拆除；底模及支架应在结构建立应力后方可拆除。

（5）模板支架的拆除应遵循后支先拆、先支后拆的原则进行。墩台模板宜在其上部结构施工前拆除。

（6）拆除梁、板等结构承重模板时，在横向应同时、在纵向应对称均衡卸落。简支梁、连续梁结构模板宜从跨中向支座方向依次循环卸落；悬臂梁结构模板宜从悬臂端开始顺序卸落。

（7）低温、干燥或大风环境下拆除模板时，应采取必要的措施，防止混凝土表面产生裂缝。

（8）拆除模板、支架时，不得损伤混凝土结构。

（二）悬臂现浇法施工

悬臂浇筑施工法又称悬臂挂篮施工法，是指采用移动式挂篮为主要施工设备，以桥墩为中心，两侧对称逐段利用挂篮浇筑混凝土，待混凝土达到一定强度后张拉预应力筋，再移动挂篮并进行下一节梁段的施工，一直推进到悬臂端为止。该浇筑施工法主要特点如下：一是悬臂施工法比满堂固定脚手架施工法具有更大的桥下净空；二是施工时不受季节、河流水位的影响，不影响桥下通航；三是减少了大量施工支架和施工设备，简化了施工程序，高度机械化，能循环重复作业。

1.0号块施工

0号块即墩顶梁段，是为后续悬臂节段的施工提供安全、稳定的支撑，因此0号块是悬臂浇筑施工的首要关键工作。同时，0号块结构尺寸较大、构造复杂、质量重，预埋件、钢筋、各向预应力钢束及其孔道、锚具密集交错，梁顶面有纵横坡度，断面与待浇段密切相连，给施工带来了巨大挑战，必须高度重视0号块的施工质量及安全。

墩顶0号块施工根据承台形式、墩身高度和地形情况，通常可选择落地支架和墩旁托架两种施工方法。当墩身高度较低，周围地形平坦且地基承载力满足要求时，可采用落地支架施工；当墩身较高，周围地形陡峻或无条件搭设满堂支架时宜选择墩旁托架，托架可分别支承在承台、墩身或地面上，托架可采用型钢、万能杆件、贝雷桁架等组成，也可采用钢筋混凝土构件作临时支撑。

支架（托架）的顶面尺寸，视拼装挂篮的需要和拟浇梁段长度而定，横桥向宽度一般应比箱梁底板宽出1.5～2.0m，以便设立箱梁边肋外侧模板。支架（托架）顶面（或增设垫梁）应与箱梁底面纵向线形的变化一致。支架（托架）可在现场整体拼装，亦可分部在邻近场地或船上拼装再运吊就位整体组装。

2.悬臂节段施工

（1）施工挂篮

挂篮是悬臂浇筑施工的主要机具，是一个能沿着轨道行走的活动脚手架。挂篮的主要功能有支撑梁段模板，调整正确位置，吊运材料、机具，浇筑混凝土和在挂篮上张拉预应力筋。

挂篮悬挂在已经张拉锚固的箱梁梁段上，悬臂浇筑时箱梁梁段的模板安装、钢筋绑扎管道安装、混凝土浇筑、预应力张拉、压浆等工作均在挂篮上进行。当一个梁段的施工程序完成后，挂篮解除后锚固，移向下一梁段施工。所以，挂篮既是施工梁段的作业平台，又是预应力筋束张拉前梁段的承重结构。

（2）悬臂节段施工

挂篮安装且预压完成后，即可按照悬臂节段施工要求进行悬臂节段的施工，具体流程如下：

第一，挂篮行走。当前一节段混凝土施工完毕后，需要将挂篮前移至下一节段施工平台，称为挂篮行走。挂篮行走是一项危险性较大的关键工作，需要精心组织。目前，挂篮行走的方式主要有两种，即千斤顶顶推法和倒链拖拉法，其中千斤顶顶推法以其施工方便、行走速度快、劳动强度低等特点被广泛使用。

第二，钢筋制作、安装。钢筋在钢筋棚集中加工，现场绑扎成型。混凝土浇筑前，钢筋表面必须清洁、无油污等，钢筋下料绑扎、固定必须严格按图施工。

第三，钢绞线下料编束和穿束。按设计图表的下料长度下料，下料采用圆盘锯切割，使钢绞线的切割面为一平面，以便在张拉时检查断丝；编束后用18～20号铁丝绑扎牢固。为便于穿入，端部焊成锥体状，用铁皮包裹以防止穿坏波纹管；中短束采用人工穿束，长、曲线束采用卷扬机牵引，穿束前清除孔内杂物。

第四，混凝土施工。箱梁节块混凝土采用泵送一次浇筑成型。浇筑顺序为：横向对称进行，纵向由外向内分层浇筑。

（3）注意事项

第一，在6级以上大风、大雾和大雨天气下不得进行挂篮拼装、移动、拆除作业，雨后挂篮前要做好防滑措施。挂篮设备经过大风、大雨后，要全面检查。

第二，挂篮行走必须在白天进行，严禁在夜间移动挂篮。

第三，挂篮设备施工时构部件不得任意改动，不得任意增减挂篮构部件。

第四，箱梁各阶段立模标高=设计标高+预拱度+挂篮满载后自身变形；后浇筑梁段应在已施工梁段有关实测结果的基础上做适当调整，以逐渐消除误差，保证结构线形匀顺。

第五，箱梁各阶段混凝土浇筑前，必须严格检查挂篮中线、挂篮底模标高，纵、横、竖三向应力管道，钢筋、锚头、人行道及其他预埋件的位置，认真核对无误后方可浇筑混凝土。

第六，各梁段施工加强梁体测量、观测，注意挠度变化。梁段悬臂浇筑时，T构两端施工荷载要尽可能保持平衡，并注意防止左右偏载。两端浇筑混凝土进度之差不得大于2m，悬臂阶段混凝土应一次浇筑成型。

第七，张拉过程中，装锚、量尺工人必须正确佩戴安全绳，且张拉过程中千斤顶前方不得站人，防止张拉过程中预应力钢筋断裂千斤顶飞出伤人。

3.边跨现浇梁段（直线段）施工

边跨支架上的现浇部分，可在墩旁搭设临时墩、支承平台，一般采用万能杆件、贝雷架等拼装，在其上整体或分段浇筑。

当与采用顶推法施工的连接桥相接时，可把现浇梁段临时固结在顶推梁上，到位后再进行梁的连接。其步骤如下：设置临时桩基→浇筑钢筋混凝土承→加宽边墩混凝土承台和设置预埋件→拼装扇形全幅万能杆件支架→搭设型台钢平台→加载试压→安装现浇底模和侧模，底模下设木楔调整块→测量底板高程（包含预抬量）和位置→绑扎底腹板钢筋、竖向预应力筋安装、底板纵向预应力管道及安装端模和腹板模→自检及监理工程师验收→浇筑底板和腹板混凝土→养生待强→安装内顶模→绑扎顶板底钢筋→安装纵向及横向预应力管道→绑扎顶板顶层钢筋→自检及监理工程师验收→浇筑顶板混凝土→养生凿毛→拆除端头模板→张拉竖向预应力筋和顶板横向预应力筋→拖移外侧模→拆除箱内模板。

4.合龙段施工及体系转换

连续梁全梁施工是从各墩顶0号段开始至该T构的完成，再将各T构拼接而形成整体连续梁，这种T构拼接就是合龙。合龙是连续梁施工和体系转换的重要环节，合龙施工必须满足受力状态的设计要求和保持梁体线形，控制合龙段的施工误差。

5.施工监控

悬臂浇筑施工是一种自架设体系施工法，其在施工过程中必然给桥梁结构带来较为复杂的内力和位移变化。为使桥梁的线形和内力达到设计的预期值，桥梁施工监控成为十分关键的一环，其通过监测手段得到各施工阶段结构的实际变形，从而可以跟踪掌握施工进程和发展情况。当发现施工过程中监测实际值与计算的预计值相差过大时，就立即进行检查和分析原因，避免施工质量和安全事故的发生。

悬臂浇筑施工前应编写详细的监控方案，经批准审批后组织实施。监控内容主要包括梁体的线形监控及施工应力温度场混凝土弹性模量预应力等监控。

6.悬臂浇筑梁段混凝土注意事项

（1）挂篮就位后，安装并校正模板吊架，此时应对浇筑预留梁段混凝土进行抛高，以使施工完成的桥梁符合设计高程。抛高值包括施工期结构挠度、因挂篮重力和临时支承释放时支座产生的压缩变形等。

（2）模板安装应核准中心位置及高程，模板与前一段混凝土面应平整密贴。如上一节段施工后出现中线或高程误差需要调整时，应在模板安装时予以调整。

（3）安装预应力预留管道时，应与前一段预留管道接头严密对准，并用胶布包贴，防止灰浆渗入管道。管道四周应布置足够的定位钢筋，确保预留管道位置正确，线形平顺。

（4）浇筑混凝土时，可以从前端开始，应尽量对称平衡浇筑。浇筑时应加强振捣，并注意对预应力预留管道的保护。

（5）为提高混凝土早期强度，以加快施工速度，在设计混凝土配合比时，一般加入早强剂或减水剂。混凝土梁段浇筑一般5～7d一个周期。为防止混凝土出现过大的收缩、徐变，应在配合比设计时按规范要求控制水泥用量。

（6）梁段拆模后，应对梁端的混凝土表面进行凿毛处理，以加强接头混凝土的连接。

（7）箱梁梁段混凝土浇筑，一般采用一次浇筑法。在箱梁顶板中部留一窗口，混凝土由窗口注入箱内，再分布到底模上。当箱梁断面较大时，考虑梁段混凝土数量较多，每个节段可分两次浇筑，先浇筑底板到肋板倒角以上，待底板混凝土达到一定强度后再支内模，浇筑肋板上段和顶板。其接缝按施工缝要求进行处理。

（8）箱梁梁段分次浇筑混凝土时，为了不使后浇混凝土的重力引起挂篮变形，导致先浇筑混凝土开裂，应采取消除后浇混凝土引起挂篮变形的措施。

第八章　桥梁施工技术

第一节　桥梁施工准备

施工准备通常包括技术准备、劳动组织准备、物资准备、施工现场准备和施工场外准备等工作。

一、技术准备

技术准备是施工准备的核心。任何技术上的差错都可能造成质量与安全事故，带来巨大的经济损失，甚至危及生命安全，因此必须认真做好技术准备工作。

（一）熟悉设计文件，研究和审查施工图纸

为使从事桥梁施工技术和经营管理的工程技术人员在拟建工程开工之前充分地了解和掌握设计意图、桥梁的结构以及构造特点和技术要求，能够按照设计要求顺利地进行施工，建造出符合设计要求的桥梁工程，施工单位在收到拟建工程的设计图纸和有关技术文件后，应尽快组织工程技术人员熟悉、研究所有图纸和技术文件。

1.主要内容

（1）通过熟悉与研究设计文件，全面领会设计意图。

（2）明确拟建工程的结构形式和特点，审查设计图中工程复杂施工难度大和技术要求高的分部分项工程或新结构、新材料、新工艺等，检查现有施工技术水平和管理水平能否满足工期和质量要求，并采取可行的技术措施加以保证。

（3）检查图纸与设计文件是否齐全、清晰，有无错误，各组成部分之间有无矛盾，以及在几何尺寸、坐标、标高、说明等方面是否一致。

（4）审查设计是否符合国家相关工程建设在设计施工方面的方针和政策。

（5）审查地基处理与基础设计同拟建工程地点的工程水文、地质等条件是否一致，以及拟建工程与地下建筑物或构筑物、管线之间的关系，必要时与现场情况进行核对。

（6）明确工程建设期限，以及工程所用的主要材料与设备的数量、规格、来源等。

（7）明确业主、设计监理和施工等单位之间的协作、配合关系，以及根据招标文件业主单位可以提供的施工条件。

2.主要程序

熟悉、审查设计图纸和有关设计资料的程序通常分为自审、会审和现场签证三个阶段。

（1）自审阶段

施工单位收到拟建工程的设计图和有关技术文件后，组织有关的工程技术人员熟悉和自审，写出自审图纸记录。自审图纸记录应包括对设计图的疑问和对设计的有关建议。

（2）会审阶段

一般由监理单位主持，由业主单位、设计单位和施工单位参加，三方进行图纸会审。会审时，首先由设计单位的工程主设计师向与会者说明拟建工程的设计依据、意图和功能要求，并对特殊结构、新材料、新工艺和新技术提出设计要求；其次由施工单位根据自审记录及对设计意图的了解，提出对图纸的疑问和建议；最后在统一认识的基础上，对所探讨的问题逐一做好记录，形成"图纸会审纪要"，由业主单位正式行文，参加单位共同会签、盖章，作为与设计文件同时使用的技术文件和指导施工的依据，以及业主单位与施工单位进行工程结算的依据。

（3）现场签证阶段

在拟建工程施工的过程中，如果发现施工的条件与设计图的条件不符，或者发现图中仍有错误，或者因为材料的规格、质量不能满足设计要求，或者因为施工单位提出了合理化建议，需要对设计图进行及时修订时，应遵循技术核定和设计变更的签证制度，进行图纸的施工现场签证。在施工现场的图纸修改技术核定和设计变更资料，都要有正式的文字记录，并归入拟建工程的施工档案，作为指导施工、竣工验收和工程结算的依据。

（二）原始资料的调查分析

对拟建工程进行实地勘察，进一步获得有关原始数据的第一手资料，这对于正确选择施工方案、制定技术措施、合理安排施工顺序和施工进度计划是非常必要的。

1.自然条件

（1）地质

在地质方面，应了解的主要内容有地质构造墩台位处的基岩埋深、岩层状态、岩石性质、覆盖层土质、土的性质和类别、地基土的承载力、土的冻结深度、妨碍基础施工的障碍物、地震级别和烈度等。

（2）水文

在水文方面，应了解的主要内容有：河流流量和水质、年水位变化情况、最高洪水位和最低枯水位的时期及持续时间、流速和漂浮物、地下水位的高低变化、含水层的厚度和流向；冰冻地区的河流封冻时间、融冰时间、流冰水位、冰块大小；受潮汐影响河流或水域中潮水的涨落时间、潮水位的变化规律和潮流等情况。

（3）气象

在气象方面，调查的内容一般包括：气温、气候、降雨、降雪、冰冻、台风（含龙卷风、雷雨大风等突发性灾害）、风向、风速等变化规律及历年纪录；冬、雨季的期限及冬季地层冻结厚度等情况。

（4）施工现场的地形地物

施工现场的地形地物主要包括建设场地的地形地貌，邻近的房屋桥梁、道路、输变电线路、通信线路，施工现场的地上与地下障碍物状况等。其他为编制"四通一平"计划及进行施工现场平面布置提供依据。

2.技术经济条件

技术经济条件主要内容包括地方建筑施工企业的状况、施工现场的征地拆迁状况、当地可利用的地方材料状况、地方能源和交通运输状况、地方劳动力和技术水平状况、当地生活供应和医疗卫生状况、当地消防与治安状况以及参加施工单位的技术力量状况。

（三）制订施工方案、进行施工设计

在全面掌握了设计文件和设计图纸，正确理解了设计意图和技术要求，以及进行了以施工为目的的各项调查之后，应根据进一步掌握的情况和资料，对投标时初步拟订的施工方法和技术措施等进行重新评价和深入研究，以制订出详尽的更符合现场实际情况的施工方案。

施工方案一经确定，即可进行各项临时性结构的施工设计，诸如基坑围堰，浮运沉井和钢围堰的制造场地及下水、浮运、就位、下沉等设施，钻孔桩水上工作平台，连续梁桥顶推施工的台座和预制场地，悬浇桥梁的挂篮，导梁或架桥机，模板支架及脚手架，自制起重吊装设备，施工便桥便道及装卸码头的设计。施工设计应在保证安全的前提下，尽量考虑使用现有材料和设备，因地制宜，使设计出的临时结构经济适用、装拆简便、通用性强。

（四）编制施工组织设计

中标后的施工组织设计是施工准备工作的重要组成部分，也是指导施工现场全部生产活动的技术经济文件。编制施工组织设计的目的在于全面、合理、有计划地组织施工，从而具体实现设计意图，优质高效地完成施工任务。

（五）编制施工预算

施工预算是根据施工图纸、施工组织设计或施工方案、施工定额等文件进行编制的。施工预算是施工企业内部控制各项成本支出、考核用工、签发施工任务单、限额领料及基层进行经济核算的依据，也是制定分包合同时确定分包价格的依据。

二、劳动组织准备

（一）建立组织机构

建立组织机构应遵循的原则：根据工程项目的规模、结构特点和复杂程度，系统进行各职能部门的设置，坚持合理分工与密切协作相结合，使之便于指挥和管理，分工明确，责权具体，权责一致。此外，人员的配备应力求精干，以适应任务的需要。

（二）合理设置施工班组

施工班组的设置应认真考虑专业和工种之间的合理配置，技工和普工的比例要满足合理的劳动组织要求，并符合流水作业方式的要求，同时制订出该工程的劳动力需要量计划。

（三）劳动力进场

集结施工力量，组织劳动力进场。进场后应对工人进行技术、安全操作规程，以及消防、文明施工等方面的培训教育，并安排好职工的生活。

（四）施工组织设计、施工计划和施工技术交底

进行施工组织设计、施工计划和施工技术交底的目的是把拟建工程的设计内容、施工计划和施工技术等要求，详尽地向施工班组和工人讲解，交代清楚。以保证工程能严格按照设计图纸、施工工艺、安全技术措施、降低成本措施和施工验收规范的要求进行施工；新技术、新材料、新结构和新工艺的实施方案和保证措施得以落实；有关部位的设计变更和技术措施等事项得以贯彻执行。交底应在单位工程或分部分项工程开工之前，按照管理系统逐级进行，由上而下直到工人班组，其方式有书面形式、口头形式和现场示范形式等。

（五）建立健全各项管理制度

工地的各项管理制度是否建立健全，直接影响其各项施工活动能否顺利进行。若有章不循其后果是严重的，而无章可循更是危险的。因此，必须建立健全工地的各项管理制度，通常包括以下内容：技术质量责任制度、工程技术档案管理制度、施工图纸学习与会审制度、技术交底制度、技术部门及各级人员的岗位责任制度、工程材料和构件的检查验收制度、工程质量检查与验收制度、材料出入库制度、安全操作制度以及机具使用保养制度等。

三、物资准备

管切材料、机具和设备是保证施工顺利进行的物质基础，这些物资的准备工作必须在工程开工之前完成。根据各种物资的需要量计划，分别落实货源、安排运输和储备，使其满足连续施工的要求。

物资准备工作主要包括工程材料的准备、工程施工设备的准备、构件的加工准备，以及其他各种小型生产工具、小型配件等的准备。其具体内容如下：

（1）根据施工预算、分部（项）工程施工方法和施工进度的安排，拟订材料、施工机具等物资的需要量计划。

（2）根据各种物资需要量计划，组织货源，确定加工、供应地点和供应方式，签订物资供应合同。

（3）根据各种物资的需要量计划和合同，拟订运输计划和运输方案。

（4）按照施工总平面图的要求，组织物资按计划时间进场，在指定地点按规定方式进行贮存或堆放。

四、施工现场准备

施工现场的准备工作主要是为工程的施工创造有利的施工条件和物资保证。其具体内容如下：

（一）施工控制网测量

按照勘测设计单位提供的桥位总平面图和测试图控制网中所设置的基线桩、水准高程，以及重要的标志和保护桩等资料，进行三角控制网的复测，并根据桥梁结构的精度要求和施工方案补充加密施工所需要的各种标桩，设置满足施工要求的平面和立面施工测量控制网。

（二）搞好"四通一平"

"四通一平"是指水通、电通、通信通、路通和平整场地。考虑到蒸汽养生的需要及寒冷冰冻地区的特殊性，应特别注意暖气供热的要求。

（三）建造临时设施

按照施工总平面图的布置，建造所有生产、办公、生活、居住和储存等临时用房，以及临时便道、码头、混凝土拌和站、构件预制场地等。

（四）安装调试施工机具

对所有施工机具都必须在开工之前进行检查和试运转。

（五）材料的试验和储存堆放

按照材料的需要量进行计划，包括混凝土和砂浆的配合比与强度、钢材机械性能等各种材料的试验申请计划，并组织材料进场，按规定的地点和指定的方式进行储存和堆放。

（六）冬季、雨季施工安排

按照施工组织设计要求，落实冬季、雨季施工的临时设施和技术措施，做好施工安排。

（七）消防、安保措施

建立消防、安保等组织机构和有关的规章制度，布置安排好消防、安保等措施。

（八）建立、健全施工现场各项管理制度

依据工程特点，制定施工现场必要的各项规章制度。

五、施工场外准备

（一）材料的加工和订货

加强与材料供应单位的联系，签订供货合同，确保材料能得到及时供应，保证施工企业的正常生产。

（二）做好分包工作和签订分包合同

由于施工单位本身的力量所限，有些专业工程的施工、安装和运输等均需要委托外单位完成，因此应依据招标文件、投标文件，根据工程量、完成日期、工程质量和工程造价等内容，选择合适的分包单位，并与其签订分包合同，保证分项工程的按时实施。

（三）向监理单位提交开工申请报告

在做好上述准备工作后，应该及时填写开工申请报告，并上报业主单位或监理单位批准。

单位工程开工必须具备下列条件：

（1）施工图经过会审，图中存在的问题和错误已得到纠正。

（2）施工组织设计或施工方案已经得到监理工程师的批准并进行交底。

（3）场内外施工便道已经修通，施工用水用电、排水和通信能满足施工的需要。

（4）材料成品、半成品等物资能满足连续施工的要求。

（5）附属加工场和职工生活福利设施的建设能满足施工和生活需要。

（6）施工机械和设备已进场，并经过检验能保证正常运转。

（7）施工力量已经调集，并已经过必要的技术安全和防火教育，安全消防设备已经具备。

（8）已办理好施工许可证。

第二节　桥梁定位放样

一、桥梁定位放样概述

公路桥涵按其多孔跨径总长或单孔跨径可分为特大桥、大桥、中桥、小桥、涵洞五种形式。桥涵施工测量的方法及精度要求随跨径、桥长及桥涵结构的情况而定。

桥梁工程定位放样的主要任务是根据桥梁的形式跨径及设计要求的施工精度，确定利用原设计网点加密或重新布设控制网点，补充施工需要的水准点，桥涵轴线、墩台控制桩，将设计图上的工程构造物的平面位置和高程在实地标定出来作为施工、纠正施工偏差和检查验收的依据。桥梁工程定位放样的依据是桥梁工程施工技术规范、测量规范，以及工程设计图纸及文件。

测量放样工作应遵循从整体到局部的原则，先进行控制测量，再进行细部定位放样测量。通过控制测量建立起平面控制点和高程控制点与工程构造物特征点之间的平面位置以及高程的几何联系。以平面控制点的坐标和高程控制点的高程为依据，利用传统测量仪器进行距离、高程和角度的测量放样，也可利用现代化的全站仪和GPS进行测量放样。

在放样的过程中，工程设计图纸是图解控制点和工程构造物特征点之间几何关系的依据；现行的施工技术规范、规程及测量规范是核查放样结果精度的依据。

二、施工控制测量

桥梁控制测量的目的是测量桥位地形施工放样和变形观测提供具有足够精度的控制点。在施工放样前，应对设计单位提供的桥梁工程项目内所有的导线点和水准点进行认真细致的复测，并建立测量控制网。

导线点的复测采用附合导线测量法，即在桥梁工程项目前（后）范围内导线点中选用两点作为测量基准点，在桥梁工程项目后（前）范围内导线点中选取两点作为附合导线点，按照导线测量的要求使用全站仪对桥梁工程项目内导线点进行认真测量，平差后若不能符合规范要求，则报业主调整后重新进行复测，直到满足要求，并报监理工程师认可。

水准点的复测采用附合水准测量法，并按照业主提供的水准点等级进行同级复测。其方法：在桥梁工程项目后（前）范围内选取一至两个设置牢固的点做基准点（若路线附近有国家级水准点则优先选用），另在桥梁工程项目前（后）范围内选取一水准点作为附合点，对桥梁工程项目内所有提供的水准点进行往返复测并认真做好记录，平差后若不符合规范要求，则报请业主调整后进行复测，直到满足要求，并报监理工程师认可。

对复测合格的导线点、水准点应采取必要的加固保护措施，并设立可靠标志以利寻找，在施工期间定期进行复测，以保证控制的精度。

桩位复测无误后，应根据现场情况在通视良好地带设置控制网。为满足桥梁工程施工精度的要求，在区域内设置三角导线控制网，导线网点同时作为水准网点。

三角网的基线不应少于2条，依据当地条件，可设于河流的一岸或两岸。基线一端应与桥轴线连接，并尽量近于垂直。当桥轴线较长时，应尽可能在两岸均设基线，长度一般不小于桥轴线长度的0.7倍，困难地段不得小于0.5倍。设计单位布设的基线桩精度够用时应予以利用。三角网所有角度宜布设为30°～120°，困难情况下不应小于25°。

导线点应布设在地基稳定、不受施工及洪水影响的地方。导线点埋设方法：在地上挖一直径为40cm、深50～100cm的基坑，埋入带有测钉的预制方柱，回填混凝土并用钢锯条在测钉上画上十字线。导线点埋设好以后，根据已有导线点进行加密测量，平差后即可确定坐标。加密导线点测设及计算资料应及时上报测量监理工程师，复验认可后方可使用。

加密导线点应定期进行联测，如发现导线点变位，应废弃不用，或加固后重新测设、确定坐标并报验后再用。

施工期间为确定桥梁结构各控制点的垂直位置，需要在桥址附近设立一系列基本水准点和施工水准点，组成桥梁高程控制网。在桥梁建成投入运营之后，高程控制网还要作为沉陷变形观测的依据。

为了获取可靠的高程起算数据，江河两岸的基本水准点应先与桥址附近的国家高级水准点进行联测。然后进行桥位实地水准测量，最后通过过河水准测量将两岸高程联系起来，以此可检验两岸国家水准点有无变动，并从中选取一个稳固可靠、精度较高的国家水准点作为桥梁高程控制网的高程起算点。

三、直线桥梁墩台中心定位

桥梁墩台的中心定位是根据桥梁设计施工详图上设计的两桥台及各桥墩中心的里程，以桥梁中心线控制桩、桥梁三角网控制点为基准，按规定精度放样出墩台中心的位置，它是桥梁施工测量中的关键性工作。常用的测设方法有光电测距法（或全站仪）、直接丈量法、方向交会法与极坐标及直角坐标法等。

（一）光电测距法

光电测距仪广泛应用于桥梁的墩台中心定位，因其精度高、操作快、计算简便、通视不受地形限制，成为测定桥轴线比较好的一种仪器。

光电测距时应在气象比较稳定、大气透明度好、附近没有光电信号干扰的情况下进行，且应在不同的时间进行往返观测。观测时间的选择，应注意不要使反光镜面正对太阳的方向。

（二）直接丈量法

位于浅水河道、干河或封冻的深水河道上的大中桥，以及河水虽深但桥台间距在50m（钢尺长度）以内时，均可采用直接丈量法测定桥轴线长度。

（三）方向交会法

由于大中型桥梁的桥墩位于水中，采用直接丈量法有困难，或不能保证必要的精度时，它的中心位置可采用已建立的三角网，在3个控制点上安置经纬仪，从3个方向（其中一个为轴线方向）用间接丈量法测定桥轴线以及交会墩台位置。

四、曲线桥梁的墩台定位

在线路中，有许多桥梁位于各种平面曲线上，需做成曲线桥。其上部结构一般有连续弯梁和简支直梁等形式，但下部一般都是利用墩台中心构成的折线交点而形成弯桥。

墩台定位的方法，根据不同的条件可采用偏角法、长弦偏角法、利用坐标的交会法和坐标法等。

五、桥梁高程放样

在桥梁施工中，河流两岸应建立统一可靠的高程系统，所以应将高程从河流的一岸传到另一岸。当河宽超过规定的视线长度时，应用跨河水准测量的方法，即用两台水准仪同时做对向观测，两岸测站点和立尺点布置。

高程放样就是将桥梁各部分的建筑高度控制在设计高度。常规的水准测量操作简单、速度快，但在桥梁施工过程中，由于墩台基础或顶部与桥边水准点的高差较大，用水准测量来传递高程，需多次转换测点，非常不方便。所以，在桥梁施工时，常用到三角高程测量法或垂吊钢尺法等来传递高程。

六、桥梁细部施工放样

（一）墩台纵横轴线的放样及固定

在墩台中心定位之后，还应放样出墩台的纵横轴线，作为墩台细部放样的依据。

在放样后的旱桥桥梁墩台中心位置点位上设置经纬仪，直接用拨角法放样。直线桥的墩台纵轴线与桥轴线相重合，横轴线与纵轴线垂直；曲线桥或墩台中心位于路线中心上，则墩台的纵轴线位于墩台中心处曲线的切线方向上；对于等跨直梁曲线桥，墩台的纵横轴线位于梁的中心线顶点处的分角线上。

（二）明挖扩大基础放样

若旱地施工，在地基较好、基础不深的情况下，常采用明挖基础。

在基础开挖前，首先应根据施工图样中的基础底面尺寸、开挖深度、合理的放坡等情况计算出原地面开挖边线的尺寸，然后根据墩台中心及其纵横轴线即可放出基坑的边线。其次，当基坑开挖到设计标高以后，应进行基底平整或依施工图样做必要的地基处理，然后在基础垫层上放出墩台中心及其纵横轴线，作为绑扎钢筋、安装模板、浇筑混凝土基础及墩身的依据。

应注意基坑底部尺寸并根据实际情况比设计需要的尺寸每边增加50~100cm的余量，

为边坡支护、支立模板等操作提供必要的空间。

根据墩台纵横轴线的护桩，将墩台中心位置引测至基坑底部，放出控制桩位置，并用木桩加铁钉标出，然后用钢尺进行量距，以检查基底尺寸。基础轴线偏位不应超过15mm，墩台轴线偏位不应超过10mm。

模板检查与放样的方法与上述相同，都是根据桥墩中心位置及其纵横轴线进行的。一般模板常采用3m一段，安装后进行检查，看其上下口是否都符合设计的要求。在检查模板上口时，事先要用较重的垂球将标定的纵横轴线移至上口。模板标高、内部尺寸与设计值的差值不应超过规定的允许偏差，否则应进行调整。

（三）桩基放样

根据墩台纵横轴线用钢尺测设出四根边角桩位，并用钢尺复核这四根桩的相对位置无误后（矩形对角线长度相等原理），就可根据这四个点用钢尺测设桥墩的其他桩位。

水中桩位和沉井位置的放样与水中墩位的放样方法相同，在水中平台、围图或围堰上测设位置，经复测后方可施工。

（四）桥梁墩台的细部放样

墩身和台身的细部放样，也是主要以它的纵横轴线为依据。在模板的外侧预先画出中心线，然后在纵横轴线的护桩上架设经纬仪，照准该轴线方向上的另一护桩，根据这一方向校正模板的位置，直至模板中心线位于视线的方向上。

在施工过程中，经常要利用护桩恢复墩台的纵横轴线，即在墩台身一侧的护桩上架设经纬仪，照准另一侧的护桩。但墩身筑高以后，会阻挡视线，无法通视，应在墩身尚未阻挡视线以前，将轴线方向用油漆标记在已建成的墩身上。以后恢复轴线时，可在护桩上架设仪器，照准这个标志即可。

（五）梁体施工时的测量工作

梁体施工是桥梁主体结构施工的最后一道工序。桥梁上部结构较为复杂，要求对墩台方向、距离和高程以较高的精度测定。

桥梁中心线方向测定，在直线部分采用准直法，用经纬仪正倒镜观测，刻画方向线。如果跨距较大（＞100m），应逐墩观测左、右角。在曲线部分，则采用测定偏角或坐标法。

相邻墩中心点间的距离用光电测距仪观测，在已刻画的方向线的大致位置上，适当调整使中心点里程与设计里程完全一致。在中心点架设经纬仪放出里程线，与方向线正交，形成墩台十字中心线。以此精确放出支座底板中心线，并以墨线弹出。

墩台顶面高程用精密水准仪测定,构成水准路线,附合到两岸基本水准点上。

梁体具体施工过程中的测量工作:

(1)对大跨度钢桁架或连续梁采用悬臂或半悬臂安装架设的桥梁,在拼装架设前,应在梁顶部和底部中点做出标志,架梁时用于测量梁体中心线与桥梁中心线的偏差值。

(2)对于预制安装的箱梁、板梁和T形梁等,测量的主要工作在于平面位置的控制上。在架设前,应在梁顶部和底部中点做出标志,架梁时用以测量梁体中心线与支座中心线的偏差值。在梁体安装基本到位后,应通过不断的微调保证梁体在正确的平面位置上。

(3)对于支架现浇的梁体结构,测量的主要工作在于高程控制。对于支架预压前后的高程应进行连续测量,以测得弹性变形,消除塑性变形;同时,应根据设计保留一定的预拱度。在梁体现浇的过程中,应对支架的变形进行跟踪测量,如果变形过大,则应暂停施工,并采取相应的措施。

(4)对于悬臂施工的梁体结构,测量的主要工作在于高程的控制上。

(六)桥台锥体护坡放样

锥体护坡及坡脚通常为椭圆形曲线,放样方法很多,如锥坡支距法、纵横等分图解法、坐标值量距法、经纬仪测角法、放射线式放样法;对于斜桥锥坡还应考虑到斜度系数,均应先求出坡脚椭圆形的轨迹线,测设到地面上,然后再按规定的边坡放出样线,以据此施工。

第三节　模板制作技术

模板是保证新浇筑混凝土按设计要求成型的一种模型结构,它要承受混凝土结构施工过程中的各种荷载,避免结构或构件在具有足够强度前产生较大的内力或变形,还具有保护混凝土正常硬化和改善混凝土表面质量的作用。模板系统一般包括模板和支撑两大部分,其施工工艺一般包括模板的选材选型、设计、制作、安装、拆除和修整。

模板虽是施工过程中的临时结构,但它不但控制结构尺寸的精度,而且对工程质量、施工进度、工程造价和施工安全等有直接的影响。为此,桥梁施工的模板应满足下列要求:

(1)要能保证结构和构件的形状、尺寸及相互位置的准确。

（2）具有足够的承载能力刚度和稳定性，能可靠地承受浇筑混凝土的重量、侧压力及施工荷载。

（3）表面光滑平整，接缝严密不漏浆。

（4）构造力求简单，装拆方便，能多次周转使用。

（5）选材要经济适用，尽可能降低模板的施工费用。

一、模板

模板种类较多，构造也各有一定的差异，根据不同的分类方法可分为多种类别。其内容主要有以下几点：

（1）按模板的用途，可分为整体现浇模板和预制模板。

（2）按模板的施工特点，可分为一次性模板（永久模板）和周转性模板。

（3）按模板的定型情况，可分为非定型模板和定型模板。模板面板与背肋采用非定型规格，按模板所需尺寸裁割配置的模板为非定型模板；由可适应不同应用对象和要求的、按具有工程适应性的模数配置的系列化标准件和配件所组成的模板为定型模板。

（4）按模板所用材料不同，可分为木模板、钢模板、胶合板模板、铝合金模板、塑料——玻璃钢模板、预应力混凝土薄板模板等。

（5）按施工方法不同，可以分为现场装拆式模板、固定式模板、移动式模板等。

下面介绍桥梁施工中常用的几种模板：

（一）木模板

木模板的特点是制作容易、加工方便，可做成任意可能的形状，对结构的尺寸和形状的适应性强，但木材消耗大、成本高且施工效率低，常应用在定型模板（如钢模等）不易实现的混凝土构件中。

模板所用的木材，大部分为松木与杉木，其含水率不宜过高，以免干燥后产生变形。为节约木材，模板和支撑最好由加工厂或木工棚加工成基本元件（拼板），然后在现场拼接出所需要的形状和尺寸。

拼板由一些板条用拼条钉拼而成（胶合板模板则用整块胶合板），板条厚度一般为25～50mm，板条宽度不宜超过200mm（工具式模板不超过150mm），以保证干缩时缝隙均匀，浇水后易于密封。但梁底板的板条宽度应不限制，以免漏浆。拼板的拼条一般平放，但梁侧板的拼条则立放。拼条的间距取决于新浇混凝土的侧压力和板条的厚度，多为400～500mm。

（二）组合式定型钢模板

组合式定型钢模板是一种工具式模板，由两部分组成，即模板和支撑件。模板有平面模板、转角模板（包括阴角模板、阳角模板和连接角模板）及各种卡具；支撑件包括用于模板固定、支撑模板的支架、斜撑、柱箍、桁架等。

组合式定型钢模板的主要优点：可以节约木材；加工精度高，混凝土成型质量好；轻便灵活、拆装方便，可用人力装拆，安装工效比木模板高；使用周转次数多，每套钢模可重复使用50～100次以上，每次摊销费比木模板低。所以，在目前桥梁建设中已被广泛应用。

1.组合式定型钢模板的构造

钢模板由边框、面板和纵横肋组成。边框和面板常用2.5～2.8mm厚的钢板轧制而成，纵横肋则采用3mm厚扁钢与面板及边框焊接而成。钢模板的厚度均为55mm。为了便于模板之间拼装连接，边框上都开有连接孔，且无论长短边上的孔距均为150mm。

平面模板、阴角模板、阳角模板及连接角模板分别用字母P、E、Y、J表示，在代号后面用4位数表示模板规格，前两位是宽度的厘米数，后两位是长度的整分米数。如P2512就表示宽250mm、长1200mm的平面模板，Y0507就表示肢宽为50mm×50mm、长度为750mm的阳角模板。

钢模板的连接件有U形卡、L形插销、钩头螺栓、对拉螺栓、弓形扣件、蝶形扣件等。钢模板间横向连接用U形卡，U形卡操作简单，卡固可靠，其安装间距一般不大于300mm。纵向连接以L形插销为主，以增强模板组装后的纵向刚度。大片模板组装时，采用钢管钢楞，这时就必须用钩头螺栓配合弓形扣件或蝶形扣件固定。对于截面尺寸较大的柱、截面较高的梁和混凝土墙体，一般需要在两侧模板之间加设对拉螺栓，以增强模板抵抗混凝土挤压的能力。

2.组合式定型钢模板的配板设计

定型组合钢模板需进行配板设计。由于同一面积的模板可以用不同规格的板块和角模组成各种配板方案，配板设计就是从中找出最佳组配方案。进行配板设计之前，先绘制结构构件的展开图，图中注明构件型号、尺寸、数量等，据此作构件的配板图。配板原则是尽量选用大规格的板块，如以P3015、P3012等为主，再以较小规格的板块拼凑尺寸，不足50mm的空缺用木板补足。这样拼成的模板，整体刚度好，节省连接件和支承件，省工省时。在配板图上要标明所配板块和角模的规格、位置和数量。直接支承钢模板的支承件，其位置以虚线标明。预埋件亦用虚线标明，并说明其固定方法。用木板嵌补的缝隙只注明尺寸即可。

（三）大模板

大模板在建筑、桥梁及地下工程中广泛应用，它是一种大尺寸的工具式模板，如建筑工程中一块墙面可用一块模板。因为其面积与重量都较大，装拆皆需起重机械，所以大模板施工的机械化程度较高，并可减少用工量和缩短工期。大模板是目前我国剪力墙和简体体系的高层建筑、桥墩、简仓等施工用得较多的一种模板，已形成工业化模板体系。

一块大模板由面板、次肋、主肋、支撑桁架、稳定机构及附件组成。

（四）滑升模板

滑升模板施工是在构筑物或建筑物底部，沿其墙、柱、梁等构件的周边一次性组装高1.2m左右的滑动模板，随着向模板内不断地分层浇筑混凝土，用液压提升设备使模板不断地向上滑动，直到达到需要浇筑的高度为止。滑升模板也是一种工业化模板，用于现场浇筑高耸构筑物和建筑物等的竖向结构，如烟囱、简仓、高桥墩、电视塔、竖井、沉井、双曲线冷却塔和高层建筑等。用滑升模板施工，可以节约模板和支撑材料，加快施工速度和保证结构的整体性。但模板一次性投资大、耗钢量多，对建筑的立面造型和构件断面变化有一定限制。施工时宜连续作业，施工组织要求较严。

（五）爬升模板

爬升模板采用整片式大平模，模板由面板及肋组成，高度一般为一个楼层高度，宽度可以是一个开间、一片墙或一个施工段宽度。模板不需要支撑系统，能利用爬升设备自行爬升。施工时，当模板爬升至规定标高并经精确调整后，以爬架为横向支撑，用校正螺杆校正和固定支撑模板的上下两端。

（六）现浇混凝土结构模板

1.基础模板

条形基础模板图和阶形独立柱基础模板在安装基础模板前，应将地基垫层的标高和基础中心线进行核对，弹出基础边线。然后再校正模板上口标高，使之符合设计标高要求，检查无误后将模板钉牢撑稳。

2.柱模板

柱模板的特点是断面尺寸小但高度大。柱模板主要应解决垂直度、侧向稳定性和混凝土的侧压力等问题。

3.梁模板

梁模板的特点是宽度小、高度不高但跨度大，梁下一般架空。梁模板既有侧压力，又有垂直压力。因此，要求梁模板及其支撑系统的稳定性要好，有足够的强度和刚度。

圈梁模板一般除窗口和其他很少地方架空外，都搁在墙上，其模板多由两块侧模板和固定卡具构成。

梁模板应在其梁底标高、轴线位置校正无误后进行安装固定。当梁跨度≥4m时，梁底模应起拱，如设计无要求，应按全跨的1/1000～3/1000起拱。支柱应保证其基础有足够的支撑面积和承载力，并用楔子调整高度，支柱间距应按设计要求，设计无要求时不大于2m；支柱间应设拉杆和剪刀撑，连成整体，一般离地50cm设一道，以上每2m设一道；如梁底距地面高度大于6m时，宜搭排架或满堂脚手架支撑；上下层模板的支柱，应设在同一竖直线上或采用可靠方法将上层支柱荷载传到下层的支撑结构上。

4.板模板

板模板的特点是面积大而厚度小，模板及支撑系统主要抵抗板混凝土的垂直荷载和施工荷载。

5.墙体模板

墙体模板的特点是高度大厚度小，模板主要承受新浇混凝土的侧压力，所以墙体模板应有足够刚度，并设足够的支撑，还要在适当位置布置对拉螺栓，既保证墙体厚度，又防止胀模。

6.楼梯模板

楼梯模板的特点是梯板倾斜，且其上有踏步。安装前，先根据实际尺寸放样，先安装平台梁及基础模板，再安装楼梯斜梁或楼梯底模板，然后安装楼梯外帮侧板。在外帮侧板的内侧弹出楼梯底板的厚度线，再套板画出踏步侧板位置线，钉好固定踏步侧板的挡木，现场装订侧板。注意考虑楼板装饰厚度后每级踏步应高度、宽度均匀一致。

二、模板的拆除

（一）模板拆除的要求

现浇混凝土成型以后，经过适当的养护，当混凝土经过一段时间达到一定强度要求时，即可拆除模板。模板的拆除时间，取决于混凝土的凝结硬化速度、模板的用途、结构的性质、混凝土凝结的温度湿度条件等。及时拆模，可提高模板的周转率，也可为后续工作创造条件，加快施工进度；但如果拆模过早，混凝土未达到需要的强度，就不能承担自身的重量或受外力作用而发生变形甚至断裂，造成重大的责任事故。整体式结构的模板拆除期限应按设计规定，如设计无规定时，应满足下列要求：

侧模：其混凝土强度应达到其表面及棱角不因拆模而受损坏时，方可拆除。

底模及其支架：应在混凝土强度达到规定的强度时，才能拆除。

（二）模板的拆除顺序和方法

模板的拆除顺序一般是先非承重模板，后承重模板；先侧板，后底板。大型结构的模板，拆除时必须事前制订详细方案。

（三）拆模的注意事项

拆模时，操作人员应站在安全处，以免发生安全事故。

拆模时应尽量不要用力过猛过急，严禁用大锤和撬棍硬砸硬敲，以免混凝土表面或模板受到损坏。

拆下的模板及其配件，严禁乱抛乱扔，应有专人接应传递，按指定地点堆放，并及时清理、维修和刷隔离剂，以备周转使用。

在拆模过程中，如发现混凝土有影响结构安全的质量问题时，应停止拆除，经过处理后，才可继续拆除。对已拆除模板及其支撑的结构，在混凝土达到设计的混凝土强度等级后，才能承受全部使用荷载。

第四节　钢筋制作安装技术

钢筋制作安装技术是混凝土结构施工的重要内容，也是混凝土结构施工的关键工序。

一、钢筋的加工

（一）钢筋除锈

为保证钢筋与混凝土之间具有可靠的握裹力，要求钢筋表面应洁净，钢筋上的油漆、漆污和用锤敲击时能剥落的乳皮、铁锈等应在使用前清除干净，带有颗粒状或片状老锈的钢筋不得用于工程中。当钢筋表面有淡黄色轻微浮锈时可不必处理。

对于大量的除锈，可通过钢筋冷拉或钢筋调直机完成；少量的钢筋除锈可采用电动除锈机或喷砂法；局部除锈可采用人工用钢丝刷或砂轮等方法，也可将钢筋通过砂箱往返搓动除锈。

如除锈的钢筋表面有严重的麻坑、斑点等已伤蚀截面时，应降级使用或剔除不用，带有蜂窝状锈迹的钢丝不得使用。

（二）钢筋调直

工程中的钢筋应平直，无局部弯折，成盘钢筋及发生局部曲折的直条钢筋在使用前必须加以调直。钢筋调直分人工调直和机械调直两类。

1.调直机调直

盘形钢筋一般采用钢筋调直机调直。目前常用的钢筋调直机具有钢筋除锈、调直和下料剪切三个功能，因此也称为钢筋调直切断机。在调直时，应根据钢筋的直径选用调直模和传送压辊，恰当掌握调直模偏移量和压辊的压紧程度，并要求调直装置两端的调直模一定要与前后导轮在同一轴心线上，钢筋表面伤痕不应使截面积减少5%以上。

2.冷拉调直

盘形钢筋还可以采用冷拉方法调直，拉直时对冷拉伸长率要注意控制，对HPB235采用冷拉方法调直时，冷拉率不宜大于2%；HRB335、HRB400牌号钢筋的冷拉率不宜大于1%。冷拉调直有时能达到钢筋除锈的目的。

3.人工调直

可采用锤直或扳直的方法进行人工调直。锤直时，可把钢筋放在工作台上用锤敲直。扳直时，把钢筋放在卡盘扳柱间，把有弯的地方对着扳柱，然后用扳手卡口卡住钢筋，扳动扳手就可使钢筋调直。

（三）钢筋切断

钢筋切断分为人工切断与机械切断两种。手工切断常采用手动切断机（用于16mm以下直径钢筋）、克子（用于6～32mm直径的钢筋）和断线钳（用于钢丝）等。机械切断目前常用电动切割机，它适用于切割40mm以下的钢筋，对直径较细的钢筋一次可切断数根。对10mm以下的光圆钢筋，可采用剪筋刀剪断。对预应力钢筋也可用砂轮锯，但不得采用电弧切断。

钢筋切断应将相同规格钢筋长短搭配，合理统筹配料，一般先断长料，后断短料，以减少损耗；避免短尺量长料，产生累积误差；切断后的钢筋断口不得有劈裂、缩头、马蹄形或起弯现象，否则应切除。

（四）钢筋弯曲成型

钢筋弯曲成型分为手工弯曲与机械弯曲两种。钢筋弯曲应在常温下进行，严禁将钢筋加热后弯曲。钢筋成型形状要正确，平面上不应有翘曲不平现象，弯曲点处不能有裂缝。

钢筋弯曲成型的操作程序为：画线→试弯→弯曲成型。

二、钢筋配料

钢筋配料就是根据结构施工图，将各个构件的配筋图表编制成便于实际加工、具有准确下料长度和数量的表格（钢筋配料表）。下料长度指的是下料时钢筋需要的实际长度，这与图纸上标注的长度并不完全一致。

结构施工图中的钢筋尺寸是指钢筋外边缘到外边缘之间的距离，即外包尺寸。钢筋弯曲后，外边缘变长内边缘缩短，中心线长度不变，钢筋的下料长度就是指相应钢筋的中心线长。钢筋外包尺寸与下料长度之间存在一个差值，称为"量度差值"，在计算下料长度时必须加以扣除，否则下料过长，浪费材料，加工后的尺寸过大，造成保护层厚度不够，甚至钢筋尺寸大于模板尺寸而返工。因此，钢筋下料长度应为各段外包尺寸之和减去各弯曲处的量度差值，再加上端部弯钩的长度增加值。

实际工程计算中，影响下料长度计算的因素很多，如混凝土保护层厚度；钢筋弯折后发生的变形；图纸上钢筋尺寸标注方法的多样化；弯折钢筋的直径、级别、形状、弯心半径的大小及端部弯钩的形状等，在进行下料长度计算时，对这些因素都应该考虑。

（一）保护层厚度

保护层厚度是指从混凝土外表面到钢筋外缘的距离，主要起保护钢筋免受锈蚀，并保证钢筋与混凝土紧密黏结而共同工作的作用。普通钢筋和预应力直线形钢筋的最小混凝土保护层厚度不应小于钢筋公称直径，后张法构件预应力直线形钢筋不应小于其管道直径的1/2，且应符合相关规定。

（二）钢筋端部弯钩增加长度和弯曲量度差

1.钢筋端部弯钩增加长度

为满足钢筋在混凝土中的锚固需要，钢筋末端一般需加工成弯钩形式。热轧光圆钢筋末端需要做180°弯折的半圆钩，其圆弧段弯曲直径d不应小于钢筋直径d的2.5倍，平直部分长度不宜小于钢筋直径d的3倍；热轧带肋钢筋（变形钢筋）一般可以不做弯钩，如设计需要时末端只做90°或135°弯折的直弯钩与斜弯钩。

2.箍筋调整值计算

根据规定，箍筋末端应做成弯钩。弯钩角度可弯135°。弯钩弯曲直径应大于被箍受力主钢筋的直径，且HPB235、HPB300钢筋不应小于箍筋直径的2.5倍，HRB335钢筋不应小于箍筋直径的4倍。弯钩平直段长度，一般结构不应小于箍筋直径的5倍，抗震结构不应小于箍筋直径的10倍。

（三）钢筋配料单

在施工时，根据施工图纸、库存材料及各钢筋的下料长度将不同规格、形状的钢筋顺序填制配料单，内容包括工程名称、工程部位、构件名称、图号、钢筋编号、钢筋规格、钢筋形状尺寸简图、下料长度、根数、质量等。下料长度栏应由配料人员计算填写，不可直接使用设计图中的数据。

第五节　混凝土施工

一、适用范围

适用于桥梁工程混凝土的施工，不含水下混凝土的灌注、真空脱水混凝土及喷射混凝土等的施工。

二、施工准备

（一）技术准备

（1）进行混凝土配合比设计。

（2）编制分项工程施工方案，并班组进行培训及交底。

（二）材料要求

配置混凝土的各种原材料品种规格和技术性能应符合国家现行标准规定和设计要求。水泥、外加剂及掺合料等还应进行碱含量检测，砂、石子等应进行碱活性检测，碱含量或碱活性应符合设计要求和有关国家现行标准的规定。

1.水泥

（1）配置混凝土所使用的水泥，一般采用普通硅酸盐水泥、硅酸盐水泥，有特殊要求时可采用其他品种水泥。

（2）水泥进场应有出厂合格证和出厂试验报告，并应按其品种、强度等级、包装或散装仓号、出厂日期等进行检查验收，进场后应进行复试，试验合格后方可使用。

2.砂

（1）混凝土用砂，一般采用质地坚硬、级配良好、颗粒洁净、粒径小于5mm的砂。各类砂应按有关标准规定分批检验，各项指标合格方可使用。

（2）普通混凝土用的砂应以细度模数2.5～3.5的中、粗砂为宜，其含泥量应小于3%。

3.石子

（1）混凝土用的石子，应采用坚硬的碎石或破碎卵石，并应按产地、类别加工方法和规格等不同情况，按有关标准规定分批进行检验，确认合格后方可使用。

（2）石子最大粒径应按混凝土结构情况及施工方法做选择，但最大粒径不得超过结构物截面最小尺寸的1/4，且不得超过钢筋最小净距的1/2；泵送混凝土时石子最大粒径除应符合上述规定外，对碎石不宜超过输送管径的1/3，对于破碎卵石不宜超过输送管径的1/2.5；同时应符合混凝土输送泵的使用规定。

4.外加剂

必须经有关部门检验并附有检验合格证明，使用前应进行复验，确认合格后方可用，使用方法应符合产品说明书及现行国家有关标准的规定。

5.掺合料

可采用粉煤灰、矿粉等，进场时应附有产品出厂检验报告，进场后应按有关标准规定进行复试，确认合格后方可使用。

6.水

宜采用饮用水，当采用其他水源时，应按有关标准对其进行化验，确认合格后方可使用。

（三）机具设备

（1）混凝土搅拌设备：混凝土搅拌机、装载机、计量设备、手推车等。

（2）混凝土运输设备：混凝土运输车、机动翻斗车等。

（3）混凝土浇筑设备：混凝土输送泵、汽车吊及吊斗、混凝土振捣器等。

（4）其他设备：空压机、风镐、发电机、水泵、水车等。

（5）工具：抹子、铁锹、串筒、漏斗、溜槽、锤子、铁錾等。

（四）作业条件

（1）配制混凝土的各组成材料进场并经检验合格，数量或补给速度满足施工要求。

（2）混凝土搅拌站已安装就位，并经验收合格。

（3）混凝土浇筑作业面及搅拌站通水通电，混凝土运输道路畅通。

三、施工工艺

（一）施工工艺

混凝土搅拌→混凝土运输→混凝土浇筑→混凝土养护。

（二）操作工艺

1.混凝土搅拌

（1）开始搅拌前，应进行以下准备工作：

①对搅拌机及上料设备进行检查并试运转。

②对所有计量器具进行检查并试运转。

③校对施工配合比。

④对所用原材料的质量、规格、品种、产地及牌号等进行检查，并与施工配合比进行核对。

⑤对砂、石含水率进行检测，如有变化，及时调整配合比用水量。

（2）计量：各种衡器应定期校验，保持准确；骨料含水率应经常测定，雨天施工应增加测定次数。

①砂、石计量：砂、石计量的允许偏差为≤±3%。

②水泥计量：采用袋装水泥时，对每批进场的水泥应抽查10袋的重量，并计量每袋的平均实际重量。小于标定重量的要开袋补足，或以每袋的实际水泥重量为准，调整其他材料的用量，按配合比的比例重新确定每盘混凝土的施工配合比。采用散装水泥的，应每盘精确计量。不同强度等级、不同品种、不同厂家的水泥不得混合使用。水泥计量的允许偏差为±2%。

③外加剂计量：对于粉状的外加剂，应按施工配合比每盘的用量，预先在外加剂存放仓库中进行计量，并以小包装运到搅拌地点备用。液态外加剂要随用随搅拌，并用比重计检查其浓度。外加剂计量的允许偏差为≤±2%。

④掺合料计量：对于粉状的掺合料，应按施工配合比每盘的用量，预先在掺合料存放的仓库中进行计量，并以小包装运到搅拌地点备用。掺合料计量的允许偏差为≤±2%。

⑤水计量：水必须盘盘计量，其允许偏差为≤±2%。

（3）上料：现场拌制混凝土，一般是计量好的原材料先汇集在上料斗中，经上料斗进入搅拌筒。水及液态外加剂经计量后，在往搅拌筒中进料的同时，直接注入搅拌筒。原材料汇集到上料斗的顺序如下：

①无外加剂、掺合料时，依次进入上料斗的顺序为石子→水泥→砂。

②有掺合料时，其顺序为石子→水泥→掺合料→砂。

③有干粉状外加剂时，其顺序为石子→外加剂→水泥→砂，或顺序为石子→水泥→砂→外加剂。

（4）混凝土应使用强制式搅拌机搅拌，混凝土搅拌的最短时间系指自全部材料装入搅拌筒中起，到开始卸料止的时间。但是当掺有外加剂时，搅拌时间应适当延长。

（5）首盘混凝土拌制时，先加水使搅拌筒空转数分钟，搅拌筒被充分湿润后，将剩余水倒净。搅拌第一盘时，由于砂浆黏筒壁而损失。因此，石子的用量应按配合比减10%。从第二盘开始，按给定的混凝土配合比投料。

（6）混凝土在拌合过程中，除对搅拌时间进行控制外，还应对混凝土拌合物的均匀性进行检查，保证混凝土颜色一致，不得有离析和泌水现象。

（7）混凝土搅拌完毕后，应按下列要求检测混凝土拌合物的各项性能：

①混凝土拌合物的坍落度及和易性，应在搅拌地点和浇筑地点分别取样检测，评定时应以浇筑地点的测值为准，每一工作班至少两次。

如混凝土拌合物从搅拌机出料至浇筑入模的时间不超过15min时，其坍落度可以在搅拌地点取样检测。

②在检测坍落度时，还应观察混凝土拌合物的黏聚性和保水性。

③按有关规定制作混凝土试块。

2.混凝土运输

（1）混凝土的运输能力必须满足混凝土浇筑的连续性，并确保在混凝土初凝前浇筑完毕。

（2）当混凝土拌合物运距较近时，可采用无搅拌器的运输工具运输，但容器必须不吸水漏浆。

当采用搅拌运输车运输且运距较远时，途中应以每分钟2～4转的慢速进行搅动，卸料前应快转2～3min，混凝土的装载量应为搅拌筒几何容量的2/3。

（3）混凝土运至浇筑地点后发生离析、严重泌水现象时不得使用。

（4）采用泵送混凝土应符合下列规定：

①混凝土的供应必须保证混凝土输送泵能连续工作。

②输送管线宜顺直，转弯宜缓，接头应严密。如管道向下倾斜，应防止混入空气产生阻塞。

③泵送前应该先用适量的与混凝土成分相同的水泥砂浆润滑内壁；预计泵送间歇时间超过45min时，应立即用压力水或其他方法清理管内残留混凝土。

④在泵送过程中，受料斗内应留有足够的混凝土，以防止吸入空气而产生阻塞。

3.混凝土浇筑

（1）混凝土浇筑前应对支架、模板、钢筋和预埋件等分别进行检查验收，符合要求后方能浇筑混凝土。模板内的杂物、积水和钢筋上的污垢应清理干净；模板内面应涂刷脱模剂。

（2）混凝土自高处倾落的自由高度不宜超过2m。倾斜高度超过2m时，应通过串筒、溜槽等设施下落；倾斜高度超过10m时，应设置减速装置。

（3）混凝土应按一定厚度、顺序和方向分层浇筑，分层浇筑时应在下层混凝土初凝前浇筑上层混凝土；上下层同时浇筑时，上层与下层前后浇筑距离应保持1.5m以上。

在倾斜面上浇筑混凝土时，应从低处开始，逐层扩展升高，保持水平分层。

（4）浇筑混凝土时，应采用振动器捣实，边角处可采用人工辅助振捣。用振动器振捣混凝土时，应符合下列规定：

①使用插入式振动器时，移动间距不应超过振动器作用半径的1.5倍；与倒模应留有50～100mm的距离，插入下层混凝土50～100mm；每一处振动完毕后应边振动边徐徐拔出振动棒；振动棒应避免碰撞模板、钢筋、芯管和预埋件，如靠近模板处钢筋较密，在使用插入式振动器之前先人工仔细插捣。

②表面振动器的移动间距，应保证振动器的平板能覆盖已振实部分100mm左右为宜。

③附着式振动器的有效作用半径和振动时间应视结构形状、模板坚固程度及振动器的性能情况，通过试验确定。

④每一振动部位的振捣延续时间，应使混凝土表面呈现泛浆和不再沉落为度。

（5）施工缝应按下列要求进行处理：

①应凿除混凝土表面的水泥浆和软弱层，凿除时，混凝土强度应满足下列要求：水冲洗或钢丝刷处理混凝土表面，应达到0.5MPa；用人工凿毛时，应达到2.5MPa。

②经过凿毛处理的混凝土表面，应用压力水冲洗干净，使表面保持湿润但不积水。在浇筑混凝土前，对水平缝应铺一层厚为10～20mm的同配比或渣混凝土。

③对于重要部位，有防震要求的混凝土结构或钢筋稀疏的结构，应在接缝处补插锚固钢筋或做榫槽；有抗渗要求的施工缝宜做成凹凸或设置钢板止水带。

④施工缝为斜面时，应浇筑成或凿成台阶状。

⑤施工缝处理后，须持下层混凝土达到一定强度后才允许继续浇筑上层混凝土。需要达到的强度不低于1.2MPa，当结构物为钢筋混凝土时，不得低于2.5MPa。

混凝土达到上述抗压强度的时间宜通过试验确定，如果无试验资料，可参考有关规范确定。

（6）混凝土浇筑过程中或浇筑完成时，如果混凝土表面泌水较多，应及时采取措施，在不扰动已浇筑混凝土的条件下，将泌水排除；继续浇筑时，应查明原因采取措施减少泌水。

（7）结构混凝土浇筑完成后，对混凝土顶面应及时进行修整、抹平，待定浆后再抹第二遍并压光或拉毛。

（8）浇筑混凝土时，严禁在混凝土中加水改变稠度。

（9）大体积混凝土的浇筑宜在室外气温较低时进行，混凝土的浇筑温度不宜超过28℃，并应采取有效措施降低混凝土水化热。

（10）混凝土在浇筑过程中，应随时检查模板、支架、钢筋、预埋件和预留孔洞的情况，如发现有变形、移位或沉陷等情况时立即停止浇筑、查明原因，并在混凝土凝结前修整完好。

4.混凝土养护

（1）浇筑完成的混凝土，应加以覆盖和洒水养护，并应符合以下规定：

①混凝土应在终凝后及时进行覆盖养护，覆盖时不得损伤或污染混凝土表面。

②混凝土养护的时间不得少于7d，可根据大气的温度、湿度和水泥品种及掺用的外加剂等情况，酌情延长；对掺用缓凝型外加剂或有抗渗要求的混凝土不得少于14d；预应力混凝土养护至预应力张拉。

③洒水的次数应能保持混凝土表面经常处于湿润状态。

④当气温低于5℃时，应覆盖保温，不得向混凝土表面洒水。

⑤混凝土养护用水应与拌合用水要求相同。

（2）对于大体积混凝土的养护，应根据气候条件采取温控措施，并按需要测定浇筑后的混凝土表面和内部温度，将温差控制在设计要求的范围内，当设计无具体要求时，温差不宜超过25℃。

（三）季节性施工

1.雨期施工

（1）水泥等材料应存放于库内或棚内，散装水泥仓应采取防雨措施。

（2）雨期施工中，应增加对骨料含水率的测定。

（3）模板涂刷脱模剂后，要采取措施避免脱模剂受雨水冲刷而流失。

（4）及时准确地了解天气预报信息，避免在雨中进行混凝土浇筑；必须浇筑时，应采取有效措施确保混凝土质量。

（5）雨期施工中，混凝土模板支架及施工脚手架地基须坚实平整、排水顺畅。

2.冬期施工

（1）室外日平均气温连续5d稳定低于5℃时，混凝土施工应采取冬施措施。

（2）冬期施工混凝土的搅拌。

①应优先选用硅酸盐水泥或普通硅酸盐水泥，水泥强度等级不应低于32.5级，最小水泥用量不宜低于300kg/m³，水灰比不宜大于0.6。

②宜使用无氯盐类防冻剂，对抗冻性要求高的混凝土，宜使用引气剂或引气减水剂，其掺量应根据混凝土的含气量要求，通过试验确定。在钢筋混凝土和预应力混凝土中不得掺有氯盐类防冻剂。

③混凝土所用骨料必须清洁，不得含有冰、雪等冻结物及易冻裂的矿物质。

④混凝土的搅拌宜在保温棚内进行；应优先选用水加热的方法，水和骨料的加热温度应通过计算确定，但不得超过以下规定。

强度等级<42.5的普通硅酸盐水泥、矿渣硅酸盐水泥：拌和水80℃、骨料60℃；

强度等级≥42.5的普通硅酸盐水泥、矿渣硅酸盐水泥：拌和水60℃、骨料40℃；

水泥不得直接加热，宜在使用前运入保温棚存放。

当骨料不加热时，水可加热到100℃，但投料时水泥不得与80℃以上的水直接接触。投料顺序为投入骨料和已加热的水，然后再投入水泥。

⑤混凝土拌制前，应用热水或蒸汽冲洗搅拌机，拌制时间应取常温的1.5倍；混凝土拌合物的出机温度不宜低于10℃，入模温度不得低于5℃。

（3）冬施混凝土拌合物除应进行常温施工项目检测外，还应进行以下检查：

①检查外加剂的掺量。

②测量水和外加剂溶液以及骨料的加热温度和加入搅拌机时的温度。

③测量混凝土的出机温度和入模温度。

（以上检查每一工作班应至少测量检查4次。）

④混凝土试块除应按常温施工要求留置外，还应增设不少于2组与结构同条件养护的试件，分别用于检验受冻前的混凝土强度和转入常温养护28d的混凝土强度。

（4）混凝土运输车应采取保温措施，宜采用混凝土罐车运输，采用混凝土输送泵进行混凝土浇筑时，对泵管应采取保温措施。

（5）及时准确地了解天气预报信息，浇筑混凝土要避开寒流及雪天，必须浇筑时，应采取有效措施确保混凝土质量。

（6）混凝土浇筑成型后，应及时对其进行保温养护。

四、质量标准

基本要求如下：

（1）所用的水泥、砂、石、水、外掺剂及混合材料的质量和规格，必须符合有关技术规范的要求，按规定的配合比施工。使用预拌混凝土需有预拌混凝土出厂合格证。

（2）混凝土强度必须符合设计要求。强度的检验一般是做抗压试验，设计有特殊要求时，应做抗折、抗压、弹性模量、抗浆、抗渗等试验。

（3）混凝土应振捣密实，不应有蜂窝、孔洞、裂缝及露筋现象。

（4）钢筋混凝土结构在自重荷载下，不允许出现受力裂缝。

（5）预应力筋的孔道必须通顺、洁净。

五、成品保护

（1）在已浇筑的混凝土未达到1.2MPa以前，不得在其上踩踏或进行施工操作。

（2）在拆除模板时不得强力拆除，以免损坏结构棱角或清水混凝土面。

（3）不应在清水混凝土面上乱涂乱画，以免影响美观。

（4）在模板拆除后，对易损部位的结构棱角（如方柱的四角等）应采取有效措施予以保护。

第六节 砌筑工程施工

一、砌筑材料质量控制

（一）砌筑石料

桥梁工程砌筑石料应符合设计规定的类别和强度，石质应均匀、耐风化、无裂纹；石料抗压强度的测定，应符合相关规定；在潮湿和浸水地区主体工程的石料软化系数，不得小于0.8。对最冷月份平均气温低于-10℃的地区，除干旱地区的不受冰冻部位外，石料的抗冻性指标应符合冻融循环25次的要求。

（二）混凝土预制砌块

桥梁工程混凝土预制块形状、尺寸应统一，其规格应与粗料石相同，砌体表面应整齐美观。预制块用作拱石时，混凝土块可提前预制，使其收缩尽量消失在拱圈封顶以前，避免拱圈开裂；蒸汽养护混凝土预制块可加速收缩，可按试验确定提前时间。

（三）砌筑砂浆

桥梁工程常用砌筑砂浆为水泥砂浆和混合砂浆，其强度等级可分为m20、m15、m10、m7.5、m5五个等级，通常水泥砂浆可用于潮湿环境中的砌体，混合砂浆可用于干燥环境中的砌体。砂浆的强度应符合设计要求。设计无规定时，主体工程用砂浆强度不得低于m10，一般工程用砂浆强度不得低于m5。设计有明确冻融循环次数要求的砂浆，经冻融试验后，质量损失率不得大于5%，强度损失率不得大于25%。

二、桥梁工程砌体施工技术

（一）基本要求

为了使砌体强度高、整体好、能够有效抵抗外力，在地下水位以下或处于潮湿土壤中的石砌体应采用水泥砂浆砌筑。当遇有侵蚀性水时，水泥种类应按设计规定选择。采用分段砌筑时，相邻段的高差不宜超过1.2m，工作缝位置宜在伸缩缝或沉降缝处。同一砌体当天连续砌筑高度不宜超过1.2m。砌体应分层砌筑，各层石块应安放稳固，石块间的砂浆应饱满，黏结牢固，石块不得直接贴靠或留有空隙。砌筑过程中，不得在砌体上用大锤修凿石块。

（二）浆砌片石

浆砌片石应分层砌筑，砌体下部宜选用较大的片石，转角及外缘处应选用较大且方正的片石。砌筑时宜以2~3层片石组成一个砌筑层，每个砌筑层的水平缝应大致找平，竖缝应错开。灰缝宽度不宜大于4cm。采用坐浆法进行片石砌筑应自外边开始，片石应大小搭配、相互错叠、咬接密实，较大的缝隙中应填塞小石块。砌片石墙必须设置拉结石，拉结石应均匀分布。

（三）浆砌块石

块石砌体一般应分层平砌，每层石料高度应基本一致，外圈定位行列和镶面块石一般丁顺相同或两顺一丁排列。用作镶面的块石，外露面四周应加以修凿，其修凿进深不得小于7cm镶面丁石的长度，不得短于顺石宽度的1.5倍。每层块石的高度应尽量一致，每砌筑0.7~1.0m应找平一次。砌筑镶面石时，上下层立镶错开的距离应大于8cm砌筑填心石时，灰缝应错开。水平灰缝宽度不得大于3cm；垂直灰缝宽度不得大于4cm。较大缝隙中应填塞小块石。

（四）浆砌料石

浆砌料石施工前，应按块材及灰缝厚度预先计算层、选好料，砌筑时应严格控制平面位置和高度，每层镶面石按规定配好石料后，再用坐浆法顺序砌筑，并应随砌填塞立缝。一层镶面石砌筑完毕，方可砌填心石，其高度应与镶面石平，当采用水泥混凝土填心，镶面石可先砌2~3层后再浇筑混凝土。每层镶面石均应采用一丁一顺砌法，宽度应均匀，所有立缝均应垂直。

（五）砌体勾缝及养护

为保护灰缝，增强美观，浆砌石的外露面应进行勾缝。勾缝即指在砌体砂浆凝固前，先将缝内深度不大于2cm的砂浆刮去，待砌体达到一定强度后，用水将缝内冲洗干净，再用强度等级较高且较稠的砂浆填塞，在缝面压实、抹光。砌体勾缝，一般采用凸缝或平缝，当浆砌较规则的块材时，砌筑时应及时把砌体表面的灰缝砂浆向内剔除2cm，砌筑完成1~2日内应采用水泥砂浆勾缝。如果设计规定不勾缝，则应随砌随浆灰缝并用砂浆刮平。勾缝前应封堵脚手架眼，剔凿瞎缝和窄缝，清除砌体表面黏结的砂浆、灰尘和杂物等，并将砌体表面洒水湿润。砌体勾缝形式、砂浆强度等级应符合设计要求。设计无规定时，块石砌体宜采用凸缝或平缝；细料石及粗料石砌体应采用凹缝。勾缝砂浆强度等级不得低于m10。砌石勾缝宽度应保持均匀，片石勾缝宽宜为3~4cm；块石勾缝宽宜为2~3cm；料石、混凝土预制块缝宽宜为1~1.5cm。块石砌体勾缝应保持砌筑的自然缝，勾凸缝时，灰缝应整齐，拐弯圆滑流畅、宽度一致，不出毛刺，不得空鼓脱落。料石砌体勾缝应横平竖直、深浅一致，十字缝衔接平顺，不得有瞎缝、丢缝和黏结不牢等现象，勾缝深度应较墙面凹进5mm。砌体在砌筑和勾缝砂浆初凝后，应立即覆盖洒水，湿润养护7~14d，养护期间不得碰撞、振动或承重。

（六）砌筑工程冬期施工技术

当工地昼夜平均气温连续5d低于5℃或最低气温低于-3℃时，即进入冬期施工。砂浆的温度不得低于15℃，砌块的温度应在5℃以上，棚内地面处温度不得低于5℃。砌体保温时间应以砂浆达到其抗冻强度的时间为准。应洒水养护，保持砌体湿润。抗冻砂浆宜优先选用硅酸盐水泥或普通硅酸盐水泥和细度模数较大的砂。抗冻砂浆的温度不得低于5℃。用抗冻砂浆砌筑的砌体，应在砌筑后加以保温覆盖，不得浇水。抗冻砂浆的抗冻剂掺量可通过试验确定。砂浆应随拌随用，每次拌和量宜在0.5h内用完。已冻结的砂浆不得使用。施工中应根据施工方法、环境气温，通过热工计算确定砂浆砌筑温度。掺加外加剂砌筑承重砌体时，砂浆强度等级应较常温施工提高一级。

桥梁工程中，砌筑工程的施工过程中要从各个环节、各个方面落实质量责任，确保建设工程质量。作为施工的组织管理者，要通过科学的手段和现代技术，从基础工作做起，注意施工过程中的细节，加强对建筑施工工程的质量管理和控制。

第九章 路桥工程材料试验检测

第一节 水泥试验检测

一、概述

水泥按其主要成分分为硅酸盐类水泥、铝酸盐类水泥、硫铝酸盐类水泥和磷酸盐类水泥。其中最为常用的是硅酸盐类水泥。

水泥的主要水化产物有两种：一是凝胶体，主要包括水化硅酸钙（C-S-H）和水化铁酸钙凝胶（C-F-H）；二是晶体，主要包括氢氧化钙Ca（OH）$_2$、水化铝酸钙（C-A-H）和水化硫铝酸钙晶体（C-A-S-H）。

硬化后的水泥石由凝胶体、晶体粒子、毛细孔、凝胶孔及未水化的水泥颗粒所组成。毛细孔是指多余水分所占的空间。从理论上讲，水泥水化所需的水灰比为0.22左右，但为使水泥浆体达到施工所要求的稠度，水灰比需达到0.4以上。凝胶孔是存在于凝胶体中的孔隙，其尺寸较毛细孔要小。

二、技术指标

水泥的技术指标主要包括化学指标和物理指标。

（一）化学指标

通用硅酸盐水泥的化学指标见表9-1。

碱含量：碱含量为选择性指标，水泥中碱含量按Na$_2$O+0.658K$_2$O计算值表示。若使用活性骨料，用户要求提供低碱水泥时，水泥中的碱含量应不大于0.60%或由买卖双方协商确定。

表9-1　通用硅酸盐水泥的化学指标

品种	代号	不溶物（质量分数）	烧失量（质量分数）	三氧化硫（质量分数）	氧化镁（质量分数）	氯离子（质量分数）
硅酸盐水泥	P·Ⅰ	≤0.75	≤3.0	≤3.5	≤5.01	≤0.063
	P·Ⅱ	≤1.50	≤3.5			
普通硅酸盐水泥	P·O	—	≤5.0			
矿渣硅酸盐水泥	P·S·A	—	—	≤4.0	≤6.02	
	P·S·B	—	—		—	
火山灰质硅酸盐水泥	P·P	—	—	≤3.5	≤6.02	
粉煤灰硅酸盐水泥	P·F	—	—			
复合硅酸盐水泥	P·C	—	—			

注：1. 如果水泥压蒸试验合格，则水泥中氧化镁的含量（质量分数）允许放宽至6.0%。

　　2. 如果水泥中氧化镁的含量（质量分数）大于6.0%时，需进行水泥压蒸安定性试验并合格。

　　3. 当有更低要求时，该指标由买卖双方协商确定。

（二）物理指标

1.强度指标

通用硅酸盐水泥的强度指标见表9-2。

表9-2　通用硅酸盐水泥强度指标

（单位：MPa）

品种	强度等级	抗压强度		抗折强度	
		3d	28d	3d	28d
硅酸盐水泥	42.5	≥17.0	≥42.5	≥3.5	≥6.5
	42.5R	≥22.0		≥4.0	
	52.5	≥23.0	≥52.5	≥4.0	≥7.0
	52.5R	≥27.0		≥5.0	

续表

品种	强度等级	抗压强度		抗折强度	
		3d	28d	3d	28d
硅酸盐水泥	62.5	≥28.0	≥62.5	≥5.0	≥8.0
	62.5R	≥32.0		≥5.5	
普通硅酸盐水泥	42.5	≥17.0	≥42.5	≥3.5	≥6.5
	42.5R	≥22.0		≥4.0	
	52.5	≥23.0	≥52.5	≥4.0	≥7.0
	52.5R	≥27.0		≥5.0	
矿渣硅酸盐水泥 火山灰硅酸盐水泥 粉煤灰硅酸盐水泥 复合硅酸盐水泥	32.5	≥10.0	≥32.5	≥2.5	≥5.5
	32.5R	≥15.0		≥3.5	
	42.5	≥15.0	≥42.5	≥3.5	≥6.5
	42.5R	≥19.0		≥4.0	
	52.5	≥21.0	≥52.5	≥4.0	≥7.0
	52.5R	≥23.0		≥4.5	

2.密度和细度

硅酸盐水泥的密度约为3.10g/cm³，松散状态下的堆积密度为1000~1200kg/m³，紧密堆积密度达1600kg/m³。

细度是指水泥颗粒的粗细程度，是影响水泥性能的重要指标。水泥越细，比表面越大，与水接触面积也越大，水化快、水化程度高，但需水量大。

硅酸盐水泥和普通硅酸盐水泥以比表面积表示，不小于300m²/kg；矿渣硅酸盐水泥、火山灰质硅酸盐水泥、粉煤灰硅酸盐水泥和复合硅酸盐水泥以筛余表示，80方孔筛筛余不大于10%或45μm方孔筛筛余不大于30%。

3.标准稠度用水量

为了测定水泥的凝结时间及体积安定性等性能，应该使水泥净浆在一个规定的稠度下进行，这个规定的稠度称为标准稠度。

达到标准稠度时的用水量称为标准稠度用水量，以水与水泥质量之比的百分数表示，按《水泥标准稠度用水量、凝结时间、安定性检验方法》规定的方法测定。

4.凝结时间

凝结时间分初凝和终凝。初凝时间是指从水泥全部加入水中到水泥开始失去可塑性所需的时间。终凝时间是指从水泥全部加入水中直至水泥完全失去可塑性开始产生强度所需的时间。

硅酸盐水泥初凝不小于45min，终凝不大于390min；普通硅酸盐水泥、矿渣硅酸盐水泥、火山灰质硅酸盐水泥、粉煤灰硅酸盐水泥和复合硅酸盐水泥初凝不小于45min，终凝不大于600min。

5.体积安定性

水泥体积安定性，是指水泥浆硬化后体积变化是否均匀的性质。当水泥浆体在硬化过程中或硬化后发生不均匀的体积膨胀，会导致水泥石开裂、翘曲等现象，称为体积安定性不良。

引起水泥体积安定性不良的原因：熟料中含有过量的游离氧化钙（f–CaO）；熟料中含有过量的游离氧化镁（f–MgO）；掺入的石膏过多。

安定性采用沸煮法进行检测。

三、检测方法

水泥出厂前按同品种、同强度等级编号和取样，袋装水泥和散装水泥应分别进行编号和取样，每一编号为一取样单位，10×10^4t以下，不超过200t为一编号。取样方法按《水泥取样方法》进行。可连续取，亦可从20个以上不同部位取等量样品，总量至少12kg。当散装水泥运输工具的容量超过该厂规定出厂编号吨数时，允许该编号的数量超过取样规定吨数。

（一）标准稠度用水量、凝结时间和安定性

1.仪器设备及材料

水泥净浆搅拌机；标准法维卡仪；雷氏夹及雷氏夹膨胀测定仪；煮沸箱；量筒或滴定管精度 ± 0.5mL；天平（最大称量不小于1000g，分度值不大于1g）；材料（试验用水应是洁净的饮用水，如有争议时应以蒸馏水为准）。

2.试验条件

试验室温度为20℃ ± 2℃，相对湿度应不低于50%；水泥试样、拌和水、仪器和用具的温度应与试验室一致；湿气养护箱的温度为20℃ ± 1℃，相对湿度应不低于90%。

3.水泥标准稠度用水量测定方法（标准法）

（1）试验前准备工作

①维卡仪的滑动杆能自由滑动，试模和玻璃底板用湿布擦拭，将试模放在底板上。②调整至试杆接触玻璃板时指针对准零点。③搅拌机运行正常。

（2）操作步骤

①用水泥净浆搅拌机搅拌，搅拌锅和搅拌叶片先用湿布擦过，将拌和水倒入搅拌锅内，然后在5～10s内小心将称好的500g水泥加入水中，防止水和水泥溅出；拌合时，先将锅放在搅拌机的锅座上，升至搅拌位置，启动搅拌机，低速搅拌120s，停15s，同时将叶片和锅壁上的水泥浆刮入锅中间，接着高速搅拌120s停机。②拌合结束后，立即取适量水泥净浆一次性将其装入已置于玻璃底板上的试模中，用宽约25mm的直边刀轻轻拍打超出试模部分的浆体5次以排除浆体中的空隙，然后在试模表面约1/3处，略倾斜于试模分别向外轻轻锯掉多余净浆，再从试模边沿轻抹顶部一次，使净浆表面光滑，在锯掉多余净浆和抹平的操作过程中，注意不要压实净浆；抹平后迅速将试模和底板移到维卡仪上，并将其中心定在试杆上，降低试杆直至与水泥净浆表面接触，拧紧螺线1～2s后，突然放松，使试杆垂直自由地沉入水泥净浆中。③试杆停止沉入或释放试杆30s记录试杆距底板之间的距离，升起试杆后，立即擦净；整个操作应在搅拌后1.5min内完成。以试杆沉入净浆并距底板6mm±1mm的水泥净浆为标准稠度净浆。其拌和水量为该水泥的标准稠度用水量（P），按水质量的百分比计。

4.凝结时间的测定

（1）试验前准备工作

①调整凝结时间测定仪的试针接触玻璃板时指针对准零点。②试件的制备：以标准稠度用水量按《公路工程水泥及水泥混凝土试验规程》要求装模和刮平后，立即放入湿气养护箱中。记录水泥全部加入水中的时间作为凝结时间的起始时间。

（2）初凝时间的测定

试件在湿气养护箱中养护至加水后30min时进行第一次测定。测定时，从湿气养护箱中取出试模放到试针下，降低试针与水泥净浆表面接触。拧紧螺丝1～2s后，突然放松，试针垂直自由地沉入水泥净浆。观察试针停止下沉或释放试针30s时指针的读数。临近初凝时间时每隔5min（或更短时间）测定一次，当试针沉至距底板4mm±1mm时，为水泥达到初凝状态。由水泥全部加入水中至初凝状态的时间为水泥的初凝时间，单位为"min"。

（3）终凝时间的测定

为了准确观测试针沉入的状况，在终凝针上安装了一个环形附件。在完成初凝时间测定后，立即将试模连同浆体以平移的方式从玻璃板取下，翻转180°，直径大端向上，小端向下放在玻璃板上，再放入湿气养护箱中继续养护，临近终凝时间时每隔15min（或更短时间）测定一次，当试针沉入试体0.5mm时，即环形附件开始不能在试体上留下痕迹时，为水泥达到终凝状态。由水泥全部加入水中至终凝状态的时间为水泥的终凝时间，单位为"min"。

（4）测定时注意事项

测定时应注意，在最初测定的操作时应轻轻扶持金属柱，使其徐徐下降，以防试针撞弯，但结果以自由下落为准；在整个测试过程中试针沉入的位置至少要距试模内壁10mm。临近初凝时，每隔5min（或更短时间）测定一次，临近终凝时每隔15min（或更短时间）测定一次，到达初凝或终凝时应立即重复测一次，当两次结论相同时才能定为到达初凝。到达终凝时，需要在试体另外两个不同点测试，确认结论相同才能确定到达终凝状态。每次测定不能让试针落入原针孔，每次测试完毕须将试针擦净并将试模放回湿气养护箱内，整个测试过程要防止试模受振。

5.安定性测定（标准法）

（1）试验前准备工作

每个试样需成型两个试件，每个雷氏夹需配备两个边长或直径约80mm、厚度4～5mm的玻璃板，凡与水泥净浆接触的玻璃板和雷氏夹内都要稍稍涂上一层油。

（2）雷氏夹试件的成型

将预先准备好的雷氏夹放在已稍擦油的玻璃板上，立即将已制好的标准稠度水泥净浆一次性装满雷氏夹，装浆时一只手轻轻扶持雷氏夹，另一只手用宽度约25mm的直边刀在浆体表面轻轻插捣3次，然后抹平，盖上稍擦油的玻璃板，接着立即将试件移至湿气养护箱内养护24h±2h。

（3）沸煮试验

①调整好煮沸箱内水位，使其保证在整个过程中都能超过试件，不需中途添补试验用水，同时能保证在30min±5min内开始沸腾。②脱去玻璃板取下试件，先测量雷氏夹指针尖端间的距离，精确到0.5mm，接着将试件放入沸煮箱中的试件架上，指针朝上，然后在30min±5min内加热至沸并恒沸180min±5min。

（4）结果判别

沸煮结束后，立即放掉箱中的热水，打开箱盖，待箱体冷却至室温，取出试件进行判别。测定雷氏夹指针尖端的距离（C），精确到0.5mm，当两个试件煮后指针尖端增加的距离（C–A）的平均值不大于5.0mm时，即认为该水泥安定性合格。当两个试件煮后增加的距离（C–A）的平均值差大于5.0mm时，应用同一样品立即重做一次试验，以复检结果为准。

（二）胶砂强度

适用于硅酸盐水泥、普通硅酸盐水泥、矿渣硅酸盐水泥、粉煤灰硅酸盐水泥、复合硅酸盐水泥、道路硅酸盐水泥，以及石灰石硅酸盐水泥的抗折与抗压强度检验。

1.仪器设备

①胶砂搅拌机。②振实台。③试模及下料漏斗：试模为可装卸的三联模。④抗折试验机和抗折夹具。⑤抗压试验机和抗压夹具：抗压试验机的吨位以200~300kN为宜。⑥天平：感量为1g。

2.材料

①水泥试样从取样到试验要保持24h以上时，应将其储存在基本装满和气密的容器中，这个容器不能和水泥反应。②ISO标准砂。各国生产的ISO标准砂都可以用于本方法测定水泥强度。③试验用水为饮用水，仲裁试验时用蒸馏水。

3.温度与相对湿度

①试件成型试验时应保持试验室温度为20℃±2℃（包括强度试验室），相对湿度大于50%。水泥试样、ISO砂、拌和水及试模等的温度应与室温相同。②养护箱或雾室温度20℃±1℃，相对湿度大于90%，养护水的温度20℃±1℃。③试件成型试验室的空气温度和相对湿度在工作期间每天应至少记录一次。养护箱或雾室温度和相对湿度至少每4h记一次。

4.试件成型

成型前将试模擦净，四周的模板与底座的接触面上应涂黄油，紧密装配，防止漏浆，内壁还应均匀地刷一薄层机油。

水泥与ISO砂的质量比为1:3、水灰比0.5。每成型3条试件需称量的材料及用量为：水泥450g±2g；ISO砂1350g±5g；水225mL±1mL。

将水加入锅中，再加入水泥，把锅放在固定架上并上升至固定位置。然后立即开动机器，低速搅拌30s后，在第二个30s开始的同时均匀将砂子加入。砂子分级装时，应从最粗粒级开始，依次加入，再高速搅拌30s。

用振实台成型时，将空试模和模套固定在振实台上，用适当的勺子直接从搅拌锅中将胶砂分为两层装入试模，装第一层时，每个槽里放约300g砂浆，用大播料器垂直架在模套顶部，沿每个模槽来回一次将料层播平，接着振实60次。再装入第二层胶砂，用小播料器播平，再振实60次。移走模套，从振实台上取下试模，并用刮尺以90°的角度架在试模顶的一端，沿试模长度方向以横向锯割动作慢慢向另一端移动，一次将超出试模的胶砂刮去。并用同一直尺在近乎水平的情况下将试件表面抹平。

在试模上做标记或加字条标明试件的编号和试件相对于振实台的位置。两个龄期以上的试件，编号时应将同一试模中的三条试件分在两个以上的龄期内。

试验前或更换水泥品种时，须将搅拌锅、叶片和下料漏斗等抹擦干净。

第二节　混凝土试验检测

一、混凝土材料及试件试验检测

（一）表观密度试验

本方法适用于混凝土拌合物捣实后单位体积质量的测定。

1.仪器设备

容量筒、天平、振动台、捣棒。

2.试验步骤

（1）测定容量筒容积

应将干净容量筒与玻璃板一起称重；再将容量筒装满水，应缓慢将玻璃板从筒口一侧推到另一侧，容量筒内应满水并且不应存在气泡，擦干筒外壁，再次称重；两次质量之差除以该温度下水的密度即为容量筒容积；常温下水的密度可取1kg/L。

（2）容量

容量筒内外壁应擦干净，称出容量筒质量，精确至10g。

（3）混凝土的装料及捣实方法应根据拌合物的稠度而定

坍落度不大于70mm的混凝土拌合物，宜用振动台振实；大于70mm的混凝土拌合物宜用捣棒捣实。采用捣棒捣实时，应根据容量筒的大小决定分层与插捣次数：用5L容量筒时，混凝土拌合物应分两层装入，每层的插捣次数应为25次；用大于5L的容量筒时，每层混凝土的高度不应大于100mm，每层插捣次数应按每10000mm²截面不小于12次计算。各次插捣应由边缘向中心均匀地插捣；插捣底层时，捣棒应贯穿整个深度；插捣第二层时，捣棒应插透本层至下一层的表面；每一层捣完后用橡皮锤轻轻沿容器外壁敲打5～10次，进行振实，直至拌合物表面插捣孔消失并不见大气泡为止；自密实混凝土应一次性填满，且不应进行振动和插捣。

采用振动台振实时，应一次将混凝土拌合物灌到高出容量筒口。装料时可用捣棒稍加插捣，振动过程中如混凝土低于筒口，应随时添加混凝土，振动直至表面出浆为止。

（4）总质量

用刮尺将筒口多余的混凝土拌合物刮去，表面如有凹陷应填平；应将容量筒外壁擦净，称出混凝土试样与容量筒总质量m_2，精确至10g。

3.结果计算

混凝土拌合物表观密度应按下式计算：

$$\rho = \frac{m_2 - m_1}{V} \times 1000$$

式中：ρ——混凝土拌合物表观密度，kg/m³，精确至1kg/m³；

m_1——容量筒质量，kg；

m_2——容量筒和试样总质量，kg；

V——容量筒容积，L。

（二）混凝土拌合物稠度

本方法适用于坍落度大于10mm，集料公称最大粒径不大于40mm的水泥混凝土的坍落度测定。

1.仪器设备

坍落筒；捣棒；其他：小铲、木尺、小钢尺、镘刀和钢平板等。

2.试验步骤

试验前将坍落度筒内外洗净，放在经水润湿过的平板上（平板吸水时应垫以塑料布），踏紧踏脚板。

将代表样分三层装入筒内，每层装入高度稍大于筒高的1/3，用捣棒在每一层的横截面上均匀插捣25次。插捣在全部面积上进行，沿螺旋线由边缘至中心，插捣底层时插至底部，插捣其他两层时，应插透本层并插入下层20~30mm，插捣须垂直压下（边缘部分除外），不得冲击。在插捣顶层时，装入的混凝土应高出坍落度筒口，随插捣过程随时添加拌合物。当顶层插捣完毕后，将捣棒用锯和滚的动作，清除掉多余的混凝土，用镘刀抹平筒口，刮净筒底周围的拌合物。而后立即垂直地提起坍落度筒，提筒在5~10s内完成，并使混凝土不受横向及扭力作用。从开始装料到提出坍落度筒整个过程应在150s内完成。

将坍落度筒放在锥体混凝土试样一旁，筒顶平放木尺，用小钢尺量出木尺底面至试样顶面最高点的垂直距离，即为该混凝土拌合物的坍落度，精确至1mm。

当混凝土试件的一侧发生崩坍或一边剪切破坏，则应重新取样另测。如果第二次仍发生上述情况，则表示该混凝土和易性不好，应记录。

当混凝土拌合物的坍落度大于220mm时，用钢尺测量混凝土扩展后最终的最大直径和最小直径，在这两个直径之差小于50mm的条件下，用其算术平均值作为坍落扩展度值；否则，此次试验无效。

坍落度试验的同时，可用目测方法评定混凝土拌合物的下列性质，并予记录。

（1）棍度

按插捣混凝土拌合物时难易程度评定，分上、中、下三级。上，表示插捣容易；中，表示插捣时稍有石子阻滞的感觉；下，表示很难插捣。

（2）含砂情况

按拌合物外观含砂多少而评定，分多、中、少三级。多，表示用镘刀抹拌合物表面时，一两次即可使拌合物表面平整无蜂窝；中，表示抹五六次才可使表面平整无蜂窝；少，表示抹面困难，不易抹平，有空隙及石子外露等现象。

（3）黏聚性

观测拌合物各组分相互黏聚情况。评定方法是用捣棒在已坍落的混凝土锥体侧面轻打，如锥体在轻打后逐渐下沉，表示黏聚性良好；如锥体突然倒坍、部分崩裂或发生石子离析现象，即表示黏聚性不好。

（4）保水性

指水分从拌合物中析出情况，分多量、少量、无三级评定。多量，表示提起坍落度筒后，有较多水分从底部析出；少量，表示提起坍落度筒后，有少量水分从底部析出；无，表示提起坍落度筒后，没有水分从底部析出。

3.结果计算

混凝土拌合物坍落度和坍落扩展度值以mm为单位，测量精确至1mm，结果修约至最接近的5mm。

4.坍落度经时损失试验

本试验方法适用于骨料粒径不应大于40mm、坍落度宜为15～230mm的混凝土拌合物坍落度经时损失的测定，用以评定混凝土拌合物的坍落度随静置时间的变化。

坍落度经时损失试验是在坍落度试验基础上进行的，具体应按下列步骤进行：应测得刚出机的混凝土拌合物的坍落度值 H_0。将全部试样装入塑料桶或不被水泥浆腐蚀的金属桶内，应用桶盖或塑料薄膜密封，放于20℃±2℃环境室静置。静置30min后应将桶内试样全部倒入搅拌机内，搅拌10s，进行坍落度试验，得出30min坍落度值 H_{30}。计算 $H_{30}-H_0$，可得到30min混凝土坍落度经时损失试验结果。

（三）泌水试验

本方法适用于骨料最大粒径不大于40mm的混凝土拌合物泌水的测定。

1.仪器设备

容量筒、量筒、振动台、捣棒、天平（称量应为50kg，感量应为1g）。

2.试验步骤

应用湿布润湿容量筒内壁后立即称量，记录容量筒的质量。将混凝土试样装入容量筒，并振实或捣实。拌合物坍落度小于70mm时，用振动台振实时应将混凝土拌合物一次装入容量筒内，振动应持续到表面出浆为止，并应避免过振。拌合物坍落度大于70mm时，采用人工插捣，应将混凝土拌合物分两层装入，每层的插捣次数应为25次；捣棒由边缘向中心均匀地插捣，插捣底层时捣棒应贯穿整个深度，插捣第二层时，捣棒应插透本层至下一层的表面；每一层捣完后用橡皮锤轻轻沿容量筒外壁敲打5~10次，进行振实，直至拌合物表面插捣孔消失并不见大气泡为止。自密实混凝土应一次性填满，且不应进行任何振动和插捣。振实和捣实的混凝土拌合物表面应低于容量筒筒口30mm±3mm，并用抹刀抹平。

应将筒口及外表面擦净，称量并记录容量筒与试样的总质量，盖好筒盖并开始计时。在以下吸取混凝土拌合物表面泌水的整个过程中，应使容量筒保持水平、不受振动；除了吸水操作外，应始终盖好盖子；室温应保持在20℃±2℃。计时开始后60min内，应每隔10min吸取1次试样表面泌水；60min后，每隔30min吸1次水，直至不再泌水为止。每次吸水前2min，应将一片约30mm厚的垫块垫入筒底一侧使其倾斜，吸水后应平稳地复原盖好。吸出的水应盛放于量筒中，记录每次吸水的水量并计算累计水量V，精确至1mL。

3.结果计算

（1）混凝土拌合物的泌水量应按下式计算：

$$B_a = V / A$$

式中：B_a——单位面积混凝土拌合物的泌水量，mL/mm²，精确至0.01mL/mm²；

V——累计泌水量，mL；

A——混凝土试样外露的表面面积，mm²。

泌水量应取3个试样测值的平均值。3个测值中的最大值或最小值，如果有1个与中间值之差超过中间值的15%，则应以中间值作为试验结果；如果最大值和最小值与中间值之差均超过中间值的15%时，应重新试验。

（2）混凝土拌合物的泌水率应按下式计算：

$$B = \frac{V_W}{(W / G) \cdot G_W} \times 100$$

式中：B——泌水率，%，精确至1%；

V_W——泌水总量，mL；

G_W——混凝土试样质量，g；

G——混凝土拌合物总质量，g；

W——混凝土拌合物拌合用水量，mL；

G_1——容量筒及试样总质量，g；

G_0——容量筒质量，g。

泌水率应取3个试样测值的平均值。3个测值中的最大值或最小值，如果有1个与中间值之差超过中间值的15%，则应以中间值作为试验结果；如果最大值和最小值与中间值之差均超过中间值的15%时，应重新试验。

（四）含气量试验

本方法适用于骨料最大粒径不大于40mm的混凝土拌合物含气量的测定。

1.试验设备

含气量测定仪；捣棒；振动台；天平：称量50kg，感量10g。

2.试验步骤

（1）在进行混凝土拌合物含气量测定之前，应先按下列步骤测定所用骨料的含气量应按下式计算试样中粗、细骨料的质量：

$$m_g = \frac{V}{1000} \cdot m_g'$$

$$m_s = \frac{V}{1000} \cdot m_s'$$

式中：m_g——拌合物试样中粗骨料质量，kg；

m_s——拌合物试样中细骨料质量，kg；

m_g'——试验混凝土配合比粗骨料质量，kg；

m_s'——试验混凝土配合比细骨料质量，kg；

V——含气量测定仪容器容积，L。

应先向含气量测定仪的容器中注入1/3高度的水，然后把通过40mm网筛的质量为粗、细骨料称好、拌匀，倒入容器，加料的同时应进行搅拌；水面每升高25mm左右，应轻捣10次，加料过程中应始终保持水面高出骨料的顶面；骨料全部加入后，应浸泡约5min，再用橡皮锤轻敲容器外壁，排净气泡，除去水面泡沫，加水至满，擦净容器上口边缘，加盖拧紧螺栓，保持密封不透气。

关闭操作阀和排气阀，打开排水阀和加水阀，应通过加水阀向容器内注入水；当排水阀流出的水流中不出现气泡时，应在注水的状态下关闭加水阀和排水阀。

关闭排气阀，应用打气筒向气室内打气加压至压力大于0.1MPa，且压力表显示值稳定；应打开排气阀调整压力至0.1MPa，同时关闭排气阀。

开启操作阀，使气室里的压缩空气进入容器，待压力表显示值稳定后记录压力值，然后开启排气阀，压力表显示值应回零；应根据含气量与气体压力之间的关系曲线确定压力值对应的骨料的含气量，精确至0.1%。

所用骨料的含气量A_g应以2次测量结果的平均值作为试验结果；如2次测量结果的含气量相差大于0.5%时，应重新试验。

（2）混凝土拌合物含气量试验应按下列步骤进行：①用湿布擦净混凝土含气量仪的容器和盖的内表面，装入混凝土拌合物试样。②混凝土的装料及捣实方法应根据拌合物的稠度而定。坍落度不大于70mm的混凝土拌合物，宜用振动台振实；大于70mm的混凝土拌合物宜用捣棒捣实。采用捣棒捣实时，应将混凝土拌合物分3层装入，每层捣实后高度约为1/3容器高度；每层装料后由边缘向中心均匀地插捣25次，捣棒应插透本层至下一层的表面；每一层捣完后用橡皮锤轻轻沿容器外壁敲打5~10次，进行振实，直至拌合物表面插捣孔消失。采用机械捣实时，装入捣实后体积约为容器容量的混凝土拌合物，振实过程中如果拌合物低于容器口，应随时添加；振动至混凝土表面平整、表面出浆即止，不得过振。自密实混凝土应一次性填满，且不应进行振动和插捣。③刮去表面多余的混凝土拌合物，用抹刀刮平，表面如果有凹陷应填平抹光。④擦净容器上口边缘，加盖并拧紧螺栓，保持密封不透气。⑤按前述的操作步骤测得未校正的混凝土拌合物的含气量，精确至0.1%。⑥混凝土拌合物未校正的含气量A_0应以2次测量结果的平均值作为试验结果；如2次测量结果的含气量相差大于0.5%时，应重新试验。

3.结果计算

混凝土拌合物含气量应按下式计算：

$$A = A_0 - A_g$$

式中：A——混凝土拌合物含气量，%，精确至0.1%；

A_0——未校正的混凝土拌合物含气量，%；

A_g——骨料的含气量，%。

4.含气量测定仪的校准

擦净容器，并将含气量仪全部安装好，测定含气量测定仪的总质量m，精确至10g。

向容器内注水至上缘，然后加盖并拧紧螺栓，保持密封不透气；关闭操作阀和排气阀，打开排水阀和加水阀，应通过加水阀向容器内注入水；当排水阀流出的水流中不出现气泡时，应在注水的状态下，关闭加水阀和排水阀；再次测定总质量m_2，精确至10g。

容器的容积应按下式计算：

$$V = \frac{m_2 - m_1}{\rho_w} \times 1000$$

式中：V——气量仪的容积，L，精确至0.01L；

m_1——含气量仪的总质量，kg；

m_2——水、含气量仪的总质量，kg；

ρ_w——容器内水的密度，kg/L，可取1kg/L。

关闭排气阀，应用打气筒向气室内打气加压至压力大于0.1MPa，且压力表显示值稳定；应打开排气阀调整压力至0.1MPa，同时关闭排气阀。

开启操作阀，使气室里的压缩空气进入容器，待压力表显示值稳定后测得压力值，此时压力表读数对应的是含气量为0时的压力值。

开启排气阀，压力表显示值应回零；关闭操作阀、排水阀和排气阀，开启加水阀，宜借助标定管在流水阀口用量筒接水；用气泵缓缓地向气室内打气，当流出的水恰好是含气量仪体积的1%时，应按上述步骤测得含气量为1%时的压力值。

应继续测取含气量分别为2%、3%、4%、5%、6%、7%、8%、9%、10%时的压力值。

以上试验均应进行两次，以两次压力值的平均值作为测量结果。

根据以上含气量0，1%，…，10%的测量结果，绘制含气量与气体压力之间的关系曲线。

混凝土含气量测定仪的校准每年不应少于1次。

（五）凝结时间试验

1.试验设备

贯入阻力仪：最大测量值不应小于1000N，精度应为10N；测针长100mm，在距贯入端25mm处应有明显标记；测针的承压面积应为100mm²、50mm²和20mm²三种。

砂浆试样筒：上口内径160mm、下口内径150mm、净高150mm刚性不透水的金属圆筒，并配有盖子。

试验筛、振动台、捣棒。

2.试验步骤

用试验筛从混凝土拌合物中筛出砂浆，然后应将筛出的砂浆拌和均匀；将砂浆一次分别装入三个试样筒中。取样混凝土坍落度不大于70mm的宜用振动台振实砂浆；取样混凝土坍落度大于70mm的宜用捣棒人工捣实。用振动台振实砂浆时，振动应持续到表面出浆为止，不得过振；用捣棒人工捣实时，应沿螺旋方向由外向中心均匀插捣25次，然后用橡皮锤轻轻敲打筒壁，直至插捣孔消失为止。振实或插捣后，砂浆表面应低于砂浆试样筒口约10mm，并应立即加盖。

砂浆试样制备完毕，应置于温度为20℃±2℃的环境中待测，并在以后的整个测试过程中，环境温度应始终保持20℃±2℃。现场同条件测试时，应与现场条件保持一致。在整个测试过程中，除在吸取泌水或进行贯入试验外，试样筒应始终加盖。

凝结时间测定从混凝土拌合加水开始计时。根据混凝土拌合物的性能，确定测针试验时间，以后每隔0.5h测试一次，在临近初凝和终凝时，应缩短测试间隔时间。

在每次测试前2min，将一片20mm厚的垫块垫入筒底一侧使其倾斜，用吸液管吸去表面的泌水，吸水后应复原。

测试时将砂浆试样筒置于贯入阻力仪上，测针端部与砂浆表面接触，然后在10s±2s内均匀地使测针贯入砂浆25mm±2mm深度，记录最大贯入阻力值；记录测试时间，精确至1min。

每个砂浆筒每次测1~2个点，各测点的间距不应小于15mm，测点与试样筒壁的距离不应小于25mm。

贯入阻力测试在0.2~28MPa应至少进行6次，直至贯入阻力大于28MPa为止。

根据砂浆凝结状况，在测试过程中应以测针承压面积从大到小顺序更换测针，更换测针应按表9-3的规定选用。

表9-3 测针选用规定表

贯入阻力/MPa	0.2~3.5	3.5~20	20~28
测针面积/mm²	100	50	20

3.结果计算

（1）贯入阻力应按下式计算

$$f_{PR} = \frac{P}{A}$$

式中：f_{PR}——贯入阻力，MPa，精确至0.1MPa；

P——贯入压力>N；

A——测针面积，mm²。

（2）凝结时间宜通过线性回归方法确定

将贯入阻力和对应测试时间/分别取自然对数ln（f_{PR}）和ln（t），把ln（f_{PR}）当作自变量，ln（t）当作因变量作线性回归可得到回归方程：

$$\ln(t) = a + b\ln\left(f_{PR}\right)$$

式中：t——贯入阻力对应的测试时间，min；

a,b——线性回归系数。

根据上式可求得当贯入阻力为3.5MPa时对应的时间应为初凝时间，贯入阻力为28MPa时对应的时间应为终凝时间。

凝结时间也可用绘图拟合方法确定，应以贯入阻力为纵坐标，测试时间为横坐标，绘制出贯入阻力与测试时间之间的关系曲线；分别以3.5MPa和28MPa绘制两条平行于横坐标的直线，与曲线交点的横坐标应分别为初凝时间和终凝时间。

应以3个试样的初凝时间和终凝时间的算术平均值作为此次试验初凝时间和终凝时间的试验结果。如果3个测值的最大值或最小值中有1个与中间值之差超过中间值的10%，则应以中间值作为试验结果；如果最大值和最小值与中间值之差均超过中间值的10%时，则应重新试验。

二、混凝土外加剂试验检测

（一）定义及分类

混凝土外加剂是在拌制混凝土过程中掺入，用以改善混凝土性能的物质，掺量不大于水泥质量的5%（特殊情况除外）。外加剂主要用来改善新拌混凝土性能和提高硬化混凝土性能。

混凝土外加剂主要包括减水剂（普通、高效、高性能）、引气剂、引气减水剂、泵送剂、早强剂、缓凝剂、防冻剂、膨胀剂、防水剂、速凝剂和阻锈剂等。

根据外加剂的作用，可分为以下四类：①改善混凝土拌合物流变性能的外加剂，如各种减水剂、引气剂和泵送剂等。②调节混凝土凝结时间、硬化性能的外加剂，如缓凝剂、早强剂和速凝剂等。③改善混凝土耐久性的外加剂，如引气剂、防水剂和阻锈剂等。④改善混凝土其他性能的外加剂，如加气剂、膨胀剂、防冻剂等。

（二）外加剂的选择与使用

1.外加剂选择的总体要求

外加剂种类应根据设计和施工要求及外加剂的主要作用选择。当不同供方、不同品种的外加剂同时使用时，应经试验验证，并应确保混凝土性能满足设计和施工要求后再使用。含六价铬盐、亚硝酸盐和硫氰酸盐成分的混凝土外加剂，严禁用于饮水工程中建成后与饮用水直接接触的混凝土。

含有强电解质无机盐的早强型普通减水剂、早强剂、防冻剂和防水剂，严禁用于下列混凝土结构：①与镀锌钢材或铝铁相接触部位的混凝土结构；②有外露钢筋预埋铁件而无防护措施的混凝土结构；③使用直流电源的混凝土结构；④距高压直流电源100m以内的混凝土结构。

含有氯盐的早强型普通减水剂、早强剂、防水剂和氯盐类防冻剂，严禁用于预应力混凝土、钢筋混凝土和钢纤维混凝土结构。含有硝酸铵、碳酸铵的早强型普通减水剂、早强剂和含有硝酸铵、碳酸铵、尿素的防冻剂，严禁用于办公、居住等有人员活动的建筑工程。含有亚硝酸盐、碳酸盐的早强型普通减水剂、早强剂、防冻剂和含亚硝酸盐的阻锈剂，严禁用于预应力混凝土结构。

掺外加剂混凝土所用水泥，宜采用硅酸盐水泥、普通硅酸盐水泥、矿渣硅酸盐水泥、火山灰质硅酸盐水泥、粉煤灰硅酸盐水泥和复合硅酸盐水泥，并应检验外加剂与水泥的适应性，符合要求方可使用。

掺外加剂混凝土所用材料如水泥、砂、石、掺合料、外加剂均应符合国家现行的有关标准的规定。试配掺外加剂的混凝土时，应采用工程使用的原材料，检测项目应根据设计及施工要求确定，检测条件应与施工条件相同，当工程所用原材料或混凝土性能要求发生变化时，应再进行试配试验。

2.外加剂的掺量

外加剂掺量应按供货单位推荐掺量、使用要求、施工条件、工程用混凝土原材料和配合比等因素通过试验确定，以胶凝材料总量的百分比表示，或以mL/kg胶凝材料表示。当混凝土其他原材料或使用环境发生变化时，混凝土配合比、外加剂掺量可进行调整。

3.常用混凝土外加剂的选择与使用

（1）普通减水剂

①适用范围

普通减水剂宜用于日最低气温5℃以上、强度等级为C40以下的混凝土，普通减水剂不宜单独用于蒸养混凝土。

早强型普通减水剂宜用于常温、低温和最低温度不低于-5℃环境中施工的有早强要求的混凝土工程。炎热环境条件下不宜使用早强型普通减水剂。

缓凝型普通减水剂可用于大体积混凝土、碾压混凝土、炎热气候条件下施工的混凝土、大面积浇筑的混凝土、避免冷缝产生的混凝土、需长时间停放或长距离运输的混凝土、滑模施工或拉模施工的混凝土及其他需要延缓凝结时间的混凝土，不宜用于有早强要求的混凝土。

使用含糖类或木质素磺酸盐类物质的缓凝型普通减水剂时，应进行相容性试验，并应满足施工要求后再使用。

②施工

难溶和不溶的粉状普通减水剂应采用干掺法。粉状普通减水剂宜与胶凝材料同时加入搅拌机内，并宜延长搅拌时间30s；液体普通减水剂宜与拌和水同时加入搅拌机内，计量应准确。减水剂的含水量应从拌和水中扣除。

（2）高效减水剂

①适用范围

高效减水剂可用于素混凝土、钢筋混凝土、预应力混凝土，并可用于制备高强混凝土。

缓凝型高效减水剂可用于大体积混凝土、碾压混凝土、炎热气候条件下施工的混凝土、大面积浇筑的混凝土、避免冷缝产生的混凝土、需较长时间停放或长距离运输的混凝土、自密实混凝土、滑模施工或拉模施工的混凝土及其他需要延缓凝结时间且有较高减水率要求的混凝土。

标准型高效减水剂宜用于日最低气温0℃以上施工的混凝土，也可用于蒸养混凝土。

缓凝型高效减水剂宜用于日最低气温5℃以上施工的混凝土。

②施工

难溶和不溶的粉状普通减水剂应采用干掺法。粉状普通减水剂宜与胶凝材料同时加入搅拌机内，并宜延长搅拌时间30s；液体普通减水剂宜与拌和水的同时加入搅拌机内，计量应准确。减水剂的含水量应从拌和水中扣除。需二次添加高效减水剂时，应经试验确定，并应记录备案。二次添加的高效减水剂不应包括缓凝、引气成分。二次添加后应确保混凝土搅拌均匀，坍落度应符合要求后再使用。

（3）引气剂及引气减水剂

①适用范围

引气剂及引气减水剂宜用于有抗冻融要求的混凝土、泵送混凝土和易产生泌水的混凝土。

引气剂及引气减水剂可用于抗渗混凝土、抗硫酸盐混凝土、贫混凝土、轻骨料混凝土、人工砂混凝土和有饰面要求的混凝土。引气剂及引气减水剂不宜用于蒸养混凝土及预应力混凝土。必要时，应经试验确定。

②施工

引气剂宜以溶液掺加，使用时应加入拌和水中，引气剂溶液中的水量应从拌和水中扣除。

引气剂、引气减水剂配制溶液时，应充分溶解后再使用。

引气剂可与减水剂、早强剂、缓凝剂、防冻剂等复合使用。配制溶液时，如产生凝絮或沉淀等现象，应分别配制溶液，并应分别加入搅拌机。

掺引气剂、引气减水剂的混凝土宜采用强制式搅拌机搅拌，并应搅拌均匀。搅拌时间及搅拌量应经试验稳定，最少搅拌时间可符合《混凝土外加剂应用技术规范》的规定。出料到浇筑的停放时间不宜过长。采用插入式振捣时，同一振捣点振捣时间不宜超过20s。

（4）早强剂

①适用范围

早强剂宜用于蒸养、常温、低温和最低温度不低于–5℃环境中施工的有早强要求的混凝土工程。炎热条件及环境温度低于–5℃时不宜使用早强剂。

早强剂不宜用于大体积混凝土；三乙醇胺等有机胺类早强剂不宜用于蒸养混凝土。

无机盐类早强剂不宜用于下列情况：①处于水位变化的结构；②露天结构及经常受水淋、受水流冲刷的结构；③相对湿度大于80%环境中使用的结构；④酸、碱或其他侵蚀性介质的结构；⑤有装饰要求的混凝土，特别是要求色彩一致或表面有金属装饰的混凝土。

②施工

供方应向需方提供早强剂产品的主要成分及掺量范围。早强剂中硫酸钠掺入混凝土的量应符合相关规定，三乙醇胺掺入混凝土的量不应大于胶凝材料质量的0.05%，早强剂在素混凝土中引入的氯离子含量不应大于胶凝材料质量的1.8%。其他品种早强剂的掺量应经试验确定。

掺早强剂的混凝土采用蒸汽养护时，其蒸养制度应经试验确定，掺粉状早强剂的混凝土宜延长搅拌时间30s。掺早强剂的混凝土应加强保温、保湿养护。

（三）混凝土减水剂

混凝土减水剂是混凝土所有外加剂中使用最广泛、能改善混凝土多种性能的外加剂。当减水剂加入混凝土中，在保持流动性不变的情况下能减少混凝土的单位体积内的用水量，这是混凝土减水剂的基本性质。混凝土减水剂根据其减水率及性能，可以分为高性能减水剂（早强型、标准型、缓凝型）、高效减水剂（标准型、缓凝型）、普通减水剂（早强型、标准型、缓凝型）。

（四）混凝土减水剂性能检测实验方法

1.坍落度和坍落度1h经时变化量测定

每批混凝土取1个试样。坍落度和坍落度1h经时变化量均以3次试验结果的平均值表示。3次试验的最大值和最小值与中间值之差有1个超过10mm时，将最大值和最小值一并舍去，取中间值作为该批的试验结果；最大值和最小值与中间值之差均超过10mm时，则应重做。

坍落度及坍落度1h经时变化量测定值以mm表示，结果修约到5mm。混凝土坍落度按照GB/T50080测定；但坍落度为210mm±10mm的混凝土，分两层装料，每层装入高度为筒高的一半，每层用插捣棒插捣15次。

坍落度1h经时变化量测定：当要求测定此项时，应将按照要求搅拌的混凝土留下足够一次混凝土坍落度试验的数量，并装入用湿布擦过的试样筒内，容器加盖，静置至1h（从加水搅拌时开始计算），然后倒出，在铁板上用铁锹翻拌至均匀后，再按照坍落度测定方法测定坍落度。计算出机时和1h后的坍落度之差值，即得到坍落度的经时变化量。

坍落度1h经时变化量按下式计算：

$$\Delta Sl = Sl_0 - Sl_{1h}$$

式中：ΔSl——坍落度经时变化量，mm；

Sl_0——出机时测得的坍落度，mm；

Sl_{1h}——1h后测得的坍落度，mm。

2.减水率测定

减水率为坍落度基本相同时，基准混凝土和受检混凝土单位用水量之差与基准混凝土单位用水量之比。减水率按下式计算，应精确到0.1%。

$$W_R = \frac{W_0 - W}{W_0} \times 100\%$$

式中：W_R——减水率，%；

W_0——基准混凝土单位用水量，kg/m³；

W——受检混凝土单位用水量，kg/m³。

以3批试验的算术平均值计，精确到1%。若3批试验的最大值或最小值中有1个与中间值之差超过中间值的15%时，则把最大值与最小值一并舍去，取中间值作为该组试验的减水率。若有2个测值与中间值之差均超过15%时，则该批试验结果无效，应该重做。

3.泌水率比测定

泌水率比按下式计算，应精确到1%。

$$R_B = \frac{B_t}{B_e} \times 100$$

式中：R_B——泌水率比，%；

B_t——受检混凝土泌水率，%；

B_e——基准混凝土泌水率，%。

泌水率的测定和计算方法如下：先用湿布润湿容积为5L的带盖筒（内径为185mm，高200mm），将混凝土拌合物一次装入，在振动台上振动20s，然后用抹刀轻轻抹平，加盖以防水分蒸发。试样表面应比筒口边低约20mm。自抹面开始计算时间，在前60min，每隔10min用吸液管吸出泌水1次，以后每隔20min吸水1次，直至连续3次无泌水为止。每次吸水前5min，应将筒底一侧垫高约20mm，使筒体倾斜，以便于吸水。吸水后，将筒体轻轻放平盖好。将每次吸出的水都注入带塞量筒，最后计算出总的泌水量，精确至1g，并按下式计算泌水率：

$$B = \frac{V_w}{(W/G)G_W} \times 100$$

$$G_W = G_1 - G_0$$

式中：B——泌水率，%；

V_W——泌水总质量，g；

W——混凝土拌合物的用水量，g；

G——混凝土拌合物的总质量，g；

G_W——试样质量，g；

G_1——筒及试样质量，g；

G_0——筒质量，g。

试验时，从每批混凝土拌合物中取1个试样，泌水率取3个试样的算术平均值，精确到0.1%。若3个试样的最大值或最小值中有1个与中间值之差大于中间值的15%，则把最大值与最小值一并舍去，取中间值作为该组试验的泌水率；如果最大值和最小值与中间值之差均大于中间值的15%时，则应重做。

4.相对耐久性试验

按GB/T50082进行，试件采用振动台成型，振动15～20s，标准养护28d后进行冻融循环试验（快冻法）。

相对耐久性指标是以掺外加剂混凝土冻融200次后的动弹性模量是否不小于80%来评定外加剂的质量。每批混凝土拌合物取1个试样，相对动弹性模量以3个试件测值的算术平均值表示。

5.匀质性参数

氯离子含量、含固量、总碱量、含水率、密度、细度、pH值、硫酸钠含量的测定按《混凝土外加剂匀质性试验方法》进行。

三、混凝土用水试验检测

（一）概述

混凝土用水是混凝土拌合用水和混凝土养护用水的总称，包括饮用水、地表水、地下水、再生水、混凝土企业设备洗刷水和海水等。

（二）性能指标

对于设计使用年限为100年的结构混凝土，氯离子含量不得超过500mg/L；对使用钢丝或经热处理钢筋的预应力混凝土，氯离子含量不得超过350mg/L。

（三）检测方法

pH值的检验应符合现行国家标准《水质pH值的测定玻璃电极法》的要求，并宜在现场测定。不溶物的检验应符合现行国家标准《水质悬浮物的测定重量法》的要求。可溶物的检验应符合现行国家标准《生活饮用水标准检验法》中溶解性总固体检验法的要求。氯化物的检验应符合现行国家标准《水质氯化物的测定硝酸银滴定法》的要求。硫酸盐的检验应符合现行国家标准《水质硫酸盐的测定重量法》的要求。碱含量的检验应符合现行国家标准《水泥化学分析方法》中关于氧化钾、氧化钠测定的火焰光度计法的要求。水泥凝结时间试验应符合现行国家标准《水泥标准稠度用水量、凝结时间、安定性检验方法》的要求。试验应采用42.5级硅酸盐水泥，也可采用42.5级普通硅酸盐水泥；如果出现争议时，应以42.5级硅酸盐水泥为准。水泥胶砂强度试验应符合现行国家标准《水泥胶砂强度检验方法（ISO法）》的要求。试验应采用42.5级硅酸盐水泥，也可采用42.5级普通硅酸盐水泥；如果出现争议时，应以42.5级硅酸盐水泥为准。

第三节　钢筋及预应力钢绞线试验检测

一、钢筋及钢筋连接试验检测

（一）概述

钢筋的牌号见表9-4。

表9-4　钢筋牌号

类别	牌号	牌号构成	英文字母含义
热轧光圆钢筋	HPB235	由HPB+屈服强度特征值构成	HPB——热轧光圆钢筋的英文（Hotrolled Plain Bars）缩写
	HPB300		
普通热轧带肋钢筋	HRB335	由HRB+屈服强度特征值构成	HRB——热轧带肋钢筋的英文（Hotrolled Ribbed Bars）缩写
	HRB400		
	HRB500		
细晶粒热轧带肋钢筋	HRBF335	由HRBF+屈服强度特征值构成	HRBF——热轧带肋钢筋的英文缩写后加"细的英文"（Fine）首位字母
	HRBF400		
	HRBF500		

（二）试验检测

1.组批规则

钢筋应按批进行检查和验收，每批由同一牌号、同一炉罐号、同一规格的钢筋组成。

每批质量通常不大于60t。超过60t的部分，每增加40t（或不足40t的余数），增加1个拉伸试验试样和1个弯曲试验试样。

允许由同一牌号、同一冶炼方法、同一浇注方法的不同炉罐号组成混合批。各炉罐号含碳量之差不大于0.02%，含锰量之差不大于0.15%。混合批的质量不大于60t。

2.试件要求

拉伸试件的长度L按下式计算后截取：

$$L = L_0 + 2h + 2h_1$$

式中：L——拉伸试件的长度，mm；

L_0——拉伸试件的标距，mm；

h、h_1——分别为夹具长度和预留长度，mm，$h_1 = (0.5 \sim 1)a$；

a——钢筋的公称直径，mm。

对于光圆钢筋一般要求夹具之间的最小自由长度不小于350mm；

对于带肋钢筋，夹具之间的最小自由长度一般要求：$d \leqslant 25$mm时，不小于350mm；

25mm$<d\leqslant$32mm时，不小于400mm；32mm$<d<$50mm时，不小于500mm。

3.主要仪器设备

万能材料试验机：示值误差不大于1%。量程的选择：试验时达到最大荷载时，指针最好在第三象限（180° ~ 270° ）内，或者数显破坏荷载在量程的50% ~ 75%。

钢筋打点机或画线机、游标卡尺（精度为0.1mm）等。

4.结果评定

（1）钢筋的屈服点σ_s和抗拉强度σ_b按下式计算：

$$\sigma_s = \frac{F_s}{A}$$

$$\sigma_b = \frac{F_b}{A}$$

式中：σ_s、σ_b——分别为钢筋的屈服点和抗拉强度，MPa；

F_s、F_b——分别为钢筋的屈服荷载和最大荷载，N；

A——试件的公称横截面积，mm²。

当大于1000MPa时，应计算至10MPa，按"四舍六入五单双法"修约；200 ~ 1000MPa时，计算至5MPa，按"二五进位法"修约；小于200MPa时，计算至1MPa，小数点数字按"四舍六入五单双法"处理。

（2）钢筋的伸长率δ_5或δ_{10}按下式计算：

$$\delta_5 \left(或 \delta_{10} \right) = \frac{L_1 - L_0}{L_0} \times 100\%$$

式中：δ_5，δ_{10}——分别为$L_0=5a$或$L_0=10a$时的伸长率，%，精确至1%；

L_0——原标距长度5a或10a，mm；

L_1——试件拉断后直接量出或按移位法得到的标距长度，mm，精确至0.1mm。

如试件在标距端点上或标距外断裂，则试验结果无效，应重做试验。

二、预应力钢绞线试验检测

（一）概述

预应力混凝土用钢绞线由多根预应力钢丝以一定的捻距捻制而成，常见的有2股、3股及7股钢绞线，捻向又分左捻和右捻，广泛应用于工业与民用建筑、桥梁、核电站、水利、港口设施等建设工程。常用的有φ2.7mm和φ15.20（φ15.24）mm，强度级别有1570MPa、1860MPa、1960MPa等。

（二）主要检测指标及性能要求

预应力混凝土用钢材的主要考核参数除几何尺寸以外，还有强度、延性、弹性模量和松弛性能。目前，预应力混凝土用钢材产品标准规定的力学性能指标有弹性模量、规定非比例延伸力或规定非比例延伸强度、最大力或抗拉强度、最大力总伸长率、松弛性能。

（三）试验检测

1.取样

每批钢绞线由同一牌号、同一规格、同一生产工艺捻制的钢绞线组成，每批质量不大于60t。应从外观检查合格的产品上直接切取试样，表面有磨痕或机械损伤、裂纹，以及肉眼可见的冶金缺陷的试样均不允许用于试验（供货厂家应确保提供的钢材质量合格）。

由于它们的最终交货状态是经消除应力回火处理的，试样的切取应采用无齿锯（砂轮片）切割、不应采用烧割，以免试样过热，影响其力学性能。切割后应不松散，如离开原来位置，可以用手复原到原位。

2.尺寸检验

钢绞线的直径应用分度值为0.02mm的量具测量。1×7钢绞线的直径测量应以横穿直径方向的相对两根外层钢丝为准，并在同一截面不同方向上测量两次。

3.每米质量检测

钢绞线每米质量测量应采用如下方法：取3根长度不小于1m的钢绞线，每根钢绞线长度测量精确到1mm。称量每根钢绞线的质量，精确到1g，然后按下式计算钢绞线的每米质量。

$$M = m / L$$

式中：M——钢绞线每米质量，g/m；

m——钢绞线质量，g；

L——钢绞线长度，m。

实测结果取3个计算值的平均值。

4.拉伸试验

试验机应按照《静力单轴试验机的检验》的要求，定期进行校准，并应为1级或优于1级准确度。

引伸计的准确度级别应符合《单轴试验用引伸计的标定》的要求，并定期进行校准。测定规定非比例延伸力应使用不劣于1级准确度的引伸计；测定其他具有较大延伸率的性能，如抗拉强度、最大力总伸长率及断后伸长率等，应使用不劣于2级准确度的引伸计。

试验机上、下工作台之间的距离测量应用精度不小于0.1mm的长度测量尺或游标卡尺。

测定规定非比例延伸力时，应力速率应在$6 \sim 60$N/mm²·s^{-1}范围内，测定抗拉强度时，应变速率不应超过0.008s^{-1}。

整根钢绞线的最大力试验按《金属材料拉伸试验》的规定进行。如试样在夹头内和距钳口2倍钢绞线公称直径内断裂达不到《预应力混凝土用钢绞线》中的性能要求时，试验无效。计算抗拉强度时取钢绞线的参考截面积值。

最大力总伸长率的测定按规定进行，使用计算机采集数据或使用电子拉伸设备测量伸长率时，预加负荷对试样所产生的伸长率应加在总伸长内。测定钢绞线伸长率时，1×7结构钢绞线的标距不小于500mm；1×2和1×3结构钢绞线的标距不小于400mm。

如果任何一根钢丝受损之前，钢绞线的伸长率已达到所规定的要求，此时可以不继续测定最后伸长率的值。如果因夹具原因产生剪切断裂，所得最大负荷及延伸未满足标准要求，试验是无效的。

最大力除以试验钢绞线参考截面积得到抗拉强度，数值修约间隔为10N/mm²。

最大力总伸长率的数值修约间隔为0.5%。

5.应力松弛性能试验

钢绞线的应力松弛性能试验应按《金属材料拉伸应力松弛试验方法》（MGB/T10120）的规定进行。试验期间，试样的环境温度应保持在20℃ ±2℃内。试验标距长度不小于公称直径的60倍。

试样制备后不得进行任何热处理和冷加工。初始负荷应在$3 \sim 5$min内均匀施加完毕，持荷1min后开始记录松弛值。

允许用至少120h的测试数据推算1000h的松弛率值。

6.疲劳试验

疲劳试验所用试样是成品钢绞线上直接截取的试样,试样长度应保证两夹具之间的距离不小于500mm。

钢绞线应能经受2×10^6次$0.7F_m \sim (0.7F_m - 2\Delta F_a)$脉动负荷后而不断裂。

$$2_\Delta F_a / S_n = 195MPa$$

式中:F_m——钢绞线的公称最大力,N;

$2\Delta F_a$——应力范围(2倍应力幅)的等效负荷值,N;

S_n——钢绞线的参考截面积,mm^2。

在试验的全过程中,脉动拉伸的最大应力保持恒定应力的静态测量误差应不大于1%。应力循环频率不能超过120Hz。

所有应力都沿着轴向传递给试样,应无钳口和缺口影响,且应有一个相应的装置能限定夹头中试样的任何滑移。

由于缺口影响或局部过热引起试样在夹头内和夹持区域内(2倍钢绞线公称直径范围内)断裂时试验无效。

试验过程中,试件温度不得超过40℃,试验室环境温度在18℃~25℃。

第十章　路基路面工程现场检测

第一节　路基路面工程的试验检测

一、路基工程的试验检测

（一）土的现场目力鉴别方法

在公路路线勘测过程中，除了在沿线按需要采集一些土样带回试验室测试有关指标数据外，还要在现场眼观、手触，借助简易工具和试剂及时直观地对土的性质和状态做出初步鉴定。

对取样土层的宏观情况做出较详细的描述和记录，并对其土层的基本性质做出初步判别。

对所取土样应直观地做出肉眼描述和鉴别，并定出土名，以供室内试验后定名参考。

（二）简易试验方法

现场的简易试验，一般只适用于颗粒粒径小于0.5mm的土样，其方法如下：

1.判断土的可塑状态

将土样调到可塑状态，根据能搓成土条的最小直径来确定土类：

（1）搓成直径大于2.5mm的土条而不断的为低液限土；

（2）搓成直径为1～2.5mm的土条而不断的为中液限土；

（3）搓成直径小于1.0mm的土条而不断的为高液限土。

2.湿土揉捏感觉

将湿土用手揉捏，可感觉颗粒的粗细。

（1）低液限的土有砂粒感，带粉性的土有面粉感，黏附性弱；

（2）中液限的土微感砂粒，有塑性和黏附性；

（3）高液限的土无砂粒感，塑性和黏附性大。

3.干强度

对于风干的土块，根据手指捏碎或掰断时用力大小，可区分为：

（1）干强度高，很难捏碎，抗剪强度大；

（2）干强度中等，稍用力时能捏碎，容易劈裂；

（3）干强度低，易于捏碎或搓成粉粒。

4.韧性试验

将土调到可塑状态，搓成3mm左右的土条，再揉成团，重复搓条。根据再次搓成条的可能性大小，可区分为：

（1）韧性高，能再成条，手指捏不碎；

（2）中等韧性，可再搓成团，稍捏即碎；

（3）低韧性，不能再揉成团，稍捏或不捏即碎。

5.摇震试验

将软塑至流动的小块，团成小球状放在手上反复摇晃，并用另一手掌击震该手掌，土中自由水析出土球表面，呈现光泽；用手捏土球时，表面水分又消失。

根据水分析出和消失的快慢，可区分为：

（1）反应快，水析出与消失迅速；

（2）反应中等，水析出和消失速度中等；

（3）无反应，土球被击震时无析水现象。

（三）野外对土的基本描述和鉴别

在野外用肉眼鉴别土时，要针对不同土类所规定的内容进行描述。现将不同土类所要描述的基本内容列于表10-1中。

表10-1　不同土类的描述内容

分类	描述内容
碎石类土	名称、颜色、颗粒成分、粒径组成、颗粒风化程度、磨圆度、充填物成分、性质及含量、密实程度、潮湿程度等
砂类土	名称、颜色、结构及构造、颗粒成分、粒径组成、颗粒形状、密实程度、潮湿程度等
黏性土	名称、颜色、结构及构造、夹杂物性质及含量、密实程度、潮湿程度等

（四）标准贯入试验（SPT）

1.标准贯入试验的应用

（1）查明场地的地层剖面和各地层在垂直和水平方向的均匀程度及软弱夹层。

（2）确定地基土的承载力、变形模量、物理力学指标及建筑物设计时所需参数等。

（3）预估单桩承载力和选择桩尖持力层。

（4）地基加固处理效果的检验和施工监测。

（5）判定砂土的密实度、黏性土的稠度，判别砂土和粉土地震液化的可能性。

2.标准贯入试验的机理

标准贯入试验是用质量为（63.5±0.5）kg的穿心锤，以（76±2）cm的落距，将一定规格的标准贯入器打入土中15cm，再打入30cm，最后30cm的锤击数即为标准贯入击数 N。

一般情况下，土的承载力高，标准贯入器打入土中的阻力就大，标准贯入击数 N 就大；反之，则标准贯入击数 N 就小。

3.试验设备

标准贯入试验设备：主要由贯入器（长810mm，内径35mm，外径51mm）、贯入探杆、穿心锤、锤垫、导向杆及自动落锤装置等组成。

4.试验方法

（1）钻孔时为防止扰动底土，一般先钻至试验土层标高以上15cm处，清除孔底的虚土和残土，为防止坍孔或流砂，通常采用泥浆护壁。

（2）贯入前检查探杆与贯入器的接头是否连接稳妥，然后将贯入器和探杆放入孔内，并注意保持导向杆、探杆和贯入器的轴线在同一铅垂线上，以保证穿心锤的垂直施打。

（3）贯入时，穿心锤落距为76cm，贯入速率为15～30击/分，包括先打入15cm的预打击数、后30cm中每10cm的击数及30cm的累计击数。后30cm的总击数 N 即为贯入击数。

（4）如为密实土层，$N>50$ 时，记录下50击时的贯入深度即可，不必强行打入。贯入击数按下式计算：

$$N = 1500 / \Delta s$$

式中：Δs——相应于50击时的贯入量，cm。

（五）静力触探试验（CPT）

静力触探（CPT）是用静力将内部装有力传感器的探头以一定的速率压入土中，通过电子量测仪器所测得的贯入阻力（比贯入阻力或锥尖阻力和侧壁摩擦阻力）来判断土层性质的一种原位测试方法。

静力触探探头按其结构与传感器功能，主要分为单桥触探头与双桥触探头。

单桥触探头能测出土对探头的总阻力，即比贯入阻力、双桥触探头可测锥尖阻力与侧壁摩擦阻力。

1.试验设备

试验设备包括加压装置（加压装置的作用是将探头压入土中）、反力装置、探头与探杆及量测记录系统。其中探头是静力触探设备的关键组件。

2.现场操作

（1）准备工作

①测量定出测试点，注意测点要离开已有的钻孔至少2m，一般情况是先触探，后钻探。

平行试验对比孔的孔距不宜大于3m。

②设置反力装置（下锚或压载）。

③安装好压入和量测装置，并用水准尺将底板调平。

④检查探头外套筒与锥头活动情况，穿好电缆，同时检查探杆（注意探杆要平直，丝扣无裂纹）。

⑤检查电源电压是否正常。

⑥检查仪表是否正常。

（2）现场实测工作

①初读数测读：将探头压入地表下1.0~2.0m，经过一定时间后将探头提升5cm，使探头在不受压状态下与地温平衡，此时仪器上的稳定读数即为初读数据。

②贯入速度控制在0.5~1m/min。

③数据采集：每10cm测一次数据，亦可根据土层情况适当增减，但不能超过25cm。

④触探过程中的归零：每贯入一定深度（一般为2m）要将探头提升5~10cm，测读一次初读数，以校核贯入过程中初读数的变化情况。

⑤接、卸钻杆。

⑥终孔拆卸：结束一孔，应将探头锥头部分卸下，将泥沙擦洗干净，以保持顶柱与外套自由活动。防止探头在阳光下暴晒。

3.静力触探试验成果的应用

主要用于土层划分、土类判别，确定地基土的承载力及变形模量以及其他物理力学指标，选择桩基持力层，预估单桩承载力及判别沉桩的可能性，检查填土及其他人工加固地基的密实程度和均匀性，判别砂土的密度及液化可能性。

（六）平板载荷试验

平板载荷试验是一种最古老的原位测试方法，它是在与建筑物基础工作相似的受荷条件下，对天然条件下的地基土测定加于承载板的压力与沉降的关系，实质上是基础的模拟试验。根据压力与沉降的关系，平板载荷试验可以测定土的变形模量、评定地基土的承载力。对于不能用小尺寸试样试验的填土、含碎石的土等，最适宜用平板载荷试验。

试验时，可用维持荷载直至沉降稳定，再加下一级荷载直至破坏荷载；也可以用一定的沉降速率使载荷板压入土中，测定荷载与沉降的关系，这时所施加的最大荷载相应于不排水抗剪强度所提供的极限荷载。利用荷载—沉降曲线的初始直线段，可求得土的变形模量。

1.基本原理

平板载荷试验是向置于自然地基上的模型基础施加荷载，测量模型在不同荷载等级下的沉降量，根据荷载和沉降量的关系计算地基土的变形模量和评定地基承载力。

2.试验设备

平板载荷试验的常用设备和各种加荷方式如图10-1所示。

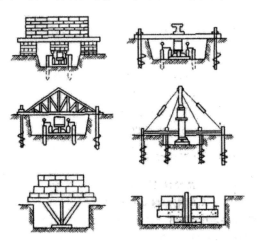

图10-1　几种常见的平板载荷试验设备

3.试验方法

（1）试验位置的选择

①选择有代表性的地点进行试验。

②土层均匀时，可在基底标高处进行试验。

③土层性质随深度变化时，在不同深度试验。

（2）试坑宽度

应为承压板直径的4～5倍，至少3倍。

（3）超荷载影响

应使承压板埋深与宽度之比和基础埋深与宽度之比相等。

（4）加荷方式

①分级维持荷载沉降相对稳定法（常规慢速法）

分级加荷按等荷载增量均衡施加。荷载增量为（1/8～1/10）人或（1/4～1/5）=每加一级荷载，自加荷开始时间间隔10、10、10、15、15min观测一次沉降，以后每隔30min观测一次承压板沉降，直至连续2h内每小时沉降量不超过0.1mm，或连续1h内，每30min沉降量不超过0.05mm，即可施加下一级荷载。

②分级维持荷载沉降非稳定法（快速法）

分级加荷与慢速法相同，每加一级荷载按间隔15min观测一次沉降，每级荷载维持2h，即施加下一级荷载。

③等沉降速率法

控制承压板以一定的沉降速率沉降，测读与沉降相应所施加的荷载。

4.试验终止条件

进行到试验土层达到破坏阶段时，终止试验。

二、路面基层的试验检测

（一）概述

路面基层可分为无机结合料稳定类、有机结合料稳定类和粒料类。无机结合料稳定类可分为水泥稳定类和石灰稳定类、综合稳定类和工业废渣稳定类。

无机结合料稳定类基层和底基层材料的检测项目有：

1.重型击实试验；

2.承载比；

3.石灰剂量滴定；

4.无侧限抗压强度。

（二）水泥或石灰剂量测定方法——EDTA滴定法

1.试验目的

在工地快速测定水泥和石灰稳定土中水泥和石灰的剂量，也可用以检查拌和的均匀性。

2.试验仪器

滴定管、滴定台、滴定管夹、大肚移液管、锥形瓶烧杯、容量瓶等。

3.试剂

0.1mol/L乙二胺四乙酸二钠（简称EDTA二钠）标准液，10%氯化铵（NH4C1）溶液，1.8%氢氧化钠（内含三乙醇胺）溶液和钙红指示剂。

4.准备标准曲线

（1）取样：取工地用石灰和集料，风干后分别过2.0mm或2.5mm筛，并测其含水量。

（2）混合料组成的计算公式为：

干料质量=湿料质量/（1+含水量）

计算步骤为：

①干混合料质量=300g/（1+最佳含水量）；

②干土质量=干混合料质量/（1+石灰或水泥剂量）；

③干石灰（或水泥）质量=干混合料质量–干土质量；

④湿土质量=干土质量×（1+土的风干含水量）；

⑤湿石灰质量=干石灰质量×（1+石灰的风干含水量）。

（3）准备5种试样，每种2个样品（以水泥集料为例），5种水泥剂量分别为0%、2%、4%、6%、8%。

第1种：称2份300g集料分别放在2个搪瓷杯内，集料的含水量应等于工地预期达到的最佳含水量。混合料中加入的水应与工地所用的水相同。

第2种：准备2份水泥剂量为2%的水泥土混合料试样，每份均重300g，并分别放在2个搪瓷杯内。水泥土混合料的最佳含水量应等于工地预期达到的最佳含水量。

第3种、第4种、第5种：各准备2份水泥剂量分别为4%、6%、8%的水泥土混合料试样，每份均重300g，并分别放在6个搪瓷杯内，其他要求同第1种。

（4）取一个盛有试样的搪瓷杯，在杯内加600mL的10%氯化铵溶剂，用不锈钢搅拌棒充分搅拌3min（每分钟搅115～125次）。

放置沉淀10min，如4min后得到的是浑浊悬浮液，则应增加放置沉淀时间，直到出现澄清悬浮液为止，并记录所需的时间。

以后所有该种水泥（或石灰）土混合料的试验，均应以同一时间为准，然后将上部清液转移到300mL烧杯内，搅匀，加盖表面皿待测。

（5）用移液管吸取上层（液面下1～2cm）悬浮液10.0mL放入200mL的三角瓶内，用量筒量取500mL的1.8%氢氧化钠（内含三乙醇胺）倒入三角瓶中，此时溶液pH值为12.5～13.0（可用pH12～14精密试纸检验），加入钙红指示剂（体积约为黄豆大小），摇匀，溶剂呈玫瑰红色。

用EDTA二钠标准液滴定到纯蓝色为终点，记录EDTA二钠的耗量（以mL计，读至0.1mL）。

（6）对其他几个搪瓷杯中的试样，用同样的方法进行试验，并记录各自EDTA二钠的耗量。

（7）以同一水泥或石灰剂量混合料消耗EDTA二钠毫升数的平均值为纵坐标，以水泥或石灰剂量（％）为横坐标制图。

5.试验步骤

（1）选取有代表性的水泥土或石灰土混合料，称300g放在搪瓷杯中，用搅拌棒将结块搅散，加600mL的10％氯化铵溶液，然后如前述步骤那样进行试验。

（2）利用所绘制的标准曲线，根据所消耗的EDTA二钠毫升数，确定混合料中的水泥或石灰剂量。

6.注意事项

（1）每个样品搅拌的时间、速度和方式应力求相同，以增加试验的精度。

（2）做标准曲线时，如工地实际水泥剂量较大，素集料和低剂量水泥的试样可以不做，而直接用较高的剂量做试验，但应有两种剂量大于实用剂量，以及两种剂量小于实用剂量。

（3）配制的氯化铵溶液最好当天用完，不要放置过久，以免影响试验的精度。

（三）无侧限抗压强度试验

1.试验目的

测定无机结合料稳定土试件的无侧限抗压强度，可用于室内配合比设计及现场检测。

2.取样频率

进行现场检测时，按规定频率取样，并按工地预定达到的压实度制备试件。为保证试验结果的可靠性和准确性，每2000m²或每工作班试件的数目要求为：小试件不少于6个；中试件不少于9个；大试件不少于13个。

3.仪器设备

圆孔筛、试模、脱模器、反力框架、液压千斤顶、夯锤和导管、密封湿气箱或湿气池、水槽、路面材料强度试验仪或其他合适的压力机、天平等。

适用于不同土的试模尺寸为：

细粒土（最大粒径不超过10mm）：试模的直径×高=50mm×50mm中粒土（最大粒径不超过25mm）：试模的直径×高=100mm×100mm粗粒土（最大粒径不超过40mm）：试模的直径×高=150mm×150mm

4.试件制备

（1）试料准备

将具有代表性的风干试料用木槌和木碾捣碎，但应避免捣破粒料的原粒径，并将土样进行过筛，筛除超粒径的颗粒。在试验的前一天，取有代表性的试料测定其风干含水量。对于细粒土，试样应不少100g；

对于粒径小于25mm的中粒土，试样应不少于1000g；

对于粒径小于40mm的粗粒土，试样的质量应不少于2000g。

（2）配制混合料

①制备试件的数量与土类及操作的仔细程度有关。

对于无机结合料稳定细粒土，至少应该制6个试件；对于无机结合料稳定中粒土和粗粒土，至少分别应该制9个和13个试件。

②称取一定数量的风干土并计算干土的质量，其数量随试件大小而变。

③将称好的土放在长方盘（约400mm×600mm×70mm）内，向土中加水。细粒土含水量应较最佳含水量少3%，中、粗粒土可按最佳含水量加水，但应扣除土和石灰或水泥中的水。将土和水拌和均匀后放在密闭容器内浸润备用。

浸润时间：黏性土12～24h；粉性土6～8h；砂性土、砂砾土、红土砂砾、级配砂砾等可以缩短到4h左右；含上很少的末筛分碎石、砂砾及砂可以缩短到2h。

④在浸润过的试料中，加入预定数量的水泥或石灰并拌和均匀，在拌和过程中，应将细粒土预留的水加入土中，使混合料的含水量达到最佳含水量。

拌和均匀的加有水泥的混合料应在1h内制成试件，超过1h的混合料应该作废。

（3）按预定的干密度制件

用反力框架和液压千斤顶制件，试件质量按下式计算：

$$m_1 = \rho_d V(1 + w)$$

式中：V——试模的体积，cm³；

w——稳定土混合料的含水量，%；

ρ_d——稳定土试件的干密度，g/cm³。

试件的制作过程为：

①将试模的下压柱放入试模的下部，但外露2cm左右。

②将称量的规定数量的稳定土混合料（g）分2～3次灌入试模（利用漏斗），每次灌入后用夯棒轻轻均匀插实。

③将上压柱放入试模内，应使上压柱也外露2cm左右（上下压柱露出试模外的部分应该相等）。

④将整个试模（连同上下压柱）放到反力框架内的千斤顶上（千斤顶下应放一扁球座），加压直到上下压柱都压入试模为止。维持压力1min。

⑤取下试模，拿去上压柱，并放到脱模器上将试件顶出，称试件的质量。

（4）养生

试件从试模内脱出并称量后，应立即放到密封湿气箱和恒温室内进行保温、保湿养生。但中试件和大试件应先用塑料薄膜包覆。有条件时，可采用蜡封保湿养生。养生时间通常取7d。养生温度应保持20℃±2℃。养生期的最后一天，应该将试件浸泡在水中，在浸泡水中前，应再次称试件的质量。在养生期间，试件质量的损失应该符合下列规定：①小试件不超过1g；②中试件不超过4g；③大试件不超过10g。质量损失超过此规定的试件，应该作废。

5.试验步骤

（1）将已浸泡一昼夜的试件从水中取出，用软的旧布吸试件表面的可见自由水，并称试件的质量。

（2）用游标卡尺量试件的高度，准确到0.1mm。

（3）将试件放到路面材料强度试验仪的升降台上进行抗压试验。

试验过程中，应使试件的形变等速增加，并保持速率约为1mm/min。记录试件破坏时的最大压力。

（4）从试件内部取有代表性的样品（经过打破）测定其含水量。

6.试验结果

（1）试件的无侧限抗压强度用下式计算：

$$R_c = \frac{P}{A}$$

式中：P——试件破坏时的最大压力，N；

A——试件的截面积，$A = \pi D^2 / 4$；

D——试件的直径，mm。

（2）精密度或允许误差

若干次平行试验的偏差系数（%）应符合下列规定：小试件应不大于6%；中试件应不大于10%；大试件应不大于15%。

7.试验报告

报告应包括以下内容：

（1）材料的颗粒组成；

（2）水泥的种类和标号或石灰的等级；

（3）确定最佳含水量时的结合料用量、最佳含水量和最大干密度；

（4）水泥或石灰剂量或石灰、粉煤灰和集料的比例；

（5）试件干密度或压实度；

（6）吸水量以及测抗压强度时的含水量；

（7）抗压强度；

（8）若干个试验结果的最小值和最大值、平均值、标准差、变异系数和95%概率的值（代表值）。

第二节　路面平整度试验检测

一、概述

平整度是路面施工质量与服务水平的重要指标之一。平整度的测试设备分为断面类及反应类两大类。自动化测试设备有纵断面分析仪、路面平整度数据采集系统测定车等。

国际上通用国际平整度指数IRI衡量路面行驶舒适性或路面行驶质量，可通过标定试验得出IRI与标准差 σ 或单向累计值VBI之间的关系。

二、3m直尺法

3m直尺测定法有单尺测定最大间隙及等距离（1.5m）连续测定两种。

（一）试验目的

测定压实成形的路基、路面各层表面的平整度，以评定路面的施工质量及使用质量。

（二）测试要点

1.测试地点的选择

（1）当为施工过程中质量检测需要时，测试地点根据需要确定，可以单杆检测。

（2）当为路基、路面工程质量检查验收或进行路况评定需要时，应首尾相接连续测量10尺。

除特殊需要外，应以行车道一侧车轮轮迹（距车道线80～100cm）带作为连续测定的标准位置。

（3）对已形成车辙的旧路面，应取车辙中间位置为测定位置，用粉笔在路面上做好标记。

2.测试要点

（1）在施工过程中检测时，按根据需要确定的方向，将3m直尺摆在测试地点的路面上。

（2）目测3m直尺底面与路面之间的间隙情况，确定间隙为最大的位置。

（3）用有高度标线的塞尺塞进间隙处，量记最大间隙的高度，精确至0.2mm。

（4）施工结束后检测时，按现行《公路工程质量检验评定标准》的规定，每1处连续检测10尺，按上述步骤测记10个最大间隙。

（三）试验结果

单杆检测路面的平整度计算，以3m直尺与路面的最大间隙为测定结果。连续测定10尺时，判断每个测定值是否合格，根据要求计算合格百分率，并计算10个最大间隙的平均值。

$$合格率=（合格尺数/总测尺数）×100\%$$

（四）试验报告

单杆检测应随时记录测试位置及检测结果。连续测定10尺时，应报告平均值、合格尺数及合格率。

三、连续式平整度仪法

（一）试验目的

测定路表面的平整度，评定路面的施工质量和使用质量，不适用于在已有较多坑槽、破损严重的路面上测定。

（二）仪器设备

（1）连续式平整度仪：前后各有4个行走轮，前后两组轮的轴间距离为3m。机架中间有一个能起落的测定轮。测定轮上装有位移传感器，自动采集位移数据时，测定间距为10cm，每一计算区间的长度为100m，100m输出一次结果。

（2）牵引车：小面包车或其他小型牵引汽车。

（3）皮尺或测绳。

（三）试验要点

1.选择测试路段路面测试地点，同3m直尺法。

2.将连续式平整度测定仪置于测试路段路面起点上。

3.放下测定轮，启动检测器及记录仪，随即牵引汽车，沿道路纵向行驶，横向位置保持稳定，检查平整度检测仪表上测定数字显示、打印、记录的情况。

4.牵引平整度仪的速度应均匀，速度宜为5km/h，最大不得超过12km/h。

（四）试验结果

1.连续式平整度测定仪测定后，可按每10cm间距采集的位移值自动计算100m计算区间的平整度标准差，还可记录测试长度、曲线振幅大于某一定值（3mm、5mm、8mm、10mm等）的次数、曲线振幅的单向（凸起或凹下）累计值及以3m机架为基准的中点路面偏差曲线图，并打印输出。

2.每一计算区间的路面平整度以该区间测定结果的标准差表示，如下式计算；

$$\sigma_i = \sqrt{\frac{\sum\left(\bar{d} - d_i\right)^2}{n-1}}$$

式中σ_i——各计算区间的平整度计算值，mm；

d_i——以100m为一个计算区间，每隔一定距离（自动采集间距为10cm，人工采集间距为1.5m）采集的路面凹凸偏差位移值，mm；

$\bar{d}$——计算区间的路面凹凸偏差位移算数平均值，mm；

m——计算区间用于计算标准差的测试数据个数。

3.计算一个评定路段内各区间平整度标准差的平均值、标准差和变异系数。

（五）试验报告

试验应列表报告每一个评定路段内各测定区间的平整度标准差、各评定路段平整度的平均值、标准差、变异系数及不合格区间数。

四、车载式激光平整度仪法

（一）试验目的

对各类车载式激光平整度仪在新建、改建路面工程质量验收和无严重坑槽、车辙等病害及无积水、积雪、泥浆的正常通车条件下连续采集路段平整度数据。

（二）设备与材料技术要求

1.测试系统

测试系统由承载车辆、距离传感器、纵断面高程传感器和主控制系统组成。主控制系统对测试装置的操作实施控制，完成数据采集、传输、存储与计算过程。

2.设备承载车要求

根据设备供应商的要求选择测试承载车辆。

3.测试系统基本技术要求和参数

（1）测试速度：30～100km/h

（2）采样间隔：≤500mm

（3）传感器测试精度：0.5mm

（4）距离标定误差：<0.1%

（5）系统工作环境温度：0℃～60℃

（三）测试要点

1.准备工作

（1）根据设备操作手册的要求对测试系统各传感器进行校准。

（2）检查测试车轮胎气压，应达到车辆轮胎规定的标准气压，车胎应保持清洁，不得黏附杂物。

（3）距离测量装置需要现场安装的，根据设备操作手册说明进行安装，确保机械紧固装置安装牢固。

（4）检查测试系统各部分应符合测试要求，不应有明显的可视性破损。

（5）打开系统电源，启动控制程序，检查各部分的工作状态。

2.测试步骤

（1）测试开始之前应让测试车以测试速度行驶5～10km，按照设备使用说明规定的预热时间对测试系统进行预热。

（2）测试车停在测试起点前50～100m处，启动平整度测试系统程序，按照设备操作手册的规定和测试路段的现场技术要求设置完毕所需的测试状态。

（3）驾驶员应按照设备操作手册要求的测试速度范围驾驶测试车，宜为 50 ~ 80km/h，避免急加速和急减速，急弯路段应减慢车速，沿正常行车轨迹驶入测试路段。

（4）进入测试路段后，测试人员启动系统的采集和记录程序，在测试过程中必须及时准确地将测试路段的起终点和其他需要特殊标记的位置输入测试数据记录中。

（5）当测试车辆驶出测试路段后，测试人员停止数据采集和记录，并恢复仪器各部分至初始状态。

（6）检查测试数据文件，文件应完整，内容应正常，否则需要重新测试。

（7）关闭测试系统电源，结束测试。

（四）试验结果

激光平整度仪采集的数据是路面相对高程值，应以100m为计算区间长度用IRI的标准计算程序计算IRI值，以m/km计。

（五）激光平整度仪测值与国际平整度指数IRI相关关系对比试验

1.试验条件

（1）按照每段IRI值变化幅度不小于1.0的范围选择不少于4段不同平整度水平的路段，且有足够加速或减速长度的路段。根据实际测试道路IRI的分布情况，可以适当增加某些范围内的标定路段。

（2）每路段长度不小于300m。

（3）每一段内的平整度应平均，包括路段前50m的引道。

（4）选择坡度变化较小的直线路段，路段交通量小，便于疏导。

（5）有多个激光测头的系统需要分别标定。

（6）标定宜选择在车道的正常行驶轨迹上进行，明确画出轮迹带测线和起终点位置。

2.试验步骤

（1）距离标定

依据设备供应商建议的长度，选择坡度变化较小的平坦直线路段，标出起终点和行驶轨迹。

标定开始之前应让测试车以测试速度行驶5 ~ 10km，按照设备操作手册规定的预热时间对测试系统进行预热。

将测试车的前轮对准起点线，启动距离校准程序，然后令车辆沿着路段轨迹直线行驶，避免突然加速或减速，接近终点时，看指挥人员手势减速停车，确保测试车的前轮对准终点线，结束距离校准程序。重复此过程，确保距离传感器测试结果的准确性在允许误差范围之内。

令所标定的纵断面高程传感器对准测线重复测试5次，取其IRI计算值作为该路段的测试值。

（2）IRI值的确定

以精密水准仪作为标准仪具，测量标定路段上测线的纵断高程，要求采样间隔为250mm，高程测试精密度为0.5mm。然后用IRI标准计算程序对纵断面测量值进行模型计算，得到标定线路的IRI值。

3.试验数据处理

用数理统计的方法将各标定路段的IRI值和相应的平整度仪测值进行回归分析，建立相关关系方程式，相关系数不得小于0.99。

（六）试验报告

平整度检测报告应包括以下内容：

（1）国际平整度指数IR1平均值。

（2）激光平整度仪测值与国际平整度指数1RI在选定测试条件下的相关关系式及相关系数。

第三节　路面主要性能试验检测

一、路面抗滑性能的试验检测

（一）概述

路面抗滑性能是指路面抵抗车辆轮胎受到制动时沿表面滑移的能力。通常，抗滑性能被看作路面的表面特性（包括路表面细构造和粗构造），并用轮胎与路面间的摩阻系数来表示。影响抗滑性能的因素有路面表面特性、路面潮湿程度和行车速度。

路表面细构造是指集料表面的粗糙度，它随车轮的反复磨耗而渐被磨光。通常采用石料磨光值来表征抗磨光的性能。细构造在低速（30km/h以下）时对路表抗滑性能起决定作用。而高速时起主要作用的是粗构造，它是由路表外露集料形成的构造，功能是使车轮下的路表水迅速排除，以避免形成水膜。

抗滑性能测试方法有制动距离法、偏转轮拖车法（横向力系数测试）、摆式仪法、构造深度测试法（手工铺砂法、电动铺砂法、激光构造深度仪法）。

表征路面抗滑性能常用的技术指标为抗滑摆值、路表构造深度和路面横向摩擦系数。

路面的抗滑摆值是指用标准的手提式摆式摩擦系数测定仪测定的路面在潮湿条件下对摆的摩擦阻力。路表构造深度是指一定面积的路表面凹凸不平的开口孔隙的平均深度。路面横向摩擦系数是指用标准的摩擦系数测定车测定的，当测定轮与行车方向成一定角度并以一定速度行驶时，轮胎与潮湿路面之间的摩擦阻力与试验轮上荷载的比值。

高速、一级公路的路面应具有良好的抗滑性能，其沥青路面抗滑性能应符合有关的要求，二级及三级公路应根据各路段的具体情况采取必要的技术措施，以提高路面抗滑性能。在设计高速、一级公路的沥青表面层时，应选用抗滑、耐磨石料。高速、一级公路的摩擦系数宜在竣工后第一个夏季采用摩擦系数车测定，以50km/h、11km/h的车速测定横向力系数s。宏观构造深度应在竣工后第一个夏季用铺砂法或激光构造深度仪测定，此时的测定值应符合规定的竣工验收的要求。

（二）构造深度测试方法

本节以手工铺砂法为例介绍构造深度测试方法。

1.试验目的

测定沥青路面及水泥混凝土路面表面构造深度，用以评定路面表面的宏观粗糙度、排水性能及抗滑性能。

2.试验仪器与材料

（1）人工铺砂仪：由圆筒、推平板组成。

（2）量砂筒：容积为（25±0.15）mL。

（3）量砂：足够数量的干燥、洁净的匀质砂，粒径为0.15~0.30mm。

（4）量尺等。

3.试验方法与步骤

（1）量砂准备：取洁净的细砂晾干、过筛，取0.15~0.30mm的砂置于适当的容器中备用。

（2）对测试路段按随机取样选点的方法，决定测点所在横断面位置。测点应选在行车道的轮迹带上，距路面边缘不应小于1m。

（3）用扫帚或毛刷子将测点附近的路面清扫干净，面积不小于30cm×30cm。

（4）用小铲沿筒向圆筒中注满砂，手提圆筒上方，在硬质路面上轻轻地叩打3次，使砂密实，补足砂面用钢尺一次刮平。

（5）将砂倒在路面上，用底面粘有橡胶片的推平板，由里向外重复做摊铺运动，稍稍用力将砂细心地尽可能地向外摊开，使砂填入路表面的空隙中，尽可能将砂摊成圆形，并不得在表面上留有浮动余砂。

（6）用钢板尺测量构成圆的两个垂直方向的直径，取其平均值，准确至5mm。

（7）按以上方法，同一处平行测定不少于3次，3个测点均位于轮迹带上，测点间距3~5m。该处的测定位置以中间测点的位置表示。

4.试验结果

（1）路面表面构造深度测定结果按下式计算：

$$TD = \frac{1000V}{\pi D^2 / 4} = \frac{31831}{D^2}$$

式中：TD——路面表面构造深度，mm；

V——砂的体积，25cm³；

D——推平砂的平均直径，mm。

（2）每一处均取3次路面构造深度的测定结果的平均值作为试验结果，精确至0.1mm。

（3）计算每一个评定区间路面构造深度的平均值、标准差和变异系数。

5.试验报告

（1）列表逐点报告路面构造深度的测定值及3次测定的平均值，当平均值小于0.2mm时，试验结果以"<0.2mm"表示。

（2）报告每一个评定区间路面构造深度的平均值、标准差和变异系数。

（三）摆式仪测路面抗滑摆值

1.试验目的

以摆式摩擦系数测定仪（摆式仪）测定沥青路面及水泥混凝土路面的抗滑值，用以评定路面在潮湿状态下的抗滑能力。

2.试验仪器与材料

（1）摆式仪：摆及摆的连接部分总质量为1500g±30g；摆动中心至摆的重心距离为410mm±5mm；测定时摆在路面上滑动长度为126mm±1mm；摆上橡胶片端部距摆动中心的距离为508mm，橡胶片对路面的正向静压力为22.2N±0.5N。

（2）橡胶片：用于测定路面抗滑值时的尺寸为6.35mm×25.4mm×76.2mm，橡胶质量应符合要求。当橡胶片使用后，端部在长度方向上磨损超过1.6mm或边缘在宽度方向上磨耗超过3.2mm，或有油污染时，即应更换新橡胶片。

新橡胶片应先在干燥路面上测10次后再用于测试。橡胶片的有效使用期为1年。

（3）标准量尺：长126mm。

（4）洒水壶、橡胶刮板、路面温度计等。

3.试验方法与步骤

（1）检查摆式仪的调零灵敏情况。

（2）对测试路段按随机取样方法，决定测点所在横断面位置。测点应选在行车道的轮迹带上，距路面边缘不应小于1m，并用粉笔做标记。测点位置宜紧靠铺砂法测定构造深度的测点位置，并与其一一对应。

（3）仪器调平。

（4）调零。

（5）校核滑动长度：橡胶片两次同路面接触点的距离（滑动长度）应在126mm左右。若滑动长度不符合标准时，则升高或降低仪器底正面的调平螺丝来校正。

（6）用喷壶的水浇洒试测路面。

（7）再次洒水，并按下释放开关，使摆在路面滑过，指针即可指示出路面的摆值。但第一次测定，不做记录。

（8）重复测定5次，并读记每次测定的摆值，即BPN。5次数值中最大值与最小值的差值不得大于3BPN。取5次测定的平均值作为每个测点路面的抗滑值（摆值Fb），取整数，以BPN表示。

（9）在测点位置上用路表温度计测记潮湿路面的温度，精确至1℃。

（10）同一处平行测定不少于3次，3个测点均位于轮迹带上，测点间距3～5mm每一处均取3次测定结果的平均值作为试验结果，精确至1BPN。

4.抗滑值的温度修正

当路面温度为T时测得的值为F_{BT}时，必须按下式换算成标准温度20℃的摆值。

$$F_{Beo} = F_{BT} + \Delta F$$

5.试验报告

（1）报告测试日期、测点位置、天气情况、洒水后潮湿路面的温度，并描述路面类型、外观、结构类型等。

（2）列表逐点报告路面抗滑值的测定值F_{BT}经温度修正后的F_{B20}及3次测定的平均值。

（3）每一个评定路段路面抗滑值的平均值、标准差和变异系数。

（四）摩擦系数测定车测定路面横向力系数

摩擦系数测定车测定的路面横向力系数既表示车辆在路面上制动时的路面抗力，还表征车辆在路面上发生侧滑时的路面抗力，因此它是路面纵横向摩擦系数的综合指标，反映较高速度下的路面抗滑能力。

1.主要仪器

摩擦系数测定车，通常为SCR型，主要由车辆底盘、测量机构、供水系统、荷载传感器、仪表及操作记录系统、标定装置等组成。

2.检测原理

测定车上装有与车辆行驶方向成20°角的测试轮。测定时，供水系统洒水，降下测试轮，并对其施加一定荷载，荷载传感器测量与测试轮轮胎面成垂直的横向力，此力与轮荷载之比即为横向力系数。横向力系数越大，说明路面抗滑能力越强。

二、路面结构层厚度的试验检测

在路面工程中，各个层次的厚度和道路整体强度是密切相关的。路面各结构层厚度的检测一般与压实度同时进行，当用灌砂法进行压实度检查时，可量取挖坑溜砂深度即为结构层厚度。当用钻芯取样法检查压实度时，可直接量取芯样高度。结构层厚度也可以来用水准仪实测法求得，即在同一测点量出结构层底面及顶面的高程，然后求其差值。这种方法无须破坏路面，测试精度高。

目前，国内外还有用雷达、超声波等方法检测路面结构层厚度。对于基层或砂石路面的厚度可用挖坑法测定，沥青面层与水泥混凝土路面板的厚度应用钻孔法测定。

（一）路面厚度的检测方法

1.挖坑法

（1）根据现行规范的要求，随机取样决定挖坑检查的位置。如为旧路，测试点有坑洞等显著缺陷或接缝时，可在其旁边检测。

（2）选一块约40cm×40cm的平坦表面作为测试地点，用毛刷将其清扫干净。

（3）根据材料坚硬程度，选择镐、铲、凿子等适当的工具，开挖这一层材料，直至层位底面。在便于开挖的前提下，开挖面积应尽量缩小，坑洞大体呈圆形。边开挖边将材料铲出，置于搪瓷盘中。

（4）用毛刷将坑底清扫干净，确认为坑底面下一层的顶面。

（5）将钢尺平放，横跨于坑的两边，用另一把钢尺或卡尺等量具在坑的中部计量，精确至0.1cm。

2.钻孔法

（1）根据现行规范的要求，随机取样决定钻孔检查的位置。如为旧路，测试点有坑洞等显著缺陷或接缝时，可在其旁边检测。

（2）用路面取芯钻孔机钻孔。

（3）仔细取出芯样，清除底面灰尘，找出与下层的分界面。

（4）用钢尺或卡尺沿四周对称的十字方向四处量取表面至上下层界面的高度，取其平均值，即为该层的厚度，精确至0.1cm。

3.施工过程中的简易测试方法

在施工过程中，当沥青混合料尚未冷却时，可根据需要，随机选择测点，用大改锥插入量取或挖坑量取沥青层的厚度（必要时用小锤轻轻敲打），但不得使用铁镐等扰动四周的沥青层。挖坑后清扫坑边，架上钢板尺，用另一钢板尺量取层厚，或用大改锥插入坑内量取深度后用尺读数，以cm计，精确至0.1cm。

按下列步骤用取样层的相同材料填补试坑或钻孔：

（1）适当清理坑中残留物，钻孔时留下的积水应用棉纱吸干。

（2）对无机结合料稳定层及水泥混凝土路面，按相同配比用新拌的材料填补，并用小锤击实。水泥混凝土中宜掺加少量快凝早强的外掺剂。

（3）对无结合料粒料基层，可用挖坑时取出的材料，适当加水拌和后分层填补，并用小锤击实。

（4）对正在施工的沥青路面，用相同级配的热拌沥青混合料分层填补并用加热的铁锤或热夯压实。旧路钻孔也可用乳化沥青混合料修补。

（5）所有补坑结束时，宜比原面层略鼓出少许，用重锤或压路机压实平整。补填工序如有疏忽，易成为隐患而导致开裂，因此应仔细填补好。

（二）路面雷达快速测厚技术

1.雷达检测概述

雷达无损检测是一种高新技术，20世纪80年代后期开始用于路基路面物理力学指标的无损检测，欧美最早应用，在我国应用的时间大约在20世纪90年代初。雷达检测技术实质上是一种特高频电磁波发射与接收技术。它与地震波不同，地震波是在锤击或小量炸药引爆情况下所产生的一种振动辐射波，一般具有低频性质（频率大致在数百赫的声频范围），而雷达波由自身激振产生，直接向路基路面中发射射频电磁波，通过波的反射与接收获得路基路面的采样信号，再经过硬件与软件及图文显示系统得到检测结果。雷达所用的采样频率一般为数百万赫左右，而发射与接收的射频频率有的要达到吉赫以上。射频电磁波的产生是依靠一种特制的固体共振腔获得，正好像微波的获得依赖于晶体同轴共振腔一样。雷达波虽然频率很高，波长很短，但毕竟也是一种波，因此，该种电磁波也遵守波的传播规律，即也有入射、反射、折射与衰变等传播特点。人们正是利用这些特点，为工程质量监控服务，达到无损、快速、高精度的检测要求。

路面雷达测试系统，能实时收集公路的雷达信息，然后将信息输入电脑程序内，在很短的时间里，电脑程序便会自动分析出公路或桥面内各层厚度、湿度、空隙位置、破损位置及程度。

目前，我国公路路面厚度测试常采用钻孔测量芯样厚度的方法，这种方法会给路面造成破坏或留下后患。而路面雷达测试系统是一种非接触、非破损的路面厚度测试技术，检测速度高，精度也较高，检测费用低廉。因此，它不仅适用于沥青路面或水泥混凝土路面各层厚度及总厚度测试、路面下空洞探测、路面下相对高湿度区域检测、路面下的破损状况检测，还可以用于检测桥面混凝土剥落状况、桥内混凝土与钢筋脱离状况和测试桥面沥青覆盖层的厚度。

2.主要设备

（1）路面探测雷达：包括1～4套雷达。

（2）数据采集与处理系统：包括计算机和距离量测仪。

（3）测试软件。

（4）交流电源转换器。

（5）雷达检测车。

3.工作原理

雷达检测车以一定速度在路面上行驶，路面探测雷达发射电磁脉冲，并在短时间内穿过路面，脉冲反射波被无线接收机接收，数据采集系统记录返回时间和路面结构中的不连续电介质常数的突变情况。由于路面各结构层材料的电介质常数明显不同，因此电介质常数突变处就是两结构层的界面。根据测得的各种路面材料的电介质常数及波速，则可计算路面各结构层的厚度或给出含水量、损坏位置等信息。

4.使用技术要点

（1）检测速度可达80km/h以上。

（2）以80km/h的速度对路面及桥面进行连续检测不少于4h时检测距离可达320km。

（3）最大探测深度大于60cm。

（4）厚度数据精度一般为深度的2%～5%。

（5）检测在计算机控制下进行，可实时地同时进行数据采集波形显示。

三、路面承载能力的试验检测

（一）概述

国内外普遍采用回弹弯沉值来表示路基路面的承载能力，回弹弯沉值越大，承载能力越小，反之则越大。通常所说的回弹弯沉值是指标准后轴载双轮组轮隙中心处的最大回弹弯沉值。

以下给出弯沉值的几个概念：

1.弯沉

弯沉是指在规定的标准轴载作用下，路基或路面表面轮隙位置产生的总垂直变形（总弯沉）或垂直回弹变形值（回弹弯沉），以0.01mm为单位。

2.设计弯沉值

设计弯沉值是根据设计年限内一个车道上预测通过的累计当量轴次、公路等级、面层和基层类型而确定的路面弯沉设计值。

（二）贝克曼梁检测弯沉方法

1.试验目的

用于测定各类路基、路面的回弹弯沉，用以评定其整体承载能力，可供路面结构设计使用。

2.试验设备与材料

（1）测试车：测试车应采用后轴10t的BZZ-100的汽车。其标准轴荷载、轮胎尺寸、轮胎间隙及轮胎气压等主要参数符合要求。

（2）路面弯沉仪：由贝克曼梁、百分表及表架组成；贝克曼梁由铝合金制成，上有水准泡，其前臂（接触路面）与后臂（装百分表）长度比为2∶1。弯沉仪长度有两种：一种长3.6m，另一种加长的弯沉仪长5.4m。当在半刚性基层沥青路面或水泥混凝土路面上测定时，宜采用长度为5.4m的贝克曼梁弯沉仪，并采用BZZ-100标准车。弯沉值采用百分表量得，也可用自动记录装置进行测量。

（3）接触式路面温度计。

（4）其他：皮尺、口哨、白油漆或粉笔等。

3.试验方法与步骤

（1）试验前准备工作

检查汽车后轴轴重、测定轮胎接地面积、检查百分表灵敏情况、测定气温及地表温度等。

（2）测试步骤

①在测试路段布置测点，其距离随测试需要而定。测点应在路面行车车道的轮迹带上，并用白油漆或粉笔画上标记。

②将试验车后轮轮隙对准测点后3~5cm处的位置上。

③将弯沉仪插入汽车后轮之间的缝隙处，与汽车方向一致，梁臂不得碰到轮胎，弯沉仪测头置于测点上（轮隙中心前方3~5cm处），并安装百分表于弯沉仪的测定杆上，百分表调零，轻轻叩打弯沉仪，检查百分表是否稳定回零。

弯沉仪可以是单侧测定，也可以双侧同时测定。

④测定者吹哨发令指挥汽车缓缓前进，百分表随路面变形的增加而持续向前转动。当表针转动到最大值时，迅速读取初读数4。汽车仍在继续前进，表针反向回转，待汽车驶出弯沉影响半径（3m以上）后，吹口哨或挥动红旗指挥停车。待表针回转稳定后读取终读数。汽车前进的速度宜为5km/h左右。

（三）自动弯沉仪检测弯沉方法

1.主要设备

自动弯沉仪测定车：洛克鲁瓦型，由测试汽车、测量机构、数据采集处理系统三部分组成。

2.工作原理

自动弯沉仪测定车在检测路段以一定速度行驶，将安装在测试车前后轴之间底盘下面的弯沉测定梁放到车辆底盘的前端并支于地面保持不动，当后轴双轮隙通过测头时，弯沉通过位移传感器等装置被自动记录下来，这时，测定梁被拖动，以二倍的汽车速度拖到下一测点，周而复始地向前连续测定。通过计算机可输出路段弯沉检测统计计算结果。

（四）落锤式弯沉仪检测弯沉方法

1.试验目的

测定在落锤式弯沉仪（FWD）标准质量的重锤落下一定高度发生的冲击荷载作用下，路基或路面表面所产生的瞬间变形，即测定在动态荷载作用下产生的动态弯沉及弯沉盆。并可由此反算路基路面各层材料的动态弹性模量，作为设计参数使用。所测结果经转换至回弹弯沉值后可用于评定道路承载能力，也可用于调查水泥混凝土路面接缝的传力效果，探查路面板下的空洞等。

2.试验设备与材料

（1）落锤式弯沉仪：简称FWD，由荷载发生装置、弯沉检测装置、运算控制系统与车辆牵引系统等组成。

（2）荷载发生装置：重锤的质量及落高根据使用目的与道路等级选择，荷载由传感器测定。如无特殊需要，重锤的质量为200kg±10kg，可采用50kN+2.5kN的冲击荷载。承载板宜为十字对称分开成四部分且底部固定有橡胶片的承载板。承载板的直径一般为300mm。

（3）弯沉检测装置：由一组高精度位移传感器组成。传感器可为差动变压器式位移计（LVDT）或地震检波器。自承载板中心开始，沿道路纵向隔开一定距离布设一组传感器，传感器总数不少于7个，建议布置在0～250cm范围以内，必须包括0、30、60、90四点，其他根据需要及设备性能决定。

（4）运算及控制装置：能在冲击荷载作用的瞬间内，记录冲击荷载及各个传感器所在位置测点的动态变形。

（5）牵引装置：牵引FWD并安装运算及控制装置的车辆。

3.工作原理

将测定车开到测定地点，通过计算机控制下的液压系统，启动落锤装置，使一定质量的落锤从一定高度自由落下，冲击力作用于承载板上并传递到路面，导致路面产生弯沉，分布于距测点不同距离的传感器检测结构层表面的变形，记录系统将信号输入计算机，得到路面测点弯沉及弯沉值。

4.试验方法与步骤

（1）准备工作

①调整重锤的质量及落高，使重锤的质量及产生的冲击荷载符合要求。

②在测试路段的路基或路面各层表面布置测点，其位置或距离随测试需要而定。当在路面表面测定时，测点宜布置在行车道的轮迹带上。测试时，还可利用距离传感器定位。

③检查FWD的车况及使用性能，用手动操作检查，各项指标符合仪器规定要求。

④将FWD牵引至测定地点，将仪器打开，进入工作状态。牵引FWD行驶的速度不宜超过50km/h。

对位移传感器按仪器使用说明书进行标定，使之达到规定的精度要求。

（2）试验步骤

①承载板中心位置对准测点，承载板自动落下，放下弯沉装置的各个传感器。

②启动落锤装置，落锤瞬即自由落下，冲击力作用于承载板上，又立即自动提升至原来位置固定。同时，各个传感器检测结构层表面变形，记录系统将位移信号输入计算机，并得到峰值，即路面弯沉，同时得到弯沉盆。每一测点重复应不少于3次，除去第一个测定值，取以后几次测定值的平均值作为计算依据。

③提起传感器及承载板，牵引车向前移动至下一个测点，重复上述步骤，进行测定。

5.落锤式弯沉仪与贝克曼梁弯沉仪对比试验步骤

（1）路段选择

选择结构类型完全相同的路段，针对不同地区选择某种路面结构的代表性路段，进行两种测定方法的对比试验，以便将落锤式弯沉仪测定的动弯沉换算成贝克曼梁测定的回弹弯沉值。选择的对比路段长度300~500m，弯沉值应有一定的变化幅度。

（2）对比试验步骤

①采用与实际使用相同且符合要求的落锤式弯沉仪及贝克曼梁弯沉仪测定车。落锤式弯沉仪的冲击荷载应与贝克曼梁弯沉仪测定车的后轴双轮荷载相同。

②用油漆标记对比路段起点位置。

③布置测点位置，按规程JTGE60中TO951的方法用贝克曼梁定点测定回弹弯沉。测定车开走后，以测点为圆心，用粉笔在周围画一个半径为15cm的圆，标明测点位置。

④将落锤式弯沉仪的承载板对准圆圈，位置偏差不超过30mm，进行测定。两种仪器对同一点弯沉测试的时间间隔不应超过10min。

6.试验结果

（1）按桩号记录各测点的弯沉及弯沉盆数据，按规程JTGE60中附录B的方法计算评定路段的平均值、标准差、变异系数。

（2）当为调查水泥混凝土路面接缝的传力效果时，利用分开在接缝两边布置的位移传感器的测定值的差异及弯沉盆的形状进行判断。

（3）当为探查路面板下的空洞时，利用在不同位置测定的测定值的差异及弯沉盆的形状进行判断。

7.试验报告

（1）报告应包括下列内容：

①单个测点的最大弯沉及弯沉盆测定数据。

②每一个评定路段全部测点弯沉的平均值、标准差、换算的回弹弯沉。

（2）如与贝克曼梁弯沉仪进行了对比试验，尚应报告相关关系式、相关系数、换算的回弹弯沉。

第十一章 公路工程试验检测管理

第一节 试验检测的目的和意义

一、公路工程试验检测

公路工程试验检测，是指根据国家有关法律法规的规定，依据工程建设技术标准、规范、规程，对公路水运工程所用材料、构件、工程制品、工程实体的质量和技术指标等进行的试验检测活动。

试验检测是工程质量的重要组成部分，是工程质量科学管理的重要手段。

二、试验检测的作用和目的

公路工程试验检测是一门融公路工程基础知识、试验检测基础理论和测试操作技能于一体的学科，它贯穿于公路工程建设的全寿命周期，是工程设计参数、施工质量控制、工程验收评定、养护管理决策和各种标准、规范及规程修订的主要依据。客观、准确、及时的试验检测数据是公路工程实践的真实记录，是指导、控制和评定工程质量的科学依据。

公路工程试验检测的作用和目的如下。

（1）用定量的方法，对各种原材料、成品或半成品，科学地鉴定其质量是否符合国家质量标准和设计文件的要求，做出接收或拒收的决定，保证工程所用材料都是合格产品，是控制施工质量的主要手段。

（2）对施工全过程进行质量控制和检测试验，保证施工过程中的每个部位、每道工序的工程质量均满足有关标准和设计文件的要求，是提高工程质量、创造优质工程的重要保证。

（3）通过各种试验试配，经济合理地选用原材料，能充分利用当地出产的材料，就地取材，优化原材料的组合，提高工程质量，降低建设成本，节约工程造价。

（4）通过试验检测，还可以确定施工控制参数，不断改进施工工艺，优化施工流程，保障施工质量。

（5）对于新材料、新工艺、新技术，通过试验检测和研究，鉴定其是否符合国家标准和设计要求，为完善设计理论和施工工艺积累实践资料，为推广和发展新材料、新工艺、新技术做贡献。

（6）试验检测是评价工程质量缺陷，鉴定和预防工程质量事故的手段。通过试验检测，为质量缺陷或质量事故判定提供实测数据，以便准确判定其性质、范围和程度，合理评价事故损失，明确责任，从中总结经验教训。

（7）分项工程、分部工程、单位工程完成后，均要对其进行适当的抽检，以便进行质量等级的评定，为竣工验收提供完整的试验检测证据，保证向业主交付合格工程。

（8）试验检测工作集试验检测基本理论、测试操作技能和公路工程相关学科的基础知识于一体，是工程设计参数、施工质量控制、工程验收评定、养护管理决策的主要依据。

随着工程建设管理水平的不断提高，人们给工程质量赋予了新的内涵，工程质量不仅关系到人民生命财产安全、健康、环保和其他公众利益，还与保护资源、节约投资、提高经济效益和社会效益息息相关。工程质量为其综合反映，因此，公路水运工程试验检测需不断更新理念，用科学、准确的数据为工程质量把好关，充分发挥试验检测的质量控制作用。

三、相关的法律法规

与公路工程试验检测相关的法律法规主要包括以下几个。

（1）《中华人民共和国计量法》。

（2）《中华人民共和国计量法实施细则》。

（3）《中华人民共和国标准化法》。

（4）《中华人民共和国标准化法实施条例》。

（5）《中华人民共和国产品质量法》。

（6）《建设工程质量管理条例》。

（7）《检验检测机构资质认定评审准则》（国认实〔2016〕33号）。

（8）《关于进一步加强公路水运工程工地试验室管理工作的意见》（厅质监字〔2009〕183号）。

（9）《公路水运工程试验检测管理办法》（交通运输部令2016年第80号）。

第二节 试验检测工作管理

一、试验检测频率的确定

在公路工程施工前，应该先确定各种试验检测的频率，从而建立试验检测工作计划。试验检测的频率由以下几个方面确定。

（1）各种公路施工技术规范。

（2）《公路工程质量检验评定标准》。

（3）《公路工程竣（交）工验收办法》。

（4）《公路工程施工监理规范》。

（5）工程承包合同、专用技术规范与设计图纸。

（6）监理工程师的指令。

确定了检测频率以后，根据预估的原材料、半成品、成品工程结构数量，就可以初步预估出所从事施工的项目的基本试验检测次数，从而制订试验检测工作计划，以便对施工中的试验检测进行控制。

常见原材料的抽检频率与方法如表11-1所列。

表11-1　常见原材料的抽检频率与方法

序号	项目		试验检测内容	采用的标准或规程	抽样频率	取样方法	备注
1	水泥	袋装	细度	JTGE30-2005《公路工程水泥及水泥混凝土试验规程》、GB/T 1346-2011《标准稠度用水量、凝结时间、安定性检验方法》	每批次进场检验一次，每检验批代表数量不超过200t	所取样品应具代表性，应从20个以上的不同部分取等量样品作为一组试样。取样品两份，一份试验，一份封存留样，每份质量大于12kg	必要时检验氧化镁、三氧化硫和碱含量
			标准稠度用水量、凝结时间、安定性				
		散装	胶砂强度（抗压、抗折）		每批次进场检验一次，每检验批代表数量不超过500t		

续表

序号	项目	试验检测内容	采用的标准或规程	抽样频率	取样方法	备注
2	细集料	颗粒级配 表观密度、堆积密度和紧密密度 含水量 含泥量及泥块含量	JTGE 42-2005《公路工程集料试验规程》、GB/T 14684-2011《建筑用砂》、JTG/TF 50-2011《公路桥涵施工技术规范》	同源料、同开采每200m³为一批，不足200m³按一批计	根据JTGE42-2005《公路工程集料试验规程》检验项目分别进行取样	如为海砂，还应检验氯离子含量。施工中，对含水率应每工作班至少测定两次，天气骤变时，应酌情增加次数
3	粗集料	颗粒级配 表观密度、堆积密度和紧密密度 含水量 压碎指标值 针、片状颗粒含量 含泥量及泥块含量	JTGE 42-2005《公路工程集料试验规程》、GB 14685-2011《建筑用卵石、碎石》、JTG/TF 50-2011《公路桥涵施工技术规范》	按产地、类别、加工方法和规格等不同情况，分批进行检验，机械集中生产时，每批不宜超过400m³；人工分散生产时，每批不宜超过200m³	根据JTGE42-2005《公路工程集料试验规程》表T0301-1的检验项目分别进行取样	在施工中，对含水率每工作班至少测定两次，天气骤变时，应酌情增加次数
4	石料	岩石单轴抗压强度	JTGE 41-2005《公路工程岩石试验规程》	混凝土强度等级为C60及以上时应进行岩石抗压强度检验，其他情况下，如果设计图纸上有要求或其他方面有必要时，也可进行岩石的抗压强度试验	取整块岩石切割一组6块50mm×50mm×50mm立方体试件，再浸水48小时后进行岩石单轴抗压强度试验	岩石的抗压强度与混凝土强度等级之比对于大于或等于C30的混凝土，不应小于2，其他不应小于1.5，且火成岩强度不宜低于80MPa，变质岩不宜低于60MPa，水成岩不宜低于30MPa

序号	项目	试验检测内容	采用的标准或规程	抽样频率	取样方法	备注
5	土工	颗粒分析 含水量与密实度 液限、塑限、天然稠度 室内承载比（CBR）试验 击实试验 有机质含量及易溶盐含量	JTGE 40-2007《公路土工试验规程》、GB/T 50123-1999《土工试验方法标准〔2007版〕》	每5 000m³取样一次，小于5 000m³或土质变化时也相应取样一次	清除表层土，然后分层采用四分法取样	在土质变化时取样，其中含水量视具体情况加做
6	填土路基	压实度	JTGE 40-2007《公路土工试验规程》、JTGE 60-2008《公路路基路面现场测试规程》、JTGF 10-2006《公路路基施工技术规范》	每200m每压实层测4处，必要时根据需要增减检验点，根据压实度标准，按JTGF 80/1-2004《公路工程质量检验评定标准第一册土建工程》	灌砂法取土样底面位置为每一压实层底部，环刀中部处于压实层厚1/2深度	
		弯沉		弯沉每一双车道评定路段（不超过1km）检查80～100个点，多车道公路必须按车道与双车道之比，相应增加测点	按T 0951-2008和T 0953-2008要求选择测试路段和测试点	弯沉代表值不大于设计计算值
		平整度		平整度每200m测2处×10尺	按T 0931-2008要求选择测试路段	

续表

序号	项目	试验检测内容	采用的标准或规程	抽样频率	取样方法	备注
7	钢筋原材	拉伸	GB/T228.1-2010《金属材料拉伸试验第1部分：室温试验方法》、GB/T232-2010《金属材料弯曲试验方法》	每批次进场检验一次，每同一生产厂家，同一牌号、规格，同一炉罐号为一批，每检验批代表数量不超过60t	根据检验项目分别进行取样	必要时检验钢的化学成分
		冷弯				
8	精轧螺纹钢	外观		应分批进行检验，每批质量不大于100t	对表面质量逐根目视检查，外观检查合格后在每批中任选2根钢筋截取试件进拉伸试验	
		拉伸				
9	钢筋焊接	拉伸	JGJ/T 27-2014《钢筋焊接接头试验方法标准》、JGJ 18-2012《钢筋焊接及验收规程》	以300个同牌号钢筋，同直径、同型式接头作为一批	根据检验项目分别进行取样。每批随机切取3个接头做拉伸试验	指电弧焊接头和电渣压力焊接头
10	钢筋机械连接	拉伸	JGJ 107-2016《钢筋机械连接技术规程》、JG/T 163-2013《钢筋机械连接用套筒》	同一施工条件下，采用同一批材料的同等级、同型式、同规格接头，以500个为一个验收批进行检验与验收，不足500个也作为一个验收批	根据检验项目分别进行取样	

二、试验管理流程

试验检测管理主要包括施工原材料订货管理、原材料进场试验管理、委托试验管理和试验检测管理等几个方面。

（一）施工原材料订货管理流程

（1）考察材料厂商生产能力并抽取样品。

（2）收集生产厂家的合格证书和试验报告。

（3）监理与建设单位现场调查生产厂家（设备、工艺、质量稳定性和合格率）。

（4）施工单位对样品试验合格。

（5）监理单位对样品复验合格。

（6）建设单位对材料进行审批。

（7）签订供货合同。

（二）原材料进场试验管理流程

（1）根据供货合同组织材料进场。

（2）施工单位对进场材料验证性试验合格。

（3）试验人员及室主任签认记录、报告。

（4）监理单位进行复核试验合格。

（5）监理在试验报告单签署结论性意见。

（6）将材料用于工程。

（三）委托试验管理流程

（1）取样（何处取、怎么取、取多少）。

（2）填写试验委托书（最好事先填写）。

（3）收样员收取试样（清点、核对、登记）。

（4）试验员根据委托书进行试验。

（5）填写试验记录和试验报告单并签字。

（6）试验室主任签署结论性意见并签章。

（7）形成试验报告签领单。

（8）领取人签字并领取试验报告。

三、试验管理台账

公路工程施工周期较长，且试验检测项目种类繁多，为了便于试验检测工作的管理，应该事先建立试验检测台账表格，并在施工过程对所有的试验进行分类登记、统计和管理。公路工程试验检测台账主要包括以下几类。

（1）原材料试验分类台账。

（2）混合料试验分类台账。

（3）结构物试验分类台账。

（4）原材料试验统计表。

（5）混合料试验统计表。

（6）结构物试验统计表。

四、检测室管理制度

公路水运工程试验检测活动应当遵循科学、客观、严谨、公正的原则。根据《公路水运工程试验检测管理办法》，试验检测机构应取得"等级证书"，同时按照《中华人民共和国计量法》的要求经过计量行政部门考核合格，通过计量认证的检测机构，方可向社会提供试验检测服务。

交通运输部负责公路水运工程试验检测活动的统一监督管理。交通运输部工程质量监督机构（以下简称部质量监督机构）具体实施公路水运工程试验检测活动的监督管理。省级人民政府交通运输主管部门负责本行政区域内公路水运工程试验检测活动的监督管理。省级交通质量监督机构（以下简称省级交通质监机构）具体实施本行政区域内公路水运工程试验检测活动的监督管理。

取得"等级证书"的检测机构在"等级证书"注明的项目范围内出具的试验检测报告，可以作为公路水运工程质量评定和工程验收的依据。

公路水运工程质量事故鉴定、大型水运工程项目和高速公路项目验收的质量鉴定检测，质监机构应当委托通过计量认证并具有甲级或者相应专项能力等级的检测机构承担。

取得"等级证书"的检测机构，可设立工地临时试验室，承担相应公路水运工程的试验检测业务，并对其试验检测结果承担责任。工程所在地省级交通质监机构应当对工地临时试验室进行监督。

检测机构应当严格按照现行有效的国家和行业标准、规范和规程独立开展检测工作，不受任何干扰和影响，保证试验检测数据客观、公正、准确。检测机构应当建立严密、完善、运行有效的质量保证体系，应当按照有关规定对仪器设备进行正常维护，定期检定与校准。

检测机构应当建立样品管理制度，提倡盲样管理。检测机构应当建立健全档案制度，保证档案齐备，原始记录和试验检测报告内容必须清晰、完整、规范。

检测机构在同一公路水运工程项目标段中不得同时接受业主、监理、施工等多方的试验检测委托。检测机构依据合同承担公路水运工程试验检测业务，不得转包、违规分包。

检测人员分为试验检测师和助理试验检测师，检测机构的技术负责人应当由试验检测师担任，试验检测报告应当由试验检测师审核、签发。检测人员应当严守职业道德和工作程序，独立开展检测工作，保证试验检测数据科学、客观、公正，并对试验检测结果承担法律责任。检测人员不得同时受聘于两家以上检测机构，不得借工作之便推销建设材料、构配件和设备。

五、岗位责任制

（一）最高管理者

（1）主持单位全面工作和资源调配，贯彻执行国家政策和法规，负责制定单位质量方针目标并组织实施，批准单位年度工作计划和发展规划。

（2）确定单位机构设置，规定组织内各部门的职责和权限，任命技术负责人、质量负责人、各部门负责人及关键岗位人员，组织考核全体人员，实施奖惩制度。

（3）建立健全的单位质量管理和质量保证体系，批准、颁布质量手册和程序文件，批准年度内审计划；批准管理评审计划和管理评审报告，主持单位的管理评审，保证管理体系持续有效运行。

（4）保证单位有足够人力、物力和财力资源，以满足质量管理和检测工作的需要。

（5）负责批准财务预算、决算和财务支出，审批仪器设备及大宗物资的申购计划、仪器设备降级和报废，以及试验室重要设施建设和配置。

（6）负责对单位检测结果负法律责任，保证检测结果的公正性、判断的诚实性。

（7）负责单位的安全管理，指定安全管理责任人。

（二）技术负责人

技术负责人应当由试验检测工程师担任。

（1）负责单位技术管理工作，组织贯彻执行国家有关样品测试的法令、法规、技术标准和规范。

（2）负责单位标准方法的更新、验证并付诸实践，负责非标准方法修订的有关管理工作。

（3）对单位出现的不合格项进行调查分析，提出纠正措施并组织实施，对可能存在质量问题的检测结果进行复查或要求有关人员重新检测；对可能造成不良后果的行为，有权要求暂停检测工作。

（4）负责组织质量控制活动的实施，审批检测工艺、作业指导书、试验方案等技术文件。

（5）负责单位人员的技术培训及考核，决策检测工作中重大技术问题。

（6）负责组织单位内外的比对试验。

（7）审批质量控制计划和组织对质量控制结果进行评审。

（8）收集分包方的资质材料。

（9）完成领导交办的其他事项。

（三）质量负责人

（1）负责单位检测工作质量管理，参与单位最高管理层对单位方针和资源的决策活动及技术管理活动，组织解决检测工作中的质量问题，审批质量文件，并定期向最高管理者汇报工作情况。

（2）负责组织管理体系文件的编写、审核、宣贯，保证管理体系现行有效。

（3）组织实施管理体系内部审核，指定内审组长，签发内审报告。

（4）负责审批质量事故、质量投诉的调查和处理意见；负责纠正、预防措施的审核，监督并跟踪措施的落实情况。

（5）制订年度质量监督计划，对不合格项进行控制。

（6）参与管理评审，负责编制管理评审计划和评审报告，并协助最高管理者实施。

（7）负责管理评审和外审中不符合项的跟踪验证。

（8）负责资质考核工作的组织实施。

（四）授权签字人

（1）负责签发授权范围内的检测报告，对每份报告的真实性、准确性、合法性和适用性负全面责任。

（2）当检测报告不符合规定要求时，有权拒绝签发，并责令责任人整改。

（五）检测人员

（1）熟悉所承担的分析测试项目的方法原理，严格按照《作业指导书》和标准、规范规定开展各项检测工作，按时保质完成检测任务，及时提供检测数据。

（2）熟悉所用仪器设备的原理、性能和操作方法，严格执行仪器设备的使用、维护制度。

（3）严格遵守质量控制管理程序，保证检测原始记录和有关技术资料的真实性、完整性，对自己提供的检测数据和记录负责。

（4）发现检测结果出现异常时，要认真进行复查，并及时将情况向部门负责人报告。

（5）接受专业技术培训，掌握所从事项目的检测技能，做到持证上岗。

（6）了解所从事的分析测试项目的国内外动向和技术水平，掌握本测试项目的最新技术，不断提高分析测试能力和水平。

（7）遵守规章制度，爱护仪器设备，保持室内外清洁，做到文明操作；不随意倾倒废弃物，把废酸碱液、废重金属液和其他有毒有害物质等分类倒入收集器内。

（8）负责所操作仪器设备的期间核查，保证仪器设备处于完好状态。

（9）负责所从事的分析测试项目相关的试剂、耗材和仪器设备等物资的验收。

（10）负责所操作仪器设备相关联电脑、打印机的日常维护。

（11）协助做好仪器设备、检测试剂等验收工作。

（六）内审员

（1）接受内审组长的委派，实施具体的内审工作。

（2）负责编制内审检查表和参加有关资料的整理。

（3）负责对纠正措施进行审核和效果跟踪验证。

（4）负责编制内审不合格报告。

（5）内审组长在每次内审结束后，编写内审总结报告。

（七）质量监督员

（1）负责监督检测工作过程、检测报告的抽查。

（2）应熟悉各项检测和（或）校准方法、程序、目的及结果评价，应是一个检测领域内相对业务能力强、工作经验丰富的人员，应能够识别出其他检测人员的检测工作的不规范、不正确之处。

（3）对一些重要的工作环节、工作业务、检测项目及人员要重点实施监督，如新的检测项目、新的检测设备、新的检测人员、重要的检测业务、容易出问题的重要环节等。

（4）监督记录也是试验室容易出问题的一点，监督和其他工作一样，需要留有"痕迹"，即质量记录，它的格式应是受控的，是体系文件的一部分。

（八）仪器设备管理员

（1）负责仪器设备的分类、编号、登记管理。

（2）负责组织所有仪器设备的建档（包括名称、型号、规格、说明书、主机和附件、验收报告、保修单、检修记录、检定周期和使用记录等）和归档。

（3）负责制订仪器设备的年度检定/校准计划，并按计划进行检定/校准，避免漏检和迟检；负责对检定/校准结果进行确认，确保符合要求。

（4）负责仪器设备的标识管理。

（5）负责仪器设备购置、验收、停用与报废等工作。

（九）样品管理员

（1）负责样品的接收、登记、编码。

（2）负责样品的流转、贮存、发放。

（3）负责对测试完毕的样品进行合理处置，并进行记录。

（4）负责样品室的防火、防潮、防盗等安全工作。

（十）档案管理员

（1）负责报告的发放；负责单位所有文件资料记录的分类、编目和保管。

（2）负责文件资料的借阅登记、复制工作。

（3）负责并承办文件资料的销毁工作。

（4）负责档案室的环境条件、安全和卫生，保证档案资料完好无损。

（5）档案管理员要忠于职守，不失密、不泄密，如有工作变动时，要严格履行文件资料的移交手续。

（十一）抽样员

（1）负责各检测项目的样品采集。

（2）抽样出发前，根据任务需要准备抽样工具、样品瓶、样品箱、现场测试仪器、记录表等抽样所需物品。

（3）在抽样现场，负责进行各检测项目样品的采集，并严禁样品被玷污和丢失，保证样品的代表性、完整性和真实性，同时做好现场检测项目的记录，必要时，对现场环境和抽样过程进行拍照与摄像。

（4）抽样完成后，负责将样品安全运输至试验室，防止样品被破损、玷污、变质、丢失。

（5）样品交接后，负责抽样工具和现场测试仪器等的清洁和保养，并妥善存放待用。

（6）对应急监测的样品还需保证抽样的时效性。

（7）管理抽样准备室，保持抽样工具、样品瓶、样品箱等的清洁和完备，负责现场测试仪器的管理和维护，保证其性能正常。

（十二）试剂、耗材、标准物质管理员

（1）负责标准物质的采购、入库、登记及使用管理。

（2）负责标准物质的验收及核查。

（3）负责建立试剂、耗材出入库台账。

（4）负责对单位所有试剂、耗材按类别、规格和性质合理有序地摆放。

（5）对有毒试剂、危险试剂、耗材和贵重试剂、耗材设专柜存放，并实行双人双锁

制度。

（6）负责失效和变质试剂、耗材的及时报废处理，保证试剂、耗材的原有质量，有毒试剂、耗材应处理成低毒或无毒试剂后再废弃。

（7）保证试剂、耗材安全，对试剂、耗材库要勤检查和定时通风，做到防火、防盗、防水。

（8）参与重要试剂、耗材验收。

六、安全管理

（一）安全监督管理的方针和依据

"安全第一，预防为主，综合治理"是安全生产工作的指导方针。安全意识是安全科学发展之本，是实现安全生产和安全生存的灵魂，是所有企业经济效益的重要基础。

（二）公路水运工程试验检测的安全责任

根据《公路水运工程安全生产监督管理办法》相关规定，建设单位在公路水运工程施工招标文件中应当按照法律法规的规定对施工单位的安全生产条件、安全生产信用情况、安全生产的保障措施等提出明确要求。建设单位不得对咨询、勘察、设计、监理、施工、设备租赁、材料供应、检测等单位提出不符合工程安全生产法律、法规和工程建设强制性标准规定的要求，不得随意压缩合同规定的工期。

施工单位应当向作业人员提供必需的安全防护用具和安全防护服装，书面告知危险岗位的操作规程并确保其熟悉和掌握有关内容和违章操作的危害。

作业人员有权对施工现场的作业条件、作业程序和作业方式中存在的安全问题提出批评、检举和控告，有权拒绝违章指挥和强令冒险作业。

在施工中发生可能危及人身安全的紧急情况时，作业人员有权立即停止作业或者在采取必要的应急措施后撤离危险区域。

作业人员应当遵守安全施工的工程建设强制性标准、规章制度，正确使用安全防护用具、机械设备等。

施工单位采购、租赁的安全防护用具、机械设备、施工机具及配件，应当具有生产（制造）许可证、产品合格证，并在进入施工现场前由专职安全管理人员进行查验。

施工现场的安全防护用具、机械设备、施工机具及配件必须由专人管理，定期进行检查、维修和保养，建立相应的资料档案，并按照国家有关规定及时报废。

（三）试验检测过程中的安全工作重点

室内试验的安全工作重点如下。

1.仪器设备安装使用安全

仪器设备的安装，电动设备应有接地装置，有飞溅情况的仪器设备应设置安全防护装置；使用中，应对大型仪器设备进行操作人授权，操作人需经培训合格后方可操作，熟悉仪器设备性能，严格按照操作规程（"作业指导书"）等操作；操作人员操作中不得擅自离开，如操作中发现异常，应立即停止试验，遇停水、停电、漏油、漏水时，应立即停机，排除故障。

2.用化学品试剂及"三废"处理的安全

危险化学品安全管理需依据《危险化学品安全管理条例》进行。该条例所称危险化学品，是指具有毒害、腐蚀、爆炸、燃烧、助燃等性质，对人体、设施、环境具有危害的剧毒化学品和其他化学品。

危险化学品应当储存在专用仓库、专用场地或者专用储存室（以下统称专用仓库）内，并由专人负责管理；剧毒化学品及储存数量构成重大危险源的其他危险化学品，应当在专用仓库内单独存放，并实行双人收发、双人保管制度。

危险化学品的储存方式、方法及储存数量应当符合国家标准或者国家有关规定。

储存危险化学品的单位应当建立危险化学品出入库核查、登记制度。

3.用水、用电、用火、防噪声安全

（1）用电安全要点如下。

①试验室内的电气设备的安装和使用管理，必须符合安全用电管理规定，大功率试验设备用电必须使用专线，严禁与照明线共用，谨防因超负荷用电着火。

②试验室用电容量的确定要兼顾事业发展的增容需要，留有一定余量。但不准乱拉乱接电线。

③试验室内的用电线路和配电盘、板、箱、柜等装置及线路系统中的各种开关、插座、插头等均应经常保持完好可用状态，熔断装置所用的熔丝必须与线路允许的容量相匹配，严禁用其他导线替代。室内照明器具都要经常保持稳固可用状态。

④可能散布易燃、易爆气体或粉体的建筑内，所用电器线路和用电装置均应按相关规定使用防爆电气线路和装置。

⑤对试验室内可能产生静电的部位、装置要心中有数，要有明确标记和警示，对其可能造成的危害要有妥善的预防措施。

⑥试验室内所用的高压、高频设备要定期检修，要有可靠的防护措施。凡设备本身要求安全接地的，必须接地；定期检查线路，测量接地电阻。自行设计、制作对已有电气装

置进行自动控制的设备，在使用前必须经试验室与设备处技术安全办公室组织的验收合格后方可使用。自行设计、制作的设备或装置，其中的电气线路部分，也应请专业人员查验无误后再投入使用。

⑦试验室内不得使用明火取暖，严禁抽烟。必须使用明火试验的场所，须经批准后，才能使用。

⑧手上有水或潮湿请勿接触电器用品或电器设备；严禁使用水槽旁的电器插座（防止漏电或感电）。

⑨试验室内的专业人员必须掌握本室的仪器、设备的性能和操作方法，严格按操作规程操作。

⑩机械设备应装设防护设备或其他防护罩。

（2）用水安全要点如下。

①节约用水，用完后随手关掉阀门。

②用水时要用器皿盛水，不得将水淋在化学药品上。

③管理人员要经常检查上下水是否完好。

（3）用火安全要点如下。

①防止煤气管、煤气灯漏气，使用煤气后一定要把阀门关好。

②乙醚、酒精、丙酮、二硫化碳、苯等有机溶剂易燃，试验室不得存放过多，切不可倒入下水道，以免集聚引起火灾。

③金属钠、钾、铝粉、电石、黄磷及金属氢化物要注意使用和存放，尤其不宜与水直接接触。

④万一着火，应冷静判断情况，采取适当措施灭火；可根据不同情况，选用水、沙、泡沫、CO_2或CCl_4灭火器灭火。

（四）现场检测人员的安全及临时设施的安全管理

公路桥梁现场检测尤其已开放交通的道路质量检测，多采用自动化检测设备或多种检测指标一体的综合检测车辆进行，由于已开放交通的道路车辆流动，各种不确定因素较多，给检测车辆和人员安全增加了风险，必须制定行之有效的检测方案及安全防护措施，确保人员、车辆及仪器设备安全。对于现场需要安装、拆卸、整体提升、模板等自升式架设设施，必须由有相关资质的单位承担，设施安装完毕后需自检后方可开展检测作业。

七、标准养护室管理制度

（1）混凝土试件标准养护室的环境条件：温度20℃±2℃，湿度大于95%。

（2）标准养护室一定要有专人保养，使用期间要经常检查各设备状态运行情况，每天记录室内温湿度至少2次。

（3）试件在放入标养室以前，由试验人员对试块进行编号，对成型日期、强度等级等信息进行核对，标识不全或不清楚的不能送入标养室。

（4）试件码放整齐有序，便于查找，试件间距10～20mm，不得重叠堆放，试件表面应保持潮湿，不得被水直接淋冲。

（5）应经常检查养护室内的温湿度是否满足要求，如不满足应立即查明原因，采取对应措施。

（6）进入标养室前应切断电源，以免发生触电事故，标养室禁止无关人员进入，养护室门不得长时间开启。

（7）定期做清洁处理。

（8）设备运转一年，要补氟一次。

八、检测仪器、标准物质的管理制度

（一）相关文件规定

仪器设备的管理和技术应用水平是检测机构能力的重要组成部分。因此，检验检测机构资质认定、国家试验室认可及交通行业试验检测管理对其极为重视，并提出了具体的要求和管理措施。

《检验检测机构资质认定管理办法》（国家质量监督检验检疫总局令第163号，自2015年8月1日起施行），规定检验检测机构具有固定的工作场所，工作环境满足试验检测要求；具备从事检验检测活动所必需的检验检测设备设施。检验检测机构在使用对检测、校准的准确性产生影响的测量、检验设备前，应当按照国家相关技术规范或者标准进行检定、校准。

《检验检测机构资质认定评审准则》（国认实〔2016〕33号），规定试验室应配备正确进行检测和（或）校准所要求的所有抽样、测量和检测设备。用于检测、校准和抽样的设备及其软件应达到要求的准确度，并符合检测和（或）校准相应的规范要求。对结果有重要影响的仪器的关键量或值，应制定校准计划和程序。设备（包括用于抽样的设备）在投入服务前应进行校准或核查，以证实其能够满足试验室的规范要求和相应的标准规范。

《公路水运工程试验检测管理办法》（交通部令〔2016〕80号），要求仪器设备作为评价检测机构试验检测能力必备基本条件之一，检测机构配备的仪器设备须与所开展的检测参数相对应，并按照有关规定对仪器设备进行正常维护，定期检定与校准。目前还要求检测机构将仪器设备基本信息录入"公路水运工程试验检测管理信息系统"，以便对其检测能力进行动态监管等。

一般仪器设备可根据服务供应商名单选择性价比高的仪器设备。

对于贵重仪器设备的采购，需进行项目建议可行性分析。可从以下几方面选择：与单位生产实际需求相适应，性能指标保持先进水平，价格合理，售后服务及培训服务及时。

（二）仪器设备的验收前准备

（1）确定大型设备的主要使用技术人员，使其熟悉技术资料和有关安装、使用要求等，为设备的使用培训做铺垫。

（2）对环境因素（温度、湿度、振动等）有特殊要求的设备，应提前按照供应商（厂家）要求，做好配置。

（3）对放置底座有特殊要求的设备，应提前按照供应商（厂家）提供的设计图纸，完成施工建设。

（4）对技术复杂、零配件较多的设备，检测机构需成立验收小组，明确验收负责人和具体责任人，并制订详细的验收方案，必要时应聘请本专业相关专家参加。

（5）联系量值溯源机构预约计量检定、校准时间，缩短验收周期，提前明确设备计量特性参数，指导量值溯源工作的开展。

（三）安装调试及验收

（1）软硬件符合性验收，开箱验收主配件、附件无误后，由供应商技术人员进行现场安装及初步调试。

（2）技术符合性验收，由计量检定机构对设备的计量特性参数进行符合性验收，确认产品的技术性能，设备管理员或相关技术人员已经对计量检定机构提供的有效检定合格证书或校准报告进行确认，并完成检校确认。必要时，可安排比对试验，进一步验证设备的技术性能。

（3）培训试用及验收，供应商应对试验检测机构人员进行培训（含课堂上课、实操练习、必要时进行培训效果考核），并现场指导其进行仪器设备试用。将验收情况汇总形成验收报告。

（四）仪器设备的管理状态标识

1.设备管理卡信息

设备管理卡信息包括设备名称、设备编号、规格型号、出厂编号、生产厂家、购置日期、放置地点、管理人员等。

2.使用状态标识

一般通过三色标识来区分，绿色：合格；黄色：准用；红色：停用。

（五）设备档案的管理

设备档案应包含（但不限于）以下内容：卷内文件目录、设备履历表、采购申请记录、采购比选记录、采购合同、设备发票复印件、设备验收记录及报告、设备使用说明书、设备装箱清单、合格证、保修卡、软件或光盘（必要时应附上软件评审记录）、设备授权记录及领用登记、设备量值溯源报告及确认记录（含首次及每年度）、设备期间核查报告及确认记录（根据设备要求）、设备维护保养记录、设备维修记录、设备封存/启封/停用/报废记录、设备内部调拨记录、设备外借记录。

（六）仪器设备的使用、维护及期间核查

1.仪器设备的使用

仪器设备的使用需满足的一般要求，包括环境、场地和工作面、安全及环保等。仪器设备的操作规程主要针对操作步骤多、性能复杂、精密贵重的仪器设备，作为检测机构的技术性文件。仪器设备的使用记录一方面为检测活动的追溯保留痕迹，另一方面可以了解仪器设备使用过程中的各种情况、使用频率，为仪器设备的量值溯源、维护保养、期间核查的策划提供依据。作为技术记录的一部分，应保证其具有足够的信息，能够辅助"再现"已完成的工作过程，因此，记录填写应齐全、准确、客观，使用记录一般按年度归档至仪器设备档案中备查。

现场检测仪器设备除了通用管理要素和使用要求外（同室内仪器设备），由于使用条件和控制条件的特殊性，还应关注出入库管理和现场环境条件。

出库管理是指在开展现场检测项目时，依据仪器设备领用登记的规定，向仪器设备管理员办理接收手续，并进行调试，确认正常使用。

入库管理是仪器设备的返还确认环节，现场检测设备历经长距离运输、野外恶劣环境使用，可能会发生性能退化，因此返还入库时，设备管理员和领用人员除了核对数量外，更应对设备性能进行检查确认，以免影响后续工作。

检验检测机构应建立和保持检验检测设备和设施管理程序，以确保设备和设施的配置、维护和使用满足检验检测工作要求。

当需要利用期间核查以保持设备检定或校准状态的可信度时，应建立和保持相关的程序。

2.仪器设备的维护

仪器设备的维护可以理解为日常维护和定期维护两个层次。

日常维护应在每次试验后及时进行，包括对所用仪器设备的清洁和试验场所的整理，主要是确保检测场所的内务整洁、下次使用的便利性。

定期维护是仪器设备管理员根据仪器设备的自身特点、使用频次等按年度编制维护计划，明确仪器维护的项目和时间，按计划实施定期维护保养，并做好相应的记录，使仪器设备处于正常使用状态。

3.仪器设备的期间核查

期间核查是指根据规定程序，为了确定仪器设备是否保持其原有状态而进行的操作。期间核查的目的是在两次校准（或检定）之间的时间间隔期内保持测量仪器校准状态的可信度。

仪器设备管理员可根据自身资源、技术能力、仪器设备的重要性，以及可能产生的技术风险等因素综合考虑，确定仪器设备期间核查的对象和频次。制订期间核查计划，并按照核查方案（需评审后实施）、核查方法组织实施。

期间核查的仪器设备应考虑以下影响因素：怀疑仪器设备性能不稳定，漂移率较大的；使用非常频繁的；在恶劣环境下使用的；经常携带到现场检测的；曾经过载货怀疑有质量问题的等。

（七）仪器设备的量值溯源

检验检测机构应对检验检测结果、抽样结果的准确性或有效性有显著影响的设备，包括用于测量环境条件等辅助测量设备有计划地实施检定或校准。设备在投入使用前，应采用检定或校准等方式，以确认其是否满足检验检测的要求，并标识其状态。

针对校准结果产生的修正信息，检验检测机构应确保在其检测结果及相关记录中加以利用并备份和更新。检验检测设备包括硬件和软件应得到保护，以避免出现致使检验检测结果失效的调整。检验检测机构的参考标准应满足溯源要求。无法溯源到国家或国际测量标准时，检验检测机构应保留检验检测结果的相关性或准确性的证据。

提升仪器设备量值准确性的技术手段很多，在尽可能是情况下，应采取量值溯源的方式进行。最为常用的量值溯源方式是检定和校准，见表11-2。

表11-2　检定和校准的区别

序号	类别	检定	校准
1	目的不同	对仪器设备计量性能进行全面评定，确定其是否合格	主要是确定仪器设备的示值误差，并给出不确定度
2	性质不同	具有强制性，属于法制计量管理范畴	不具有强制性，属于自愿溯源行为
3	依据不同	必须执行计量检定规程	依据校准规范开展，或参考计量检定规程等技术文件，也可以根据需要制定

续表

序号	类别	检定	校准
4	方式不同	必须由法定计量检定机构，或授权的计量检定机构执行	可由计量检定机构，或通过认可的校准试验室等技术机构提供
5	结论不同	依据计量检定规程给出合格与否的判断，检定结果给出检定证书或检定结果通知书	评定示值误差，确保量值准确，不要求给出合格与否的判定，校准结果给出校准证书或校准报告
6	法律效力不同	检定结论具有法律效力。检定证书可作为仪器设备的法定依据	不具备法律效力，校准证书只是表明示值误差和不确定度的技术文件

受我国计量管理体系的影响，人们往往认为只有检定才是保证仪器设备量值准确、可靠的唯一方式，而校准或其他形式则都是无法检定时采取的不得已而为之的方式，其实不然。人们对检定的青睐，主要原因可能是检定证书给出仪器设备合格与否的结论，或满足某个等级的结论。有了这个结论，即可放心地使用仪器设备。而校准证书则主要列出检验数据，不给合格与否的结论。但是，检定证书体现的数据极为有限，有的甚至没有数据只有结论；校准证书是从服务客户的角度，为了方便客户了解仪器的技术状态，会给出客户不易获取的详细检验数据。因此，对于试验检测机构而言，哪种证书更为实用，取决于具体仪器设备的技术复杂程度及使用场合，并不能一概而论。

由于公路工程行业的试验检测仪器设备不涉及或较少涉及国家强制检定范畴，可按照《公路工程试验检测仪器设备检定/校准指导手册》的有关规定，根据仪器设备的具体情况，确定合理的检验方式。

（八）仪器设备的维修、升级、降级和报废

1.仪器设备的维修

仪器设备像人一样有寿命周期规律，也会因为各种原因出现异常现象，同样需要维修。

一般来说，仪器设备在实际使用中的技术状态有三种情况：一是完好状态，即性能处于正常可用的状态；二是故障状态，即主要性能已丧失的状态；三是处于上述两者之间的状态，即仪器设备已出现异常、缺陷，但尚未发生故障，这种为故障前状态。

仪器设备故障的征兆是故障早期的重要表现形式，是设备故障隐患的表征，这些征兆往往是设备即将发生故障的临界状态，设备管理部门及操作人员应当定期组织对设备的检查，采取"望、闻、问、切"的方法，利用人体视、听、嗅、触的感觉和简单工具进行检

查，及早发现设备故障隐患。必要时，应对大型仪器设备进行监控，当其工作状态处于下降趋势或将要接近临界状态时，及时采取措施。

通过对故障的原因进行分析，找出解决办法，对设备进行维修。设备维修的类别：按修理发生的时间可以分为预防性维修、计划性维修与故障性维修；按承担维修的机构可分为内部维修和外委维修；根据设备性能的恢复程度、修理时间的长短、修理费用的多少来划分，通常分为小修、中修、大修和专项修理。

维修后的仪器设备，应进行必要的检验，确保其功能得到恢复，检测机构根据实际情况对维修后的仪器设备重新检定/校准。

2.仪器设备的升级、降级

随着科学技术的不断发展，公路工程试验检测标准规范不断推陈出新，各种新技术、新方法应用于公路工程试验检测工作，为了持续保证公路工程试验检测机构的技术能力水平，公路工程试验检测仪器设备更新和升级改造的需要也很迫切，通过对设备进行局部革新、改造，以改善设备性能，提高生产效率和设备的现代化水平。设备的升级改造主要是指应用现代技术成就和生产经验，改变现有设备的结构，给旧设备配上新装置、新附件，改善现有设备技术性能，使之适应检测工作的需要。它既可以是设备的改装，也可以是设备的技术改造。设备改装是指为了扩大或改变设备的原有性能，降低设备故障率，提高检测效率而对设备的功率、容量等加大或改变。设备技术改造是把新技术、新成果用于现有检测设备，改变现有检测设备落后的技术面貌。设备的升级改造必须充分考虑改造的必要性、技术上的可能性和经济上的合理性。升级改造后的设备应经检定/校准确定其性能。

仪器设备经检定/校准后，部分功能不满足规范要求，而有其他部分功能满足使用要求的，可降级使用。

3.仪器设备的报废

设备有一定的生命周期，对于大多数公路工程试验检测设备来说，在设计的使用期限内发挥最大的作用后，报废是其最后一个环节，仪器设备作为检测机构的重要资产，它的报废工作还需要遵循相应的规律，遵照必要的原则和要求。

报废的原则如下。

（1）不满足相关检测规范，经过改造或修理后技术性能仍不能满足技术要求和保证检测结果质量的。

（2）因事故造成设备严重损坏，无修复实用价值的。

（3）故障频繁，维修费用超过设备原价值的50%，经过大修后虽能恢复技术性能，但不如更新经济的。

（4）已超过规定使用年限的，其技术性能已达不到国家规范和规程要求，危及操作者安全的。超过使用年限，使用价值不大，精度低的。

（5）技术性能差、能耗高、效率低、经济效益差的。

（6）严重污染环境，危害人身健康，进行修理改造后仍不达标的。

（7）设备陈旧，工艺落后，国家或有关部门规定淘汰的。

（8）达到规定的固定报废年限和条件，应该办理报废手续。

设备报废处理流程：检测机构的设备报废，由设备使用部门提出申请，经设备管理部门会同财务、技术部门及有关技术人员逐台进行技术鉴定，并出具鉴定意见。必要时，应邀请相关技术机构或技术专家参加技术鉴定。

报废设备的处理主要是废品处理和转卖两种方式。废品处理指对于没有利用价值的报废设备及零部件，联系废品回收机构进行回收利用。转卖是指尚有利用价值的报废设备及零部件，通过规定的途径和渠道转卖。对于涉及电子废弃物应按照保密相关规定执行，对环境有影响的报废设备，须符合环保部门的要求，如对核子湿度密度仪的回收，国家环保部门有专门的规定和程序要求（如《中华人民共和国放射性污染防治法》《放射性同位素与射线装置安全和防护条例》等）。

仪器设备资料都将作为设备档案的一部分进行保存。

九、检测事故分析报告制度

（一）检测事故

凡属下列情况之一者均视为检测事故。

（1）试验时弄错来样单位。

（2）样品丢失损坏或因保管不当，样品性能丧失或下降。

（3）加工试样时，弄错规格以致无法弥补。

（4）未事先协商，不按标准方法或不采用标准样品进行检测。

（5）检测时未及时读数、未填写原始记录或漏检项目而写不出检验结果。

（6）由于人员、仪器设备、环境条件不符合检测工作要求，使检测结果达不到要求的精度。

（7）已发出的检测报告，其检测数据计算错误或结论不正确。

（8）检测报告发错单位，在规定保存期内原始记录丢失，检测资料失密。

（9）检测过程中发生人身伤亡事故或仪器设备损坏。

（二）检测事故的处置

国际航空界著名的飞行安全法则——海恩法则指出：每一起严重事故的背后，必然有29次轻微事故和300起未遂先兆以及1 000起事故隐患。这里海恩法则强调的是两点：一是事故的发生必然是小毛病不断积累的结果；二是再好的技术，再完美的规章，在实际操作层面，也无法取代人自身的素质和责任心。因此，事故或有关负责人不能隐瞒或掩盖事实，要认真分析事故发生的真正原因，并制定措施防止类似事故的发生。

一旦发生事故，应立即报告单位负责人，并在统一格式的事故登记表登记。事故发生后，应立即采取措施，防止事态扩大，并保护现场，通知有关人员处理事故。

对事故应及时进行调查，弄清事实，由负责人主持召开有关人员参加的会议，分析事故原因及性质，对事故责任者给予批评教育或处理，并总结教训，杜绝此类事故重复发生。同时应迅速采取纠正措施，保证检测质量，减少不必要的损失。

重大事故发生后，检验检测机构应及时向上级递交事故专题报告，并积极配合上级部门的进一步调查处理。

十、技术资料文件的管理及保密制度

（一）检测报告的内容

1.试验检测报告作为检测工作的产品，至少应包括以下内容

（1）标题。

（2）试验室的名称和地址，以及与试验室地址不同的检测和（或）校准地点。

（3）检测和（或）校准报告的编号、页码、总页数的标识，报告在2页以上的应加盖骑缝章，报告结束处应有"以下空白"字样。

（4）客户的名称和地址（必要时）。

（5）所用标准或方法。

（6）样品的状态描述和标识。

（7）样品接收日期和进行检测和（或）校准的日期（必要时）。

（8）如与结果的有效性或应用相关时，所用抽样计划的说明。

（9）检测和（或）校准的结果。

（10）检测和（或）校准人员及其报告批准人签字或等效的标识。

（11）必要时，结果仅与被检测和（或）校准样品有关的声明。

2.需对检测结果做出说明的，报告中还应包括下列内容

（1）对检测方法的偏离、增添或删节，以及特定检测条件信息。

（2）符合（或不符合）要求和（或）规范的声明。

（3）当不确定度与检测结果的有效性或应用有关，或客户有要求，或不确定度影响到对结果符合性的判定时，报告中还需要包括不确定度的信息。

（4）特定方法、客户或客户群体要求的附加信息。

3.对含抽样的检测报告，还应包括下列内容

（1）抽样日期。

（2）与抽样方法或程序有关的标准或规范，以及对这些规范的偏离、增添或删节。

（3）抽样位置，包括任何简图、草图或照片。

（4）抽样人。

（5）列出所用的抽样计划。

（6）抽样过程中可能影响检测结果解释环境条件的详细信息。

4.检测报告中若有分包试验室出具的检测数据

应在报告备注栏内清楚地注明，分包方应以书面或电子方式报告结果，公司技术负责人应核对分包试验检测报告的有效性和正确性。

（二）检测报告的更改

（1）检测人员对检测报告的数据与结果负技术责任，任何领导在审查时都无权更改，即使发现内容错误，也应由检测人员负责更改后重新履行逐级检查手续，对不符合要求的检测报告，坚决退回改正后重新打印。

（2）当发现发出检测报告单有错误时，应及时发出"检测报告更改或重新检测通知单"，通知对方重检或重新出具经修改的报告单，并收回原报告单，作废处理。

（3）送检单位对检测报告单提出异议时，原则上由原出具报告的人员履行校核与检查，由技术负责人处理和审核，主要核对数据是否准确，设备是否失准，测试方法是否正确，采用的标准是否合适等，然后确定报告是否有效，或重新检测进行验证，并将处理结果通知送检单位；若遇重大问题，则由最高管理者主持审理工作。

（4）检测原始数据一般不允许接受检查单位或其他单位任意核对，有关人员如确因工作需要，查阅检测报告或原始数据时，应办理文件借阅手续，经技术负责人或最高管理者批准后，方可在指定地点与时间进行。

（三）检测报告的存档

（1）检测报告与原始记录、检测方案、内部任务流转单、试验委托书等有关技术文件资料一并归档保存，并分类编号以便查询。所有检测报告均由档案管理员负责整理存档入资料室保存，保存期一般为6年或一个换证周期。

（2）档案管理员应保证检测报告电子记录安全贮存在配备防盗、防火、防潮设施的环境中，防止检测报告电子记录不正常损失和丢失。

（3）检测报告电子记录应分类存放在档案柜中，档案柜应有明显标识，以便检索和

查询。归档报告电子记录若发生损坏、丢失现象，应立即报告质量负责人，追查原因，并及时予以处理。

（四）检测报告的销毁

（1）超期的技术文件及档案资料，由质量负责人登记造册，报最高管理者批准后统一销毁。

（2）对要求销毁的作废文件，技术部门填写《文件销毁记录》，报质量负责人批准后销毁。

（五）保密制度

（1）需保密文件的管理必须严格遵守慎重、准确、安全、保密的原则。

（2）所有涉及公司的文件资料、检测数据、原始记录、检验报告都应保密，未经批准不得复制或扩散。

（3）不允许以电话或传真、电子邮件等方式泄露公司的资料、检验数据，如果泄密要追查责任人，严肃处理。

（4）参加涉外活动不得携带各项保密资料，因工作确需携带的应当由最高管理者批准，并采取严格的安全保密措施。

（5）对有保密要求的文件和资料实行专柜保存。

（6）如发生泄密事件，要及时报告公司相关领导，以便迅速采取措施，认真追查处理。

（7）技术资料文件、技术秘密（列入国家秘密的技术项目和列为企业秘密的项目，由本单位组织研制开发或者以其他合法方式掌握的、未公开的、不应为本企业外所知悉的、能给本单位带来经济利益或竞争优势、具有实用性且本单位采取了保密措施的技术信息，包括但不限于设计图纸含草图，试验结果和试验记录、工艺、配方、样品、数据、制作方法、技术方案、计算机程序等）是一种重要的无形资产，保护单位的技术秘密是每位职工的义务和责任，任何人不得利用职权和工作之便或采取不法手段泄露、发表、使用、许可、出售、转让单位的技术秘密。

（8）单位所有人员需签保密协议，离开单位前必须将在原单位所从事科技工作的全部技术资料、试验材料等交回原单位，不得擅自复制、发表、泄露、使用或转让涉及本单位技术秘密的技术资料和物品等。

十一、检测样品的管理制度

（一）样品的接收

（1）取样人员应根据取样原则及频率到指定地点按时取样，并记录样品接收时的状态，做好样品的标识及贮存、流转、处置过程中的质量控制，取样人应对样品的运输过程中的防护负责，保证样品的完整性。

（2）外委样品收样，由样品管理员进行验收登记入账。

（3）检测人员对样品是否适合于检测存有疑问，或主管人员对检验结果持怀疑态度，或认为样品不符合有关规定要求，或有异常情况时（包括包装和封签），必须进行再次取样分析。

（二）样品的识别

（1）样品的识别包括不同样品的区分识别和样品不同试验状态下的识别。

（2）样品标签包括样品类别、样品编号、送样日期、样品状态（待检、在检、已检）。

（3）样品在不同状态，或样品的接收、流转、贮存处置等阶段，应根据样品的不同特点和不同要求，做好标识的转移工作，以保持清晰的样品识别码，保证各检测室内样品编号的唯一性，保证样品分析结果的可追溯性。

（4）各检验检测机构，根据专业要求，对样品标识、转移方式和如何保证样品识别的唯一性和有效性做出明确规定。

（三）样品的贮存

（1）检验检测机构应有专门且适宜的样品贮存场所，配备样品间及样品架，由专人负责，限制出入。样品应分类存放，标识清楚，做到账物一致，样品贮存环境应安全、无腐蚀、清洁干燥且通风良好。

（2）对要求在特定环境条件下贮存的样品，应严格按照要求控制环境条件，并做好记录。

（四）样品的处置

（1）破坏性样品检测完毕，由检测人员运至垃圾池，定期由专业运输车运至指定地点，避免造成环境污染。

（2）非破坏性样品检测完毕，客户要求退回的，由检测人送交留样室，由样品管理人员负责退还客户，特殊大型样品，由检测人员转客户，如橡胶支座、锚具、夹具等。

（3）需保留的样品按以下规定办理。

①水泥、外加剂、沥青保留3个月。

②现场钻芯取样，保留1个月（结果可能有争议或必要时）。

③客户要求暂时保留的样品，按客户要求办理，须保留样品由检测人根据样品的性质，将样品密封、标识，做好记录，保存至规定限期。

④留样由样品管理员填写留样标签后，组织检测人员共同实施。

（五）样品的保密

（1）对客户的样品，严格执行保密协议的规定。

（2）样品流转过程中，所有有关人员应对样品的保密承担责任。

（3）样品在检测过程中不允许无关人员参观，样品的技术资料不允许无关人员阅览和带离检测场所。

第三节　试验检测机构

一、试验检测机构等级设置

试验检测机构等级，是依据检测机构的公路水运工程试验检测水平、主要试验检测仪器设备及检测人员的配备情况、试验检测环境等基本条件对检测机构进行的能力划分。

检测机构等级，分为公路工程和水运工程专业。公路工程专业分为综合类和专项类，公路工程综合类设甲、乙、丙3个等级，公路工程专项类分为交通工程和桥梁隧道工程。水运工程专业分为材料类和结构类，水运工程材料类设甲、乙、丙3个等级，水运工程结构类设甲、乙2个等级。

二、试验检测机构资质要求

申请资质认定的检验检测机构应当符合以下条件。

（1）依法成立并能够承担相应法律责任的法人或者其他组织。

（2）具有与其从事检验检测活动相适应的检验检测技术人员和管理人员。

（3）具有固定的工作场所，工作环境满足检验检测要求。

（4）具备从事检验检测活动所必需的检验检测设备设施。

（5）具有并有效运行保证其检验检测活动独立、公正、科学、诚信的管理体系。

（6）符合有关法律法规或者标准、技术规范规定的特殊要求。

三、试验检测机构人员要求

不同等级公路水运工程试验检测机构结构人员需求，见表11-3和表11-4。

表11-3　不同等级公路工程试验检测机构人员要求表

项目	综合甲级	综合乙级	综合丙级	交通工程专项	桥梁隧道工程专项
持试验检测人员证书总人数	>32人	>16人	>7人	>22人	>25人
持试验检测工程师证书人数	>12人	>6人	>3人	>10人	>12人
持证工程师专业配置	材料、公路专业分别>3人，桥梁、隧道、交安专业分别>2人	材料专业>3人，公路专业>2人，桥梁专业>1人	材料、公路、桥梁专业分别人	机电工程专业>6人，安全设施专业>4人	材料专业>2人、桥梁、隧道专业分别>5人
相关专业高级职称人数	>6人	>1人	—	>4人	>6人
技术负责人	（1）相关专业高级职称（2）持试验检测工程师证书（3）8年以上试验检测工作经历	（1）相关专业高级职称（2）持试验检测工程师证书（3）5年以上试验检测工作经历	（1）相关专业中级职称（2）持试验检测工程师证书（3）5年以上试验检测工作经历	（1）相关专业高级职称（2）持试验检测工程师证书（3）8年以上试验检测工作经历	（1）相关专业高级职称（2）持试验检测工程师证书（3）8年以上试验检测工作经历
质量负责人	（1）相关专业高级职称（2）持试验检测工程师证书（3）8年以上试验检测工作经历	（1）相关专业中级职称（2）持试验检测工程师证书（3）5年以上试验检测工作经历	（1）相关专业中级职称（2）持试验检测工程师证书（3）5年以上试验检测工作经历	（1）相关专业高级职称（2）持试验检测工程师证书（3）8年以上试验检测工作经历	（1）相关专业高级职称（2）持试验检测工程师证书（3）8年以上试验检测工作经历

表11-4 不同等级水运工程试验检测机构人员要求表

项目	材料甲级	材料乙级	材料丙级	结构甲级	结构乙级
持试验检测人员证书总人数	>20人	>8人	>5人	>20X	>8人
持试验检测工程师证书人数	>8人	>3人	>1人	>8人	>3人
持证工程师专业配置	水运材料专业>8人	水运材料专业>3人	水运材料专业>1人	水运结构专业>5人，水运地基与基础专业>3人	水运结构专业>2人，水运地基与基础专业>1人
相关专业高级职称人数	>4人	人	—	>4人	>1人
技术负责人	（1）相关专业高级职称（2）试验检测工程师（3）8年以上试验检测工作经历	（1）相关专业高级职称（2）试验检测工程师（3）5年以上试验检测工作经历	（1）相关专业中级职称（2）试验检测工程师（3）5年以上试验检测工作经历	（1）相关专业高级职称（2）试验检测工程师（3）8年以上试验检测工作经历	（1）相关专业高级职称（2）试验检测工程师（3）5年以上试验检测工作经历
质量负责人	（1）相关专业高级职称（2）试验检测工程师（3）8年以上试验检测工作经历	（1）相关专业中级职称（2）试验检测工程师（3）5年以上试验检测工作经历	（1）相关专业中级职称（2）试验检测工程师（3）5年以上试验检测工作经历	（1）相关专业高级职称（2）试验检测工程师（3）8年以上试验检测工作经历	（1）相关专业中级职称（2）试验检测工程师（3）5年以上试验检测工作经历

四、试验检测机构环境要求

公路水运工程试验检测机构环境应满足表11-5和表11-6所列要求。

表11-5 公路工程试验检测环境要求

项目	综合甲级	综合乙级	综合丙级	交通工程专项	桥梁隧道工程专项
试验检测用房使用面积（不含办公面积）/m²	>1000	>600	>300	>600	>800
	检测试验环境应满足所开展的检测项目要求，且布局合理、干净整洁				

注：此表为强制性要求。

表11-6 水运工程试验检测环境要求

项目	材料甲级	材料乙级	材料丙级	结构甲级	结构乙级
试验检测用房使用面积（不含办公面积）/m²	>800	>400	>200	>400	>200
	检测试验环境应满足所开展的检测项目要求，且布局合理、干净整洁				

注：此表为强制性要求。

五、试验检测机构等级评定程序

部质量监督机构负责公路工程综合类甲级、公路工程专项类和水运工程材料类及结构类甲级的等级评定工作。省级交通质监机构负责公路工程综合类乙、丙级和水运工程材料类乙、丙级及水运工程结构类乙级的等级评定工作。

检测机构可以同时申请不同专业、不同类别的等级。检测机构被评为丙级、乙级后须满1年且具有相应的试验检测业绩方可申报上一等级的评定。

申请公路水运工程试验检测机构等级评定，应向所在地省级交通质监机构提交以下材料。

（1）公路水运工程试验检测机构等级评定申请书。

（2）申请人法人证书原件及复印件。

（3）通过计量认证的，应当提交计量认证证书副本的原件及复印件。

（4）检测人员证书和聘（任）用关系证明文件原件及复印件。

（5）所申报试验检测项目的典型报告（包括模拟报告）及业绩证明。

（6）质量保证体系文件。

公路水运工程试验检测机构等级评定工作分为受理、初审、现场评审3个阶段。

（一）受理

省级交通质监机构认为所提交的申请材料齐备、规范、符合规定要求的，应当予以受理；材料不符合规定要求的，应当及时退还申请人，并说明理由。

所申请的等级属于部质量监督机构评定范围的，省级交通质监机构核查后出具核查意见并转送部质量监督机构。

（二）初审

初审主要包括以下内容。

（1）试验检测水平、人员及检测环境等条件是否与所申请的等级标准相符。

（2）申报的试验检测项目范围及设备配备与所申请的等级是否相符。

（3）采用的试验检测标准、规范和规程是否合法有效。

（4）检定和校准是否按规定进行。

（5）质量保证体系是否具有可操作性。

（6）是否具有良好的试验检测业绩。

（三）现场评审

初审合格的进入现场评审阶段；初审认为有需要补正的，质监机构应当通知申请人予以补正直至合格；初审不合格的，质监机构应当及时退还申请材料，并说明理由。

现场评审是对申请人完成试验检测项目的实际能力、检测机构申报材料与实际状况的符合性、质量保证体系和运转等情况的全面核查。

现场评审所抽查的试验检测项目，原则上应当覆盖申请人所申请的试验检测各大项目。抽取的具体参数应当通过抽签方式确定。

现场评审由专家评审组进行，专家评审组由质监机构组建，3人以上单数成员组成（含3人）。评审专家从质监机构建立的试验检测专家库中选取，与申请人有利害关系的不得进入专家评审组。

专家评审组应当独立、公正地开展评审工作。专家评审组成员应当客观、公正地履行职责，遵守职业道德，并对所提出的评审意见承担个人责任。

专家评审组应当向质监机构出具"现场评审报告"，主要内容包括以下几方面。

（1）现场考核评审意见。

（2）公路水运工程试验检测机构等级评分表。

（3）现场操作考核项目一览表。

（4）两份典型试验检测报告。

（四）等级确定及发证

质监机构依据"现场评审报告"及检测机构等级标准对申请人进行等级评定。质监机构的评定结果，应当通过交通运输主管部门指定的报刊、信息网络等媒体向社会公示，公示期不得少于1天。公示期内，任何单位和个人有权就评定结果向质监机构提出异议，质监机构应当及时受理、核实和处理。

公示期满无异议或者经核实异议不成立的，由质监机构根据评定结果向申请人颁发"公路水运工程试验检测机构等级证书"（以下简称"等级证书"），等级证书有效期为5年；经核实异议成立的，应当书面通知申请人，并说明理由，同时应当为异议人保密。

省级交通质监机构颁发证书的同时，应当报部质量监督机构备案。

（五）换证

等级证书期满后，拟继续开展公路水运工程试验检测业务的，检测机构应提前3个月向原发证机构提出换证申请。

换证的申请、复核程序按照上述等级评定程序进行，并可以适当简化。在申请等级评定时，已经提交过且未发生变化的材料可以不再重复提交。

换证复核以书面审查为主，必要时可以组织专家进行现场评审。

换证复核的重点是核查检测机构人员、仪器设备、试验检测项目、场所的变动情况，试验检测工作的开展情况，质量保证体系文件的执行情况，违规与投诉情况等。

换证复核合格的，予以换发新的等级证书。不合格的，质监机构应当责令其在6个月内进行整改，整改期内不得承担质量评定和工程验收的试验检测业务。整改期满仍不能达到规定条件的，质监机构根据实际达到的试验检测能力条件重新做出评定，或者注销等级证书。

换证复核结果应当向社会公布。

（六）变更及注销

检测机构名称、地址、法定代表人或者机构负责人、技术负责人等发生变更的，应当自变更之日起30日内到原发证质监机构办理变更登记手续。

检测机构停业时，应当自停业之日起15日内向原发证质监机构办理等级证书注销手续。

任何单位和个人不得伪造、涂改、转让、租借等级证书。

第四节　工地试验检测室

一、工地试验室的类型

公路水运工程工地试验室是为加强工程建设现场质量管理而设立的临时试验室，它随建设项目的开工而设立，随项目的结束而撤销。工地试验室所提供的试验检测数据是工程建设现场质量控制和评判的重要基础数据来源，是工程建设质量保证体系的重要组成部分。根据设立单位的不同，工地设立的试验室一般包括以下几类。

（一）施工企业试验室

施工企业试验室是施工企业为完成其所承担的施工任务而建立的试验室。

（二）监理中心试验室

各项目的驻地监理或总监办，在项目上一般都设有工地试验室，主要承担本项目合同段内监理方面的试验任务。

（三）第三方检测试验室

近年来，第三方检测制度在公路水运工程中得到推行，一般由建设单位单独招标一个第三方检测单位，进行独立的第三方试验检测工作。部分第三方试验检测需要在现场设立工地试验室。

工地试验室一般按合同段划分单独设立，工程线路跨度较大时，应设立分支工地试验室。分支工地试验室作为工地试验室的组成部分，也应按标准化建设要求建设，并接受项目质监机构的监管。

二、工地试验室的职责范围

各级各类工地试验室的职能不同，其职责范围也有区别，分别简单介绍如下。

（一）施工企业工地试验室的职责范围

1.选定料源

料源主要指地方材料（包括土、砂石材料、石灰）等；按设计文件提供的料源，通过试验，选择符合技术标准要求、开采方便、运输费用低的料场供施工使用。

2.试样管理

试样管理包括试样的采集、运输、分类、编号及保管。

3.验收复检

验收复检指对已进场的各种材料（包括原材料、成品或半成品材料）按技术标准或试验规程的规定，分批量进行有关技术性质试验，以决定准予使用或封存、清退。

4.标准试验

标准试验指完成各种混合材料的配合组成设计试验，提出配合比例及相关施工控制参数。

5.工艺试验

工艺试验包括试验路铺设、混合材料的预拌等过程中的试验工作，为施工控制采集有关的控制参数。

6.自检试验

自检试验包括配合比例、压实度、强度（包括各类试件的成型、养护和试验）、施工控制参数、分项或分部工程中间交工验收试验等。

7.协助试验

协助试验指为监理试验室提供其复核试验所需的一切材料（同现场监理人员一同取样，每种材料取两份，一份留自己试验用，一份送监理试验室）、为现场监理人员抽检试验提供必要的仪器设备及人员协助，以及委托试验的送样任务。

8.协助有关方面工作

协助有关方面调查施工中出现的质量问题或质量事故，为调查处理提供真实、齐全的试验数据、证据或信息，参与必要的试验检测工作。

9.资料整理与分析

对试验资料进行整理分析，提出分析报告，随时掌握施工质量动态，供有关人员参考。

10.参与科研

参与现场科研试验工作，推广及应用新材料、新技术和新工艺。

（二）监理试验室的职责范围

1.监理的职责

监理的职责是对工程的实施进行全过程、全方位的监督管理。监理试验室的职能介于施工企业和政府监督之间，即有监督的一面。其职责主要是进行复核或平行试验。

2.评估验收

标段试验室在起用前要经过监理试验室的评估验收，包括试验室用房、设备到位及安装情况、衡器及测力设备检定校验情况、人员及其资质情况、规章制度及管理情况等，以决定是否投入使用。

3.验证试验

对各种原材料或商品构件，按施工企业提供的样品、产品合格证和试验报告等进行订货前预验，以决定是否采购。

4.标准试验

对各种混合材料的配合比例、标准击实及所用原材料进行平行复核试验，以决定是否批复使用。

5.工艺试验

参与施工企业的有关工艺性的试验，包括各类试验路铺筑、混合材料预拌等过程中的试验工作，以决定是否同意正式开工。

6.抽检试验

在工程实施过程中，按规定的抽检频率，对工程所用原材料、成品或半成品材料的性能及压实度、强度等做全程跟踪抽检试验。

7.验收试验

对已完工的工程项目进行试验检测，以准确评价工程内在品质，多指中间交验的分部及分项工程，以决定是否接收。

8.监管作用

对施工企业试验室的工作实施全面监督管理，包括试样管理、试验工作管理、仪器设备管理、文献资料管理等。

以上工作任务有些要由监理试验室来完成，有些由现场监理人员在标段试验室人员的协助下来完成，也可由现场监理人员利用标段试验室的设备独立完成。

（三）第三方检测试验室的职责范围

第三方检测试验室的职责包括以下两方面。

（1）抽检试验：在工程实施过程中，定期或不定期地对在建工程的部分项目进行抽检试验，或进行全面的质量普查，以了解工程的质量动态，监督项目顺利实施。

（2）协助建设单位对项目的试验检测工作进行管理。

三类试验室的性质不同，职能不同，职责范围也有区别。

施工企业试验室的职责主要是用规定的方法和手段，对工程所用原材料、成品或半成品材料、结构构件以至结构物进行自检试验，提出自检报告，作为申请监理检查验收的依据。

监理试验室的职责主要是进行复核性或平行试验，提出复核或抽检试验报告，作为批复或检查验收的依据。

第三方检测试验室的职责主要是定期或不定期地对分项或分部工程进行抽检，提出抽检报告，作为项目建设单位监督的依据。

尽管各自的职责有所侧重，但目标是一致的，即杜绝不合格材料用于工程，对不合格的构件、结构物或工程提出返工或拒收的依据，构成了既有自检、复核，又有监督的质量保障体系，保证工程质量万无一失。因此，要求各类试验室必须具有性能先进、配套齐全的试验设备，以及具有专门知识和试验技能的、能熟练操作使用这些设备的工作人员，充分发挥试验室工作在工程建设中举足轻重的作用。

三、工地试验室临时资质条件

根据交通运输部《关于进一步加强公路水运工程工地试验室管理工作的意见》（厅质监字〔2009〕183号）要求，施工单位、监理单位根据工程质量安全管理需要或合同约定，在工程现场可自行设立工地试验室，也可委托第三方试验检测机构设立工地试验室，设立工地试验室的母体均应具有相应的"公路水运试验检测机构等级证书"（以下简称"等级证书"）。

建设单位也可通过招标等方式直接委托具有等级证书和"计量认证证书"（以下简称"计量证书"）的第三方试验检测机构设立工地试验室，承担工程建设项目监理的全部或部分试验检测工作。

任何单位不得干预工地试验室独立、客观地开展试验检测活动。

设立工地试验室的母体试验检测机构，应当在其等级证书核定的业务范围内，根据工程现场管理需要或合同约定，对工地试验室进行授权。授权内容包括工地试验室可开展的试验检测项目及参数、授权负责人、授权工地试验室的公章、授权期限等。"公路水运工程工地试验室设立授权书"应加盖母体试验检测机构公章及等级专用标识章。

工地试验室设立实行登记备案制。经试验检测机构授权设立的工地试验室，应当填写"公路水运工程工地试验室备案登记表"，经建设单位初审后报送项目质监机构登记备案，质监机构对通过备案的工地试验室出具"公路水运工程工地试验室备案通知书"。

工地试验室被授权的试验检测项目及参数或试验检测持证人员要做变更的，应当由母体试验检测机构报经建设单位同意后，向项目质监机构备案。

四、工地试验室标准化建设

为了进一步加强工地试验室的标准化建设，交通运输部先后出台了《交通运输部办公厅关于印发工地试验室标准化建设要点的通知》（厅质监字〔2012〕200号）和《公路工程工地试验室标准化指南》，各省也相继出台了对应的工地试验室标准化建设指南（办法），如山东省颁布实施了《山东省公路水运工程工地试验室标准化建设与管理指南》。

工地试验室检测，应坚持规范化、标准化、精细化的方针，坚持"因地制宜、量力而行、务求实效"的工作原则，根据工程特点，将工地试验室标准化建设有关要求及费用标准等纳入招标文件，保证工地试验室标准化建设有序开展。各参建单位应将工地试验室标准化建设纳入日常管理，采取有效措施，营造有利于工地试验室独立规范运行的外部环境，将提高工地试验检测数据的准确性、客观性和科学性作为工地试验室标准化建设的重中之重。

工地试验室标准建设应做到以下几点。

（一）工地试验室标准化建设

（1）工地试验室标准化管理的内涵是硬件建设标准化、检测工作规范化、质量管理精细化、数据报告信息化。

（2）工地试验室标准化建设坚持因地制宜、务求实效、经济适用的工作原则，根据工程项目建设内容和规模进行设置，既要满足工程质量控制要求，又要满足布局合理、安全环保、环境整洁的要求。

（3）工地试验室选址，应充分考虑安全、环保、交通便利及工程质量管理要求等因素。根据工作、生活、院落及周围所需面积，合理利用原有地形、地貌、地物、水面、空间以及现有的设施等，并按照分区设置、布局合理、互不干扰、经济适用原则进行合理规划，规划方案应满足试验检测工作需要和标准化建设有关规定，经项目建设单位有关部门审核后开始实施。

（4）工地试验室用房可新建或租用合适的既有房屋，房屋应坚固、安全、实用、美观，并满足工作、生活需要，新建房屋宜安装、拆卸方便且满足环保要求。

（5）环境建设应满足水、电、通风、采光、温湿度、安全、环保等方面规定。其他工作室的要求，根据不同试验设备，满足规范、规程要求。

（二）人员配备

（1）工地试验室应综合考虑工程特点、工程量大小及工程复杂程度、工期要求等因素，科学合理地确定试验检测人员数量，确保试验检测工作正常开展。

（2）试验检测人员应持证上岗、专业配置合理，能涵盖工程涉及专业范围和内容，工地试验室授权负责人必须是母体试验检测机构委派的正式聘用人员，且须持有试验检测工程师证书。

（3）试验检测人员不得同时受聘于两家及以上的工地试验室。

（4）工地试验室不得聘用信用较差或很差的试验检测人员担任授权负责人，不得聘用信用很差的试验检测人员从事试验检测工作。

（三）设备配置

（1）工地试验室应按照合同要求和母体检测机构授权范围内的试验检测项目及参数配备相应的仪器设备和辅助工具，对使用频率高的仪器设备在数量上应能满足周转需要，仪器设备的功能、准确度和技术指标均应符合现行规范规程要求。

（2）仪器设备应按照优化试验检测工作流程，整体布局合理，同步作业不形成相互干扰的原则进行布置。

（3）仪器设备应严格按照试验检测规程和使用说明书中相关要求进行安装与调试。

（4）对有环境条件要求的功能室，应配置相应的温湿度控制设备。

（5）标准养护室应配置一定数量的试件存放架，其刚度、尺寸应满足使用要求，且方便存取。

（6）办公室一般配置计算机、打印机、传真机、空调等设备，具有良好的工作和网络通信条件。

（7）资料室应配置一定数量的金属资料柜，具有防潮、防虫等措施。

（8）工地试验室应配置一定数量的交通工具，满足检测工作需要。

（四）体系与文化建设

（1）工地试验室应依据母体检测机构的质量体系文件，结合工程特点，编制简明、适用、针对性和操作性强的质量体系文件及各项管理制度。

（2）工地试验室管理制度主要包括但不限于：试验室工作职责；主要岗位人员工作职责、试验检测人员管理制度、试验检测仪器设备管理制度；样品管理制度；化学品（试剂）管理制度；环境管理制度；标准、文件管理制度；试验检测记录、报告管理制度；试验检测工作程序及质量管理制度；外委试验管理制度；档案资料管理制度；不合格报告管理制度；检测事故分析报告制度。

（3）工地试验室在运行前，应开展质量管理体系文件和各项管理制度的宣贯和培训工作，并将各项制度落实到人，加强考核和检查，确保各项管理制度得到有效执行，并做好相应记录。

（4）工地试验室应积极营造"诚实守信、科学规范"的工地检测文化氛围，将"科学、客观、严谨、公正"的理念融入具体的试验检测工作中。

五、工地试验室常见问题

（一）人员

试验检测人员在整个检测工作中发挥着举足轻重的作用，是试验检测工作水平高低的关键点，绝大部分的公路施工质量问题都是人员监管不力造成的。

相对高速发展的公路建设而言，试验检测人员方面还远远不能适应新形势的需要，在工作中易出现以下问题。

（1）试验检测人员相对比较缺乏，人员培训尤其新上岗人员培训不到位，操作不规范，不注重操作细节。

（2）不熟悉本检测机构的质量管理体系文件。

（3）试验检测人员岗位登记情况较差，普遍存在"持证不上岗，上岗不持证"的情况。

（4）尤其紧缺熟练的技术过硬、业务素质高的技术人员，存在一人同时担任两个或以上工地试验室任职的情况。

（5）使用虚假资格证书。

（6）人员档案不全，更新不及时，部分试验室的人员档案无目录清单，缺少对人员技能的确认及上岗证，缺少对人员培训活动的记录及过程的评价和监督记录等。

（二）设备

试验检测设备相对落后，我国现行规范中已经引入了一些较为先进且成熟的检测技术，但在工程实际中，由于受各种条件限制，这些新技术的推广和应用并未普及，仪器设备方面投入不足，仪器设备的精度、质量、数量难以满足工程需要。仪器设备档案、台账建立不完善。检定/校准操作不规范，留下死角，不清楚检定、校准、测试、自校的区别及范围，未能充分利用检定/校准数据信息，使得量值溯源流于形式，不能充分发挥其控制工程质量和成本的作用。

设备管理不规范，设备管理卡标识信息不全，设备状态标识不规范等。

设备档案不全面，如缺少仪器使用记录、期间核查记录、工地试验室仪器调拨记录等；大部分试验室的设备档案信息不全，仅有说明书和检定或校准或自校证书，而按严格的规定，设备的验收及安装、期间核查、维修保养记录、设备的软件、唯一性标识、合格证、设备所处的位置、出入库记录、设备暂停使用的手续等都应作为设备档案信息存入档案中。

（三）试验室布局

试验室布局应遵循"分区设置、布局合理、互不干扰、经济适用"的原则，做到以下几点。

（1）工作区与生活区分离。工作区分为功能室、办公室和资料室。功能室应根据不同的检测项目配置满足要求的基础设施和环境条件。

（2）应按照检测流程和工作相关性进行，保证样品流转顺畅、方便操作，如水泥混凝土室、力学和标养室，沥青室和沥青混凝土室，样品室、留样室、办公室和资料室等相邻设置。

（3）应对造成相互干扰的工作区域进行隔离设置，如有振动源的土工室与需要精密称量的化学室；相对湿度大于95%的标养室与资料室、办公室等。

但部分试验室没有满足上述相关要求，检测室和检测面积分配方面欠科学，仪器设备安放不合理，导致不同试验相互影响，对检测温湿度条件有明确要求的部分设备或工作场所未进行有效识别、控制与监测。

（四）样品管理

1.样品不具有代表性

在试验检测工作中，施工单位送来的样品或试验员在现场抽样检测的样品不具有代表性，没能很好地反映施工过程中各成品的真实情况，这就使得试验检测工作形同虚设，对工程中所出现的问题无法有效地检测出来，无法保障公路工程施工的质量。

2.监理对抽取的样品监督不严格

施工中往往是施工单位代替监理进行现场取样，甚至是监理试验资料也是施工方完成的，存在检验的样品与实际施工中所使用的样品不一致等问题。在监理过程中，要充分利用监理中心试验室，以试验检测作为有效手段严把质量关，从而起到控制施工质量的目的。

3.样品送检不及时

现场施工过程中，样品送检过晚或是抽检及自检率达不到要求，往往试验检测报告还没有出来，施工单位已经开始进行下一个工序的施工，失去了试验检测的意义。

加大对施工单位的监管力度，履行监督职责，建立一套监督制度及处罚措施，只要严格按照制度执行，必将提高工程质量。

（五）内业资料存在的问题

内业资料作为质量溯源的关键，是工程建设中的重要组成部分。目前，我国路桥建筑业在资料整理完整性、规范性、归档时限等方面存在较多问题，人员履约差，部分报告资料存在代签字现象。

（六）管理体系存在的问题

由于现行的质量管理模式，绝大多数隶属于监理、施工单位的试验室开展工作难以独立进行，工地试验室既作为总监办或项目部的组成部门，又是母体试验检测机构授权建立的临时机构，具有以大多数隶属于总监办或项目部管理为主的，被总监办或项目部及母体试验检测机构双重管理的属性，难以保证试验检测的公正性，外部对其干扰较多。工地试验室的管理仍是薄弱环节，新开工项目中设立工地试验室必须按照母体机构的质量体系运行开展检测业务，由具有等级的试验检测机构授权。目前，母体机构对其派出的工地试验室的管理比较薄弱，绝大部分工地试验室仅满足形式上的要求，一些甚至处于失控、失察的状态。

结束语

21世纪的今天，人们已经针对新型路桥设计与工程施工技术优化进行了许多探究。随着人们对新时代路桥的安全性、适用性及美观度提出了更高的要求，工程技术人员知道了应适应时代发展，以及人们审美能力的提高，建造出经济效益与社会效益都十分显著的新型道路与桥梁，这已成了人们的追求。毋庸置疑，在人们的不懈钻研与努力之下，更多的桥梁设计与施工方面的新技术、新材料、新构想会不断地涌现出来，在计算机科学等先进科学技术的应用中，更多的优秀设计构思与施工技术将推动桥梁建筑业走向更加美好的明天。

参考文献

[1]冯明硕，薛辉，赵杰.公路桥梁工程施工技术[M].延吉：延边大学出版社，2017.

[2]林志鹏.桥梁建设与标准化应用概论[M].北京：光明日报出版社，2017.

[3]宋高嵩，石振武.道路路基路面工程[M].北京：北京理工大学出版社，2017.

[4]蒋玲.道路建筑材料检测与应用[M].北京：机械工业出版社，2017.

[5]韩作新，陈发明.公路桥梁涵洞工程施工作业指导书[M].成都：电子科技大学出版社，2017.

[6]王娟玲.公路工程造价[M].北京：机械工业出版社，2017.

[7]王琨，赵之仲.公路工程建设安全保障技术[M].徐州：中国矿业大学出版社，2017.

[8]李宇峙.路基路面工程[M].重庆：重庆大学出版社，2017.

[9]方诗圣，李海涛.道路桥梁工程施工技术[M].武汉：武汉大学出版社，2018.

[10]颜景波.道路施工技术研究[M].天津：天津科学技术出版社，2018.

[11]高军，胡隽，林晓编.高速铁路岩溶地质桥梁桩基施工检测技术[M].武汉：华中科技大学出版社，2018.

[12]陈保国.土木工程专业生产实习指导书[M].武汉：中国地质大学出版社，2018.

[13]朱睿，田永许.路桥施工技术与项目管理[M].北京：中国纺织出版社，2018.

[14]马洪建，袁其华.道桥与管廊工程概论[M].武汉大学出版社，2018.

[15]崔艳梅.道路桥梁工程概预算[M].重庆：重庆大学出版社，2019.

[16]覃辉，马超，朱茂栋.南方MSMT道路桥梁隧道施工测量[M].上海：同济大学出版社，2019.

[17]麻文燕，肖念婷，陈永峰.桥梁工程[M].天津：天津科学技术出版社，2019.

[18]申建，慕平.桥梁工程技术[M].北京：北京理工大学出版社，2019.

[19]宋翔.道路交通应急抢通培训教材[M].南京：东南大学出版社，2019.

[20]丁雪英，陈强，白炳发.公路桥梁建设与工程项目管理[M].长春：吉林科学技术出

版社，2019.

[21]潘永祥.公路桥梁与改扩建新技术[M].昆明：云南大学出版社，2019.

[22]王国福，赵永刚，武晋峰.道路与桥梁工程[M].长春：吉林科学技术出版社，2020.

[23]王修山.道路与桥梁工程概论[M].北京：机械工业出版社，2020.

[24]马国峰，刘玉娟.桥梁上部结构施工技术[M].北京：北京理工大学出版社，2020.

[25]张俊红.道路建筑材料[M].重庆：重庆大学出版社，2020.

[26]吴留星.公路桥梁与维修养护[M].北京：中国纺织出版社，2020.

[27]刘勇，郑鹏，王庆.水利工程与公路桥梁施工管理[M].长春：吉林科学技术出版社，2020.

[28]张小成，黄文理，黄洪发.道路桥梁与城市交通建设研究[M].长春：吉林科学技术出版社，2021.

[29]王渭峰，何有强，吴晶.道路与桥梁工程试验检测技术[M].长春：吉林科学技术出版社，2021.

[30]黄煜镔.道路与桥梁工程试验检测技术[M].重庆：重庆大学出版社，2021.

[31]杨寿君，刘建强，张建新.城市道路桥梁建设与工程项目管理[M].长春：吉林科学技术出版社，2021.

[32]王海良，张春瑜，贾磊.桥梁工程施工临时结构设计及案例分析[M].北京：中国铁道出版社，2021.

[33]唐兴荣.桥梁工程课程设计解析与实例[M].北京：机械工业出版社，2021.

[34]王展望，张涛锋，张林.公路与桥梁工程施工及质量控制研究[M].西安：西安交通大学出版社，2021.